LOCUS

LOCUS

LOCUS

LOCUS

from

vision

from 51 黑天鵝效應 擴充新版
The Black Swan
作者：Nassim Nicholas Taleb
譯者：林茂昌
責任編輯：湯皓全、鄭凱達
美術編輯：蔡怡欣
校對：呂佳眞
法律顧問：全理法律事務所董安丹律師
出版者：大塊文化出版股份有限公司
台北市105南京東路四段25號11樓
www.locuspublishing.com
讀者服務專線：0800-006689
TEL：(02) 87123898　FAX：(02) 87123897
郵撥帳號：18955675　戶名：大塊文化出版股份有限公司

總經銷：大和書報圖書股份有限公司
地址：新北市新莊區五工五路2號
TEL：(02) 89902588 (代表號)　FAX：(02) 22901658
排版：天翼電腦排版印刷有限公司
製版：源耕印刷事業有限公司
初版一刷：2008年5月
二版 32 刷：2023 年 3 月

定價：新台幣500元
Printed in Taiwan

The Black Swan
黑天鵝效應

Nassim Nicholas Taleb 著
林茂昌 譯

目次

第二部　我們就是不能預測

第三部　那些極端世界裡的灰天鵝

獻給貝諾．曼德伯（Benoît Mandelbrot）

一位特立獨行的智者

前言

談談鳥的羽毛

舊世界裡的人在發現澳洲之前，相信**所有的**天鵝都是白的，這個想法無懈可擊，因爲看起來，這和實證現象完全吻合。看到第一隻黑天鵝，對一些鳥類學家（以及其他極爲關心鳥類顏色的人）而言，也許是有趣的意外，但這個故事的意義並不在此。這個故事顯示，我們從觀察或經驗所學到的東西有嚴重的侷限，以及，我們的知識不堪一擊。一個單一觀察，就能讓千萬次確認看到數百萬隻白天鵝所得到的泛化推論失效。你所需的只是一隻黑天鵝（而且，我聽說，相當醜）。①

①照相手機的流行，讓我能夠收集到許多讀者所寄來旅遊時所拍到的大量黑天鵝照片。去年聖誕節我還收到一箱黑天鵝酒（這不是我的最愛）、一捲錄影帶（我不看錄影帶），和兩本書。我比較喜歡照片。

我把這個哲學—邏輯問題進一步推進到經驗現實（empirical reality），這個問題，我從小就沉迷其間。我們在此所稱的黑天鵝事件（Black Swan，英文大寫），爲具有下列三項特性的事件。

第一，這是個**離群值**（outlier），因爲它出現在通常的期望範圍之外，因爲過去的經驗無法讓人相信其出現的可能性。第二，它帶來極大的衝擊。第三，儘管處於離群位置，一旦發生**之後**，我們會因爲天性使然而去捏造解釋，讓這事件成爲可解釋及可預測。

我們暫且打住，先整理一下這三要素：稀少性、極度衝擊，和事後諸葛（而不是先見之明）。②少數幾個黑天鵝事件就幾乎解釋了我們世界裡的所有事，從理念和宗教的成就、歷史事件的演變，到我們個人生活的元素。自從我們在好幾萬年前脫離了更新世（Pleistocene）之後，黑天鵝事件的效應就不斷增加。這種事件在工業革命期間開始加速，因爲世界從此變得越來越複雜，而普通事件，就是我們研究、討論，並企圖透過讀報去預測的事件，卻變得越來越不重要。

想像一下，在一九一四年事件前夕，以你當時對世界的瞭解來預測未來，這是多麼的沒用（別用你無聊的高中老師所灌輸給你的解釋來作弊）。你會想到希特勒（Hitler）崛起及後續的戰爭嗎？你會想到蘇聯集團驟然瓦解嗎？你會想到回教基本教義派興起嗎？你會想到網際網路普及嗎？你會想到一九八七年股市崩盤（以及後來更難預料到的復甦）嗎？時尚、流行、風潮、創意，和各

---

②具有高預期機率卻**未發生**的事件也是一種黑天鵝事件。因為，就對稱性而言，高度不可能出現事件之發生，就相當於高度可能出現事件之不發生。

種藝術流派與學說的出現，全都跟隨在這些黑天鵝事件之後。幾乎可以這麼說，你周遭的任何重大事件，都符合這個條件。

這種結合低可預測性和大型衝擊的性質，讓黑天鵝事件成爲一個大謎團；但這還不是本書所要關切的核心。我們傾向於假裝黑天鵝事件不存在，更強化了這種現象！我不是指你、你的喬伊表哥，和我，而是指幾乎所有的「社會科學家」，這些人一個多世紀以來，誤以爲他們的工具可以衡量不確定性(uncertainty)，並在此想法下運作。因爲把不確定因素科學(sciences of uncertainty)應用到現實世界問題，已經產生荒唐的效果；我個人就親身在財務和經濟學上見識到這種現象。問問你的投資組合經理人，他對「風險」(risk)的定義是什麼，很可能，他會提供你一份**排除了**黑天鵝事件出現機率的**測量值**——從而，這份數字在評估整體風險的預測價值上，並不比占星術好（我們將會看到他們如何用數學來裝飾學術上的騙局）。這是社會類題材所特有的問題。

本書的中心理念在於關切我們對隨機事件，特別是偏異值甚大者，視而不見的問題：爲什麼我們，科學家或非科學家、高手或凡人，傾向於見樹不見林？爲什麼我們一直在注意細節而非可能發生的重大事件（儘管這些事件顯然有重大影響）？而且，如果你看懂我的論點的話，爲什麼讀報紙事實上會**減少**你所吸收的世界知識？

我們很容易看出，生活是由寥寥可數的幾個重大衝擊所累積而成的效果。坐在你的椅子（或是吧檯的高腳椅）上，要辨識出黑天鵝事件的角色並不難。做以下的練習。檢視你自己的存在。數一數重大事件，自你出生之後，在我們周遭所發生的技術變革和發明，並與這些事件發生前，你所做的預期相比較。這些事件有多少是按照進度發生？檢視你個人的生活，例如，職業選擇、或是和伴侶相遇、離鄉背井遠離母國、遇到的背叛、突然發財或突然一貧如洗。這些事，有多少是按照計劃出現呢？

你所不知道的事

黑天鵝事件使得**你所不知的事**遠比你所知的事更爲重要。考慮這點：許多黑天鵝事件可能因爲我們**預期它們不太可能發生**而發生，並且惡化。

想想看二〇〇一年九月十一日的恐怖攻擊：如果其風險在九月十日合理地**想到**，就不會發生了。如果恐怖攻擊的可能性被認爲值得注意，戰鬥機就會在雙子星大樓上空盤旋，飛機也會鎖上防彈門，而攻擊將不會發生，句點。也許會發生別的事件。那是什麼呢？我也不知道。

一個事件之所以發生，就因爲我們認爲不會發生，這不是很奇怪嗎？對這種事，我們有何種防護？不論你知道了什麼（例如，紐約市是恐怖攻擊最容易選擇的目標），如果你的敵人知道你知道，就會變得不重要。在這種策略遊戲中，可能的情況是，你所知道的事，可能眞的一點都不重要。

這可以延伸到所有的事業。考慮餐飲業中的殺手級「神祕配方」。如果配方眾所周知，則隔壁的人早就想出對策，而這個配方也將毫無特點。餐飲業中下一個殺手必須是當前餐飲業者不易想到的點子。必須和預期有某種距離。這種冒險創舉越是在意外中成功，競爭者就越少，而實現這個構想的企業家也就越成功。同樣的道理也適用在鞋業和出版業——或任何種類的企業。同樣的道理也適用在科學原理——沒人有興趣去聽無聊的事。一般而言，人類開創新事業的報酬，和大家的預期成反比。

考慮二〇〇四年十二月的太平洋颶風。如果我們事先預期到了，就不會造成如此的損失——受災地區就不會有那麼多人居住，而預警系統也會適時發生作用。你已經知道的事，並不會對你造成眞正的傷害。

專家和「虛有其表」

我們對離群值的預測無能爲力，這隱含了我們沒有能力預測歷史的發展軌跡，因爲這些事件都是變動不居。

但我們的一舉一動，卻好像是我們有能力預測歷史事件似的，或者更過分，好像我們有能力改變歷史軌跡似的。我們預測三十年後的社會保險赤字和油價，卻不知道我們連明年夏季的狀況都無法預測——我們在政治和經濟事件上所累積的預測錯誤是如此之大，以至於每次我看到實際數字時，都要捏一捏自己，以確定我不是在作夢。令人驚訝的不是我們的預測錯得有多離譜，而是我們竟然不知道預測錯得很離譜。當我們在處理致命衝突時，這點最令人感到憂心忡忡：戰爭基本上無法預測（而我們竟然不知道這點）。由於人們對政策和行動之間的偶然連結產生了這種誤解，我們可以輕易地引發由挑釁的無知（aggressive ignorance）——像小孩子玩化學設備——所造成的黑天鵝事件。

我們因黑天鵝事件而沒有能力預測環境，加上普遍上，大家對這種事態缺乏瞭解，這表示，有些專業人員，雖然我們認爲他們是專家，其實不然。根據他們的實際績效，在專業上，他們並不比一般人多瞭解多少，但他們的表達能力卻比較好——或更糟的，以複雜的數學模型來讓你看不清楚。他們通常打著領帶。

既然黑天鵝事件無法預測，我們就必須去適應這些事件的存在（而不是天眞地企圖去預測）。如果我們專注在反知識（antiknowledge），或是我們所不知道的事，則我們可以做許多事。這種效益有很多種，其中之一是，你可以盡可能地把自己暴露在（有利型的）黑天鵝事件中，僥倖獲利。事實上，在某些領域——例如科學發現和創業投資事業——來自未知事物的報酬大到不成比率，因爲在典型上，你在稀有事件上的損失甚小，但收益卻很大。我們將會談到，和社會科學的想法相反，幾乎沒有任何的發現、任何引起注意的科技是來自設計和規劃——它們只是黑天鵝事件。發明家和企業家的策略是盡量不靠由上而下的計劃，而是專注於大量的雞毛蒜皮小事，並在機會自動出現時，認出機會。因此，我不同意馬克思和亞當・斯密（Adam Smith）追隨者的想法：自由市場之所以有效，是因爲它們允許人可以鴻運高照，這是來自積極嘗試錯誤的運氣，而不是來自技術報酬或「獎勵」。於是，策略是盡量去摸索各種事物，並盡量試著去收集黑天鵝機會。

學習去學習

人類另一個相關的缺陷是過度專注於我們所知的事：我們傾向於學習精確的細節而非整體。

人類從九一一事件學到了什麼？他們學到了有些事件會因爲變動不居，而大部分落在可預測的範圍之外嗎？不。他們瞭解到傳統智慧具有先天上的缺陷嗎？不。他們想出了什麼？他們學到了避免回教基本教義派恐怖分子和高層建築的精確規則。許多人不斷提醒我，重點在於務實並採取具體措施，而不是把知識「化爲定理」。馬奇諾防線（Maginot Line）的故事顯示吾人如何受制於明確事物。法國人在一次大戰之後，於德國先前的入侵路線上建了一堵牆，以防止其再度攻擊——希特勒（幾乎）毫不費力地繞過這道牆。法國人曾經是歷史的好學生；只是他們學得太精確了。他們太務實，也太專注於自身的安全問題。

我們並沒有同時學到**我們不知道我們不知道**。問題在於我們心智的結構：我們學不到規則，只是學到事實，而且只有事實。我們似乎不善於瞭解超規則（metarules，例如「我們傾向於學不到規則」這個規則）。我們藐視抽象；我們熱切地藐視抽象。

爲什麼？在此，由於我計劃在本書其餘部分討論這個問題，我們有必要以完全不同的觀點來探討傳統智慧，並顯示傳統智慧不適用於我們這個現代、複雜，而且越來越**遞迴**（recursive）的環境。③

但還有一個更深入的問題：我們的心智是做什麼用的？看起來，我們好像是採用了錯誤的使用手冊。我們似乎沒有用心智來思考和反省；如果有，今天的問題就不會那麼難了，但同時，我們也活不到現在，而我也不會活著在此談論這個問題——我的反事實（counterfactual）、內省，而努力思考的祖先早就被獅子吃掉，而他那不思考卻跑得更快的表親卻可以跑去躲起來。想想看，思考很花時間，而且一般而言，思考完全是在浪費能量，所以我們的祖先有一億多年的時間，都是當個不思考的哺乳動物，只有在人類史上的一小剎那，使用了這一向只用於完全不重要事物的頭腦。證據顯示，我們實際上的思考活動遠少於我們以爲的情形——當然，除了當我們在思考這個問題時。

忘恩負義的新種類

想到那些被歷史不當對待的人就令人傷心。愛倫・坡（Edgar Allan Poe）或韓波（Arthur Rimbaud）等放逐詩人（poètes maudits）爲當時的社會所輕蔑，後來卻被大加讚揚，並用來強迫學童研讀（有的學校甚至以高中退學者的名字來命名）。哀哉，這種肯定來得有點太慢了，無法及時提供血清來救活這些詩人，或維持他們的羅曼蒂克生活。但世上還有許多英雄受到更嚴重的不當對待——這群可悲的人，我們不知道他們是英雄，他們卻救了我們的性命，協助我們避開災難。他們沒有留下遺跡，他們甚至在做出貢獻時，連自己也不知道。我們會記得因爲某些我們所知道

---

③此處遞迴的意思是指，我們現在所處的世界擁有越來越多的回饋迴路，造成事件成為更多事件發生的原因（例如，人們因爲其他人買某一本書而去買那本書），於是產生滾雪球、反覆無常、而無法預測的全球性贏家通吃效應。我們今天所處的環境，資訊快速流動，更加速這種傳染力。同樣地，事件可能因為不該發生而發生（我們的直覺力是用來應付簡單原因、效果，和緩慢流動資訊的環境）。這種隨機性在更新世裡是不流行的，因為當時的社會經濟生活遠比現在單純。

的因素而犧牲的殉難者，卻從未記得那些貢獻不小，但其貢獻因素不爲我們所瞭解者——只因爲他們成功了。我們對放逐詩人的忘恩負義情形，和這種另類的不知感恩比起來，根本就不算什麼。這是一種更惡劣的忘恩負義：覺得這些沉默英雄的貢獻沒有用。我將在下面的思考實驗中展示這種狀況。

假設有一名勇敢、有影響力、有智慧、有遠見，且堅定不移的立法委員推動一項法案，並於二〇〇一年九月十日生效，全球適用；這項法案要求每架飛機的駕駛艙要一直鎖上防彈門（這讓艱困的航空公司付出高昂的代價）——只是爲了怕萬一恐怖分子決定要以飛機來攻擊紐約市的世貿中心。我知道這很瘋狂，但這只是個思想實驗（我知道世上可能沒有有智慧、勇氣、遠見，且堅定不移的立法委員；這是思考實驗的要點）。這項法案的措施在航空業並不受歡迎，因爲會造成困擾。但一定可以防止九一一事件。

這位推動立法要求鎖上駕駛艙門的人死後，並沒有人爲他在公共廣場上設立雕像，訃文上也沒有以下簡短描述。「張三，避免九一一慘案有功，死於肝病併發症。」群眾有鑑於他的措施相當膚淺而且浪費資源，再加上飛機駕駛員的大力幫忙，可能早就把他踢出辦公室了。曠野的呼聲（*Vox clamantis in deserto*）。他會鬱鬱寡歡地退休，深深感到挫折。他死時的印象是覺得自己一事無成。我希望我能參加他的葬禮，但是，讀者諸君，我找不到他。然而，肯定表揚具有相當的激勵作用。相信我，即使是那些眞心宣稱不相信肯定和表揚的人，即使他們把勞力和勞力成果分開，事實上，肯定和表揚還是爲他們帶來一劑強心針。看看這些寂靜的英雄得到了什麼樣的獎賞：連他自己的荷爾蒙系統也串謀起來，不給他獎賞。

現在，再來看看九一一事件。事件發生之後，誰得到了肯定？那些你在媒體上、電視上所看到，表現出英雄行爲的人，以及那些試圖讓你留下印象，認爲他們表現出英雄行爲的人。後者包括紐約證券交易所董事長理察．葛拉索（Richard Grasso）這種人，他「救了交易所」，並因爲他的貢獻，得到了一筆龐大的獎金（相當於一般人薪水的幾千倍）。他所做的事就是到現場在電視上搖一搖開市鈴——我們將會討論，電視是不公平的帶原者，也是造成我們對黑天鵝事件盲目無知的主要原因。

誰得到了獎賞？是讓我們避開衰退的中央銀行官員，還是「修改」前任錯誤，並且在位期間碰巧發生景氣復甦的官員？誰比較有價值？是讓我們避開了一場戰爭的政治人物，還是開啓一場新戰爭（並幸運地打贏了）的政治人物？

我們前面所談到的「我們所不知道事物」的價值，也適用同樣的逆向邏輯；大家都知道預防勝於治療，但很少人會給予預防行爲獎賞。我們頌揚那些名留千古者，代價是讓有貢獻的人在史書上沒沒無聞。我們人類不只是個膚淺的物種（這個毛病在某種程度上還可以醫治）；我們是非常不公平的物種。

生活非比尋常

這是一本談不確定性的書；對筆者而言，稀有事件就等於不確定性。這看起來也許是個強烈陳述——爲了瞭解普通事件，我們必須把重點放在稀有和極端事件之研究上——但我會在後面清楚地表達我的看法。研究現象有兩種方法。第一種方法是把異常剔除，而專注於「正常」。檢視者把「離群值」丟在一旁，而去研究普通的案例。第二種方法則是想，若要瞭解一個現象，首先必須考慮極端事件——尤其是它們如果和黑天鵝事件一樣時，會帶著異常的累積效果。

我不會特別去關心普通事物。如果你想瞭解一位朋友的氣質、道德，和格調，你必須去看他在嚴格環境測試下的表現，而不是在優雅的日常生活中的狀況。光是檢視一個人的**日常**舉止，你能察覺他的犯罪行爲有多危險嗎？如果不考慮病毒和傳染病，我們能眞正瞭解健康嗎？事實上，常態通常不重要。

在社會生活中，幾乎每一樣事物都是由稀有而重要的衝擊和跳躍所產生；然而，幾乎所有有關社會生活的研究卻始終聚焦於「常態」，尤其是在推論上所採用的「鐘形曲線」法所告訴你的東西，和沒有告訴你任何東西差不多。爲什麼？因爲鐘形曲線忽略了大偏異（large deviation），無法處理它們，卻給我們信心，以爲我們已經馴服了不確定性。它在本書中的暱稱爲ＧＩＦ，即「知識大騙局」（Great Intellectual Fraud）。

柏拉圖和書呆子

西元第一世紀猶太起義之初，許多猶太人的憤怒導因於羅馬人堅持把卡里古拉（Caligula）的雕像放進耶路撒冷的廟宇裡面，以交換在羅馬的廟堂陳列猶太人的神，耶和華。羅馬人不瞭解猶太人（以及後來的黎凡特〔Levantine〕一神教）所謂的**神**（god）是抽象的，包羅萬象，和羅馬人在談到**神**（deus）時那種具有人形、過度擬人化的神完全無關。關鍵在於猶太人的神並不把自己授予象徵表徵（symbolic representation）。同樣地，許多人爲求方便而標示爲「未知」、「極不可能發生」，或「不確定」的東西，和我的意思並不相同；它並不是一個具體而明確的知識種類，或**僵化**的領域（nerdified field），而是相反；它是知識之不足（或限制）。它正好是知識的反面；我們應該學著避免用爲知識所造出來的詞語去描述其反面的事物。

我所謂的**柏拉圖式思想**（Platonicity），承襲哲人柏拉圖（Plato）的理念（和特性），指吾人錯把地圖當成土地的傾向，專注於單純而定義完善的「形式」（forms），不論是物體，如三角形、或社會思想，如烏托邦（依照某種「令人信服」的藍圖所建造的社會）、甚或國家。當這些構想和清新的架構進駐我們的腦袋時，我們就會讓這些事物所享有的優先權，高於其他不是那麼優雅的東西——一些雜亂而漫無章法的東西（我將在本書中進一步闡明這個想法）。

讓我們認爲自己懂得比實際還多的，就是柏拉圖式思想。但這種情形並非每個地方都發生。我並不是說柏拉圖式的形式不存在。模型和架構，這些是現實（reality）的知識地圖，並非總是錯的；只有在特定的應用上才是錯的。其難處在於ⓐ你事先不知道（只有事後才知道）地圖**哪裡**有錯，以及ⓑ錯誤會導致嚴重的後果。這些模型宛如可能有效的藥品，卻帶有隨機而嚴重的副作用。

柏拉圖圈（Platonic fold）是爆炸的外緣，在此處，柏拉圖式的想法和雜亂的現實接觸，而且，在此處，你所知道的和你以爲知道的之間的缺口，大到可能引發危險。黑天鵝事件就在此處產生。

太無聊，沒什麼好寫的

據說，藝術導演盧奇諾・維斯康堤（Luchino Visconti）要確認，當演員指著一個蓋著的盒子說裡面有珠寶時，裡面就眞的要有珠寶。也許這是讓演員入戲的有效方法。我想，維斯康堤的意思還可能是來自單純的美學感受和求眞的欲望——總之，愚弄觀眾的感覺總是不太對勁。

這是一篇表達原創構想的文章；既非他人想法的資源回收，也非他人想法的再包裝。文章是沉思上的脈動，而非科學報告。我要在此致歉，有些平淡無奇的主題，如果我覺得太無聊而沒什麼好寫的，而讀者也不會想讀，便會略過不提（而且，避開無聊，或許有助於濾除不重要的部分）。

光說無用。某些在大學裡上了太多（也許是不夠多）哲學課的人或許會反對說，看到一隻黑天鵝並不能讓「**所有的天鵝都是白色的**」原理失效，因爲在技術上，這種黑鳥並不是天鵝，因爲對他而言，也許白色就是天鵝不可或缺的性質。事實上，那些讀了太多維根斯坦（〔Wittgenstein〕，並撰寫評論維根斯坦文章）的人，也許會有語言問題很重要的印象。要在哲學系裡出人頭地，語言問題也許很重要，但對我們實務界的人或是決策者而言，那是**留到週末才做的事**。一如我在「假學究的不確定性」那章所做的解釋，儘管它們在學術上有相當的吸引力，從星期一到星期五，這些優美的東西不具嚴肅的意義，正好和更重要（但被疏忽了）的事物相反。教室裡的人，未曾面臨在不確定下做決策的實際狀況，不瞭解何者重要何者不重要——即使是研究不確定性的學者也一樣（或者說，**尤其是**研究不確定性的學者）。我所謂的不確定性實務可能是剽竊、商品投機、職業賭博、在黑社會裡的某個幫派做事，或只是單純的連續創業。於是我抱怨「沒用的懷疑論」（sterile skepticism），其論調就是我們無能爲力，而且，我對過度強調理論上的語言問題也加以抱怨，這種作法造成許多現代哲學幾乎和這些人所戲稱的「一般大眾」（general public）無關（在以前，不管好壞，那些稀有的哲學家和思想家無法自立，必須仰賴贊助者之支持。今天，抽象學科的學者靠的是彼此間的意見，不用外界的檢驗，偶爾還會發生病態的結果，轉而追求孤芳自賞的高手過招。舊制度不管有什麼缺點，至少會強制要求**某些**適當的標準）。

哲學家愛娜·烏曼瑪加雷（Edna Ullmann-Margalit）發現本書有一矛盾之處，而要求我修正黑天鵝事件的精確象徵，以描述未知、抽象，及模糊不確定事物——白烏鴉、粉紅象，或是圍繞著鯨魚座τ的遙遠行星軌道上消失中的外星人（譯註：鯨魚座τ目前尚未發現行星，科學家認爲，即使有行星，上面也不會有生物）。事實上，她逮住了我的小辮子。的確有個矛盾存在：這本書是個故事，我喜歡用故事和小品文來展示我們很容易受故事和不當精簡的敍述所矇騙。

你必須用一個故事來代替另一個故事。象徵和故事遠比想法更爲有力（嗚呼）；它們更容易記住，讀起來也更有趣。如果我必須追求我所謂的敍事學科，我的最佳工具就是敍事文。

構想來來去去，故事永流傳。

結論

本書中的惡獸並不只是鐘形曲線和自欺的統計學家，也不是需要用理論來愚弄自己的柏拉圖式學者。而是造成我們「專注」於大家認爲合理事物的驅動力。今天，生活在這個星球上所需要的想像力，比我們天生的想像力還多。我們缺乏想像力，還壓制其他人的想像力。

請注意，我這本書並不靠收集選擇性「佐證」這種惡劣的手法。根據我在第五章所說明的理由，我稱這種過度舉例行爲爲天眞的經驗主義（naïve empiricism）——挑選一連串合適的文章以拼湊成一個故事，並不能構成證據。任何尋求確認的人，將可以找到足夠的故事來欺騙自己——毫無疑問，還有欺騙他的同儕。④黑天鵝觀念所根據的是經驗現實裡的隨機結構。

總結：在這篇（個人的）文章中，我冒著被攻擊的危險來表達我的主張，反對許多我們的思想習慣，認爲我們的世界乃是由極端、未知，而極不可能發生（根據我們現在知識所認定的極不可能）之事件所掌控——而我們卻把所有的時間花在閒聊、關注已知及一再重複的事件上。這意味著我們必須以極端事件作爲開端，而且不把它當成例外來掩飾。我還做了一個大膽（而令人困擾）的宣言表示，儘管我們在知識上的進步和成長，或者說，**由於**我們在知識上的進步和成長，未來將越來越難預測，但人性和社會「科學」似乎會串謀起來，掩藏這個想法，不讓我們知道。

④為了支持某種論點，提供一系列已故權威雄辯滔滔的認同話語，這也是一種天真的經驗主義。透過搜尋，你總是可以找到某個人說過一段漂亮的話，贊同你的論點——而且，就每個主題而言，也可能找到另一個已故思想家說過完全相反的話。我所引用過的非尤吉·貝拉（Yogi Berra，譯註：Berra為洋基隊名捕）名句，幾乎都來自和我意見相左的人。

章節地圖

本書的次序遵照一個簡單的邏輯，從能夠歸類為純粹文學者（包括主題和論述）排到可以完全視為科學者（只有主題，不包括論述）。心理學大部分安排在第一部和第二部的前面；商學及自然科學大部分放在第二部的後半段及第三部。第一部，「安伯托・艾可（Umberto Eco）的反圖書館」，主要談的是我們對歷史和當前事件的認知方式為何，以及這種認知出現了什麼扭曲。第二部，「我們就是不能預測」，談到吾人在處理未來時的錯誤，和某些「科學」未廣為人知的限制——以及如何面對這些限制。第三部，「那些極端世界（extremistan）裡的灰天鵝」，深入探討極端事件的話題，解釋鐘形曲線（即知識大騙局）如何產生，檢討自然和社會科學的想法，在「複雜性」這個標籤下鬆散地受到壓抑的情形。第四部，「完結篇」，將會很短。

我寫這本書時所得到的喜悅超乎預期——事實上，下筆之後，思路就自然而然地湧出——我希望讀者也可以感受到這點。我承認，被侷限在活躍而交易頻頻的生活中一段時間之後，我迷上了這種純理念的退隱生活。本書出版之後，我的目標是花些時間遠離各種公開活動，以便好好地靜下來想想我的哲學—科學理念。

第一部　艾可的反圖書館，或我們如何尋求確認

作家安伯托・艾可是屬於那種博學、有遠見，而風趣的少數學者。他擁有一座大型的個人圖書館（藏書三萬冊），並把來訪者分爲兩類：一類是「哇！艾可博士教授先生，您這圖書館眞是了不起！這些書您一定讀了不少吧？」另一類——非常少數——則知道私人圖書館不是作爲自我吹噓之用，而是研究工具。讀過的書遠比沒讀過的沒價值。圖書館應該在你的財務能力、貸款利率，和當前緊俏的不動產市場的許可範圍內，盡量讓藏書包含**你所不知之事物**。年紀越長，你所累積的知識和藏書就越多，而書架上讓你感到害怕的沒有讀過的書，也會越多。事實上，你知道得越多，未讀之書的陣容也就越加龐大。我們不妨稱這些沒讀過的書爲**反圖書館**（antilibrary）。

我們傾向於把我們的知識視爲個人的財產而加以保護和防衛。這是一種裝飾品，可以讓我們在社會階級上逐級往上爬。因此，專注於已知而侵害艾可圖書館感受的這種傾向，是一種人性偏誤，這種偏誤延伸到我們的思考活動。人們不會用反履歷表（anti-résumés）來告訴你，他們所未學過或未經歷過的事物（這是競爭對手的工作），但如果他們用反履歷表，那是很不錯的事。就像我們必須改變圖書館的邏輯，我們將會討論改變知識本身的想法。因爲我們對我們所知之事物太過

認真，所以，請注意，黑天鵝事件來自我們對意外事件發生的可能性的誤解，也就是說，來自我們對沒讀過的書的誤解。

讓我們稱反學者（antischolar）——即那些專注於沒有讀過的書，並且企圖不把他自己的知識當作寶藏、財產，甚或強化自尊的手段——爲懷疑經驗論者（skeptical empiricist）。

本部這幾章裡所要討論的是吾人如何對待知識的問題——以及我們偏好軼事趣聞而非實際經驗的問題。第一章以我個人走火入魔的故事爲基礎，向各位介紹黑天鵝事件。我在第三章中，把兩種不同的隨機性做明確的劃分。接著，第四章簡要地回到黑天鵝問題的原始形式：我們傾向於把我們之所見做泛化推論的情形。然後，我提出同一個黑天鵝問題的三個面向：(a)**確認的錯誤**（the error of confirmation），即我們很可能不當地藐視圖書館未開發部分（我們傾向於去看那些確認我們知識的部分，而非我們所忽略者），在第五章；(b)**敘事的謬誤**（the narrative fallacy），或我們如何以故事和軼事趣聞來愚弄自己（第六章）；(c)情感如何成爲我們在推論上的障礙（第七章）；及(d)**沉默證據的問題**（the problem of silent evidence），歷史用來掩藏黑天鵝事件以不讓我們知道的花招（第八章）。第九章討論從競局世界所建立的知識之致命謬誤。

1 一名經驗懷疑論者的見習

黑天鵝事件剖析——不透明性之三元素——倒過來讀書——照後鏡——所有事物都變得能夠解釋——一定要（審慎地）和司機交談——歷史不是用爬的；而是用跳的——「這眞是大出意料之外」——睡個十二小時

這不是自傳，所以我會跳過戰爭的場景。其實，就算這是自傳，我還是要跳過戰爭的場景。我無法和比我更有成就的動作片電影或回憶錄競爭，因此，我將謹守我在機會和不確定性上的專長。

黑天鵝事件剖析

一千多年來，稱爲敍利亞黎巴嫩地區（Syria Libanensis）或黎巴嫩山省（Mount Lebanon）的地中海東岸，一直能夠容納至少一打以上的教派、種族，和信仰——這眞是奇蹟。這地方和地中海東部（稱爲黎凡特）的大城市比較像，而不同於其他近東的內陸（在山區，走海路比陸路容易）。黎凡特地區的城市先天上以商業爲主；人們依照淸楚的規則相互交易，保存了商業上的和平行爲，而且社群之間還有相當程度的社交往來。這千年的和平，只有偶爾會被回教和基督教社群**內部**的摩擦所干擾，但鮮少發生基督教和回教之間的摩擦。雖然城市以商人爲主，而且大多爲希臘風格，山區卻住著各種宗教少數族群，他們宣稱是爲了逃避拜占庭和回教的正統習俗。山區是逃避主流的理想避難所，除非你的敵人是其他難民，和你爭奪同樣類型的崎嶇之地。在這裡，文化和宗教的嵌合，被視爲共存的範例：各種基督徒（馬龍派〔Maronites〕、亞美尼亞人〔Armenians〕、希臘敘利亞拜占庭正教〔Greco-Syrian Byzantine Orthodox〕、甚至拜占庭天主教，以及十字軍所留下來的少數羅馬天主教徒）；各種回教（什葉派和遜尼派）；德魯滋派（Druzes）；及一些猶太人。那裡的人相互容忍被視爲理所當然；我還記得小時候學校教我們說，我們遠比巴爾幹社群文明而有智慧，那裡的人不只是不洗澡，還常常在暴動中喪生。一切似乎都處於靜態均衡，這是從追求進步和容忍的歷史趨勢所演化出來的。大家經常使用**平衡**（balance）和**均衡**（equilibrium）這兩個詞。

我父母親家族都來自希臘—敘利亞(Greco-Syrian)社群，這是拜占庭在北敘利亞的最後屯民，屯墾區包括現在的黎巴嫩。別忘了，拜占庭人自稱爲羅馬人——當地的用語爲Roumi（爲Roum的複數）。我們來自黎巴嫩山腳下的橄欖樹種植區——我們在著名的艾米昂之戰（battle of Amioun）中追逐馬龍派基督徒而進入了這個山區，這裡是我祖先的村莊。由於阿拉伯人在第七世紀就入侵了，我們一向和回教徒在商業上和平共處，只有偶爾發生來自山區的黎巴嫩馬龍基督徒的騷擾。

在阿拉伯統治者和拜占庭帝國之間某些（形諸文字的）拜占庭協議之下，我們想辦法向兩邊繳稅，並得到兩邊的保護。因此，我們總算和平地度過了一千多年，幾乎沒有流血事件：僅存的眞正問題是後來的麻煩製造者，十字軍，而不是阿拉伯回教徒。阿拉伯人，他們似乎只對戰爭（和詩）有興趣，以及後來的鄂圖曼土耳其人，他們似乎只關心戰爭（和享樂），把他們沒有興趣追求的商業，以及不具危險性的學術研究（像是翻譯阿拉姆語〔Aramaic〕和希臘文）留給我們去做。

二十世紀初，鄂圖曼帝國滅亡之後，我們發現，大家突然團結在稱爲黎巴嫩的這個國家之下，以任何標準來看，黎巴嫩似乎都是個安定的天堂；而且，黎巴嫩還縮減爲以基督徒爲主的國家。突然間，大家被洗腦，相信這是個單一的民族國家。①基督徒說服自己，認爲自己是大家鬆散地稱之爲西方文化的起源和中心，同時還向東方開了一扇窗。在典型的靜態思考之下，沒人會去考慮不同族群間出生率差異的問題，而且大家都認爲，基督徒佔些微多數的情形不會改變。黎凡特人被授予羅馬公民資格，這讓聖保羅（Saint Paul），一名敍利亞人，可以自由地在這古老世界中四處穿梭。任何大家覺得値得連結的事物，都讓大家有連結的感覺；此地對世界極爲開放，具有相當精緻的生活格調，經濟繁榮，溫帶氣候，就像加州，地中海旁的山上覆著白雪。這裡吸引了許多的間諜（蘇聯和西方的都有）、妓女（金髮）、作家、詩人、毒販、冒險家、賭棍、網球選手、

①用一面旗子、幾場演講，和一首國歌就能有效地建立國家認同，這眞是很神奇；我到現在還是避免使用「黎巴嫩人」（Lebanese）這個標籤，而喜歡用比較沒有拘束性的「黎凡特人」這個稱號。

滑雪後交際應酬者，和商人——各行各業相輔相成。許多人表現得就好像他們是在演〇〇七老電影，或是生活在花花公子終日抽煙喝酒，不是到體育場運動，而是和裁縫師打交道的年代。天堂的主要特性就在此地：據說計程車司機很有禮貌（雖然，在我的記憶中，他們對我並不禮貌）。沒錯，事後來看，這個地方也許在人們的記憶中，比實際狀況更像個極樂世界。

當時我太年輕而嘗不到此地的樂趣，因爲我很早就成了無藥可救的理想主義者，養成禁欲的習慣，反對拿財富作爲炫耀工具，對於黎凡特文化公然追求奢華並沉迷於金錢事物感到厭惡。

十多歲時，我迫不及待地跑到〇〇七類型人物較少的大都市定居。然而，我記得當時的學術界讓我覺得很特別。我讀最容易拿到（高中）學位的法國預校，即使是法文這科也一樣。那裡所講的法文還頗純正：就好像俄羅斯革命之前，黎凡特基督徒和猶太人的貴族（從伊斯坦堡到亞歷山大），把法文當作優越身分的語言，說、寫都用法文。最高等的貴族送到法國讀書，就像我的祖父和外祖父——我祖父是在一九一二年，外祖父在一九二九年到法國讀書。兩千年前，在同樣的語言優越感之下，裝腔作勢的黎凡特貴族用希臘文寫作，而不用當地的阿拉姆語（新約是我們首都安提阿的貴族用當地蹩腳的希臘文所寫的，導致後來尼采（Nietzsche）斥道：「上帝講的是蹩腳的希臘語」）。而且，希臘衰弱之後，他們就學講阿拉伯語。因此，這個地方除了被稱爲「天堂」之外，還被說成「西方」和「東方」文化神奇的十字路口，而「東方」和「西方」則是膚淺的標籤。

有關說到做到

我的性格形成於十五歲，當時，我因（被舉報）在一場學生暴動中以石塊攻擊警員而入獄——這起事件錯綜複雜，因爲我祖父是當時的內政部長，也是下令鎮壓我們這次反對行動的人。一名警員被石塊擊中頭部而發狂，任意對我們開火，造成一名暴動者被擊斃。我記得我當時就在這次暴動的中央，而且我在被捕時感到極大的滿足感，當時，我的朋友既害怕被關，又害怕父母。我們讓政府感到非常驚恐，因而得到大赦。

一個人顯示出有能力爲自己的意見採取行動，而且絕不因避免「冒犯」或干擾他人而有絲毫讓步，這種行爲，有某些明顯的好處。我當時處於憤怒狀況，根本不管我父母（和祖父母）對我的看法。這使得他們相當怕**我**，因此，我更不能退讓，甚至對他們視若無睹。假如我把參與暴動之事隱藏起來不讓父母知道（一如我許多朋友的作法），然後被發現，而不是公然造反，則我確定，我會被當成敗類。在裝扮上穿著反傳統的怪異服裝以反抗權威是一回事——即社會科學家和經濟學家所謂的「廉價訊號」（cheep signaling）——證明有決心把信念轉化爲行動則是另一回事。

我叔叔並不太在意我的政治理念（這些東西來來去去，並不持久），卻對我把政治理念當作穿著邋遢的藉口感到怒不可遏。對他而言，親戚中有人舉止齷齪是一種極大的冒犯。

大眾知道我被捕之事有另外一大好處：讓我避開叛逆青少年常見的外顯跡象。我發現，如果你證明了你有決心，而不只是說說而已，那麼，表現得像個老好人而且「可以理喻」就更爲有效。

你可以慈悲為懷、寬大包容，而且彬彬有禮，一旦你表現得出人意表，卻完全師出有名時，你可以控告某人，或是攻擊敵人，讓他們知道你能夠說到做到。

「天堂」蒸發

在幾顆子彈和迫擊砲彈之後，黎巴嫩「天堂」突然蒸發了。我入獄之後幾個月，神奇的族群共存走了將近十三個世紀之後，一個黑天鵝事件，不知來自何處，讓這個地方從天堂變成地獄。基督徒和回教徒，包括站在回教這邊的巴勒斯坦難民，爆發了嚴重的內戰。這場戰爭很殘忍，因為戰區就在市中心，大多數的戰事發生在住宅區（我的高中離戰區只有數百英尺）。這場衝突持續了十五年以上。這場戰爭我不想多談。也許是因為槍彈和武力的發明，導致在刀劍時代只不過是緊張的狀況，發展成無法控制的以牙還牙戰爭，形成惡性循環。

除了實體破壞之外（只要有幾個有利可圖的包商、受賄官員，和天眞的債券投資人，就可以輕易地讓此地重建），這場戰爭造成許多菁英消失，而三千年來，黎凡特城市之所以一直是個偉大的智慧教養中心，靠的就是這些菁英。基督徒自鄂圖曼時代就一直外移遷出——這些人遷移到西方，使用西方人的名字，並融入西方。遷徙越來越多。有教養的人數掉落到某個關鍵水準之下。突然間，此地成了眞空。腦力耗竭是難以回復的，而某些舊有的精緻教養可能已經永遠消失。

星夜

下次你遇到停電時，不妨看著天空，舒緩一下。你會不認識天空。在戰爭期間，貝魯特經常停電。在人們還沒使用自己的發電機之前，天空有一邊在夜裡非常清晰，因爲沒有光害。那是城裡離戰區最遠的一邊。沒有電視可看的人開車去看夜戰所射出來的光芒。似乎，他們寧可冒著被迫擊砲炸得粉身碎骨的危險，也不要無聊的夜晚。

於是，你可以很清楚地看到星星。高中時有人告訴我，行星處於某種所謂的**均衡狀態**，因此，我們不必擔心星星會冷不防地撞上我們。這和有人說黎巴嫩是「獨特的歷史性穩定」頗爲類似，讓我覺得毛毛的。認爲有均衡存在的這個想法讓我感到困擾。我看著天上的星座，不知該相信什麼。

歷史和不透明性（opacity）的大三元

歷史是不透明的。你看到的是結果，而不是產生事件的腳本：歷史產生器。你在掌握這些事件上，有一種基本上的不完全性，因爲你看不到箱子裡的東西，也看不到其運作機制。我所謂的歷史產生器與事件本身不同，就好像我們無法從見證神蹟上去瞭解神的想法一樣。有關神的旨意，你很可能被愚弄了。

這種缺口，類似你在餐館的桌子上所看到的食物，和你在廚房裡所能觀察到的過程之間的差異（我上次在曼哈頓市中心運河街上某家中國餐廳吃早餐時，就看到一隻老鼠從廚房裡跑出來）。人類的心智在和歷史接觸時，有三個毛病，我稱之為**不透明性的大三元**。它們是：

一、理解力的幻覺，也就是，在一個比人類的理解力還複雜（或隨機）的世界裡，每個人都認為自己知道發生了什麼事；

二、回顧性扭曲，即，我們只有在事件結束之後才能評估問題，就好像事件在照後鏡裡發生似的（似乎，史書裡的歷史比現實經驗更清楚、更條理分明）；以及

三、過度重視眞實資訊加上權威、飽學之士的能力障礙，尤其是當事件創造出一個類別——當它們被「柏拉圖化」時。

沒人知道發生什麼事

這大三元的第一項就是思想上的毛病，認為我們所生活的世界比實際情形更能讓人理解、說明，從而也更易於預測。

一直有大人告訴我，這場戰爭「不出幾天」就會結束，結果，卻拖了將近十七年。他們對戰爭會打多久的預測似乎頗有信心，因為從住在旅館房間裡和躲在塞浦路斯、希臘、法國等地的暫時住所裡，以等待戰爭結束的人數來看，就可以得到證明。我的一個叔叔一直告訴我，大約三十

年前，富裕的巴勒斯坦人逃到黎巴嫩來，他們認爲這只是**非常短暫**的因應措施（六十年後的今天，那些還活著的人，大多數還住在那裡）。然而，當我問他，我們的戰爭是不是也會變得和他們一樣時，他回道：「不會，當然不會。這個地方不一樣；這裡一直是個不一樣的地方。」不知道爲什麼，他從別人身上所察覺到的經驗，似乎不願套用在自己身上。

中年的流亡者有個相當普遍的毛病：看不清戰爭會拖多久。後來，當我決定避開沉迷於故鄉情結的流亡者之時（流亡者的思鄉情結相當深入地滲進他們的性格中），我研究了流亡文學，爲的就是避免陷入浪費生命的思鄉情結。這些流亡者似乎成了囚犯，囚禁在他們田園詩一般的祖國記憶裡。他們和其他懷舊的囚犯坐在一起，談論故國，在家鄉音樂的背景聲中吃著家鄉菜。他們一直抱持著反現實的心態，產生各種可能防止這些歷史亂局的不同情境，諸如：「如果國王當時沒有任命這個不適任的人當總理，我們可能還在老家。」就好像這場歷史亂局有個特定的原因似的，而**這個**特定原因如果排除，災難可能就不復存在。因此，我盡可能地換不同的人來探詢他們在流亡期間的行爲。幾乎所有人的行爲都如出一轍。

大家都聽過數不盡的古巴難民故事，他們於一九六〇年代卡斯楚（Castro）取得政權之後來到邁阿密，以爲卡斯楚政權「不出幾天」就會結束，皮箱至今還沒有完全開封。還有巴黎和倫敦的伊朗難民，於一九七八年逃離伊朗伊斯蘭共和國，以爲他們離開就像短期出國度假一樣。過了四分之一個世紀之後，不少人還在等著回歸祖國。許多俄羅斯人，如弗拉基米爾．納博科夫（Vladimir Nabokov），於一九一七年離開祖國，定居於柏林，或許是因爲這裡很近，可以迅速返國。納博科夫本人終其一生都住在臨時居所，既困頓又奢華，死於日內瓦湖畔的蒙特勒旅館（Montreux Palace

Hotel)。

當然，在所有這些預測錯誤和盲目希望當中，存在著一種心願，但也存在著一個知識上的問題。黎巴嫩衝突的變動狀況，一向以難以預測著名，然而人們在檢視這些事件時的推理，卻顯示出一個常態：幾乎所有關心這些事件的人都以爲他們知道發生了什麼事。每一天都會發生完全超乎他們預測的事，但他們卻不能瞭解，他們並沒有預測到這些事件。所發生的事件，從過去的觀點來看，許多都被認爲太瘋狂。然而事件發生**之後**再來看，似乎又不是那麼瘋狂。這種事後回顧看起來順理成章的特性，造成這些事件的稀有性和可理解性被打了一個折扣。後來，我在人們研究企業成功因素和金融市場上，也看到了完全相同的幻覺。

歷史不是用爬的，是用跳的

後來，當我重新回想我記憶中的戰事，以建構我對隨機事件認知力的想法時，我得到了一個決定性的印象，即我們的心智是神奇的解釋機器，可以把幾乎所有的東西合理化，可以爲所有的現象賦予解釋，而且，一般而言，無法接受不可預測性這個觀念。這些事件是無法預測的，但有識之士卻認爲他們有能力爲這些事件提供令人信服的解釋——在事件發生之後。而且，這些有識之士越聰明，其解釋就越精闢。更令人憂心的是，這些令人信服的想法和說明似乎具有邏輯上的一致性，而不會自相矛盾。

於是我十幾歲時就離開了這個叫作黎巴嫩的地方，但是，因爲許多親友還留在那裡，我一直都會回去探訪，特別是在戰爭期間。這場戰爭並非持續進行：有幾段期間，戰爭被「永久性」解決方案所中斷。在兵荒馬亂期間，我更覺得和家鄉的關係密切，體驗到急切的回鄉之情，回去給予那些固守家園的親友支援，他們常因見到離去的人回來而士氣備受打擊——羨慕這些際遇不錯的朋友可以去追尋經濟上和人身上的安全，只在戰事稍歇時偶爾回來度假。我不在黎巴嫩時，國人死傷，我無法工作或閱讀，但弔詭的是，當我在黎巴嫩時，我對戰事就比較沒那麼關心，而且可以心安理得地追求個人的知識興趣。有趣的是，人們在戰爭期間密集地聚會，甚至更重視奢華享受，讓回鄉之旅，儘管有戰爭，還滿有吸引力的。

這裡有幾個難題。我們怎會預料到，那些似乎是堅忍不拔典範的人，竟可以在一夕之間變成純粹的野蠻人？爲什麼變化會這麼突然？一開始，我認爲這也許是因爲黎巴嫩戰爭和其他的戰爭不同，眞的無法預測，而且黎凡特族太複雜了，讓人搞不懂。後來，當我開始思考所有歷史上的重大事件，我才漸漸明白，其不規則性並非局部性質。

黎凡特地區一直是一連串讓人捉摸不定事件的大量製造者。當年，誰會預測到基督教的興起，成爲地中海盆地以及後來西方世界的主要宗教？那時期的羅馬編年史官甚至沒有記載這個新宗教——研究基督教的歷史學者，因爲當代的記述付之闕如而飽受挫折。顯然，當時的大人物鮮少認爲這個看似異端邪說的猶太人值得重視，並爲後代留下一些蛛絲馬跡。當時只有一項記載提到拿撒勒的耶穌 (Jesus of Nazareth) ——在約瑟夫 (Josephus) 所著的《猶太戰爭》(*The Jewish Wars*) 一書中——而且這段很可能是後來虔誠的抄寫者所添加上去的。至於七世紀之後的敵對宗教，誰會預測到一群馬夫竟可以在短短幾年當中，把他們的帝國和伊斯蘭律法在印度次大陸到西班牙之間四處擴散？回教的擴張（這裡說的是第三版），比基督教更具備不可預測性；許多歷史學家看著記錄，對其變化之迅速驚訝不已。其中一位學者，喬治・杜彼（Georges Duby）對於長達將近十世紀的黎凡特希臘文化被「利劍一砍」而迅速消滅，感到百思不解。後來，在法蘭西學院（Collège de France）研究同樣歷史的保羅・維恩（Paul Veyne），巧妙地描述宗教之擴散「就像暢銷書一樣」——這種比較，顯示出不可預測性。編年史事件裡的這種不連續性，並沒有讓史學家的工作變得輕鬆容易：專心致志詳細檢驗過去並不能教你歷史的心智；只帶給你幻覺，以為你瞭解歷史。

歷史和社會並不是用爬的。它們是用跳的。它們從一個片斷跳到另一個片斷，中間有些震盪。然而我們（和歷史學家）卻寧可相信可預測的緩緩進步。

從此以後，我就一直抱持著一個想法，即我們不過是偉大的回顧機器，而且人類非常善於欺騙自己，這點讓我感到很訝異。我活得越久，就越相信這種扭曲。

日記感言：有關歷史倒流

事件以扭曲的方式呈現。試考慮資訊的特性：一個事件發生之前，充斥著數百萬個、甚至數兆個小事實，但只有一些小事實，和你後來所瞭解的來龍去脈有關。因爲你的記憶有限，而且會加以過濾，你將傾向於記住那些事後和事實相符的資料，除非，你像喬治・路易・波赫士（Jorge Luis Borges）短篇故事裡的富內斯（Funes，這個名字後來成爲地名）：「富內斯，博聞強記」，任何事都忘不了，而且似乎被詛咒，一生都要背負著未處理資訊的累積負擔（他不想活太久）。

我第一次遇到事後扭曲的經驗如下。小時候，我是個貪婪而不按部就班的閱讀者，但戰爭的第一階段，我都待在地下室，全神貫注地閱讀各種書籍。學校關了，迫擊砲彈落如雨下。待在地下室裡，無聊得可怕。我最初所擔心的，大部分是如何打發無聊時間，以及下一本要讀什麼②——雖然，因沒其他事好做而不得不讀書，並不像自動自發的閱讀那麼享受。我想當哲學家（現在還是想當），因此我覺得我必須投注心思，強迫自己去研究其他人的理念。環境促使我去研究戰爭與衝突的理論和概述，試著進入歷史內部，進入這部製造事件的大機器的運作裡。

令人訝異的是，對我產生影響的書，作者並非來自思想界，而是一位新聞記者：威廉・夏勒（William Shirer）的《柏林日記：二戰駐德記者見聞》（*Berlin Diary: The Journal of a Foreign Correspondent, 1934-1941*）。夏勒是一名廣播記者，以《第三帝國興亡史》（*The Rise and Fall of the Third Reich*）一書而聞名。這讓我想到日記提供了不一樣的觀點。我已經讀過（或是讀了有關）黑格爾（Hegel）、馬克思、湯恩比（譯註：Toynbee，史學家）、艾宏（Aron，社會學家），和菲希特（Fichte，哲學家）等人的歷史哲學作品及特性，我自認爲對辯證法有模糊的概念，知道這些理論值得研究。除了歷史具有某些邏輯，以及事物在矛盾（或對立）中發展，把人類提升到更高的形式——這類的東西之外，我學到的並不多。這聽起來和我周遭的人把黎巴嫩戰爭理論化

②貝諾・曼德伯雖然比我大了將近四十歲，在同樣年紀時也有類似的體驗，他記得戰爭當中，無聊是漫長的折磨，令人痛苦，中間穿插短暫的極度恐懼。

極為類似。現在，每當有人以愚蠢的問題，問我哪些書「形成我的思想」，我都會讓他們大感意外，我告訴他們，有關哲學和理論歷史學（theoretical history），這本書教我最多（雖然不是刻意的）——而且，我們將會看到，在科學這方面也一樣，因為我知道順向和逆向過程之間的差異。

何以如此？很簡單，日記所描述的，號稱是**發生中**的事件，而不是發生後。我在地下室中，歷史就在上頭以聽得到的方式展現出來（迫擊砲彈的聲音讓我徹夜難眠）。我十幾歲就參加同學的葬禮。當時，我正在體驗歷史的非理論展現，而且同時，我也在讀，顯然是某個人在歷史發生當中的體驗。我努力地在腦海中以電影方式製造未來的景象，因而明白未來並非顯而易見。我知道如果我在事件發生之後才開始寫事件，結果會更像……**歷史**。**事前**和**事後**存在著差異。

這本日記號稱夏勒在寫的時候並不知道接下來會發生什麼事，他在寫作時所得到的資訊並未被事後結果所誤導。日記裡，一些慧眼獨具的意見散見各處，尤其是有關法國認為希特勒只是個短暫現象這部分，解釋了何以法國缺乏準備，而且不久之後就迅速投降。他們從來都沒想到最後會有滅亡的可能。

雖然我們的記憶非常不可靠，但日記可以提供幾乎是立即記錄下來，而且難以磨滅的事實；因此，日記可以讓未經修飾的認知得以凝固，讓我們可以在事後根據日記的記載來研究事件。再者，重點在於描述事件所宣稱的方法，而不在於執行。事實上，夏勒和他的編輯很可能有某種程度的作弊，因為書是在一九四一年出版的，而且，我聽說，出版商的業務是把文章印出來給一般大眾看，而不是忠實表達作者的想法，不受事後回顧所扭曲（我所謂的「作弊」是指在出版時，把和事後發展無關的元素拿掉，從而強化可以讓大眾感到有趣的部分。其實，編輯過程可能會造成嚴重扭曲，尤其是當作者被賦予所謂「優良編輯」的任務時）。然而，接觸夏勒的書，依然帶給我對歷史運作方式的直覺感受。一般人以爲，二次大戰開始時，那時候的人約略感覺到大事即將發生。其實是完全沒有感覺。③

結果，夏勒的日記成爲不確定性動力學的訓練課程。我想要當哲學家，但不知道當時的職業哲學家都靠什麼過活。不過，這個想法倒是導引我去探索（寧可去探索不確定性的冒險實務），並從事數學和科學之工作。

計程車裡的教育

下面，我將介紹大三元裡的第三元素，學習所受到的詛咒。我密切觀察我的祖父，他在退出政壇之前，曾經擔任過國防部長，再當上內政部長，及戰爭初期的副首相。儘管他位居要職，對

③歷史學家尼耶爾・弗格森（Niall Ferguson）告訴我們，儘管所有有關一次大戰成因的標準報導，都以「緊張關係越來越明顯」和「危機不斷上升」來形容，衝突之發生，仍然令人感到意外。只有回顧事件的歷史學者才會事後諸葛，認為大戰無可避免。弗格森採用聰明的實證論述來闡明他的觀點：他檢視皇家債券的價格，債券價格一般會包含投資人對政府財政需求的預期，如果預期將有戰爭發生，價格就會下跌，因為戰爭會導致嚴重的赤字。但當時的債券價格並未反映戰爭的預期。值得注意的是，這篇研究還顯示出研究價格可以讓我們對歷史有很好的瞭解。

於未來會發生什麼事，卻不比他的司機米海爾（Mikhail）瞭解多少。但米海爾和我祖父不同，他在評論事件時，經常把「天知道」掛在嘴上，傳達出瞭解未來的工作，是屬於老天爺的事。

我注意到非常聰明而博學多聞的人所做的預測，並不比計程車司機高明，但有很大的差別。計程車司機並不認為他們和有學養的人懂得一樣多——沒錯，他們不是專家，而他們也知道這點。大家都一樣一無所知，但菁英思想家認為他們比其他人懂得更多，因為他們是菁英思想家，如果你是菁英中的一分子，你自然就比非菁英懂得更多。

不只是學問而已，連資訊的價值也是曖昧不明。我注意到，幾乎所有的人對當前事物都知之甚詳。各種報紙的內容嚴重重複，因此，你讀得越多，可以得到的資訊就越少。然而，每個人依然迫不及待地想要瞭解每一份剛出爐文件上的每一則事實，並收聽每個廣播，就好像下個新聞快報就會告訴他們重大答案似的。大家成了誰見了誰、哪個政治人物對哪個政治人物（以什麼樣的語氣：「他是否比平常更友善？」）說了哪些話的百科全書。然而，這一切都是徒勞無功。

群集

我還發現，在黎巴嫩戰爭期間，新聞記者有群集傾向，倒未必是群集在相同的意見上，但經常群集在相同的分析架構下。他們對同一組環境賦予同樣的重要性，並刪減現實，以套進同樣的類別——柏拉圖式思想的表現形式又出現了，一種把現實刪減成清爽形式的欲望。羅伯・費司克（Robert Fisk）所謂的「飯店新聞學」（hotel journalism），進一步感染了更多人的想法。雖然黎巴嫩在早期的新聞編輯中，屬於黎凡特，即東地中海地區的一部分，現在卻突然成爲中東地區的一部分，好像有人費盡心思把這地方搬到沙烏地阿拉伯沙漠附近似的。塞浦路斯島位於北黎巴嫩，離我的村子約六十英里，飲食、教堂，和習俗與我們幾乎相同，卻突然成爲歐洲的一部分（當然，兩邊的住民後來也被劃分成不同身分）。以前的分法是地中海人和非地中海人（即橄欖油和奶油），在一九七〇年代卻突然變成歐洲人和非歐洲人。由於回教夾雜在這二者之間，在這樣的分法下，吾人便不知該把當地說阿拉伯語的基督徒（或猶太人）放在哪一邊。人類需要分類，但如果分類被視爲絕對，不容我們去考慮界限的模糊問題，更不必提修改分類方式，則分類就成了病態。傳染是問題之所在。如果你選出一百名獨立思考的新聞記者，讓他們可以在不相互干擾的情況下去檢視因素，你會得到一百個不同的意見。但這些人在報導中相互參考，這個過程會導致意見集合的維度（dimensionality）大幅縮減——他們的意見會收斂，並採用相同的項目作爲事件的原因。例如，我們暫且先離開黎巴嫩一下，現在所有記者所提的「喧囂的八〇年代」就假設這十年很特別，和其他時期不同。而在一九九〇年代後期的網際網路泡沫期間，新聞記者同意以瘋狂的指標來解釋每個人都急於要買，卻毫無價值的公司的品質。④

如果你想知道我所謂分類的任意性（the arbitrariness of categories）指的是什麼，不妨檢視一

④我們將會在第十章見到一些聰明的數量檢定，證明這種群集現象；這些檢定顯示，在許多議題上，不同意見之間的差異，明顯小於平均意見和事實之間的差異。

下二極化政治（polarized politics）的情況。下次火星人到地球拜訪時，請試著向他解釋那些贊成把胎兒從母親的子宮裡拿掉的人，也反對死刑。或試著向他解釋為什麼那些容許墮胎的人應該也會贊成高稅率，但反對擴充軍備。為什麼贊成性自由的人就必須反對個人的經濟自由？

我還很年輕的時候就注意到群集的荒謬性。在黎巴嫩的那場內戰期間，經過滑稽的波折之後，基督徒成了自由市場和資本主義陣營——即新聞記者所謂的「右派」——而回教徒則成為社會主義者，獲得共產陣營的支援（《眞理報》〔*Pravda*〕，一個共產主義陣營的組織，稱他們為「反壓迫鬥士」，雖然後來在俄國人侵略阿富汗時，和賓拉登〔bin Laden〕及其回教黨羽合作的是美國人）。

要證明這些分類的任意性，以及它們所產生的傳染效果，最好的方法就是回想歷史上這些群集頻頻反轉的現象。今天，基督教基本教義派和以色列遊說團結盟一事，必定讓十九世紀的知識分子感到大惑不解——基督徒過去一向是反猶太；而回教徒則是猶太人的保護者，基督徒比猶太人更令他們厭惡。自由意志主義者（Libertarian）過去是左翼。身為一名機率學者，我最感興趣的是，某些隨機事件造成最初支持某項議題的群體和支持另一項議題的群體結盟，導致兩項議題融為一體……直到意外的分離。

分類總是造成事實複雜度的減抑。這是黑天鵝事件產生器的表現，即我在前言中所定義的不可撼動的柏拉圖式思想。對我們周遭世界做任何減抑，都可能造成爆炸性後果，因為這樣做，把某些不確定性的來源給剔除了；這會驅使我們對世界的構成產生誤解。例如，你可能會認為回教基本教義派（及其價值）是和你共同對抗共產主義的盟友，因此，你可能會協助他們發展，直到他們送兩架飛機到曼哈頓市中心。

黎巴嫩戰爭爆發之後幾年，我進入華頓學院（Wharton School），當時二十二歲，我被效率市場（efficient markets）的理念所震撼——這個理念認爲，沒辦法從證券交易中得到利潤，因爲這些金融工具自動吸收了所有的有效資訊。於是公開資訊毫無用處，特別是對商人，因爲這些資訊已經全部「包含」在價格裡，而數百萬人所共同分享的新聞，不會爲你帶來眞正的優勢。可能的狀況是，這些資訊的幾億名其他讀者中，有一個或好幾個人已經買了那檔股票，於是把價格拉高。後來我完全放棄讀報和看電視，讓我多出不少時間（譬如說，一天多個一小時以上，一年就可以多讀一百本書，幾十年之後，就累積成洋洋大觀）。但這種論點卻不是我在本書中主張避開報紙的唯一理由，我們還會看到避開資訊毒害的更多好處。最初，這給我一個很好的藉口不去緊盯著商業細節，這是個完美的藉口，因爲我發現商業世界的細節一點趣味都沒有——不優雅、單調、浮誇、貪婪、沒知識、自私，而又無聊。

好戲在哪裡？

爲什麼一個打算成爲「哲學家」或「歷史的科學哲學家」的人，後來會去讀商學院，而且，到現在，華頓學院也不遑多讓，還是被我拋諸腦後？在此，我所看到的，可不只是古老小國裡微不足道的政治人物（以及他的哲學家司機米海爾）不知道發生了什麼事。畢竟，小國家裡的人本來就被認爲**不知道**發生了什麼事。我所看到的是，在史上最強大的國度裡的最知名商學院，有最強大企業的執行長來此陳述他們如何賺錢，但很可能，他們也不知發生了什麼事。事實上，我認為這遠遠不只是可能而已。我直覺地感受到人類的知識傲慢。⑤

我變得走火入魔。當時，我開始注意到我的主題——**極不可能發生的重大事件**（the highly improbable consequential event）。而且，被密集好運所愚弄的不只是穿著講究、充滿睪酮素的企業執行長而已，還有大學者。這個認知，把我的黑天鵝事件從商界人士運氣好壞的問題轉成知識和科學的問題。我的想法是，不只是一些科學成果對實際生活毫無用處，因為它們低估了極稀有事件的影響（或是引導我們去忽略這些事件），而且，實際上它們有不少還會產生黑天鵝事件。這些東西，可不只是分類錯誤讓你的鳥類學被當掉而已。我開始看到這個想法的重要性。

八又四分之三磅之後

我從華頓畢業之後四年半（而且體重增加了八又四分之三磅），一九八七年十月十九日，我從瑞士信貸第一波士頓（Credit Suisse First Boston）位於曼哈頓的投資銀行辦公室走回家，從城中區（Midtown）走到上東區（Upper East Side）。我走得很慢，因為我處於困惑狀態。

那天發生了極具殺傷力的金融事件：（現代）史上最大的市場暴跌。正當我們認為我們已經夠成熟，有這些談吐聰明的柏拉圖式經濟學家（以其騙人的鐘形曲線方程式）來防止、或至少去

⑤後來我才瞭解，自由市場體制的偉大力量造成企業執行長不需要知道發生了什麼事。

預測並控制大衝擊時，暴跌就發生了，其殺傷力更顯得強大。這次暴跌甚至不是反應任何可察覺的新聞。這次事件的發生，完全落在前一天所能想像的範圍之外——如果我事先指出有這個可能性，我會被當成瘋子。這符合了黑天鵝事件的條件，但我當時還不知如何表達。

我在公園路（Park Avenue）上碰到了我的同事，德美特里（Demetrius），當我開始和他交談時，一名焦頭爛額的女士舉止失控，插進我們的談話道：「嘿，你們兩個知道發生什麼事了嗎？」走道上的行人看起來茫然若失。之前我已經見到一些成年人在第一波士頓的交易廳裡暗自啜泣。這一天，我都待在事件中心，裡面的人被砲彈嚇壞了，四處亂跑，宛如在大燈照射下的兔子。回到家後，我的表弟艾里斯（Alexis）打電話來說他的鄰居自殺了，從他的公寓樓上跳下。這件事甚至沒讓我感到毛骨悚然。我覺得有點像黎巴嫩，只是方式不同：這二者我都見過了，讓我感到意外的是，財務危機竟能比戰爭更令人意志消沉（只要想到財務問題以及伴隨而來的羞辱，就足以讓人想去自殺，而戰爭的影響似乎沒有那麼直接）。

對這個以重大犧牲所得來的勝利，我感到誠惶誠恐：我已經在知識上證實爲正確，但我怕我太正確了，也怕看到這個系統在我的腳底下瓦解。我並不是那麼想要**如此**正確。我永遠記得，已故的吉米·P（Jimmy P）在此過程中看著他的淨值化爲烏有，半開玩笑地祈求螢幕上的價格不要再往下掉。

但我當時、當場就瞭解，我根本就不在乎錢。我體驗到我這一生中最奇怪的感受，這震耳欲聾的管樂聲告訴我，**我是對的**，這個聲響之大，連我的骨頭都震到了。從此之後，我就沒再遇過這種感覺，而且，我也無法向從未有過這種感覺的人解釋。那是一種身體上的感應，也許是快樂、驕傲，和恐懼的混合。

但我覺得我對了嗎？是怎樣的情形呢？

我到華頓之後的一、二年期間，我發展出一種精確而又奇怪的專長：下注在意外事件，那些落在**柏拉圖圈**裡，被柏拉圖式「專家」視爲「不可思議」的事件。請回想我前面所提的，在柏拉圖圈裡，我們用來代表現實的概念不再適用——但我們並不知道。

因爲我很早就熱愛「計量財務」(quantitative finance) 這行，並當成白天的工作。我成了一名「計量財務工程師」(quant) 兼交易員——計量財務工程師是一種工業科學家，把不確定性的數學模型應用到財務（或社會經濟）資料，和複雜的金融工具上。但我是個完全逆向的計量財務工程師：我研究這些模型的缺陷和限制，尋找模型失效之處：**柏拉圖圈**。我還從事投機操作，不「只是空談」，計量財務工程師很少這樣，因爲他們被禁止去「扛風險」，他們的角色被限制在分析，而不是做決策。我相信我完全不適合去預測市場價格——但其他人也都不適合，只是他們並不知道，或是不知道他們冒了很大的風險。大多數的交易員只是「在蒸汽壓路機前撿零錢」，把自己暴露在衝擊力強大的稀有事件之下，卻還能安穩入睡，渾然不知。如果你認爲你自己厭惡風險、對風險有所警覺，而且所知不多，則你唯一可以採用的就是我的方法。

而且，計量財務工程師的技術底子（融合了應用數學、工程學，和統計學），除了可以浸淫在實務上之外，最後，對一個想要當哲學家的人來說，還變得非常有用。⑥第一，當你花了幾十年的時間對資料做大量的實證研究，並根據這些研究去冒險時，你很容易就會找到世界結構裡，柏拉圖化的「思考者」被過度洗腦而不敢去正視的元素。第二，這讓我的思想變得更正式、更有系統，而不是沉迷於軼事趣聞。最後，歷史哲學和認識論（知識哲學）這二者似乎都和時間數列資料的實證研究無法分割，時間數列資料是一段時間裡的持續性資料，有點像是含有數字而不是文字的歷史文件。而且，數字很容易用電腦來處理。研究歷史資料讓你瞭解到歷史是向前走，而不是向後退的，而且，歷史比文字性報導更龐雜。認識論、歷史哲學，和統計學的目標是瞭解事實，研究產生事實的機制，並從歷史事件中，把規律和巧合分離出來。這麼說吧，它們都在處理人類知道什麼的問題，但它們各自藏在不同的建築裡，有待我們去發覺。

×！老子不幹了

一九八七年十月十九日那天晚上，我整整睡了十二個小時。

---

⑥我的專長是複雜的金融工具，稱為「衍生性商品」，這需要高深的數學——但也是用錯數學錯得最嚴重的行業。這個課題很新，也很吸引人，足以讓我拿個博士學位。

請注意，我無法單靠下注在黑天鵝事件作為我的職業——沒有足夠的交易機會。換個角度，我可以靠保護我的投資組合免受重大損失，而避免暴露在黑天鵝事件之下。因此，為了消除對隨機性的相關性，我專注於複雜商品間的技術性無效率（technical inefficiencies），在我的競爭對手技術進步，而使得無效率消失之前，在不暴露於稀有事件之下，利用這些機會。我在後來的職場生涯中，發現更容易（也更不受隨機性影響）的業務，這個業務便是保護——保險式的保護——大型投資組合，使不受黑天鵝事件的傷害。

「我對了！」的感覺，很難跟我的朋友說，他們在崩盤中或多或少都有受傷。當時的分紅獎金和現在比起來微不足道，但如果我的公司，第一波士頓和金融市場在年底之前都沒倒，我所得到的就相當於獎學金。這筆錢，有時候被稱為「×錢」（譯註：f*** you money，指有了這筆錢就敢對老闆罵髒話，×！），名稱雖然粗魯，卻可以讓你表現得像維多利亞紳士一樣，不被奴役。這是個心理緩衝：這筆資金並不是大到可以讓你揮霍無度，但足夠讓你自由地選擇一個新行業，而不必斤斤計較於財務報酬。這筆錢讓你可以安身立命，不用像妓女一樣出賣你的腦力，而且讓你不必理會外部權威——任何的外部權威（獨立乃是因人而異：有的人收入極高，卻只是變得更加諂媚，因為他們還想賺更多的錢，於是越來越依賴客戶和老闆，而這些人，人數之多，一直讓我感到吃驚）。我所拿到的這筆錢，從某些標準來看並不多，卻幾乎解決了我的財務野心——每當我必須從研究中分心去追求物質財富時，我就會感到羞恥。請注意，×這個字生動地形容出你在掛電話前簡潔有力地罵出這句話時的爽度。

當年，交易員賠錢時摔電話是極為常見的事。有的人則摔桌椅或任何可以發出聲音的東西。有一次，在芝加哥交易所場內，另一名交易員想要掐我的脖子，來了四名警衛才把他拉開。他之所以生氣，是因為我站在他自己所認為的「地盤」上。這樣的環境，誰會想要離開？比比看，在單調的大學自助餐廳中和彬彬有禮的教授一起吃午餐，討論系上最近的八卦。因此，我一直待在計量財務工程和交易員這行（我現在還在做這行），但把我自己規劃成只做必要而密集（而且有趣）的工作，焦點只放在純粹技術性的問題，絕不參加商務「會議」，避開「成功者」的公司，也避開穿著西裝卻不讀書的人，並且平均每三年休假一年，以補充我在科學和哲學文化上的不足。為了慢慢提煉我唯一的構想，我要當個放浪形骸的人，一個職業沉思者，坐在咖啡廳或飯店裡，遠離辦公桌和組織架構，睡覺睡到自然醒，貪婪地閱讀，而且不用向任何人解釋。我希望在不受打擾下，一次一點點，在我的黑天鵝理念上，建構出完整的思想體系。

禮車哲學家

黎巴嫩戰爭和一九八七年崩盤似乎是完全相同的現象。顯然，幾乎每個人對於這種事件的角色，都有一個思想上的盲點：就好像他們無法看到這些巨獸，或者，他們看過之後，很快就忘了。我覺得答案很簡單：這是心理上，甚至於生理上的**盲目**；問題不在事件的特性，而是在我們理解問題的方式上。

我以下面這則故事作爲這段自傳開場白的結束。我沒有特定的專長（除了白天的工作之外），而且，我也不想要任何專長。當人們在雞尾酒會中問我做哪一行的時候，我很想回答：「我是個**懷疑經驗論者**，也是個遊手好閒的讀者，一個下定決心好好思考的人。」但我怕麻煩，直接回答，我是個禮車司機。

在一次飛越大西洋的飛機上，我被升等坐到頭等艙，發現旁邊坐著一位穿著昂貴衣服、有權有勢的女士，她身上掛滿了金飾和珠寶，一直吃核果（可能是低糖食品），堅持只喝愛維養礦泉水（Evian），全程都在看歐洲版的《華爾街日報》（*The Wall Street Journal*）。她一直試著用破破的法文和我搭訕，因爲她看到我在讀社會哲學家皮耶·布迪歐（Pierre Bourdieu）所寫的一本（法文）書——諷刺的是，這本書談的就是社會區隔。我（以英文）告訴她，我是個禮車司機，驕傲地堅持我只開「非常高級」的車子。之後，整個航程中變得冰冷無聲，而且，雖然我可以感覺到緊張的關係，卻可以讓我安安靜靜地讀書。

2 尤金尼亞的黑天鵝事件

粉紅色眼鏡與成功——尤金尼亞何以不再和哲學家結婚——我早就告訴過你了

五年前，尤金尼亞・尼可拉維納・克拉斯諾亞（Yevgenia Nikolayevna Krasnova）是個沒沒無聞沒什麼作品的小說家，學經歷倒是很特殊。她是一名對哲學感興趣的神經科學家（她的頭三任丈夫都是哲學家），哲學深深地滲入她那兼具法俄血統的腦袋，並表現在研究及創作的文體上。她把她的理論打扮成故事，並且混合各種自傳式的鋪陳。她避免當代非文學小說的新聞式造作（「在一個晴朗的四月早晨，約翰・史密斯出門……」）。外語對話總是直接用原文寫，翻譯附註像電影字幕似的。她拒絕用蹩腳的英文取代蹩腳的義大利文對話。①

當時，除了極少數的科學家對她的作品有興趣，而吃力地以令人似懂非懂的句子表達出來之

① 她第三任丈夫是個義大利哲學家。

外，出版商並沒有注意到她。有些出版商同意和她談談，他們希望她能有所成長，寫一本「探討意識的科普書」。她得到足夠的關注，收到禮貌性的拒絕信，偶爾還有些侮辱性評論，但沒有更令人不堪的惡意沉默。

出版商對她的稿子感到困惑。她甚至無法回答第一個問題：「這是小說還是非小說？」她也無法回應出版商出書企劃表上的問題：「這本書是寫給誰看的？」出版商告訴她：「你必須知道你的讀者是哪些人」，以及「業餘作家寫給自己看，而職業作家則寫給別人看」。還告訴她，必須符合明確的書類，因為「書商必須知道這本書要擺在哪個書架上，而不喜歡搞不清楚」。一名編輯保護性地補充說道：「我親愛的朋友，這本書只能賣出十本，包括賣給你的家人及那些前夫。」

五年前，她參加過一個知名的寫作班，覺得很噁心。似乎，「優良寫作」代表遵循已經成為教條的專斷法則，而我們所謂的「經驗」，則進一步強化這些教條。她所碰到的作家正學習把大家認為成功的東西拿來炒冷飯：他們都試著去模仿《紐約客》（*The New Yorker*）雜誌上的過期文章——而不知道所謂的新，就定義而言，大多數無法從過期的《紐約客》中得到模式。尤金尼亞覺得，他們連寫一篇「短篇小說」都要抄襲別人的構想。寫作班老師在教學上的態度是溫和而堅定，告訴她說，她的作品簡直是沒希望。

最後，尤金尼亞把她的重要作品，《遞迴故事》（*A Story of Recursion*）整篇發表在網路上。在網路上，她找到一小群讀者，包括一家沒沒無聞小出版商的精明老闆，這個老闆戴著粉紅框眼鏡，會說簡單的俄語（讓人以為他很流利）。他答應為她出書，而且依照她的條件保留原作，一字不改。他所支付的版稅遠低於一般標準，以交換她在編輯上的嚴格條件——他沒什麼損失。她接受了，因爲別無選擇。

尤金尼亞花了五年才從「絕不退讓的利己主義，頑固且極難相處」類別畢業，成爲「堅忍、果敢、刻苦，而勇敢獨立」者。由於她的書漸漸發燒，成爲文學史上偉大而怪異的成就，賣出數百萬本，得到所謂的「書評界熱烈回響」。原來的初創事業現在已經變成一家大公司，擁有（禮貌的）接待人員向前來總部拜訪的賓客致意。她的書已經譯成四十種文字（甚至包括法文）。你到處都可以看到她的照片。大家稱她爲所謂「融會貫通學派」（Consilient School）的先驅。

出版商現在有個理論：「讀書的貨車司機，不讀寫給貨車司機讀的書」，認爲「讀者鄙視迎合讀者口味的作者」。如今大家已經知道，一篇科學論文可以用數學式子和專業術語來掩藏其缺乏分量或缺乏意義的缺點；而融會貫通的散文，則以原汁原味的方式來呈現構想，可以讓公眾評判。

今天，尤金尼亞不再和哲學家結婚（他們太愛爭辯），而且，她躲避媒體。在課堂上，文學教授討論新風格所必然出現的跡象。小說和非小說的分法被認爲太老舊，不足以應付現代社會的挑戰。藝術和科學之間的裂痕顯然有待吾人去修補。事實呈現之後，她的才華顯而易見。

她後來碰到許多編輯怪她當時沒去找他們，認爲他們可以立即看出她作品裡的優點。幾年之後，將會有一名文學教授寫一篇「從昆德拉（Kundera）到克拉斯諾亞」的論文，證明她的作品理念源自昆德拉——他是融合散文和後設評論（metacommentary）的先驅（尤金尼亞從未讀過昆德拉，但看過一部改編自他的書的電影——電影中沒有評論部分）。將會有一個知名學者證明，尤金尼亞的每一頁都可以看到葛雷格里・貝特森（Gregory Bateson）的影響，貝特森把自傳場景注入到他的學術研究論文中（尤金尼亞從不知道有貝特森這個人）。

尤金尼亞的書就是個黑天鵝事件。

3 投機者和妓女

談投機者和妓女之間的重要差異——公平、不公平，和黑天鵝事件——知識與專業所得之理論——爲什麼最好不要去極端世界，除非，或許，你是個贏家

只有在我所謂的極端世界環境裡，尤金尼亞才可能從地下二樓崛起，成爲超級巨星。①我很快就會介紹極端世界裡的黑天鵝事件製造者，和平庸世界（Mediocristan）裡溫馴、安靜、而平安無事者之間的中心差異。

①我必須對那些用 Google 去搜尋尤金尼亞．克拉斯諾亞的讀者說聲抱歉，她只是個（官方的）虛構角色。

最佳（差）忠告

當我回想所有別人所給我的「忠告」時，我發現只有少數幾個讓我終身受用。其餘的不過是一堆字，我很高興大多數我都不去理會它們。大多數的建議就像「你在表達意見時要審愼合理」，這和黑天鵝事件的理念相抵觸，因爲現實經驗並不「審愼」，而其特殊版本的「合理」，也和傳統平庸的定義不同。要做到眞正的實證，必須盡可能忠實地反應現實經驗，而要以此爲榮，隱含必須不怕變成怪異分子時的形象和後果。下次有人拿不必要的忠告來煩你的時候，不妨溫和地提醒他，恐怖伊凡（Ivan the Terrible）朝中的僧侶就是因爲提出不受歡迎（但合乎道德）的忠告，而被處死。這是個短期的治標方法。

事後回想，我所收到最重要的一則忠告是個壞建議，但弔詭地，也是最重要的建議，因爲它讓我更深入變化無常的黑天鵝事件。這則忠告發生在我二十二歲時的二月下午，就在我住的費城胡桃街（Walnut Street）三千四百號一幢建築裡的走廊上。一名華頓二年級學生告訴我，要找個「規模可變的」（scalable）行業，即這種行業不是按時計費，從而收入不會受到你所投入的工作量之限制。這是一個非常簡單的區別行業方法，而且同樣的方法，還可以用來區別各種不同的不確定性——這引導我進入一個主要的哲學問題，一個歸納問題，此即黑天鵝事件的技術性名稱。這讓我可以把黑天鵝事件從邏輯上的死胡同轉到易於落實的解決方案，而其基礎，我們將在下一章中看到，則是建立在現實經驗架構上。

一個找工作上的忠告，何以會導出這些不確定性特性的想法？有些職業，如牙醫、顧問，或諮詢等，是無法做規模放大的：在一段時間裡，你所能看的病患或客戶數有個上限。如果你是個妓女，（一般而言）你是按工作時數計酬。而且，（我認爲）你所提供的服務，必須有你在場才行。如果你開了一家別致的餐廳，頂多做到高朋滿座（除非你開放加盟）。在這些行業中，不論你的薪水有多高，你的所得受到地心引力的牽制。你的收入取決於你的工作時數遠甚於決策品質。還有，這類的工作大部分具可預測性：會有些許變動，但其程度不至於造成某一天的所得比一輩子其他日子的總所得還重要。換句話說，這不是靠黑天鵝事件來驅動。如果尤金尼亞・克拉斯諾亞是個稅務會計人員或疝氣專科醫師，她就不可能在一夕之間從落魄潦倒跨越鴻溝，成爲超級英雄（但她也不會落魄潦倒）。

另一種職業，當你做得很好時，可以讓你在不費吹灰之力下，讓成果（或是你的所得）的數字後面加幾個零。由於我現在很懶，把懶惰視爲一種資產，並急切地想多空出一些白天的時間來沉思和閱讀，我立即（但也有所誤解）地得到一個結論。我把以交易或作品形式賣給你智慧產品的「點子」人，和賣你勞力的「勞動」人區隔開來。

如果你是個點子人，你不必賣力工作，只要密集思考。不管你生產的是一百個單位或一千個單位，所做的事都一樣。在計量操盤這一行，買一百股和買十萬股，甚至一百萬股的工作量完全一樣。同樣的電話、同樣的計算、同樣的法律文件、耗費同樣的腦細胞、同樣的努力，以確認該筆交易沒有問題。而且，你可以在浴缸裡或是在羅馬的酒吧裡工作。你可以用槓桿代替勞力！喔，ＯＫ，我把交易說得有點離譜：我們不能泡在浴缸裡工作，但做得不錯時，這個工作可以有大量的自由時間。

同樣的特性也適用在錄音或錄影的藝人或電影演員：你讓音效工程師和放映人員去處理就好；上演時不必每場都親自上陣。同理，作家的作品可以吸引一名讀者，也可以擴散成吸引數千萬個讀者。哈利・波特（Harry Potter）作者羅琳（J. K. Rowling），不必每次有人要讀這本書時，就再寫一次。但麵包師傅就不同了：每多一個客人，他就得多烤一塊麵包。

因此，作家和麵包師之間、投機者和醫師之間、騙子和妓女之間的區別，是檢視行動世界的有效方式。這個方法，把那種不用多花力氣就能讓所得增加幾個零的行業，和那些必須多花勞力和時間（勞力和時間的供給都有限）才能增加收入的行業——換句話說，這些行業受制於地心引力——有所區別。

對規模可變的行業要小心

但為什麼我那位同學的建議不好呢？

在為知識的不確定性大小做分類時，如果這個建議很有幫助，其實也的確頗有幫助，那麼，在職業選擇上，這個建議卻是個錯誤。對我來說，這個建議也許發揮功效，但那只因我運氣好，並且正如俗話所說，剛好碰上「天時地利」。如果要我來建議，我會建議各位選個**不是**規模可變的行業！規模可變的行業只有在你成功時才是個好行業；它們更加競爭、造成極大的不公平，而且具有非常大的隨機性，努力和報酬之間非常不對等——少數幾個人瓜分掉絕大部分，剩下的才留給所有沒犯錯的人。

一類的行業是由一般、平均，和普羅大眾所主導。在這種行業裡，平庸之輩加起來佔很重要的地位。而另一類行業則不是巨人就是侏儒——更精確地說，非常少數的巨人和爲數龐大的侏儒。

讓我們來看看，出乎預期的巨人，其背後的形成因素——黑天鵝事件的形成因素。

規模可變性的出現

試考慮錄音機還沒發明前，十九世紀末的歌劇演唱家嘉亞可摩（Giaccomo）的命運。假如說，他在中義大利的偏遠小鎮裡演唱。他得到保護，不受米蘭史卡拉（La Scala）歌劇院和其他大型歌劇院裡的大牌明星所影響。他覺得很安全，因爲他的嗓子在當地總是有一定的需求。他沒辦法把他的歌聲外銷出去，而大牌明星也同樣無法外銷其歌聲以威脅嘉亞可摩在地方上的特權。他也不能儲存自己的作品，因此他每場表演都必須親自演唱，就和今天的理髮師一樣，(仍然) 必須親自爲每個客人理髮。於是整塊大餅分得不是很公平，但也只是稍稍不公平，就像你所消耗的卡路里一樣。整塊餅只是切成幾個小塊，每個人都有一份；大牌明星的聽眾較多，邀約也比小牌的多，但這並不足擔憂。不公平是存在，但我們姑且稱之爲**溫和的**不公平。這時還不具規模可變性，沒辦法不唱兩遍就能讓大場子裡的現場聆聽人次多一倍。

現在考慮第一次音樂錄音的效應，這項發明，引入了極大的不公平。人類能夠把表演加以重製和重播的能力，讓我可以在手提電腦上，把鋼琴家霍洛維茲（Vladimir Horowitz，已故）所演奏的拉赫曼尼諾夫（Rachmaninoff）前奏曲當成背景音樂，聽個好幾小時，而不去聽住家附近的俄羅斯流亡音樂家（還活著）的演奏，現在這名流亡音樂家淪落到爲普遍沒有天分的兒童上鋼琴課，收取微薄的工資。我寧可花十・九九美元買張CD，聽霍洛維茲或魯賓斯坦（Arthur Rubinstein），而不願花九・九九美元去聽茱莉亞音樂學院（Juilliard School）或布拉格音樂院（Prague Conservatory）不知名（但非常有才華的）畢業生的演奏。如果你問我爲什麼選霍洛維茲，我會回答因爲音律、節奏，和熱情，而事實上，可能有一大票我從未聽過、而且永遠聽不到的人（他們因故無法上臺演奏），其演奏也一樣棒。

有些人根據我前面所提的邏輯，天眞地以爲，不公平過程從留聲機開始。我不同意。我認爲這個過程很早很早之前就開始了，我們的DNA儲存著我們自己的資訊，讓我們可以把基因代代相傳，四處擴散，以複製自己的行爲，而不用親臨現場。演化具**規模可變性**：勝出的DNA（不論是靠運氣或靠生存優勢）會自我複製繁殖，就像暢銷書或熱門唱片一樣，到處擴散。其他的DNA則會消失。只要看看我們人類（不包括財務經濟學家和商人）和地球上其他生物的差異就知道了。

而且，我相信社會生活的大規模轉型並不是從留聲機開始，而是始於某個人有個偉大而不公平的想法，發明了文字，讓我們可以儲存和複製資訊。當另一個發明家有個更危險且更不公平的想法，造出印刷機之後，這個過程進一步加速，導致文書跨越界限，最後發展成贏者全拿的生態。現在，造成書籍推廣上如此不公平的因素是什麼？文字讓故事和想法可以在高度的可靠性之下複製，沒有限制，作者這端不用再爲後續績效耗費任何能量。他甚至不必活著——死亡經常成爲作者成名的因素。這隱含了這些人，由於某種原因，開始被注意，能夠比其他人更迅速地觸及更多人的心思，並從書架上取代競爭對手。在吟遊詩人及流浪詩人的時代，每個人都有聽眾。說書人，和麵包師傅或銅匠一樣，有一個市場，並確保不會有人從遠方過來，在他的地盤上把他驅逐出境。今天，少數人幾乎拿走全部；而其餘的人，則幾乎一無所有。

在同樣的機制下，電影的出現取代了住家附近的演員，讓這些小人物退出市場。但有一點不一樣。在具有技術性的行業裡，像是鋼琴家或腦科醫師，我們很容易確認其才華，因爲主觀意見所扮演的角色相對較小。不公平發生於當我們看到某人只不過是好一點點而已，卻拿走整塊大餅。

在藝術界——譬如說，電影——更是非常惡毒。我們所謂的「才華」一般來自成就，而不是成就來自才華。這個議題已經有許多的實證研究，最著名的是亞特·迪凡尼（Art De Vany）的研究，他是一名眼光獨到、具原創性的思想家，專心研究電影界狂亂的不確定現象。令人難過的是，他證明，我們所認爲的演技，有許多是事後的穿鑿附會。他聲稱，電影造就演員——而一部電影的成功，則來自一大票的非線性運氣。

電影的成功與否，嚴重受到傳染力的影響。這種傳染力不只適用於電影：似乎還影響了廣泛的文化產品。我們很難接受人們之所以愛上藝術作品，並不只是因爲自己的因素，還爲了得到社群的歸屬感。透過模仿，我們和其他人——即其他的模仿者——更爲親近。這是在對抗孤獨。

這段探討顯示，預測一個環境中成功的集中出象（outcomes）非常困難。因此，我們現在先把注意力放在職業的區別可以用來瞭解不同種隨機變數的區別上。讓我們進一步探討知識這個議題，即對未知的推論和已知的特性上。

規模可變性和全球化

每當你聽到一名高傲（而有挫折感）的歐洲中產階級表達他對美國人的刻板印象時，他通常會把美國人描述成「沒文化」、「沒知識」，和「數學很差」，因爲，美國人和他的同伴不同，不去鑽研方程式和建造中產階級所謂的「高度文化」——像瞭解歌德（Goethe）到義大利的啓蒙（及核心）之旅的知識，或是熟悉荷蘭的臺夫特（Delft）畫派。然而，說這些話的人很可能沉迷於他的iPod、穿藍色牛仔褲、用微軟（microsoft）的Word把他的「文化」主張，草草地打進PC，而且在他寫作當中，還不時停下來用Google到處搜尋。喔，很不巧，美國就是遠比這些喜歡上博物館和解方程式的人的國家還要有創造力。美國也更能夠容忍由下而上的修修補補和漫無目標的嘗試錯誤。而全球化讓美國能專注於事物的創意面，專注於產生觀念和點子，亦即，專注於產品的規模可變性部分，並逐漸透過工作外包，把較不具規模可變性的部分分離出來，指派給那些樂於接受按時計酬的人。設計鞋子比實際製造鞋子所賺的錢還多：耐吉（Nike）、戴爾（Dell），和波音（Boeing）光靠思考、組織，和運用他們的技術及構想就能賺錢，而把工廠外包給開發中國家去做單調的工作，也外包給文化及數學大國的工程師去做沒有創造性的技術性苦差事。美國經濟極度依賴點子之產生以發揮國力，這解釋了爲什麼在失去製造業工作中，還能提升生活水準。在世界經濟裡，報酬歸點子所享有，而其缺點則是，在點子產生者之間，還有更重要的機會和運氣問題，因而更不公平——但我要把這個社會經濟問題留到第三部去討論，此處只專注於知識問題。

在平庸世界裡旅遊

規模可變／非規模可變（nonscalable）的區別，讓我們可以清楚地分別出兩種不同的不確定性，兩種隨機性。

讓我們玩下面的思考實驗。假設你從大眾中隨機找來一千個人，讓他們一個接著一個排在一起，站在舞臺上。你甚至可以找法國人（但拜託，不要找太多法國人，以至於完全不理會群組裡的其他人）、幫派分子、非幫派分子，和素食者。

想像你把你所認識的人中，體重最重的人找來，加入樣本。假設他的重量是平均重量的三倍，介於四百磅到五百磅之間，他的重量佔不到整體重量的一小部分（在這個案例中，約佔半個百分點）。

你甚至還可更積極一些。如果你把地球上最重的人（還可以稱爲人就可以了）找來，他佔總重量不會超過百分之〇・六，增加很有限，幾乎可以忽略。而且，如果你有一萬人，他的貢獻將極爲藐小。

在平庸世界的烏托邦省裡，特殊事件的個別貢獻不重要——只有集合貢獻才重要。我可以把平庸世界裡的最高律法陳述如下：**當你的樣本很大時，沒有任何單一個案可以顯著改變整體或全部**。觀察到最大者，仍然令人感到印象深刻，但對整體而言，終將不顯著。

我要向我的好友布魯斯・高柏格（Bruce Goldberg）借用另一個例子：你所消耗的卡路里。看看你一年消耗多少卡路里——如果你是人類，則接近八十萬卡路里。沒有任何一天所消耗的卡路里，會佔一整年的重要分量，即使是在你姑婆家過感恩節的那一天。即使你在某一天奮不顧身，拚命地吃，那天所吃掉的卡路里也不會嚴重影響你一整年的消耗量。

現在，如果我告訴你，我們可能碰到一個體重數千噸或身高數百英里的人，你應該會叫我去檢查一下大腦的前額葉，或是叫我乾脆改行去寫科幻小說算了。但另一種數量上的變異，不容你輕易否認，我們下面就要介紹。

極端世界裡的奇怪國度

現在把你排在舞臺上那一千人的淨資產拿來做比較。把他們的全部淨資產加到全球最有錢的人——譬如說，微軟創辦人比爾・蓋茲（Bill Gates）——的淨資產。假設他的淨資產約爲八百億美元——而其他人的資產總値約爲數百萬美元。他佔全部資產的比率是多少？百分之九十九・九？事實上，其他人全部加起來的總値還不到他小數點的四捨五入部分，也就是他個人資產組合在前一秒鐘的變動部分。如果一個人的體重佔整體如此大的比率，他應該重達五千萬磅！

我們再試一個例子，如，書籍銷售。把一千個作家（或是哀求別人幫他出版，自稱爲作者而不是侍者的人）排在一起，檢查看看他們的書籍銷售量。然後加上（現在）還活著、擁有最多讀者的作家。哈利・波特系列作者羅琳，賣出數億本，讓其餘這一千個作家變成侏儒，他們全部的讀者加起來頂多是幾十萬人。

也可以試試學術引用（一名學者的文章，被另一名學者在公開發表的學術性文章上所提到的次數）、媒體推薦、所得、公司規模等。讓我們稱之爲**社會**事物，因爲它們都是人造的，和生理事物，如腰圍，相對。

在極端世界裡，非常不公平，單一觀察點就能不成比例地影響整體或全部。因此，雖然體重、身高，和卡路里消耗量來自平庸世界，財富則不然。幾乎所有的社會事物都來自極端世界。另一個說法是社會數量是資訊的，而非實體的：你摸不到。銀行帳戶裡的錢很重要，但當然**不是實體**。因爲帳戶可以記下任何數值而不用耗費能量。那只是個數字！

請注意，在現代科技出現之前，戰爭一度屬於平庸世界。如果你一次只能殺一個人，大屠殺是很困難的。今天，有了毀滅性工具，只要一個按鈕、一個瘋子，或一個小小的錯誤，就可以把地球夷爲平地。

看看黑天鵝事件的意義。極端世界能夠產生、也的確產生了黑天鵝事件，因爲，少數幾個事件對歷史造成了重大影響。這是本書的主要理念。

極端世界和知識

雖然這個區別（平庸世界和極端世界的區別）在社會公平和事件變化上有相當複雜的衍義，我們要先看看這項區別在知識上的應用情形，而其價值，主要也在此。如果有一個火星人來到地球上，打算從事測量這個快樂星球上的住民身高的事業，他可以很安全地只量一百個人就停下來，並對平均身高有了相當好的認識。如果你住在平庸世界，你可以對你所測量到的東西感到放心——只要你確認測量值來自平庸世界。你也可以對你從資料上所**學到的東西**感到放心。認識論上的結果是，在平庸世界型的隨機性裡，**不可能**②出現黑天鵝事件的意外，讓一個單一事件能夠主導整個現象。**第一**，前一百天就應該透露出你所要知道的所有資料。**第二**，即使你碰上了意外，一如我們在前面所舉的體重最重的人的例子，也沒關係。

如果你正在處理來自極端世界的數量，則你從任何樣本中所找出的平均值都會有問題，因爲平均值受到單一觀察點的影響非常大。原因本身並不比尋求平均值更困難。在極端世界裡，一單位就能以不成比例的方式輕易影響全部。在這個世界裡，你必須永遠對資料所得出的知識抱持懷疑。這是不確定性一個非常簡單的測試，讓你區分兩種不同的不確定性。懂了嗎？

你從平庸世界的資料中所能得知的訊息，隨著資訊供應的增加而迅速增加。但在極端世界裡，隨著資料的增加，知識的增加卻是非常緩慢而奇怪，有些更是極其奇怪，可能以未知的速度增加。

狂野和溫和

如果我們瞭解我對規模可變性和非規模可變性所做的區別，我們就能對平庸世界和極端世界

②我強調**可能**，因為這些事件發生的機會，典型的數量級是數兆兆分之一，相當接近不可能。

的構成，淸楚地識別。這裡有幾個例子。

似乎屬於平庸世界的事物（遵循我們所謂的第一類隨機性）：身高、體重、卡路里消耗量、麵包師、小餐館老闆、妓女，或牙齒矯正醫師的所得、賭博利潤（非常特殊案例中的賭博利潤，假設在賭城，每次賭固定金額）、汽車事故、死亡率，和智商（測量值）。

似乎屬於極端世界的事物（遵循我們所謂的第二類隨機性）：財富、所得、平均一個作者的書籍銷售量、平均一個作者的著作被引用量、被當作「名人」的名字、Google上的搜尋參考數、城市人口、字彙中被使用的字數、平均一種語言的使用人數、地震所造成的災害、戰爭中的死亡人數、恐怖事件中的死亡人數、行星的大小、公司的大小、股權分配、不同物種的高度（想像大象和老鼠）、金融市場（但你的投資經理人並不知道）、商品價格、通貨膨脹率、經濟資料等。極端世界的名單比前面那個長多了。

意外事故的暴虐

另一個表達一般區別的方法如下：在平庸世界，我們必須忍受集體行動、例行公事、平凡事物，和了無新意的暴虐；而在極端世界裡，我們則受到奇異事件、意外事故、未被察覺，和無法預料事件的暴虐。不管你多麼努力，都不可能在一天當中讓體重減輕不少；你必須靠許多天、許多星期、甚至許多個月所累積的成果。同樣地，如果你是個牙醫，你不可能在一天之內致富——但你可以靠三十年的兢兢業業、勤勞、守紀律，和定期參加牙齒鑽研會議而過得不錯。然而，如果你做的是極端世界裡的投機事業，就可以在一分鐘內賺到或賠掉你的財富。

表一彙總這兩種動態的差異，本書其餘部分將會陸續提到，如果把上邊和下邊搞混了，可能導致極爲悲慘（或極爲幸運）的結果。

表一

平庸世界	**極端世界**
非規模可變	規模可變
溫和或第一類隨機性	狂野（甚至超級狂野）或第二類隨機性
最典型的成員就是平庸之輩	最「典型」的是巨人或侏儒，亦即，沒有典型的成員
贏家得到整個大餅中的一小塊	贏家幾乎全拿效應
例子：留聲機發明之前，歌劇演唱家的聽眾	今日藝術家的顧客
常出現在我們祖先的環境裡	常出現在我們的現代環境裡

不受黑天鵝事件的影響	會受到黑天鵝事件的影響
受地心引力限制	數字的大小不受實體限制
（一般而言）對應到實體數量，如身高	對應到數字，如財富
現實可以同時達到接近烏托邦式的公平	以贏家全拿為主，極端的不公平
整體並不決定於單一事例或觀察	整體決定於少數極端事件
你只要觀察一陣子就可以搞清楚怎麼一回事	要花很長的時間才搞清楚怎麼回事
集體的暴虐	意外事故的暴虐
很容易從你所見到的事物做預測，並延伸到你沒看到的部分	很難從過去的資訊做預測
歷史用爬的	歷史會跳躍
事件呈「鐘形曲線」（GIF）分配③或變異	分配不是呈曼德伯式的「灰」天鵝事件（科學上可以處理），就是完全無法處理的黑天鵝事件

這個架構顯示，大多數黑天鵝事件的活動出現在極端世界，但這架構只是個粗略的逼近——請勿將之柏拉圖化；除非必要，別將其簡化。

極端世界裡的事件未必就是黑天鵝事件。有些事件也許稀有而重要，但多少可以預測，尤其是那些有備而來、擁有瞭解這些事件工具的人（而不是去聽統計學家、經濟學家，和鐘形曲線之流的江湖術士）。這些事件是近黑天鵝事件（near-Black Swans）。在某種程度上，它們可以用科學方法處理——瞭解它們的發生方式，你應該就不會那麼驚訝了；這些事件很稀有，但可以預期。我稱這種特殊的「灰」天鵝事件案例爲曼德伯隨機性（Mandelbrotian randomness）。在這個類種中的隨機性，其所產生的現象，通常都用**規模可變**、**縮放不變性**（scale-invariant）、**冪法則**（power laws）、**帕雷托—齊夫法則**（Pareto-Zipf laws）、**玉爾法則**（Yule's law）、**帕雷托穩定過程**（Paretian-stable processes）、**李維穩定**（Levy-stable）、和**碎形法則**（fractal laws）等術語來稱呼，但我們要把這些先擺在一邊，因爲第三部會做某種程度的討論。根據本章的邏輯，它們具規模可變性，但你多少可以瞭解其規模變化方式，因爲它們大都屬於自然法則。

在平庸世界，你仍然可以體驗到嚴重的黑天鵝事件，雖然並不容易。怎麼可能？你可能忘了

---

③此處我所謂的「機率分配」是指用來計算不同事件出現機率的模型，即它們的分配方式。當我說一個事件呈「鐘形曲線」分配時，我的意思是指高斯鐘型曲線（以高斯〔C. F. Gauss〕為名，我們後面還會談到），有助於為許多事件提供發生機率。

有些事是隨機的，但你卻認爲它們是確定的（deterministic），因而感到意外。或者你可能鑽牛角尖，而錯失了不確定性來源，不論溫和或狂野，這種不確定性都來自缺乏想像力——大多數黑天鵝事件都來自這種「鑽牛角尖」毛病，我會在第九章中討論。

以上是對本書中的核心區別做「文學性」概述，提供一個技巧來區別何者屬平庸世界、何者屬極端世界。我說過我們將在第三部做深入探討，因此，現在先把焦點放在認識論上，看看這種區別如何影響我們的知識。

4 一千零一天，或如何才能不當傻瓜

意外，意外——向未來學習的複雜方法——塞克斯都永遠領先——主要的想法就是不要當個輕易上當的傻瓜——讓我們搬到平庸世界，如果我們找得到的話

這把我們帶到黑天鵝問題的原始形式。

想像一個位高權重的人，在一個很重視地位的地方工作——譬如說，政府部門或大企業。他可能是健身中心裡，放在你前面的福斯新聞（Fox News）上所播放的發言冗長的政治評論員（你不可能不去看螢幕）；一家公司的董事長，討論「光明燦爛的前景」；一名柏拉圖式醫師，斬釘截鐵地斷言母乳沒用（因爲他看不出母乳有何特殊之處）；或是聽了你的笑話之後不會笑的哈佛商學院教授。他把他所知道的事，看得太重了。

假如有一天，一個惡作劇者在休息時間偷偷地把一小片羽毛放到他的鼻子上。被這麼捉弄之後，他那驕傲的自尊會變得如何？一反其權威風範，他對這突如其來的舉動完全不瞭解而驚惶失措。在他回復正常舉止之前，有一小段時間，你會在他的臉上看到慌亂。

我承認我在第一次夏季露營中，養成了這種惡作劇的嗜好，改都改不掉。把羽毛伸進睡著了的露營者鼻孔中，會引起一陣驚慌。我小時候有一部分時間是在練習各種不同的惡作劇：你可以把衛生紙一角捲成細細長長的以代替羽毛。我拿我弟弟做練習。趁他不注意時，例如在正式晚宴裡，把冰塊從他的領口塞進去，也有同樣的惡作劇效果。當然，當我漸漸長大成人之後，我就必須停止這種惡作劇行爲，但是每當我和面容嚴肅的商務人士（穿黑西裝，標準化的思想）開會時，聽他們推理、說明事情，或是在談論隨機事件時頻頻用「因爲」來解釋，就讓我感到了無生趣，而經常情不自禁地想起這些畫面。我把焦點放在其中一位，想像冰塊溜進他的背部——如果你放進去的是一隻活老鼠，雖然不流行，但絕對更刺激，尤其是如果對方是個怕癢的人，又打著領帶，擋住了老鼠逃生的去路。①

惡作劇也可以是慈悲的。我記得早年從事操盤時，二十二歲左右，賺錢開始變得很容易。我搭計程車時，如果司機講話有氣無力，看起來特別沮喪，我下車時會給他一百美元大鈔，只是要讓他震撼一下，也讓自己開心。我看著他把鈔票展開，以某種程度的錯愕看著鈔票（一百萬美元的效果當然更好，但這不在我的能力範圍之內）。這也是一種簡單的快樂實驗：花區區一百美元就讓一個人一整天都高興，我自己都覺得變高尚了。最後我停了；當我們的財富增加後，我們都變得吝嗇而計較，我們開始把錢看得很重。

---

①我不怕這招，因為我從不打領帶（除了參加葬禮）。

我不太需要命運的協助就能得到大規模的娛樂：現實以相當高的頻率提供這種信仰上的強迫修正。許多還相當精彩。事實上，整個知識追求產業就是建立在學習傳統智慧和眾人所接受的科學信仰，並以與直覺相違的新事證將其打得粉碎，不論是規模微小（每一項科學發現，都是企圖製造一個微小黑天鵝事件），或是巨大（如龐加萊〔Poincaré〕和愛因斯坦〔Einstein〕的相對論）。也許，嘲笑前輩就是科學家所從事的事業，但由於人類的各種心理特質，很少有科學家瞭解，將來（不幸地，是不久的將來）也會有人嘲笑他們的想法。在這裡，讀者諸君和我就在嘲笑社會知識的**現況**。大人物不知道他們的作品不久之後免不了要全面翻修，這表示，通常，你可以確信他們將會大吃一驚。

如何向火雞學習

大哲學家羅素（Bertrand Russell）在說明他那一行業裡，大家稱爲歸納問題（Problem of Induction），或是歸納知識的問題（Problem of Inductive Knowledge，英文大寫表示問題很重要，當然，這個問題也是所有生活問題之母）時，提出了我所謂意外震撼的特別變種。我們如何能夠在**邏輯上**從特定的事例中得到普遍的結論？我們如何知道我們知道了什麼？我們如何知道，我們從既有物件和事件中所觀察到的現象，足夠讓我們瞭解它們的其他性質？任何從觀察所得到的知識，先天上都存在著陷阱。

請考慮一隻每天有人餵食的火雞。每一次餵食，都讓這隻禽鳥確信，每天有個友善的人類，

「爲了它的最大利益」（套用政治人物的慣用語），而來餵它，這是其生活中的普遍法則。在感恩節之前的一個星期三下午，某件**預想不到**的事將會發生在它的身上。這將導致信念的修正。②

本章的其餘部分將會整理出黑天鵝問題的原始形式：我們如何能從過去的既有知識去瞭解未來；或是，更普遍地說，我們如何能在（有限的）已知基礎上，瞭解（無限的）未知性質？再想一下餵食問題：火雞從過去的事件中，能瞭解到明天藏著哪些事件嗎？也許它瞭解到很多，但當然比它所認爲的少了一點點，而就是那「少了一點點」，造成結果完全不同。

火雞問題可以化爲任何**餵你的那隻手可能就是扭斷你脖子的那隻手**這種狀況的通則。想想看一九三〇年代德國猶太人越來越集中的案例——或是我在第一章中所描述的，黎巴嫩人被彼此的友善和包容所催眠，而產生錯誤的安全感。

讓我們進一步探討，考慮歸納法最**令人憂心忡忡**的面向：後向學習（learning backward）。想想，火雞的經驗也許不是沒價値，而是**負**價値。它從觀察中學習，我們都被教導要這麼做（嘿，畢竟這是大家所相信的科學方法）。它的信心隨著友善餵食次數的增加而增加，而它的安全感也越來越高，雖然宰殺之日越來越逼近。想想看，其安全感在危機最高那天達到極大值！但問題甚至比這點還更具普遍性；這個問題直接攻擊經驗知識本身的性質。過去一直有效的東西，直到——喔，出其不意地，不再有效，而我們過去所學，竟轉而成爲錯誤，最好的狀況是不相干，最糟的

②由於羅素原來的例子是用雞，本例為北美加強版。

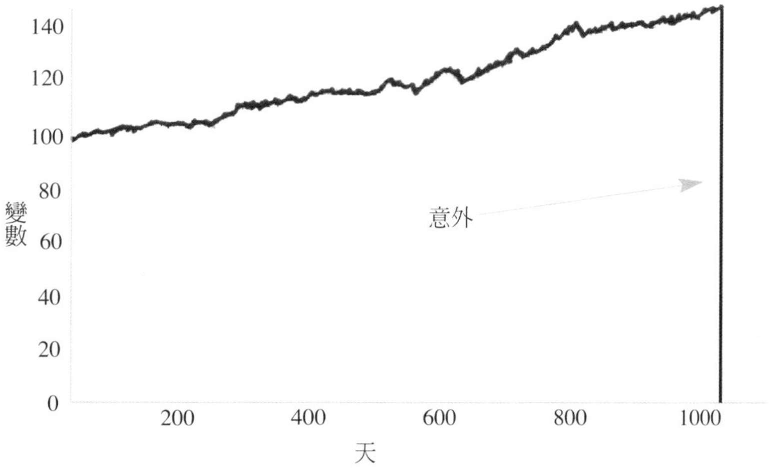

圖一：一千零一天的歷史

一隻火雞在感恩節之前及之後的歷史。一千天過程的歷史，並不能告訴你未來會發生什麼事。由過去預測未來，這種天真預測，可能會用在任何事情上。

狀況則是嚴重誤導。

圖一提供實際生活所遭遇到的歸納問題之典型原型案例。你對一個假設變數觀察了一千天。(只要稍微轉換)這個圖可以是任何事物：書籍銷售、血壓、犯罪、你的個人所得、一檔股票、放款利息、或是星期日參加某個希臘正教教會的人數。然後，你**單靠過去資料**上的性質所得到的一些結論，對接下來的一千天，甚至五千天的未來走勢做推估。在第一千零一天時——砰！一個過去完全沒料到的巨大變化發生了。

考慮第一次世界大戰的意外。在拿破崙戰爭之後，世界經歷了一段和平期，導致所有的觀察者都相信嚴重的毀滅性戰爭已經銷聲匿跡。然而，意外！竟演變成當時人類有史以來最嚴重的戰爭。

請注意，意外事件發生之後，你會開始在同一個領域裡，亦即，在你才被嚇到的那個過程中，而不是在**其他領域中**，預測其他離群值發生的可能性。一九八七年股市崩盤之後，半數的美國交易員每年的十月都預期會發生另一次崩盤——而不去想想，第一次崩盤之前並沒有先例。我們太晚才擔憂——事後。錯把對過去所做的幼稚觀察當成未來的確定模式或代表，是我們無法瞭解黑天鵝事件的唯一原因。

霍布斯（Hobbes）這個文抄公——即文章中到處引用一些已故權威名句的作家或學者——寫過這麼一段話：「逝者如斯，來者亦然。」那些無條件相信過去經驗好處的人，應該考慮一位知名船長在辯詞中所講的這段智慧結晶：

> 但是在我這輩子當中，從未見過任何事故……任何值得談論的事故。我在海上那麼多年，從未見過一艘船出事。我從未見過沉船，我的船也從未沉過，而且我也從未碰過任何有沉船之虞的危難。
>
> 史密斯（E. J. Smith），一九〇七年，鐵達尼號船長

史密斯船長的船在一九一二年沉沒，成為史上談論最多的船難事件。③

訓練成愚鈍

同樣地，想像一個銀行董事長，他的機構長期以來穩定地賺了不少錢，只是在一次走霉運時

全賠光了。在傳統上，放款類的銀行家一直是體態臃腫，鬍子刮得乾乾淨淨，而其穿著，可能讓人覺得最順眼，也最乏味：黑西裝、白襯衫，和紅領帶。事實上，爲了經營放款業務，銀行雇用一群愚鈍的人，並把他們訓練得更愚鈍。但這只是爲了門面。如果他們看起來讓人覺得很保守，那是因爲他們的放款只會在非常非常稀有的偶發事件中爆掉。光從一天、一週、一個月，甚或一個世紀裡的觀察，並不能測量出他們放款活動的有效性。一九八二年夏，許多大型美國銀行幾乎把他們過去（所累積）的盈餘賠掉，差不多是整個美國銀行史所賺的錢——完全賠光。他們過去一直放款給南美洲和中美洲的國家，這些國家同時全部違約——「一個例外事件」。於是大家就在一個夏季中明白，這是個笨瓜業務，而且他們所有的盈餘都來自一場風險非常高的遊戲。以前銀行家一直在誘導每個人，特別是他們自己，去相信他們「很保守」。他們不是保守；只是讓人覺得他們非常善於自欺欺人，把發生大規模毀滅性損失的可能性掩藏起來。事實上，這種拙劣的行爲，

③史密斯船長這種論調非常常見，一點都不好笑。二〇〇六年九月，一家名叫「紅莧」（Amaranth）的基金，因為在短短幾天內就損失了七十億美元而必須關門大吉，這是交易史上最嚴重的損失，諷刺的是，該基金以一種「永不凋謝」的花為名（另一個諷刺：我和其交易員共用交易室）。在事件爆發前幾天，該公司發表正式聲明，要求投資人不用擔心，因為他們有十二名風控經理——這些人運用過去的模型，對這類事件發生的機率計算風險值。就算他們有一百一十二位風控經理，也不會有什麼差別；他們還是會爆掉。顯然，你無法製造出比「過去」所能提供的資訊還多；如果你買了一百份《紐約時報》（*The New York Times*），我不太確定這對你未來知識的增加是否有所幫助。我們就是不知道「過去」裡頭到底含有多少資訊。

十年後又再度發生，具有「風險意識」的大型銀行，於一九九〇年代初期房地產崩盤後，又再度面臨財務危機，其中有不少差點破產，當時的儲貸業竟要花納稅人半兆美元的資金去紓困，現在則已經倒閉。聯邦準備銀行拿我們的錢去拯救他們：當「保守的」銀行家創造出利潤時，好處被他們拿走；當他們出事了，卻由我們買單。

從華頓畢業之後，我先到信孚銀行（Bankers Trust，現在已經倒了）上班。在那裡，董事長辦公室很快就忘了一九八二年的故事，每一季都大肆宣揚他們的經營成果，公然解釋他們是多麼聰明、會賺錢、保守（和好看）。顯然他們的利潤只不過是來自向死神所預借的現金，而償還日期則是隨機發生。冒風險，我沒有意見，但是拜託，請不要說你們很保守，更不要表現得一副你們比其他事業還高人一等的樣子，其他事業可不像你們那樣容易受到黑天鵝事件的傷害。

最近另一起事件是幾乎立即破產，一九九八年，一家叫作長期資本管理（Long-Term Capital Management, LTCM）的財務投資公司（避險基金），採用兩名「諾貝爾經濟學家」的方法和風險專業，這兩位被稱為「天才」，其實，他們所用的是會騙人的鐘形曲線數學，卻極力說服自己，這是有史以來最偉大的東西，因而把整家公司變成受騙上當的呆瓜。幾乎就在一眨眼之間，史上最大的交易損失就發生了，沒有警訊（第十七章對此會有更深入的討論）。④

黑天鵝事件和知識有關

從火雞的觀點來看，第一千零一天沒有餵食是個黑天鵝事件。但對屠夫而言卻不然，因為此事之發生，並非意外。因此，你可以看得出來，黑天鵝事件是上當者的問題。換句話說，黑天鵝事件之發生，和你的預期有關。你知道你可以用科學（如果你有能力的話），或保持心胸開放來消除黑天鵝事件。當然，和LTCM那種人一樣，你也可以用科學來創造黑天鵝事件，其方法是讓人們相信黑天鵝事件不可能發生——這就是科學讓普通老百姓變成笨瓜的時刻。

請注意，這些事件未必是**瞬間**造成意外。我在第一章中所提的歷史斷裂（historical fractures），有些持續了幾十年，譬如說，爲社會帶來重大影響的電腦，就是在我們不知不覺中，一天天地侵入我們的生活。有些黑天鵝事件可能在同一個方向上，緩緩地建立漸進式的變化，就像多年的長銷書一樣，從未上過暢銷書排行榜；或是緩慢而堅定地滲入我們生活的科技。同樣地，一九九〇年代後期，那斯達克（Nasdaq）股票的上漲就花了好幾年——但如果你用較長的歷史時間軸去畫股價圖，漲勢就顯得凌厲。我們應該用相對、而非絕對的時間單位：地震進行幾分鐘，九一一持續了數小時，但歷史變革和技術成就則是要花好幾十年才完成的黑天鵝事件。一般而言，正面的黑天鵝事件需要時間才能發揮影響力，而負面的黑天鵝事件則很快就發生——破壞比建設

④高衝擊力—低可能性事件的主要悲劇來自兩個時間之間的不吻合：得到報酬所需的時間，以及要有一段多長的時間，才能讓人舒服，覺得不是在和稀少事件對賭。人們有下注的誘因，或是和系統賭一把的動機，因為他們可以領到一年來的績效獎金，但事實上他們所做的，是產生虛幻利潤，總有一天要全部賠回去。其實，資本主義的悲劇是，由於報酬的品質不是從過去資料中所能觀察得到，企業所有人，即股東，可能因此被經理人佔便宜，經理人秀出利潤並美化獲利能力，但事實上，可能把風險隱藏起來。

更容易，也更快速（在黎巴嫩戰爭期間，我父母位於艾米昂的房子，以及我祖父位於附近村子裡的房子，幾小時之內就毀掉了，被我祖父的敵人給炸毀，他們控制了該地區。重建花了七千倍的時間——兩年。時間單位的不對稱性解釋了時間倒流的困難）。

黑天鵝問題簡史

火雞問題（又稱為歸納問題）是個非常古老的問題，但基於某種原因，很可能被你當地的哲學教授稱為「休謨問題」（Hume's problem）。

大家都把我們這些懷疑論者和經驗論者想像成抑鬱、狂妄，而生活充滿苦難的人，這可能和歷史記載（及我個人經驗）完全相反。休謨和許多我所交往的懷疑論者一樣，是個快樂的美食者，渴望文學大師、名流聚會，和愉快的談話。他的一生不乏軼事趣聞。有一次他跌落愛丁堡住家附近的沼澤裡。由於他在當地是出名的無神論者，一名女士要他當眾朗誦「主的禱告者和信徒」才願意拉他上來，他很識相，照做不誤。但事後他和這位女士爭辯，基督教不就應該要幫助敵人嗎？休謨的外表並不怎麼討人喜歡。「他是個思想學究，常常盯著東西看得出神，在一般人的印象裡，和低能兒沒有差別。」一名傳記作者寫道。

奇怪的是，休謨在當時之所以有名，主要並不是因為讓他在今日享譽盛名的作品——他靠寫一本英國史的暢銷書而名利雙收。諷刺的是，休謨在世時，他的哲學作品，也就是他在今天之所以有名的原因，「被媒體封殺，胎死腹中」，而他當時名滿天下的作品，現在卻很難找到。休謨的寫作，思路清晰，讓現今幾乎所有的思想家赧顏，當然也讓整個德國研究所課程羞愧。和康德（Kant）、菲希特、叔本華（schopenhauer），及黑格爾不同，休謨這種思想家，我們有時候是因提到他的作品才去讀他。

我經常聽到有人提起「休謨問題」，和歸納問題連結在一起，但這個問題很古老，比這個有趣的蘇格蘭人還老，也許和哲學本身一樣古老，也許和橄欖園的福音一樣古老。讓我們先回顧過去，因爲祖先已精確地建構出這個問題。

（嗚呼！）經驗論者塞克斯都

塞克斯都·恩披里科（Sextus Empiricus）是強烈的反學術作家及反教條行動者，比休謨早了大約一千五百年，非常精確地提出火雞問題。我們對他所知極少；我們不知道他是否爲哲學家，很可能是不知名的後人以哲學文句所杜撰的人物。我們猜測他活在二世紀的亞歷山卓。他屬於一個被稱爲「經驗派」的醫學學派，因爲這一派的醫師懷疑理論和因果關係，而靠過去經驗作爲行醫的指導，但也不過度信任經驗。而且，他們不相信解剖學能夠很明顯地讓我們瞭解許多功能。經驗學派最有名的擁護者是曼諾多圖斯（Menodotus of Nicomedia），融合經驗主義和哲學懷疑論，據說他把醫學當成藝術而不是「科學」，並把其醫術隔絕於教條科學的問題之外。其醫術進一步解釋了塞克斯都名字裡的恩披里科（empiricus）即爲「經驗」（empirical）的意義。

塞克斯都代表、並立下庇羅派懷疑主義（Pyrrhonian skeptics），庇羅派追求源自擱置信仰的某種知識醫療形式。你正處於逆境嗎?別擔心。誰知道,也許最後會以喜劇收場。對一個出象的結果加以懷疑,可以讓你保持冷靜。庇羅派懷疑主義是馴良的公民,他們盡可能遵從習俗和傳統,但教自己有系統地懷疑所有事物,從而達到一種平靜的境界。但他們雖然生性保守,在反抗教條時卻凶猛無比。

塞克斯都所留下來的作品是一本謾罵之作,書名很美《反數學》(*Adversos Mathematicos*),有時被翻譯成《反教授》(*Against the Professors*)。裡面的東西,大部分應該是在上個星期三晚上寫成的吧!

塞克斯都最讓我感興趣的地方,是他把哲學和醫術上的決策形成方式融合在一起,非常罕見。他是個實踐家,因此,古典學者對他的評價不會太好。經驗醫學的方法,似乎依賴漫無目標的嘗試錯誤,這將成爲我在計劃和預測上,以及如何從黑天鵝事件中獲利的核心理念。

一九九八年,當我自己出來開業時,我把我的研究室兼操盤公司叫作「經驗投資」(Empirica),不是爲了同一個反教條主義理由,而是爲了更令人沮喪的提醒,我想到,經驗醫學派的作品完成之後,又花了至少十四個世紀,醫學才有所變革,終於成爲非教條、對理論懷疑、深入懷疑、而且以證據爲基礎!得到什麼教訓?瞭解一個問題沒有太大的意義——尤其是當你在經營一家專爲特定目的、只爲自己服務的機構時。

阿爾加惹爾

第三個探討此問題的主要思想家，是十一世紀說阿拉伯語的懷疑論者阿爾・加札利（Al-Ghazali），拉丁文爲阿爾加惹爾（Algazel）。他的名字被某一派教條學者稱爲「加比」（ghabi），意思是「低能兒」，在阿拉伯語中比「白癡」還好笑，而且也比「蒙昧主義者」（obscurantist）更傳神。阿爾加惹爾自己寫他的《反教授》，這本謾罵書是 Tahafut al falasifa，我譯成「哲學的無能」（The Incompetence of Philosophy）。當時，一家稱爲哲學家（falasifah）的學校裡就有講授該書——這家阿拉伯知識機構直接承襲學術界的古典哲學，他們試圖以合理的論點調和古典哲學和回教。

阿爾加惹爾攻擊「科學的」知識，並和阿威羅伊（Averroës）展開一場論戰，阿威羅伊是中世紀哲學家，對所有的中世紀思想家（包括猶太人、基督徒，但不包括回教徒）產生重大影響。阿爾加惹爾和阿威羅伊的論戰，最後，很遺憾地，雙方都贏了。此後，許多阿拉伯宗教思想家整合並誇大阿爾加惹爾對科學方法的懷疑論，寧可把因果思考留給眞神（事實上，這扭曲了他的想法）。西方則擁抱阿威羅伊的理性主義（rationalism），由亞里斯多德（Aristotle）所建立，流傳到阿奎那（Aquinas）和自稱爲阿威羅派（Averroan）的猶太哲學家，源遠流長。許多思想家把後來阿拉伯放棄科學方法怪罪於阿爾加惹爾的龐大影響。他最後刺激出蘇菲神祕主義（Sufi mysticism），參拜者企圖進入與眞神交流的領域，斷絕所有世俗事物。這些，都來自黑天鵝問題。

懷疑論者，宗教的朋友

雖然古懷疑論者宣揚瞭解無知是誠實研究眞理的第一步，後來的中世紀懷疑論者，包括回教徒和基督徒，卻拿懷疑論作爲工具，迴避我們今天所稱的科學。相信黑天鵝問題的重要性、擔心歸納法，和懷疑論這三者，可以讓某些宗教主張變得更具吸引力，雖然是在反宗教干預下脫去了一神論形式。這種依賴信仰而非理性的想法，稱爲信仰主義（fideism）。於是，就有黑天鵝懷疑論者以宗教作爲慰藉，最具代表性的就是皮耶・培爾（Pierre Bayle），一位說法語的新教博學者、哲學家，和神學家，他離鄉背井到荷蘭，以庇羅派懷疑主義建立了嚴密的哲學架構。培爾的著作對休謨產生相當大的影響，讓他認識古懷疑論——以至於休謨全盤接受培爾的想法。培爾的《歷史與批判辭典》（*Dictionnaire historique et critique*）是十八世紀最多學者閱讀的作品，但和我心目中許多的法國英雄（如費得萊・巴斯夏〔Frédéric Bastiat〕）一樣，培爾似乎沒有被放進法國的課程裡，而且在法文原文裡幾乎不可能找到他的作品。十四世紀阿爾加惹爾學派（Algazelist）的奧特庫爾的尼古拉（Nicolas of Autrecourt）也是一樣。

其實，沒多少人知道，到最近爲止，對懷疑論理念做最完整呈現的，一直是一名權力龐大的天主教主教的作品，他是法蘭西學院的尊貴成員。皮耶—丹尼爾・休葉（Pierre-Daniel Huet）於一六九〇年寫出《人類心智弱點的哲學論文》（*Philosophical Treatise on the Weaknesses of the Human Mind*），一本摧毀教條並質疑人類認知的卓越書籍。休葉所提出的論點有力地駁斥因果關係——例如，他說，任何事件都有無限多的可能原因。

休葉和培爾都是博學之士，終身都在閱讀。休葉活到九十多歲，有個僕人帶著書隨侍在側，當他用餐或休息時，就大聲地念書給他聽，以免浪費時間。當時的人認爲他是書讀得最多的人。容我堅持，我認爲博學很重要。這釋出對知識的眞正好奇心。伴隨著開放的心胸和探索其他人想法的欲望。最重要的是，博學之士對自己的知識感到不足，而這種不滿足，是最佳的防護，以免淪入柏拉圖式思想、五分鐘經理人的簡化言論，或是過度專精學者的庸俗。事實上，缺乏廣博學識的學術，可能導致大災難。

我不要當火雞

但推銷哲學懷疑論（philosophical skepticism）並不是本書的使命。如果對黑天鵝問題的瞭解會導致我們變得退縮，並成爲極端懷疑主義，則我會站在完全相反的立場。我感興趣的是具體行動，而且，我是個眞正的經驗論者。因此，寫這本書的人，並不是蘇菲神祕主義者，甚至不是古代或中世紀的懷疑論者，甚至也不是哲學上的懷疑論者（我們將會看到），本書的作者是一個務實的業者，主要的目標是，碰到重要的事物時，不要當個上當的笨瓜，句點。

休謨在哲學殿堂裡是個激進的懷疑論者，但在日常生活上，卻把這些概念拋諸腦後，因爲他無法處理。我在此所做的完全相反：對日常生活有意義的事，我都抱持著懷疑論的態度。就某種意義上來說，我所關心的是，在做決策時，不要當火雞。

過去二十年來，許多知識平庸的人問我：「塔雷伯，你的風險意識這麼極端，你是怎麼過馬路的？」或是說出更蠢的話：「你竟然要我們不去冒險。」我當然不是宣揚完全風險恐懼症（我們將會看到，我喜歡積極型的冒險）：我在本書中所要告訴各位的就是如何不蒙著眼睛過馬路。

他們想要活在平庸世界裡

我已經就歷史形式對黑天鵝問題加以說明：從既有資訊，或是從過去、已知，和已見過事物所習得之知識做泛化推論的困難核心。我還列出了我認爲與此最有關聯的歷史人物。

你可以看得出來，如果我們假設我們活在平庸世界裡，一切將變得極爲方便。爲什麼？因爲這可以讓你排除黑天鵝意外！如果你活在平庸世界裡，黑天鵝問題不是不存在就是不重要！

這樣的假設，神奇地驅離了歸納問題，而歸納問題，自塞克斯都·恩披里科以來即折磨著思想史。統計學家可以把認識論幹掉。

一廂情願的想法！我們並不是活在平庸世界，因此，對黑天鵝事件必須用不同的思考。因爲我們不能把這些問題隱藏起來，我們還要做更深入的挖掘。這並非難如登天——我們甚至還能從中獲利。

在此，從我們對黑天鵝事件的無知，衍生出另外五個主題：

一、我們把焦點放在預設的已知區間，並據以對未知事件做泛化推論：確認的錯誤。

二、有些故事可以迎合我們把特殊形態柏拉圖化的渴望，而我們以這些故事來愚弄自己：敘事的謬誤。

三、我們在行爲上把黑天鵝事件當作不存在：人類天性並沒有針對黑天鵝事件設計。

四、我們之所見，未必是全部。歷史把黑天鵝事件掩藏起來，讓我們對這些事件的機率產生誤解。

五、我們「鑽牛角尖」：亦即，我們把焦點放在不確定性的少數幾個定義完善的來源上、放在非常特殊的幾個黑天鵝事件上（代價是忽略其他我們不容易想到的黑天鵝事件）。

接下來五章，我將逐章探討上述各點。然後在第一部的總結中，我將證明，其實，它們是**同一個議題**。

5 確認確認個頭！

我有許多證據——（有時候）白馬亦馬？——鞏固鞏固個頭——波柏的想法

「確認」可能是個危險的錯誤，因爲它已經在我們的習慣和傳統智慧中根深柢固。

假設我告訴你，我有證據證實橄欖球員辛普森（O. J. Simpson，在一九九〇年代被控殺害他的妻子）無罪。聽好，前幾天我和他一起吃早餐，當時，**他沒殺任何人**。我不是開玩笑的，我沒看到他殺死任何一個人。難道這不能**確認**他是無辜的嗎？如果我說了這些話，你必然會打電話叫精神科醫師、救護車，甚至警察過來，因爲你會認爲我花太多時間在交易室或咖啡廳裡思考黑天鵝事件的議題，而我的邏輯顯示，我可能對社會造成立即傷害，必須馬上把我關起來。

如果我告訴你，前幾天我在紐約州新羅謝爾的鐵軌上小睡一下，並沒有死掉。嘿，看看我，我還活著，我說，而這就是躺在火車鐵軌上沒有風險的證據。不過，請考慮下面這段。再看一次第四章圖一；有人觀察了火雞的前一千天（但沒看到第一千零一天的震撼），告訴你說，直接地說，**沒有證據**證實大型事件，即黑天鵝事件，有發生的可能。然而，你很可能就被這種說法搞昏頭了，尤其是，如果你沒有仔細注意其說法：他說，有黑天鵝事件**不可能發生的證據**。雖然這兩種主張，事實上有很大的邏輯差異，但在你的腦筋裡，卻顯得所差無幾，因此，這二者可以輕易地相互替代。十天後，如果你努力去回想第一種說詞，很可能你所得到的是第二種，不正確的版本——**證明沒有黑天鵝事件**。我稱這種混淆爲雙程謬誤（round-trip fallacy），因爲這兩種說法是不可以**互換**的。

混淆這兩種說法，在邏輯上造成非常細微（卻很致命）的錯誤——但我們無法豁免於細微的邏輯錯誤，教授和思想家也不能特別豁免（複雜公式未必就是思想清晰）。除非我們非常注意，否則我們很可能在不知不覺中把問題簡化了，因爲我們的腦袋經常這樣做而我們並不知道。

此事值得做更深入的檢驗。

很多人把「幾乎所有的恐怖分子都是回教徒」和「幾乎所有的回教徒都是恐怖分子」這兩個命題搞混了。假設第一個命題爲眞，百分之九十九的恐怖分子爲回教徒。這表示只有約百分之〇．〇〇一的回教徒是恐怖分子，因爲回教徒超過十億人，而恐怖分子只有，譬如說，一萬人，約十萬分之一。因此，這個邏輯錯誤造成你（在不知不覺中）把隨機抽取一名（例如，十五歲到五十歲之間的）回教徒是恐怖分子的機率，高估了將近五萬倍！

各位讀者也許在這種雙程謬誤中，看到了刻板印象的不公平——美國都市地區的少數族群爲同樣的混淆而承受痛苦：即使大多數罪犯來自他們種族的次群體，但他們這個種族裡大多數的次群體卻非罪犯，然而他們卻受到自己應該搞清楚的人的歧視。

「我從來都沒說保守分子一般都很笨。我的意思是說笨蛋一般都是保守分子。」約翰・彌爾

(John Stuart Mill) 曾經這樣抱怨。這個問題由來已久：如果你告訴大家，成功的關鍵並不總是在於技能，大家會認爲你告訴他們說，成功關鍵絕不是技能，通常是運氣。

我們的推理機器，是用來處理日常生活問題的，並不是爲了解決複雜問題而設，而在複雜環境中，一個命題在字句上做些微調整，就會產生顯著變化。想像在一個原始的環境中，**會吃人的大部分是野生動物**，和**野生動物大部分會吃人**，這兩個命題之間，並無重要差異。混爲一談的確有錯，但幾乎是沒有影響。我們的統計直覺之演化，並不是爲了這些微妙變化就會造成重大差異的環境。

白馬非馬

所有的白馬都是馬。你看過馬。那隻是白馬嗎？未必，**因爲不是所有的馬都是白馬**：在美國SAT學測上答錯這種題目的青少年可能進不了大學。然而另一個人，可能在SAT的測驗上拿到非常高分，但是看到和他一起走進電梯裡的，是來自不同區的人時，會感到不寒而慄。這種無法從一個情境自動地把知識和熟練度轉換到另一個情境，或是無法自動把理論轉成實務，乃是人類天性上令人困擾的一點。

讓我們稱此爲人類反應上的**領域攸關性**（domain specificity）。我所謂的領域攸關性是指，我們的反應、思考模式，和直覺，與事物所呈現的背景有關，演化心理學家稱此背景爲物件或事件的「領域」（domain）。教室是個領域，現實生活則是另一個。我們對一則資訊的反應並不在於其邏輯上的價值，而是以其環境的架構爲基礎，以及該資訊在社會情感系統上的意義。邏輯問題，課堂上所教授的是一種方法，現實生活上的處理方式又是另一種。事實上，它們在現實生活上的處理方式**的確**不同。

知識，即使在非常精確時，也常常不能導致適當的行動，因爲我們傾向於忘記我們之所知，或是在不注意時，忘記了妥善處理的方式，甚至於當我們是專家時，也是如此。有人證明，統計學家似乎傾向於把他們的腦力留在教室裡，一旦他們走出教室，則會犯許多推論上的小錯誤。一九七一年，心理學家丹尼・康尼曼（Danny Kahneman）和阿莫斯・特沃斯基（Amos Tversky）以不用統計學術語寫成的統計問題，拿來問統計學教授。其中一題類似這樣（我做了修改，使問題更清楚）：假設你所住的城市裡有兩家醫院——一大一小。有一天，其中一家所誕生的嬰兒中，百分之六十是男生。這家醫院最可能是哪一家？許多統計學家（在閒話家常中）犯了相當於選擇大醫院的錯誤，事實上，根據基礎統計學，大樣本比較穩定，與長期平均值（在此是男生女生各百分之五十）之間的差異，波動應該比小樣本小。這些統計學家很可能在這場考試中把自己當掉。我在當計量財務工程師期間，見過數以百計的這種嚴重推論錯誤，犯錯者爲忘了自己是統計學者的統計學者。

另一個展示我們日常生活中，在領域攸關性上是多麼滑稽的方式，是到紐約市裡豪華的銳豹運動俱樂部（Reebok Sports Club），看看裡面有多少人是搭乘電扶梯上好幾樓之後，直奔踏步機。

我們在論理上和反應上的領域攸關性是雙向的：有些問題我們可以在運用中，而不是課本上，有所瞭解；有些問題則是在課本裡，而非實際應用上，可以清楚瞭解。人們可以在社會環境中不費吹灰之力地解決一個問題，但是當這個問題表達成抽象的邏輯問題時，則百思不得其解。我們傾向於在不同的狀況下使用不同的心智機器——即所謂的模組：我們的頭腦缺乏一部多功能的中央電腦，讓我們可以從邏輯法則開始，應用到各種環境，而全都同樣好用。

我曾經說過，我們可能**在現實生活上而非教室裡，犯下邏輯錯誤**。癌症檢測最容易見到這種不對稱性。我們來看看醫師檢查病人的癌症跡象：典型上，病人要做檢驗以瞭解是否已經治癒，或是「復發」（事實上，復發是個錯誤用語：這只是表示治療沒有把癌細胞殺乾淨，而這些未被偵測到的惡性細胞已經開始增生，失去控制）。以目前的科技，尚無法檢驗病人的每個細胞以確定所有的細胞都是良性，因此，醫師盡可能精確地掃描身體以取得樣本。然後，她對她所未見到的部分做假設。有一次在例行的癌症檢驗時，我嚇了一跳，醫生對我說：「別再擔心了，我們有證據顯示已經治好了。」「爲什麼？」我問道。「有證據顯示**沒有**癌症。」醫師答道。「你怎麼知道？」我問。他答道：「掃描結果是陰性的。」而他還號稱自己是個醫生呢！

醫學文獻上用了一個字母縮寫字NED，意思是「沒有證據顯示生病」（No Evidence of Disease）。但從沒見過END，「沒病的證據」（Evidence of No Disease）。然而，根據我和許多醫師的討論，甚至和那些發表過自己成果的醫師討論，我的經驗是，許多醫師會在談話中掉進雙程謬誤。

在一九六○年代的科學傲慢裡，醫師瞧不起母乳，視之爲原始，好像醫學界的實驗室可以複製母乳似的——而不知母乳也許含有有用的成分，而這成分是他們的科學知識所百思不解者——這是對**沒有母乳有好處的證據**和**母乳沒有好處的證據**的簡單混淆（另一個柏拉圖式思想的案例，以爲當我們可以輕易地使用奶瓶時，餵食母乳「就沒道理」）。這種幼稚的推論，讓許多人付出代價：結果，那些在嬰兒時期不是吃母乳的人，在許多健康問題上的風險增加了，包括在某些癌症上，有較高的致病機率——母乳中必然含有某些必要的養分是我們至今仍無法瞭解的。而且，餵母乳對母親的好處也被忽略了，例如降低得到乳癌的風險。

扁桃腺也一樣：割除扁桃腺可能導致罹患喉癌的機率增加，但幾十年來，醫師從未懷疑這個「沒有用的」組織實際上也許有醫師沒有偵測到的用處。水果和蔬菜中所發現的膳食纖維（dietary fiber）也一樣：一九六〇年代的醫師發現膳食纖維沒有用，因爲他們看不到其需求的立即證據，因此創造出一個營養不良的世代。結果，纖維可以降低血糖的吸收速度，並刮除腸道中的癌前細胞（precancerous cells）。事實上，由於這種簡單的推論混淆，在醫學史上已經造成非常多的傷害。

我的意思並不是說醫生不應該有看法，只有那種斬釘截鐵而封閉式的想法必須避開——這正是曼諾多圖斯和他的學派所宣揚的懷疑—經驗醫學：避免理論化。醫學已經有所進步——但許多種知識卻沒有。

證據

透過我稱之爲天眞經驗論（naïve empiricism）的心智機制，吾人有一種尋求事例，以確認我們的故事或是世界觀的自然傾向——這些事例總是可以輕易找到。嗚呼，傻瓜只要有了工具，什麼東西都可以輕易找到。你把支持你理論的過去例子拿出來，並視之爲**證據**。例如，一名外交官會把他的「成就」，而不是失敗之處，展示給你看。數學家會試著說服你，他們的科學對社會很有用，他們會指出證明他們的科學爲有用的例子，而不提那些浪費大家時間，或是更糟的，由於優雅的數學理論極度缺乏實證特性，而導致一大堆數學應用，讓社會付出慘重代價的事例。

即使在測試假設時，我們也傾向於尋求證實假設爲眞的事例。我們當然可以輕易找到確認；我們所要做的只是去找而已，或是找個研究員幫我們去找。我可以爲任何事物**找到確認**，就好像倫敦的計程車司機，總是有辦法找到一條提高車資的路線，即使是放假日。

有些人進一步舉出例子給我看，說我們已經能夠預見某些成功的事件——其實例子還眞不少，例如人類登陸月球，以及二十一世紀的經濟成長。大家都可以針對本書，找出非常多的「反證」，最佳的例子是從新聞報紙預測電影和戲院的上映時間表。聽好，我昨天預測太陽今天會升上來，而太陽今天的確升上來了。

陰性經驗論（Negative Empiricism）

好消息是天眞經驗論裡也有不錯的方法。我要說的是，一系列的佐證事實**未必**就是證據。看到白天鵝並不能證實黑天鵝不存在。然而，這裡有個例外：我可以知道哪個命題錯誤，但未必知道哪個命題正確。如果我看到一隻黑天鵝，則我可以確認**並非所有的天鵝都是白的**！如果我看到某人殺人，則我可以確定他有罪。如果我沒看到他殺人，則我不能確定他無罪。同理，可以用在癌症檢驗上：只要找到一個惡性腫瘤就可以證明你得了癌症，但沒找到惡性腫瘤，則不能確定地說你沒有得到癌症。

我們可以靠陰性例子來逼近眞相，而不是靠確認來逼近！從觀察到的事實建立通用法則是個誤導。和傳統想法相反，我們的全體知識並不會因一系列的確認觀察而有所增加，就像火雞的例子。但有些事物我可以一直抱持懷疑，而另一些事物則可以很安全地認爲正確無誤。這讓觀察的結果成爲單邊的。就是這麼一回事，並不難。

這種不對稱性有極大的實用性。它告訴我們，不必當個完全的懷疑論者，只要半懷疑就行了。在本書裡，眞實生活的微妙之處是，在做決策時，你必須只把興趣放在故事的一邊：如果你想要知道的是一名病患是否**確定**得了癌症，而不是他是否**確定**健康，那麼，你也許會對陰性推論感到滿意，因爲這對你所要的，提供了確定性。因此我們可以從資料中得知許多東西——但不如我們所預期的那麼多。有時候一大堆資料可能毫無意義；而另一些時候，單單一則資訊就有重大的意義。事實上，一千天不能證明你正確，但一天就能證明你錯了。

提倡這種單邊半懷疑論理念的人就是卡爾・雷蒙・波柏爵士（Sir Doktor Professor Karl Raimund Popper），他也許是眞實世界裡的演員會去研讀並討論（雖然不像專業哲學家那麼熱中）的唯一一位科學哲學家。我在寫這段時，他的黑白照片就掛在我研究室的牆上。這是一位評論家約翰・維格納（Jochen Wegner）在慕尼黑送給我的，約翰和我一樣，認爲波柏是「我們所知道的」現代思想家中，最偉大者——好吧，幾乎是最偉大。他寫給我們看，而不是給其他的哲學家看。「我們」是經驗論決策者，認爲不確定性是我們的戒律，而瞭解如何在不完整資訊下行動，是人類最高、也是最迫切的目標。

波柏針對這種不對稱性產生了一個大規模的理論，其基礎建立在一種稱爲「否證論」（falsification，即證明錯誤）的技術上，用以區別科學和非科學，雖說這並非波柏最有趣或最具原創性的理念，但人們還是立即對這項技術吹毛求疵。知識不對稱性的這個概念，受到實務界的歡迎，因爲對他們而言，這點顯而易見；這就是他們經營事業的方式。**被詛咒的**哲學家查爾斯・桑德斯・皮爾斯（Charles Sanders Peirce）就像藝術家一樣，死後才聲名大噪，他在波柏還穿著尿布時，就提出了一版黑天鵝事件的解決方案——有些人甚至稱之爲皮爾斯・波柏法（Pierce-Popper approach）。波柏更有力、更具原創性的概念是「開放」（open）社會，這個概念，以懷疑論作爲工作方法，拒絕並抗拒決定性的眞相。他根據我在前言中所提的論點，指控柏拉圖關閉了我們的心智。但波柏最偉大的概念是他認爲，世界根本、嚴重，而無藥可救的不可預測，我將留到預測那章再討論。①

當然，「否證」（即以充分的確定性主張某件事錯了）並不容易。檢測工具的不完美，也許會讓你得到錯誤的「否定」。發現癌細胞的醫生可能因爲設備有問題而造成光學幻象；或是一名以鐘

---

①皮爾斯和波柏都不是第一個提出這種不對稱性的人。哲學家維克多・勃羅查德（Victor Brochard）於一八七八年提到陰性經驗論的重要性，如同經驗論者所主張的，這是經營事業的有效方法——古人間接瞭解這點。絕版書裡有不少驚喜。

形曲線爲根據的經濟學家，和醫生一樣受到誤導。見到犯罪的人證可能是個酒鬼。**但有一點一直沒變：你知道什麼是錯的，遠比你知道什麼是對的，更有信心**。每一則資訊的重要性並不相等。

波柏引入了猜測和反駁的機制，其作法如下：你擬出一個（大膽的）猜測，並開始尋找證明其爲錯誤的觀察。這是我們尋找確定事例的替代方式。如果你認爲這件事很容易，那你就錯了——很少有人具有這種天生能力。我承認我也不是其中之一；我不是天生就會這個。

數到三

認知科學家研究過我們這種只尋求確證的天生傾向；他們稱此確證錯誤的弱點爲**確認偏誤**（confirmation bias）。有些實驗顯示，人們只把注意焦點放在安伯托・艾可圖書館裡已經讀過的書。對於一個法則的測試方法，不是直接去看法則生效的例子，就是間接地注意其失效之處。正如我們前面所看到的，否定的事例在建立眞相上，更有力量。然而我們傾向於不瞭解這個性質。

就我所知，第一個和此現象有關的實驗是心理學家華生（P. C. Wason）所做的。他向受測者展示一個三項數列：二、四、六，並要他們試著去猜測產生這個數列的規則。他們的猜測方法是產生另一個三項數列，實驗主持人會根據新數列是否符合規則而回答「對」或「錯」。受測者一旦對自己的答案有信心時，就可以把規則寫出來（請注意，這個實驗和第一章所討論的歷史向我們展現的方式頗爲類似：假設歷史係依據某個邏輯而產生，我們只看到事件，看不到規則，但必須猜測其運作方式）。正確的規則是「數字從小排到大」，就這麼簡單。找出這個規則的受測者非常少，因爲要找出正確的規則，他們必須提出一個從大排到小的數列（讓實驗主持人答「錯」）。華生注意到許多受測者的心中有個規則，但他們丟給主持人的例子，卻是以證實自己心中的規則爲目標，而不是嘗試丟出各種和他們假設相矛盾的數列。受測者一直頑固地要證實**自己**所抓出來的規則正確。

這個實驗開啓了一系列類似的測試，另一個例子是：受測者被問到，該問什麼問題以查出某個人是否具外向個性，據稱，這是另一種實驗。實驗結果，受測者所提出的大多數問題爲，回答「對」就表示**支持**其假設。

但也有例外。其中一個例外就是西洋棋大師，根據證實，這些大師的焦點其實是放在每一手棋的弱點上；而相對地，生手則是對每一手棋尋求確認而非反證。但請不要靠下棋來練習懷疑論。科學家相信，下棋高手之所以是高手，因爲他們不斷地尋找自己的弱點，不是因爲練習下棋而讓他們變成懷疑論者。同樣地，投機者索羅斯（George Soros）在下金融賭注時，會一直尋找證明他最先的理論是錯誤的事例。或許，這就是眞正的自信：檢視世界時，不用尋找跡象以加強自尊心的能力。②

遺憾的是，尋求佐證的想法根植在我們的知識習慣和言談中。考慮作家兼書評家約翰・厄普戴克（John Updike）的這段評論：「當朱利安・傑尼茲（Julian Jaynes）……猜測，直到西元第二個千年期後期，人類都沒有意識，只是自動遵從上帝的聲音，我們對這種理論感到震驚，但在種種的補強證據之下，我們不得不追隨這個卓越的理論。」傑尼茲的理論也許正確，可是，厄普戴克先生，知識問題的核心（以及本章的重點）是，世上沒有**補強**證據這種動物。

看到另一輛紅色的 Mini Cooper！

下面這點，進一步展示了確認的荒謬性。如果你相信看到更多的白天鵝可以用來確認沒有黑天鵝，那麼，在純粹的邏輯基礎上，你應該也接受，看到一輛紅色的 Mini Cooper 應該可以確認**沒有黑天鵝**。

爲什麼？只要考慮「所有天鵝都是白色的」這個命題隱含了「**所有不是白色的東西，都不是天鵝**」。所有確認後面那個命題的東西，應該也確認前面的命題。因而，看到一個不是白色的東西並不是天鵝，應該帶來確認效果。這個論點稱爲韓培爾（Hempel）的烏鴉悖論（raven paradox），這是我朋友，一名（思想）數學家，布魯諾・都拜爾（Bruno Dupire）有一次和我在倫敦做密集的沉思散步時所發現的——我們經常邊走邊談，竟沒注意到下雨了。他指著一輛紅色的 Mini Cooper 喊道：「看，納西姆，看！沒有黑天鵝！」

②確認問題在我們現代生活中隨處可見，因為大多數的矛盾根植於下述的思想偏誤：當阿拉伯人和以色列人一起看新聞報導時，他們在同一段連串事件中，看到不同的故事。同樣地，民主黨員和共和黨員各自看著相同資訊中的不同部分，而且永遠無法達成共識。一旦你的心理抱持著某種世界觀，你將傾向於只考慮證明你是正確的事。弔詭的是，你所擁有的資訊越多，你越發覺得自己的看法順理成章。

不是所有東西

我們不會幼稚到，因爲我們沒看到某人死過，就相信他可以長生不老，或是因爲我們從未看過某人殺人，就認爲他沒有犯下殺人罪。幼稚泛化（naïve generalization）問題並沒有四處危害我們。但這個歸納懷疑論上的小聰明，傾向於只用於我們在自然環境裡所碰到的事件，對這些事物，我們早已學會避免愚蠢泛化。

例如，把一個族群中某個成員的照片拿給小孩子看，要他們猜測其他未曾見過者的特質，他們有能力知道該選**哪個**特質做泛化。把一個體重過重者的照片拿給一個小朋友看，告訴她，他是哪一族的，並請她描述這一族其他人的樣子：她（很可能）不會妄下結論認爲該族所有的成員都長得很胖。但在處理膚色的泛化時，她的反應就不同了。如果你給她看黑皮膚者的照片，並要她描述其族人，她會假設他們都是黑皮膚。

因此，我們的天賦似乎具有特定而精巧的歸納本能，指引我們的路。偉大的大衛・休謨以及英國的經驗論傳統都認爲，**信念來自習俗**，因爲他們假設我們只從經驗和實證觀察中學習泛化，但實際情況和他們的想法相反，嬰兒行爲的研究顯示，我們與生俱來的思考機器，讓我們能夠從經驗中做**選擇性**泛化（亦即，從某些領域裡選擇性地取得歸納知識，但對其他則保持懷疑態度）。所以，感謝演化，我們並不單從一千天裡學到東西，而是獲益自我們祖先之所學——已經融入我們的生物特性中。

回到平庸世界

但我們可能從祖先那兒學到了錯誤的東西。我猜我們也許遺傳到適合在東非大湖區（Great Lakes，我們可能來自此處）生存的本能，而這些本能，當然不適應現在、後文字時代、資訊密集，和具複雜統計特性的環境。

其實，我們的環境比我們（以及我們的機構）所能瞭解的還要複雜一些。何以如此？現代世界屬於極端世界，爲稀有——極爲稀有——事件所主導。它可能在成千上萬的白天鵝事件之後，才出現黑天鵝事件，因此，我們必須把判斷保留起來，保留時間超過我們的預期。正如我在第三章所述，我們不可能——生物上的不可能——碰到一個高達數百英里的人，因此我們在直覺上將之排除。但書籍的銷售，或社會事件的規模，並不遵從這樣的限制。我們花了遠比一千天還長的時間，才能接受一名作家沒有天分、市場不會崩盤、戰爭不會發生、某個計劃沒有指望、某個國家是「我們的盟國」、某公司不會倒、某券商的分析師不是騙人的江湖郎中，或是某鄰居不會攻擊我們。在遙遠的古代，人類可以做遠比現在更準確且更快速的推論。

而且，今天黑天鵝事件的來源已經倍增，超出我們的評估本能。③在原始的環境裡，黑天鵝事件僅限於新出現的野獸、新敵人，和突然的氣候變化。這些事件重複出現，足以讓我們對其產生天生的恐懼。這樣的本能，相當快就做出推論，然而「見樹不見林」（即專注在少數的不確定性來源或是已知黑天鵝事件的成因）的習性卻依然根深柢固。這種本能，一句話，就是我們的困境。

③顯然，氣候類和地球科學事件（如颶風和地震）過去千年來並沒有太大的改變，但其所造成的社會經濟影響，則已經不同。今天，由於經濟體之間的連鎖關係，及我們將在第三部討論的「網路效應」強化作用，地震和颶風和以前相較，對經濟的影響越來越嚴重。過去只有溫和作用的事物，如今造成高度衝擊。一九二三年東京地震造成日本的國民生產毛額減少約三分之一。以一九九四年的阪神大地震做外插法，我們可以很容易推論，東京如果再發生類似地震，代價將比前幾次更慘重。

6 敍事謬誤

因爲的原因——如何分裂頭腦——指天花板的有效方法——多巴胺(Dopamine)將會協助你獲勝——我將不再騎機車（但今天照騎）——懷疑論者兼心理學家？——從什麼時候開始的？

我拒絕原因的原因

二〇〇四年秋季期間，我參加了一場在羅馬所舉辦的美學和科學會議，羅馬可能是最適合舉辦這種會議的地點，因爲那裡每樣東西都散發著美學，從一個人的舉手投足到說話音調。午餐時，有個來自南義大利一所大學的知名教授極爲熱情地向我致意。我那天早上已經聽過他慷慨激昂的簡報；魅力十足，十分堅定，且令人信服，雖然他所說的話很多我都聽不太懂，但我發現我完全同意。我只能偶爾答個一兩句，因爲我的義大利話在雞尾酒會上，比在學術性場合更能派得上用場。他在演說當中會因生氣而滿臉通紅——於是讓我（和其他聽眾）相信他絕對沒錯。

他在午餐時過來向我道賀，因爲我說明了因果連結是人類的心智產物而非實際存在的事物。我們的談話非常熱烈，以至於我們就站在自助餐取餐區旁邊，擋住了其他要拿菜的會員。他說著帶有腔調的法語（加上他的手），我以粗淺的義大利話回答（加上我的手），我們講得很快樂，使得其他客人生怕打斷我們這場重要而生動的談話。他特別強調我前一本探討隨機性的書，書中所講的是有關交易員對生活和市場中的運氣盲目無知，遂產生忿怒反應，此書三年前在當地出版，書名很悅耳：*Giocati dal caso*（譯註：「被隨機耍弄」之意，原書爲 *Fooled by Randomness*，中譯本爲《隨機的致富陷阱》）。我很幸運，譯者在這個主題上，懂得幾乎比我還多，而且此書在義大利學術界還有一小群書迷。「我是你的理念的狂熱仰慕者，但我覺得這個理念不受重視。這些想法，眞的也是我的想法，你寫出這本我（幾乎）打算要寫的書。」他說道：「你運氣很好；你用如此淺顯易懂的方式，表達出機會對社會的作用，以及被高估了的因果關係。你說明了人類有系統地嘗試各種**解釋**技巧是多麼愚蠢的一件事。」

他停了一下，接著再說，以冷靜的語調：「但是，我親愛的朋友，我跟你講一件事［他講得非常慢，用拇指敲著食指和中指］：如果你在新教的社會裡長大，那麼，你就不會用這種態度來看世界，因爲這個社會教大家有努力才會有收穫，強調個人責任。你能夠看到運氣，並把因果分開，那是**因爲**你是東正教地中海血統。」他用法文 à cause，「因爲」之意。他的說法很有說服力，因此，我同意他的解釋，達一分鐘之久。

我們喜歡故事，我們喜歡做總結，而且我們喜歡簡化，亦即，降低事物的量體。我們在本節裡所要檢驗的第一個人性問題，前面才提到，就是我所謂的**敍事謬誤**（narrative fallacy）（事實上這是一種詐欺，但爲了禮貌，我還是稱之爲謬誤）。這個謬誤夾雜了我們過度解釋和偏愛小故事而不喜歡原始眞相的缺點。這個謬誤嚴重地扭曲了我們腦海中的世界影像；當碰上稀有事件時，特別嚴重。

請注意，我們這位頗有見地的義大利學者和我一樣，對「原因」的過度解釋和過度重視，是多麼深惡痛絕，然而，他在看我的作品時，卻也不能不用理由和原因，把這二者當作故事的一部分。他必須**發明**一個原因。而且，他不知道他已經落入找原因的陷阱，而我自己也不能立即察覺。

敍事謬誤所討論的，是我們在看一連串事實時，很難不去編織故事，或等義地，對這些事實強加邏輯連結，加上**關係箭頭**。解釋把事實綁在一起。解釋讓所有的事實變得容易記；有助於事實變得**更有道理**。當解釋增進了我們自以爲瞭解的**印象**時，這種習慣就可能有問題。

本章和前面那章一樣，只討論一個問題，但這個問題似乎橫跨許多不同的學科。雖然心理學家對敍事問題，有相當密集的研究，但敍事問題並不完全屬於「心理的」：心理學家設計這門學科時，在某些地方，掩蓋了這個問題是更廣泛的**資訊**問題這點。雖然敍事來自簡化龐雜度的固有生物需求，但機器人也有同樣的減化過程。資訊有被減縮的**需求**。

幫讀者理出頭緒：前一章在研究歸納問題時，我們檢視了吾人可以推論得出哪些未見過的事物，以及哪些落在我們資訊集**之外**的東西。而在本章，我們要來看看已見過的事物，以及出現在資訊集**裡**的東西，而且，我們還要檢視資訊處理行爲的扭曲現象。這個主題可以談很多東西，但我的角度著重在對我們周遭世界的敍事簡化，及此種敍事簡化對我們在認知黑天鵝事件和狂野不確定性上的影響。

分裂頭腦

找到反邏輯（antilogics）是令人興奮的活動。你會有幾個月的時間，體驗到搔癢的感覺，因爲你剛進入一個新世界。此後，興奮漸漸褪去，而你的思想又回到了例行事務。世界很無聊，直到你發現了另一個讓你興奮的事（或是想辦法刺激另一個大人物，讓他處於極度憤怒的狀態）。

對我個人來說，這種反邏輯，有一次是來自發現——感謝探討認知的文獻——和大家的想法相反，**不做成理論**（not theorizing）是一種行動——而做成理論（theorizing），則可能是出於無意識的行爲，即「默認」選項。我們要非常努力，才能在看到事實（並記住事實）的同時，不做判斷也不去解釋。而且，這種凡事給個理論的毛病，我們很難控制：大致上這是屬於我們的解剖結構和生物生理的一部分，因此，與之對抗就必須對抗自己。於是，古懷疑論者要我們保留判斷的戒律與人性相違。用嘴巴講很簡單，我們將在第十三章討論哲學忠告的問題。

試著對你的解釋抱持眞正的懷疑，沒多久你就會受不了，而且你還會因抗拒做成理論而受辱（要成爲眞正的懷疑論者是有訣竅的；但你必須走後門，而不是和你自己正面對幹）。甚至於從解剖學的觀點來看，我們的頭腦也不可能看著一切事物的原始形式而不加以解釋。甚至於，我們可能無法一直意識到這點。

因果關係合理化。在一個實驗中，心理學家請許多女士從十二雙尼龍長襪中挑出一雙她們個人最喜歡的。接著研究人員問她們做這樣選擇的理由。質料、「感覺」，和顏色是最熱門的挑選理由。事實上，這些襪子完全一樣。這些女士提供了經過事後修正的因果解釋。這個實驗是否顯示我們比較善於解釋而非瞭解？我們再看下去。

對裂腦症（split-brain）病患所做的一系列著名實驗，讓我們對解釋之行爲的自動現象有了肉體上——也就是生物上——的證據。我們身體裡面似乎有個製造感覺的器官——但要精確找到其位置並不容易。讓我們來看看這是如何偵測到的。

裂腦症病患的腦部，左右兩邊沒有連接，造成兩個腦半球無法分享資訊。對研究人員來說，這些病患是珍寶，稀有而珍貴。你幾乎等於看到兩個人，而且你能分別和他們溝通；這兩個人之間的差異，帶給你一些徵兆，兩個腦半球各有其特殊職掌。這種裂腦通常是因治療更嚴重問題（如癲癇）的手術所造成；現在西方國家（和大多數東方國家）已經不允許把人腦切成兩半，即使是爲了追求知識和智慧。

現在，譬如說，你引導這樣的人做一個動作——伸出指頭、笑，或抓住鏟子——目的是要確認他如何描述做這個動作的理由（事實上你知道除了你叫他做這個動作之外，別無理由）。如果你要右腦在與左腦隔離的情況下做動作，然後問左腦說明理由，這名病患必定會提出一些解釋：「我之所以指天花板是因爲……」，「我看到牆上有奇怪的東西」，或者，如果你問本書作者，我會提出我慣用的說法：「因爲我來自北黎巴嫩的艾米昂，一個希臘正教的村子」，等等。

現在，如果你反過來做，即指示一個右拐子的隔離左腦做個動作，並問右腦原因，你會清楚地聽到：「我不知道。」請注意，一般而言，左腦是管語言和推理之處。我警告有「科學」欲望的讀者不要試圖去建立神經圖：我想說明的只是因果天性的生物基礎，不是其精確位置。我們有理由懷疑這些「右腦／左腦」的區別，及懷疑後續科普對人格所做的泛論。事實上，左腦管語言的想法也許不是非常正確：更精確地說，左腦似乎是管形態辨識的地方，很可能只是因語言具有形態辨識的特性，在這種情況下，左腦才管語言。左右腦的另一個區別是右腦處理新奇事物。右腦傾向於看到一系列的事實（特殊事件或是樹），而左腦看到形態、完形（事件整體或是樹林）。

要看我們對故事的生物依賴之例子，請看下面的實驗。首先，讀這段：

A BIRD IN THE
THE HAND IS WORTH
TWO IN THE BUSH

你看到有什麼不對嗎？再試一次。①

位於雪梨的腦部科學家艾倫・史耐德（Alan Snyder，他操費城口音）有下述發現。如果你抑制一個右拐子的左腦（更技術性的說法是，把低頻的電磁脈衝導入其左額顳葉〔left frontotemporal

① the 寫了兩次。

lobes〕），你就降低了他看錯上段字幕的比率。我們對事物強加意義和觀念的傾向，妨礙了我們對構成該觀念之細節的認知。然而，如果你抑制人類左腦，人類就會變得更實際——他們會畫得更好、更逼眞。他們的心智變得更善於看到物件本身，沒有理論、敍事，和偏見。

爲什麼避免解釋很困難？我們將會在一名義大利學者的文章中讀到，關鍵在於，腦部功能經常在超出我們的意識之外運作。解釋，就和其他被視爲不受意識控制的自律動作，例如呼吸，一樣頻繁。

是什麼因素造成不做成理論（nontheorizing）讓你**所花的**精力，遠比做成理論還多？第一，活動具有不可穿透性。我說過，許多活動在我們的意識之外發生：如果你不知道你在做推論，那麼，除非你持續保持警戒狀態，否則你如何能讓自己停下來？而如果你持續保持提防狀態，你不會疲憊嗎？你試一個下午就知道了。

多一點多巴胺

除了左腦解釋器的故事之外，有關我們根深柢固的形態搜尋，我們還有更多生物上的證據，這要感謝我們對神經傳導素（neurotransmitters）功能的知識不斷增加，這種化學物質被認爲在腦中的各個部位傳遞訊號。似乎，形態認知會隨著腦中多巴胺這化學物質濃度的增加而增加。多巴胺還控制情緒，並在腦中供應內部獎勵系統（右拐子左腦裡的多巴胺濃度略高於右腦，這不令人意外）。較高的多巴胺濃度似乎會降低懷疑意識，導致更容易受到形態偵測的傷害；注射左旋多巴

（L-dopa，一種用來治療巴金森氏症〔Parkinson's disease〕的藥物），似乎會增加這類活動，並降低一個人的信念懸置（suspension of belief）。這個人就變得極易受到各種流行的傷害，如占星術、迷信、經濟學，和塔羅牌。

事實上，我在寫這段時，有一則新聞報導一名病患向他的醫師求償二十萬美元的待審案件——他聲稱在賭博上輸了這麼多錢。這名病患主張，巴金森氏症的治療，造成他到賭城毫無節制地狂賭。結果，左旋多巴的副作用會造成一小群病患明顯地變成無可救藥的賭徒。由於這種賭博行爲和他們相信從隨機數字中看到了清楚的形態有關，這說明了**知識和隨機性之間的關係**。這也證明某些我們稱爲「知識」的東西（我則稱之爲敘事）其實是一種病。

我要再一次警告讀者，我的焦點並不在於把多巴胺當作我們過度解釋的**理由**；而是，我的論點在於這種運作具有生理及神經上的關係，我們的心智大體上是肉體軀殼的受害者。我們的心智就像個囚犯，關在我們的身體裡，除非我們想個詭計逃出來。我所要強調的是，我們對這種推論行爲缺乏控制能力。明天，也許有人發現另一個化學物質或器官才是我們形態認知的基礎，或是證明出一個更複雜的結構，反駁了我所說的左腦解釋器；但這並不能否定因果認知具有生物基礎的想法。

安德列．尼古拉耶維奇法則（Andrey Nikolayevich's Rule）

我們之所以偏愛敘事，有另一個更深層的理由，而這理由並不屬於心理範疇。這個理由和每一個系統中資訊存取的規律效應有關，這點值得在此加以解釋，因為我認為這是機率和資訊理論的核心問題。

第一個問題是，資訊的**取得**，**代價高昂**。

第二個問題是，資訊的**儲存**，也是**代價高昂**——就像紐約的房地產一樣。一串文字或符號的規律越高、隨機性越小、形態越明顯、越被**故事化**，則越容易儲存在吾人的心中，或是寫在書中，以待將來有一天讓你的子孫閱讀。

最後，資訊的處理和擷取，代價高昂。

有這麼多腦細胞——一千億個（以上）——我們的腦容量非常大，所以，困難或許不是來自儲存容量的限制，但可能只是索引的問題。你的意識，或工作、記憶，和讀這行字並加以瞭解，所要用到的腦細胞，遠低於你的腦容量。想想看，你的記憶力對七位數以上的電話號碼就記不太下來了。我們稍微換個方式來比喻，想像你的意識是國會圖書館裡的一張書桌：不論圖書館裡有多少藏書，有多少書可供人閱覽，你那張桌子的大小，對處理能力形成某種限制。壓縮，對意識工作的表現極其重要。

考慮一堆字黏在一起，構成一本五百頁的書。如果這些字純屬隨機，以完全無法預測的方式從字典中抽出，你就無法在不喪失某些顯著的東西之下，對這本書做摘要、轉換，或減量。一則由十萬個隨機字所構成的訊息，你必須用整整十萬個字才能把整個訊息一起帶到西伯利亞。現在，考慮相反的情形：一本滿紙重複下述句子的書：「××〔**此處請填入貴公司的名字**〕公司的董事長是個很幸運的傢伙，他碰巧遇到天時地利，卻把公司的成就歸因於自己，絕口不提運氣因素。」

一頁寫十次，總共寫五百頁。整本書可以精確地（把數十萬字）壓縮成四十五個字，一如我前面所寫的句子；你可以非常有信心地用這個核心進行複製。只要你發現序列的形態和邏輯，根本就不用再記憶了。你只要把形態存起來。而且，我們在此可以看到，形態顯然比原始資料更爲緊湊。你仔細看書，並找到**規則**。偉大的機率學家安德列・尼古拉耶維奇・科莫格洛夫（Andrey Nikolayevich Kolmogorov）就是用這個標準來定義隨機性；稱爲「科莫格洛夫複雜度」（Kolmogorov complexity）。

我們身爲靈長類的變種，非常渴望規則，因爲我們必須降低事物的量體，才能將其放進我們的腦中。或者，更確切地說，很遺憾，這樣才能把事物**塞進**我們的腦中。資訊越隨機，其量體便越大，從而越難做摘要。你做的摘要程度越大，所加諸事物的規則就越多，隨機性也就越小。於是，**造成我們做簡化的同樣條件，也迫使我們認爲，世界並沒有像實際狀況那樣隨機**。

而黑天鵝事件就是我們在簡化中所遺漏的東西。

藝術性和科學性事業，都是爲因應我們對減低事物量體，及爲事物強加規律的需求之產物。想像你周圍的世界，充滿了數以兆計的細節。試著去描述它們，你會發現，你傾向於爲這些事物理出個頭緒，而成爲你所說的話。小說、故事、神話，或傳說，都有同樣的功能：它們讓我們免於面對世界的複雜性，並保護我們不受其隨機性之影響。神話，爲人類失序的感知能力及所感知到的「混亂經驗」，提供秩序。②

事實上，許多嚴重的心理失調係伴隨著對自我環境的失控感——沒有能力對環境「做合理解釋」。

柏拉圖式思想在此又影響了我們。有趣的是，我們對於規律的渴望，也同樣適用在科學追求上——只不過，和藝術不同，科學（所宣稱）的目的是取得眞相，而不是帶給你有條理的感受，或是讓你有較好的感受。我們傾向於把知識作爲治療之用。

更好的死法

爲了讓各位見識一下敍事的力量，請考慮下面這個陳述：「國王死了，以及，皇后死了。」並與「國王死了，然後皇后悲傷而死。」這句做比較。這個練習，由小說家福斯特（E. M. Forster）所提出，顯示出單純一串連續資訊和一段情節之間的差異。但請注意此處有個結：雖然我們在第二個陳述裡加進一些資訊，我們有效地縮減了整個陳述的量體。從某個方式看，第二的陳述更容易表達，也更容易易記。現在，我們用一則資訊來代替兩則資訊。由於我們不必那麼費力就能記住，我們也可以把這句推銷給別人，也就是，把這句話當成一個意念包，就更易於表達。簡言之，這就是**敍事**的定義和功能。

②巴黎小說家喬許．貝黑克（Georges Perec）企圖突破敍事性文章，寫一本和世界一樣龐大的書。他不得不接受，只能對聖敍爾皮斯廣場（Place Saint-Sulpice）於一九七四年十月十八日到十月二十日之間所發生的事，做巨細靡遺的報導。但即使如此，他的報導仍不能達到巨細靡遺的程度，最後還是成了一篇敍事性文章。

如果想要看看敍事如何導致吾人對機率的錯誤評估，請做下面的實驗。給某人一本寫得非常好的偵探小說——例如，阿嘉莎・克莉絲蒂（Agatha Christie）的小說，裡面有許多角色都好像可以合理地被認爲是凶手。現在，問你的受測者，每個角色是凶手的機率各是多少。除非她寫下百分比，並精確地計算數字，否則所有的數字加起來應該會遠超過百分之百（如果遇到很好的小說，甚至會遠超過百分之二百）。偵探小說的作者越好，這個數字就越高。

對事物之記憶並非絕對一成不變

我們傾向於察覺——強制加上——**敍事性**和**因果性**，這是同一個毛病——縮減量體——的病徵。而且，敍事性和因果性一樣，具有時間先後順序，導致我們察覺到時間流。因果性造成單方向的時間流，而敍事性也一樣。

但記憶和時間的箭頭可能會變得混淆不清。敍事性可能以下述方式對過去的記憶產生嚴重影響：我們傾向於輕易記住和一段敍事相符的過去事物，而忽略其他在該敍事裡，看起來不具因果角色的事物。試考慮，我們在已知後來發生了什麼事，知道解答的情況下，去回憶事件。在解決問題時，我們幾乎不可能忽略事後的資訊。我們所不能記住的是事件的眞正序列，而不是重新建立的序列，就是這麼簡單的能力缺失，讓我們在事後回顧時，歷史遠比過去——或是正在發生——的事實——更易於解釋。

傳統的想法認爲，記憶就像個序列記錄器，像電腦磁碟一樣。實際上，記憶是動態的——不是靜態——就像一張不斷寫上新字句（或是同一段文字的新版本）的紙，這要歸功於事後資訊（posterior information）的力量（十九世紀的巴黎詩人查爾斯・波特萊爾〔Charles Baudelaire〕有一個卓越的觀點，把我們的記憶比成可複寫的羊皮紙，這種羊皮紙上的文字可以擦掉，並寫上新文字）。記憶更像是一部自動動態改版的機器：你記得你上一次所記住的事件，但你不知道，**每一次的事後回想，都會改變故事**。

因此，我們沿著因果線拉出記憶，在不刻意及不自覺的情況下加以修改。我們在事件發生之後，不斷地把過去事件敘事化，以符合我們所認為的邏輯感。

經由所謂的補強過程，記憶對應到腦中某一區域不斷活動所不斷強化的連結——活動越多，記錄越強。雖然我們相信記憶是固定不變，而且相互連結，但這卻和事實大相逕庭。根據事後所取得的資訊來看，越是合理的事件，記憶就越生動。我們發明了一些記憶——這是法庭的痛處，因爲吾人已經證明，許多人在聽過兒童受虐的理論之後，會編造出相關的故事。

瘋子的敘事

我們有太多方法來解釋過去事件以符合我們自己的利益。

我們來看看偏執狂患者的行爲。我有幸和患有隱藏性偏執症、且偶爾會發作的同事一起工作。如果這個人非常聰明，他可以對一些無傷大雅的評論，做出最牽強、卻聽起來完全合理的解釋，讓你刮目相看。如果我對他們說：「恐怕（I am afraid that）……」指世上某種不利狀況，他們會做字面解釋，認爲我眞的害怕，並引發這個偏執症患者的害怕反應。患有這種病的人會把許多無關緊要的細節聚集起來，建構出複雜而一致的理論，說明爲什麼有人要謀害他。如果你集合了，譬如說，十個偏執症患者，都處於同樣的妄想狀態，則這十個人將會對事件提出十種不同、卻相互吻合的解釋。

我七歲時，老師拿出一張畫給我們看，畫的是中世紀一群法國窮人聚集在某個慈善家，我記得是個慈善國王，所舉辦的盛宴裡。他們把湯碗捧起來喝。老師問我，爲什麼他們把鼻子埋到碗裡頭？我回答：「因爲沒人教他們禮儀。」她回道：「不對，那是因爲他們太餓了。」我覺得自己很笨，沒想到這點，但我不瞭解，是什麼原因造成一種解釋比另一種更正確，或是說，爲什麼不是我們都說錯了（當時沒有銀器，或是銀器很少，似乎，這是最有可能的解釋）。

除了我們的認知扭曲之外，邏輯本身也有問題。爲什麼有些人可以在完全不瞭解的情況下，就堅持一套絕對穩當的觀點，而此觀點與觀察相符，而且遵從每一項邏輯規則？試考慮兩個人可以對同一組資料持完全相左的看法。這是否表示，存在不同類的解釋，但各自的解釋都完美正確？當然不是。吾人也許有一百萬種方法來解釋事物，但眞正的解釋只有一種，不論我們是否已經知道這一種。

邏輯學家奎因（M. V. Quine）有一個著名的論點，證實一組事實存在不同種的解釋和理論，各自在邏輯上沒有矛盾。這樣的觀點警告我們，單是沒有出現不合理現象，尚不足以證明某件事爲眞。

奎因的問題，和他發現一個陳述很難在不同語言間做翻譯有關，因爲任何一個句子都有無限多種譯法（這裡請注意，吹毛求疵的人可能會發現奎因自己所寫的這句，本身就有矛盾。我很納悶，他要如何要求我們經由無限多種方法瞭解其唯一的論點）。

這並不表示我們不能談論原因；我們有很多方法來跳脫敘事謬誤。如何做？靠推測和做實驗，或是像我們將在第二部（嗚呼！）所看到的，對預測做測試。③我在此所討論的心理學實驗就是如此：他們選了一個母體並執行測試。其結果在田納西、中國，甚至於法國應該都成立。

敘事和治療

如果敘事造成吾人把過去的事件看成比實際上更具可預測性、更可預期、而較不具隨機性，則我們應該可以利用這點來治療某些隨機性所造成的痛苦。

以某個不愉快的事件來說，例如一場你認爲自己有間接責任的車禍，讓你在事後一直有著揮之不去的陰影。你認爲你造成了乘客受傷而感到痛苦不堪；你一直在想，你應該可以避掉這場車禍。你的思緒一直播放著跳脫出主流程的各種不同情境：如果你沒有比平常晚起床三分鐘，你應該可以避掉這場車禍。你並沒有傷害乘客的想法，然而心中卻充滿了自責和罪惡感。從事高度隨機性事業（如股市）的人，遭受這種回顧之痛的毒害可能比一般人還多：我應該在高點就把部位

③這種測試避開了敘事謬誤和相當程度的確認偏誤，因為測試者必須把實驗的失敗和成功都納入考慮。

出光的；如果我在幾年前趁著這檔股票股價還很低時買進，那我現在開的就是一輛粉紅色的敞篷車了；諸如此類。如果你是個專業人員，當你不能做到爲你的投資人買到像中樂透一樣的股票時，你可能覺得你「犯了一個錯誤」，或是更糟的，「錯誤已經造成」，因而覺得必須爲你「魯莽的」（也就是說，事後回顧，顯得魯莽）投資策略道歉。

你要如何擺脫這種持續的陣痛？別想靠意志力來不想這件事：這種作法幾乎必然適得其反。更妥善的解決方法是讓此事件顯得更無法避免。嘿，這件事註定要發生，而且，爲其感到痛苦似乎於事無補。你如何做到這點？喔，**用敘事法**。每天花十五分鐘把自己的問題記錄下來的病人，對於他們所面臨的苦難，眞的會覺得好過一些。你會覺得沒有避開某些事件不是那麼罪大惡極；你覺得對此事沒有那麼大的責任。事情變得好像是命中註定一樣。

如果你從事隨機性很重的行業，就如我們所看到的一樣，你可能經常以事後所發生的狀況來做自我檢討，因而飽受疲乏效應之苦。在這種情況下，至少，你可以養成寫日記的習慣。

無限精確的錯誤

我們有厭惡抽象的不良習性。

二〇〇三年十二月某日，當海珊（Saddam Hussein）被抓到時，彭博新聞（Bloomberg News）於13：01閃出下列頭條：美國庫券揚升；捕獲海珊不能遏止恐怖主義。

每當市場有所變動，新聞媒體就覺得有義務要給個「理由」。半小時之後，他們必須再發出一則新頭條。因爲美國國庫券的價格回挫（它們一整天都在漲漲跌跌，因此，根本就沒什麼特殊之處），彭博新聞對下跌有個新理由：海珊被捕（同一個海珊）。在13：31，他們發出下一則訊息：美國庫券下跌；海珊被捕推升風險性資產的魅力。

因此，同樣的抓人（原因），解釋了一個事件及與其完全相反的事件。顯然，不能這樣；這兩件事不能連在一塊兒。

新聞記者是否會每天早晨聚集在護理站裡打一針多巴胺，以便把故事編得更好？（請注意，有件事很諷刺，英文中的禁藥〔dope〕一字用來指運動員爲提升表現所服用的非法藥品，這個字和多巴胺〔dopamine〕有相同的字根。）

這種事經常發生：提出一個原因，讓你囫圇吞棗地接受一則新聞，並讓事件顯得更扎實。一名候選人敗選之後，新聞會提供選民唾棄這位候選人的「原因」給你。任何想像得到的原因都可以。然而媒體卻煞費周章，派出他們的查證大軍，讓整個過程變得更「徹底」。就好像他們希望在無限的精確下錯誤（而不接受約略的正確，像個神話作家一樣）。

請注意，當你碰到一個人，在沒有其他資訊的情況下，你會傾向於用她的國族和背景來當作顯著屬性（salient attribute，就像那位義大利學者對待我的方式一樣）。我是如何知道這種背景屬性是假的呢？我自己做了一個實證測試，檢查和我一樣背景、經歷過同樣戰爭的交易員中，有幾個人變成了懷疑經驗論者，我發現，二十六人中，一個都沒有。國族這種事，有助於你編一大套故事，並滿足你尋找原因的欲望。國族似乎成了一個垃圾場，所有的原因都集中到那裡去，直到有人翻出一個最理所當然的原因（就像某種「很有道理」的進化論說法）。事實上，人們傾向於以自己對「國族認同」(national identity)的解釋來愚弄自己,《科學》(*Science*)雜誌一篇由六十五名作者所著的突破性文章,已經證實「國族認同」完全是虛構的東西(「國族特性」對電影而言也許是個寶,它們或許對戰爭之形成有莫大的幫助,但它們是柏拉圖式想法,未經實際驗證——然而,舉例來說,英國人和非英國人都錯誤地相信英國的「國家氣質」)。從實際經驗來看,性、社會階級,和職業,在預測某個人的行爲上,似乎是比國族更好的項目(一名瑞典男性和一名多哥共和國〔Togo,譯註:位於西非〕男性的相似程度,高於和瑞典女性的相似程度;一名祕魯哲學家和一名蘇格蘭哲學家比較像,而不像祕魯清潔工;諸如此類)。

過度因果化的問題並非取決於新聞記者,而是取決於社會大眾。沒人會花一美元去買一堆抽象的統計資料,這種東西讓人想起沉悶的大學論文。我們要聽故事,而這並沒有什麼不對——除了,我們應該更徹底地檢查故事是否嚴重扭曲了現實。有沒有可能,小說揭露出眞相,而非小說則是說謊者的避風港?有沒有可能,神話和故事比經過徹底查證的ABC新聞更接近眞相?只要考慮新聞報紙試著取得無懈可擊的事實,卻以將事實編織成敘事文章的方式,使其傳達出因果(和知識)的印象。他們有事實查證人員,卻沒有思維查證人員。嗚呼。

但我們沒有理由只挑出新聞記者。學術界在敘事學科上也幹同樣的事,但以形式語言做裝扮——我們將在第十章討論預測時再來詳談。

新聞記者和妙語如珠的名嘴,除了製造敍事和因果性之外,並沒有讓世界變得更簡單。他們反而是幾乎一成不變地讓世界變得遠比實際狀況還複雜。下次有人要你暢談對世界事件的看法時,就說你不知道,並提出我在本章所述的論點,質疑立即原因的能見度。他們會說「你過度分析了」，或是「你的想法太複雜了」。這時，你所要說的只是，我不知道！

冷靜的科學

現在，如果你認爲科學是抽象的議題，不受感官主義（sensationalism）之影響和扭曲，我有些消息讓你清醒一下。實證研究員已經發現一些證據，顯示科學家也會受到敍事的影響，對非常客觀的事物賦予醒目的標題及「性感」的聳動妙語。他們也是人，會透過感官事物以博取注意。其治療方法是透過科學研究的後設分析（meta-analyses），由超級研究員仔細審閱所有的文獻，包括較不顯眼的論文，並產生一篇綜合報告。

感官影響和黑天鵝事件

讓我們來看看敍事如何影響吾人對黑天鵝事件的瞭解。敍事，及其所帶來的凸顯具感官效果之事件的機制，會混淆我們對機率的推估。上一章介紹過康尼曼和特沃斯基這兩人，我們來看看他們的實驗：受測者爲從事預測工作的專業人士，實驗要求他們想像下面的情境，並估計其機率。

一、美國某處發生洪水氾濫，死亡超過一千人。

二、**加州發生大地震**，造成洪水氾濫，死亡超過一千人。

受測者估計第一個事件發生機率**小於**第二個事件。然而，加州大地震是已經發生，而易於想像的**原因**，大幅提升了腦中所產生的洪水景象——以及所評估的機率。

同樣的，如果我問你，美國可能發生幾起肺癌病例，你會給我某個數字，譬如，五十萬例。現在，如果我改成問你，有多少的肺癌病例是**因爲**吸煙所造成的，很可能，你會給我一個更高的數字（我猜是兩倍以上）。加入**因爲**之後，讓這些事變得更加合理，**也更可能**發生。抽煙所導致的癌症，似乎比不明原因的癌症更可能發生——不明原因表示根本沒有影響。

我要回到本章前面福斯特所舉的例子，但從機率的角度來看。下面兩個陳述哪個可能性比較大？

喬伊的婚姻似乎很美滿。他殺了他太太。

喬伊的婚姻似乎很美滿。他殺了他太太以取得她的遺產。

顯然，乍看之下，第二個陳述似乎可能性較大，但這是純粹的錯誤邏輯，因爲第一個陳述比較廣，可以包容更多原因，諸如他因爲發狂而殺了他太太；因爲她和郵差及滑雪教練有染；因爲他進入了幻覺狀態，錯把她當成股市分析師。

這些都能造成我們在做決策時的毛病。如何造成的？

只要想像，如保羅．斯諾維奇（Paul Slovic）和他的共同實驗者所證實的，人們購買恐怖攻擊保險的可能性高於一般保險（一般保險的承保範圍較廣，包括恐怖攻擊）。

我們所想像、討論和擔心的黑天鵝事件，和可能發生的黑天鵝事件不同。我們擔心錯誤的「極不可能發生」事件，我們在下面就會看到。

黑天鵝事件之眼盲（Black Swan Blindness）

有關黑天鵝事件在認知上的悖論，第一個問題如下：爲什麼**有些**黑天鵝事件在我們的心中被誇大了，而本書的主題卻是，我們大都忽略了黑天鵝事件？

答案是，稀有事件有兩種：(a)**被談論的**黑天鵝事件，這些事件出現在當前的談論議題上，你很可能在電視上看到；及(b)那些沒人談論者，因爲它們被模型給遺漏了——那些你在公開場合討論時會覺得羞於啓齒的事，因爲它們似乎不合常理。我可以很安全的說，這完全和人性相符，因爲黑天鵝事件的案件，第一種被高估了，但第二種卻被嚴重低估。

事實上，樂透買家高估了中獎機率，因爲他們看到豐厚的獎金——其實，他們對機率看不清楚，因而把千分之一的可能性和百萬分之一的可能性混爲一談，同等對待。

許多實證研究都同意這種對黑天鵝事件的高估和低估形態。康尼曼和特沃斯基最先證實，**當你和人們討論低出現機率事件**、當你讓人們知道這些事件之後，人們會對該事件呈過度反應。例如，如果你問某個人：「墜機死亡的機率有多大？」他們會提高其機率。然而，斯諾維奇和他的伙伴發現，在保險的模式上，人們在購買保險時會忽略這些高度不可能發生的事件。他們稱之爲「對可能的小損失之投保偏好」——代價是可能性更低、但衝擊更大的事件沒有投保。

在多年搜尋對吾人輕蔑抽象（scorn of the abstract）所做的實證研究之後，我終於找到以色列的研究者做了我期待已久的測試。葛雷・巴隆（Greg Barron）和伊杜・伊里夫（Ido Erev）提供實驗證明，當實驗人員從事一系列的實驗時，如果沒把事件機率提供給他們，而必須**由他們自己去導出機率**時，他們會低估小機率事件。如果你從一個裝有極多的黑球和少數幾顆紅球的缸子抽出球來，而且，如果你不知道紅、黑球的相對比例，你很可能會低估紅球的數目。只有當你得知紅、黑球的出現頻率之後——譬如說，告訴你百分之三是紅球——你的下注決策才會高估紅球出現的機率。

我曾經花很多時間在思索，爲什麼我們可以如此短視和短線主義，卻還能在一個不完全屬於平庸世界的環境裡生存。有一天，我看著讓我比實際年齡老了十歲的白鬍子，並想到因展示白鬍子所得到的愉悅感，我悟出了下面的道理。許多社會對老年人的尊敬也許就是對我們短期記憶的一種補償。參議院（senate）這個字來自拉丁文 senatus，是「元老」的意思；sheikh 在阿拉伯文裡兼有菁英統治者和「老年人」之意。老年人是複雜的歸納學習之寶庫，這些知識包括稀有事件的資訊。老年人可以用故事來嚇唬我們——這就是爲什麼我們想到**特定**的黑天鵝事件時就會變得過於激動。我很興奮地發現，這種情況在動物界裡也是一樣：《科學》雜誌上的一篇文章證實，母象王在稀有事件發生時，扮演超級顧問的角色。

我們從重複中學習——代價是以前未曾發生的事件。不可重複事件在發生之前會被忽略，但發生之後則會被高估（一陣子）。在一個黑天鵝事件（如二〇〇一年九月十一日）之後，人們預期還會再度發生，但事實上，再度發生的機率，我認爲已經降下來了。我們喜歡去想**特定**和已知的黑天鵝事件，但其實，眞正的隨機特性就在於事件的抽象性之上。正如我在前言所說，那是神的錯誤定義。

經濟學家海曼・明斯基（Hyman Minsky）把經濟裡的冒險循環看成下述形態：安定和沒有危機出現，鼓勵了冒險、自滿，及對問題出現之可能性抱持低度的警覺。然後危機發生，導致大家患了砲彈恐懼症，害怕把資源拿出來做投資。奇怪的是，明斯基及其所謂的後凱因斯學派（Post-Keynesian），和其對手，自由意志主義（libertarian）的「奧地利學派」（Austrian）經濟學家都有相同的分析，差別只在於前者建議以政府干預來消除循環，而後者則認爲，不應該信任公僕去處理這種事。雖然這兩派思想似乎是互相打對臺，但他們都強調基本的不確定性，並且處在經濟系的主流之外（雖然他們在商界和非學術界有龐大的追隨者）。毫無疑問，他們對基本不確定性之強調，讓柏拉圖化的學者感到惱怒。

我在本節中所討論的所有機率測試都很重要：這些測試顯示吾人如何受到黑天鵝事件稀有性的愚弄，而非受到黑天鵝事件所扮演的整體角色，即黑天鵝事件之**衝擊**的愚弄。在一個初級研究中，心理學家丹・高思坦（Dan Goldstein）和我一起以倫敦商學院（London Business School）的學生，測試來自平庸世界和極端世界這兩個領域的例子。我們選了身高、體重，和平均每個網頁的瀏覽數。受測者在猜測平庸式環境裡的稀有事件角色上做得很好。但碰到平庸世界以外的變數時，他們的直覺就失靈了，這顯示，我們用直覺去衡量極稀有事件之衝擊時，如一本舉世轟動的書對整體書籍銷售量的影響，實際上並不怎麼管用。他們在某個實驗中，把某個稀有事件的**效果**低估了三十三倍。

接著，我們來看看，不瞭解抽象事物，對吾人的影響爲何。

感官牽引

事實上，抽象的統計資料並不能像軼事趣聞那樣讓我們感動——不論我們的經驗有多豐富。我將舉幾個例子。

義大利幼童。在一九七〇年代後期，義大利一名蹣跚學步的幼童跌落井裡。救難小組無法將他拉出來，這名小孩只能無助地待在井底哭泣。我們可以體會，整個義大利都在關切他的安危；整個國家都在盯著頻頻播放的最新新聞。小孩的哭聲，讓無能爲力的救援人員和新聞記者感到的罪惡，痛徹心扉。他的照片顯眼地登在報章雜誌上，在米蘭市中心逛，你很難不看到有關這小孩困境的事物。

在此同時，黎巴嫩正烽火連天，偶爾才有戰事稍歇的時候。黎巴嫩人處於亂局當中，依然非常注意這名小孩的命運。這名**義大利**小孩。就在五英里遠的地方，有人因戰爭而死亡，市民飽受汽車炸彈的威脅，但貝魯特基督區裡的人，他們最關心的還是這名義大利小孩的生死。「看，這可憐的小傢伙有多可愛。」有人這麼對我說。而當這名小孩最後獲救時，整個城裡的人都鬆了一口氣。

史達林（Stalin）對死亡這種事最瞭解了，據說，他曾經說過：「一個人的死亡是悲劇；一百萬人的死亡則是個統計數字。」統計學在我們腦中是寂靜無聲。

恐怖分子會殺人，但造成最多人傷亡的還是環境，每年有將近一千三百萬人死於環境事件。但恐怖分子引起眾怒，造成我們高估發生恐怖攻擊的可能性——並且一旦發生恐怖攻擊，我們會非常強烈的回擊。人造的傷害比天然災害更讓我們覺得痛苦。

中央公園。你坐在飛機上，打算到紐約市度個週末長假（享受醇酒美食）。坐在你旁邊的是保險業務員，這個人既然是做業務的，就有說不完的話。對他而言，**不說話**是很難過的事。他說，他表哥（即將和他一起度假）在律師事務所上班，事務所裡有個同事的小舅子的合夥人的雙胞胎弟弟，在中央公園裡遭到行凶搶劫而喪命。真的，就在偉大的紐約市中央公園。如果他記性還不錯的話，那是一九八九年的事了（現在是二〇〇七年）。可憐的被害者只有三十八歲，已婚，有三個小孩，其中一個小孩有先天缺陷，必須在康乃爾醫學中心（Cornell Medical Center）做特殊治療。這三個小孩，其中一個還需要特別照顧，竟因爸爸愚蠢地到中央公園逛而喪父。

喔，你在紐約期間，很可能就會避開中央公園。你知道你可以從網頁上或任何旅遊手冊上得到犯罪的統計數字，而不是聽信一個滔滔不絕的業務員所說的故事。但你無可奈何。有一陣子，中央公園這個名字讓你想到那個可憐的無辜受害者，倒臥在血泊的草坪上。解除你的疑慮，需要非常多的統計資訊。

騎摩托車。同樣的，你一個親戚因摩托車事故而死亡，這件事遠比大量的統計分析更能影響你對摩托車的看法。你不費吹灰之力就能上網查閱事故的統計數字，但這些數字很難影響你的想法。告訴各位，我在城裡以一輛紅色的偉士牌機車代步，因為我在這幾年的生活中，並沒看到有人因車禍而受害——雖然我在邏輯上知道這個問題，但我無法按照邏輯之所知而採取行動。

現在，我並不是不同意以故事來吸引注意力的想法。事實上，我們的意識，也許就和我們編製某種自我故事的能力息息相關。只是，敍事性故事如果用錯地方，就有致命危機。

捷徑

接下來我要超出敍事這個主題，討論更廣泛的思考和推理特質，這種特質造成人類膚淺的缺點。有一個稱為判斷與決策學會的學派（Society of Judgment and Decision Making，這是我唯一參加的學術和專業社團，我以身為其成員為榮，其聚會是唯一不會讓我感到壓力和憤怒的會議），對這些推理上的缺陷加以分類和研究。這個學會結合了丹尼・康尼曼、阿莫斯・特沃斯基，和其友人，如羅賓・道斯（Robyn Dawes）和保羅・斯諾維奇等人所做之研究而開啓的學派，其成員以實證心理學家（empirical psychologist）和認知科學家為主，其方法是堅持對人類做非常精確而控制性的（物理學式）實驗，非常嚴格，並以最少的理論說明，對人類的反應做分類。他們尋求規律性。請注意，實證心理學家用鐘形曲線來衡量他們測試方法之誤差，但我們會在第十五章從技術面做進一步說明，由於實驗的特性使然，這是鐘形曲線可以妥善地應用在社會科學的少數狀況。我們在本章前面的加州洪水實驗，以及第五章中確認偏誤之鑑別上，已經見過這類實驗。這些研究者把吾人的活動（粗略地）對應到一種雙思考模式，分別為「第一系統」和「第二系統」，或是

經驗系統（experiential）和**思考系統**（cogitative）。其區別簡單明瞭。

第一系統，即經驗系統，這個系統輕鬆、自動、快速、不透明（我們在使用這套系統時，自己並不知道）、平行處理，而且，本身還會產生錯誤。這就是我們所謂的「直覺」，而且這些英勇的快速行動，大家都知道就是「一瞬間」（blink），馬爾坎・葛拉威爾（Malcolm Gladwell）有一本暢銷書的書名就叫 *Blink*（譯註：中譯本爲《決斷2秒間》）。第一系統非常情緒化，因爲它太快了。它會產生捷徑，稱爲「自由心法」（heuristics），讓我們能夠快速而有效地運作。丹・高思坦稱這些自由心法爲「又快又省」（fast and frugal）。其他人則喜歡稱之爲「快而粗糙」（quick and dirty）。如今，這些捷徑當然都是正道，因爲它們很快，但有時候，它們會導致我們造成嚴重的錯誤。這種構想，產生了一個完整的研究學派，稱爲**自由心法與偏誤**（heuristics and biases，自由心法就相當於捷徑研究，而偏誤則代表錯誤）。

第二系統，即思考系統，我們通常稱之爲**思想**。你在課堂上用的就是這種系統，因爲它需要努力（即使是法國人也一樣）、推理，而且緩慢、講邏輯、循序漸進、具有自我意識（你在做推理的過程中，每一步自己都知道）。這個系統比經驗系統所犯的錯誤少，而且，既然你知道自己是如何推導出結果的，你可以重新追查每個步驟並加以修正以求適切。

吾人在推理時，大多數的錯誤來自第一系統之使用，但我們還以爲自己是用第二系統在思考。何以如此？因爲我們的反應裡沒有思考和內省，第一系統的主要特性，就是我們在使用該系統時自己並不知道。

請回想雙程錯誤那段，我們傾向於把「沒有證據證明有黑天鵝事件」和「證據證明沒有黑天鵝事件」混爲一談；這顯示第一系統發揮作用。你必須努力（第二系統），才能把你的第一反應排除掉。顯然，遺傳天性造成你用快速的第一系統來避開困境，因此，你不會坐在那邊思考，究竟是一隻眞的老虎要攻擊你，還是幻覺。你會立即跑開，在你「意識」到老虎來了之前。

一般認爲，直覺反應是第一系統用來指導我們、強迫我們快速行動的武器。直覺反應遠比我們的思考系統更能和風險趨避性做有效的調和。事實上，研究直覺反應系統的神經生物學家證實，在危機出現時，直覺通常比意識更早做出反應——我們在知道自己碰到一條蛇的數微秒之前，就感到害怕並開始做出反應。

人類許多天性上的問題，都來自不能善用第二系統，或是無法不到海邊度個長假就能長時間使用第二系統。而且，我們還經常忘了要使用第二系統。

小心頭腦

請注意，神經生物學家大致上也對第一系統和第二系統做了類似的區別，只是他們建立在解剖學的架構上。他們的區別方式是把腦區分爲不同部位，**皮質**（cortical）部被認爲是我們用來思考的部位，也是人類和其他動物不同的地方，而快速反應的**邊緣**（limbic）腦則是情緒直覺中心，人類和動物都有。

身為一個懷疑經驗論者，我不想當火雞，因此，我不想把焦點完全放在腦部裡的特定器官，因為我們並不能對腦部功能好好的觀察。有些人嘗試去找出與決策相關的神經，或是更積極地，找出記憶的神經「基質」(substrates)。腦部可能比我們所想像的還要複雜；其解剖知識，過去已經一再地愚弄我們。然而，我們可以對人在特定環境中的反應方式，做精確而徹底的實驗，以掌握其規律，並把我們所見記錄下來。

為了舉例澄清懷疑論不是無條件依賴神經生物學，並證明塞克斯都所屬之經驗醫學派的理念，我們來看看鳥類的智慧。我一直從許多文章中讀到皮質部是動物用來「思考」的地方，而且皮質部最大的動物，智慧最高——我們人類的皮質部最大，其次是銀行執行長、海豚，和我們的表親：猩猩。喔，結果有些鳥的智慧水準頗高，例如鸚鵡，與海豚相當，但鳥類智慧的高低，卻要看腦部另一個部位的大小，即所謂的上紋狀體(hyperstriatum)。因此，神經生物學雖然具有「硬科學」的特性，有時候(但不是經常)還是會愚弄你，讓你相信柏拉圖化、簡化了的命題。「經驗醫學派」當年竟能對解剖學和功能之間的關係抱持懷疑，他們竟有這樣的遠見，讓我感到很神奇——難怪他們這一學派在知識史上所佔的分量非常少。身為一名懷疑經驗論者，我比較喜歡實證心理學的實驗，而非神經生物學家以理論為基礎所做的核磁共振造影(MRI)掃描，即使一般大眾覺得前者比較不「科學」。

如何避免敍事謬誤

我的結論是，我們對黑天鵝事件的誤解，大部分來自我們錯誤地使用第一系統，即敍事性和感官性的系統（還有直覺情緒的系統），這些，對事件發生的可能性，給我們錯誤的藍圖。在日常生活中，我們的內省不足以瞭解我們所知道的，比冷靜觀察自己經驗所得到的想法還要少一點點。我們還傾向於在黑天鵝事件發生後，立即忘掉黑天鵝事件的觀念——因爲它們對我們而言，太抽象了——而把焦點放在我們心中可以輕易想到的確定而鮮明的事件。我們的確會擔心黑天鵝事件，只是弄錯對象了。

在此我要談談平庸世界。在平庸世界裡，敍事性似乎很管用——過去的東西，很可能都臣服在我們的研究之下。但在極端世界裡則不然，你在這裡看不到重複，你對詭異的過去必須抱持懷疑，並避開簡單明瞭的敍事。

由於我在生活上盡量不去接觸資訊，我經常覺得，我所住的星球，和同儕的不一樣，有時候極爲痛苦。就好像他們的頭腦被病毒所控制，不能看到事物向前發展——即將發生的黑天鵝事件。

避免敍事謬誤之病的方法，是重實驗輕故事、重經驗輕歷史、重臨床知識輕理論。新聞報紙當然不能做實驗，但報紙可以選某一篇而不選另一篇——裡頭有太多的實證研究可以拿出來做報告或解釋——一如我在本書所做的事。當個實證派並不表示你必須在地下室裡設個實驗室：只要把你的心態設定成重視某類知識，而不重視其他類知識。我並沒有禁止自己使用**原因**這個詞，但我所討論的原因，不是大膽的猜測（就如這裡所表達的），就是實驗的結果，而不是故事。另一個方法是做預測，並把預測結果記錄下來。

最後，也許有一種方式可以用敍事——但是爲了善良的目的。只有鑽石才能切割鑽石；我們可以利用我們以故事來說服人的這種能力來傳達正確訊息——說書人似乎就是在做這種事。

到目前爲止，我們已經討論過黑天鵝事件眼盲的兩種內在機制，即確認偏誤和敍事謬誤。下一章將探討外部機制：我們在接收和解釋事件記錄上的缺陷，及我們在反應方式上的缺陷。

7 活在希望的等候室裡

如何避開飲水機——選擇你的連襟——尤金尼亞最喜歡的書——沙漠能給你什麼，及不能給你什麼——談避開希望——韃靼沙漠（El desierto de los tártaros）——慢動作的優點

假設，就像尤金尼亞一樣，你的活動要靠黑天鵝事件的意外——亦即，你是一隻反火雞。學術性、科學性，和藝術性的活動就屬於極端世界裡的省份，在這些領域裡，成功有嚴重的集中性，極少數的贏家拿走絕大部分的資源。所有我認爲不無聊而「有趣」的專業，似乎都具備這種特性（我還在尋找反例，一個屬於平庸世界的非無聊活動）。

瞭解到成功只集中於少數的這種特性，卻還是付諸行動去追求，造成我們的雙重折磨：在我們的社會裡，報酬機制建立在規律的幻覺上；而我們的荷爾蒙回報系統，也同樣需要有形而穩定的成果。我們的社會還認爲世界是井然有序——這犯了確認錯誤。世界變動得太快，讓我們的基因趕不上。我們和環境漸去漸遠。

同儕壓力

每天早上，你從位於曼哈頓東村（East Village）的狹小公寓出門，走進東六十街區洛克斐勒大學（Rockefeller University）實驗室。你做到很晚才回家，認識你的人，基於禮貌，會問候你一聲，今天過得如何？在實驗室裡，大家都比較圓滑。當然你今天過得並不好；你的實驗沒有任何發現。你可不是修錶師傅。你**沒有任何發現**其實很有價值，因爲這是發現過程的一部分——嘿，你知道**不用**再看哪一部分。如果有期刊很有見識地認爲你的「沒有發現」是有用的資訊，並加以發表的話，那麼其他的研究人員在知道你的成果之後，便會避開你所做過的那些實驗。

在此同時，你的連襟是個華爾街券商的營業員，一直賺著大筆的佣金——龐大而穩定的佣金。「他幹得不錯。」有人，特別是你的丈人，這麼對你說，他說了這話之後，還憂心忡忡地沉默了一會兒——讓你覺得他是在做比較。他並不是故意的，但他的確拿你們兩人做了一番比較。

假日可能更慘。你在家族聚會上碰到了你的連襟，而且一定會毫無差錯地察覺到你太太的挫折感，在她還沒想到你這行的邏輯之前，她突然擔心，她也許嫁錯人了。但她得先應付第一個刺激。她妹妹滔滔不絕地談他們房子重新裝潢的事，談他們的壁紙。開車回家時，你太太在車上比平常更沉默。如果你的車子是租來的，因爲你在曼哈頓裡養不起停車位，則痛苦的感覺還會更糟。你該怎麼辦？搬到澳洲，不用頻頻參加家族聚會？還是和別人結婚，換個沒有那麼「有成就的」連襟？

或者你該穿得像個嬉痞，目空一切？如果是做藝術的，這招也許有用，但對於從事科學或商業的人來說，就不是那麼容易了。你陷入困境。

你所做的計劃並不會出現立即或穩定的成果；突然間，你周遭的人所從事的工作卻都有立即而穩定的成果。你麻煩大了。科學家、藝術家，和研究人員如果不是活在與世隔絕的社區或是藝術園區裡，就註定會有這個命運。

在許多行業裡，正面成果之出現飄忽不定，因此，我們不是贏得大滿貫，就是一事無成，在這樣的行業裡，有人帶著使命感投入，鍥而不捨地（在臭氣沖天的實驗室裡）追求治療癌症的困難方法；寫出一本改變人們世界觀的書（自己卻生活拮据）；做音樂，或是在地鐵裡畫些小東西，視之為更高的藝術形式，完全不管過時「學者」哈洛．卜倫（譯註：Harold Bloom，耶魯大學的文學評論家）的惡評。

如果你是個研究人員，你就必須在「知名的」刊物上發表一些不痛不癢的文章，如此，在研討會上才會經常有人過來跟你打招呼。

如果你經營一家上市公司，在你還沒有股東之前，一切都還不錯，這時你和你的合夥人就是僅有的股東，還有瞭解這行的創投業者，他們知道在經濟領域裡，成果飄忽不定的特性。但現在你碰到來自曼哈頓市中心證券商那些腦筋遲鈍的三十歲證券分析師，他對你的成果細細研究並加以「論斷」。他喜歡例行性的獲利，而你最難做到的就是提供例行性獲利。

許多人終其一生，都在認為自己是在做正確的事之下孜孜不倦地努力，然而，他們很可能在一段非常長的期間裡，得不到具體的成果。他們需要斷斷續續的成就感，才能在同儕壓力的持續消磨下存活下來，而不會自暴自棄。他們的表兄弟覺得他們像個白癡，他們的同儕覺得他們像個白癡，他們需要勇氣才能堅持下去。他們得不到確認和肯定，沒有奉承的學生，沒有諾貝爾獎，沒有落魄兒獎。「你今年做得怎樣？」會讓他們在內心深處隱隱作痛，因為他們這麼多年來的努力，在外人的眼中，幾乎就是一事無成。然後，轟！飄忽不定的成果出現了，一雪前恥。或者，可能一輩子都沒有成果。

相信我，別人覺得你一直在失敗的社會效果是很難面對的。我們是社會動物；他人就是地獄（譯註：hell is other people 是哲學家沙特的名句）。

與感官相關聯的領域

我們的直覺並不適合用來處理非線性事物。試考慮我們生活在原始的環境裡，過程和成果緊密連結。口渴時，喝水就能帶來適當的滿足感。甚至在一個不是很原始的環境裡，當你要蓋一座橋或是一幢石屋時，做得越多，就會帶來越明顯的成果，因此，你的情緒建立在可見的持續回饋上。

在原始環境裡，關聯性**來自**感官，同時也應用在我們的知識上。當我們試著去收集世界周遭的資訊時，我們傾向於讓我們的生物本能來引導，我們的注意力很自然地就流向感官——而非流向沒有像感官那麼具關聯性的事物。然而，這個引導系統，在我們和棲息地的共同演化過程中，卻走偏了——我們將這個系統移植到一個相關性事物通常是無聊而不具感官效果的世界裡。

而且，如果我們認為，譬如說，兩個變數之間有因果關係，那麼持續對一個變數做投入，**總是**會在另一個變數得到結果。我們的情緒感覺器官是為線性因果關係而設計的。例如，如果你每天讀書，你會期望每天學到一部分知識。如果你覺得根本就沒有學到東西，你的情緒感受會讓你變得氣餒。但現代的現實環境鮮少讓我們再享有滿意、線性，和正向進步的特權：你可能花一年的時間去思考一個問題而一無所獲；然後，除非你受到一事無成的打擊而放棄，否則，你會在一念之間突然透徹瞭解。

研究人員花了一些時間處理這種成就感的想法，對於立即收穫和延後收穫的想法，神經學已經給我們相當的啓發。你比較喜歡今天得到一個訊息，還是下個星期得到兩個？喔，消息是，我們心智裡的邏輯部份，也就是讓我們和動物有別的「高等」部分，可以推翻我們的動物本能，而動物本能所要求的是立即收穫。因此，我們畢竟還是比動物優秀一些——但可能沒好太多。而且不是隨時都比較優秀。

非線性特性

狀況可能有點悲慘——世界比我們所想的，也比科學家所相信的，更具非線性特性。

在線性之下，變數之間的關係清楚明確而固定，從而可以柏拉圖化，以一個句子輕鬆掌握其關係，例如：「銀行裡的錢增加百分之十，對應到利息所得增加百分之十，以及銀行理專的諂媚度增加百分之五。」如果你在銀行裡的錢越多，則你所收到的利息就越多。非線性關係就有變化；或許，最佳的形容方式是，它們無法以言語適切地表達。我們來看快樂與喝水之間的關係。如果你處於渴得要命的狀態，那麼，一瓶水就能顯著增加你的福祉。水越多，你就越快樂。但如果我給你一整個水槽的水呢？很清楚，你的幸福感因水量之增加迅速鈍化。事實上，如果我讓你選一瓶水或一水槽的水，你會選一瓶水——因此，你的樂趣隨著量的增加而**遞減**。

在生活中，這些非線性關係無所不在。線性關係純屬例外；我們只有在課堂上和課本上才會探討它們，因爲它們容易瞭解。昨天下午，我試著好好地重新檢視我的四周，看看能不能找出屬於線性的東西。我一個都找不到，就像有人要在雨林裡尋找正方形或三角形一樣——或是，正如第三部所討論的，和有的人在社會經濟現象裡尋找鐘形隨機性一樣。

你每天都去打網球卻毫無進步，然後，突然間你開始打贏職業選手。

你的小孩看起來不像是有學習障礙，但他卻好像是不想講話似的。校長給你壓力，要你開始考慮「其他方法」，也就是治療。你和她吵了起來，卻沒有用（她才是「專家」）。然後，突然間，這個小孩開始造出複雜的句子，也許是，對他的年齡層而言太複雜了的句子。我會一再重複強調，線性進步是柏拉圖式的想法，而非放諸四海皆準。

過程重於成果

我們偏愛感官事物和極具可見性的事物。這影響我們判斷英雄的方式。無法產生可見成果的英雄——或是那些專注在過程而非成果的英雄——在我們的意識裡所能得到的空間非常小。

然而，那些宣稱重視過程更甚於成果的人，並沒有說出全部的實情，當然，我們假設他們也是人類的一員。我們經常聽到一些半謊言，說作家並非為了榮耀而寫作、藝術家為了藝術而創造，因為活動「本身就是報酬」。沒錯，這些活動可以產生穩定的自我滿足感。但這並不表示藝術家不會殷殷期盼某種形式的名氣，或是他們具有一定程度的知名度之後不會變得更好；這並不表示作家不會在星期六一大早起來，查看《紐約時報書評》(*The New York Times Book Review*) 是否刊出他們的作品專輯，雖然可能性非常低，或是他們不會一直去信箱查看期待已久的《紐約客》是否有回信。即使是人類菁英的哲學家，當他的大作（後來才知道是他自己的黑天鵝問題）被某個腦筋遲鈍的審稿人——他知道這個審稿人錯了，完全誤解他的論點——丟到垃圾桶之後，也要花好幾個星期病倒在床上。

而讓你感到痛苦的是，你的同儕，你覺得他並不怎麼樣，竟前往斯德哥爾摩領取諾貝爾獎。

大多數從事我所謂「集中」(concentrated) 事業的人，終其一生都在等待（通常）永遠不會出現的大日子。

沒錯，追求這種事業讓你的心智遠離生活中的瑣事——卡布其諾咖啡太熱或太涼、侍者動作太慢或太殷勤、食物太辣或不夠辣、要價過高的旅館房間和廣告上的照片不一樣——這些思考都不見了，因為你要思考的是更大、更重要的東西。但這並不表示，隔絕於物質追求之外的人，就不受其他痛苦之侵擾：來自尊嚴掃地的痛苦。通常這些追求黑天鵝機會的人，在沒有貢獻時會覺得羞辱，或是不得不覺得慚愧。「你辜負了對你有高度期望的人。」別人對他們說，這增加了他們的罪惡感。報酬讓人捉摸不定的問題，並不在於造成他們的所得不高，而是社會地位低落、失去尊嚴，以及飲水機旁的微妙羞辱。

我非常希望有一天看到科學和決策者重新發現古人早已知道的智慧，即我們的最高財富是尊嚴。

即使在經濟上，賺錢的並不是那些追求黑天鵝機會的人。學者湯瑪斯・亞斯塔博（Thomas Astebro）證實，獨立發明（假設出現彗星般的機會）的報酬，遠低於從事創投者的報酬。創業家必須無視於成功機會渺茫，或是沉迷在自己的黑天鵝機會中，才能創業。但賺到錢的卻是創投資本家。經濟學家威廉・鮑莫爾（William Baumol）稱此爲「有點讓人抓狂」。其實，這種情形可能適用在所有的分配集中產業：當你去看實證記錄時，你不只是看到創投資本家賺得比創業家還多，還看到出版商比作家賺錢、畫商比畫家賺錢，以及科學活動比科學家賺錢（約百分之五十的科學和學術文章，花了數月、有時是數年的努力才完成，根本就沒人讀）。投入這場賭局的人，其報酬超過物質上的成就：希望。

人性、快樂，和捉摸不定的報酬

讓我把學者所謂的官能性快樂（hedonic happiness）之主要概念，抽出菁華。

一年賺一百萬美元，但前九年都不賺錢，其快樂比不上全部的獲利金額平均分布於同一段期間，也就是，這十年裡，每年賺十萬美元。順序反過來的情形也一樣——第一年大賺，接下來完全不賺錢。不知道爲什麼，你的快樂系統很快就飽和了，而且無法把快樂餘額，像每年退稅一樣，遞延到整段期間。事實上，你的快樂感，和具有正面感受，即心理學家所謂的「正面效果」的出現次數之關係，遠高於事件發生時的強度。換言之，好消息一開始就是好消息；有多好其實並不重要。因此，如果要過快樂的生活，你應該把這些小「效果」盡可能平均地分散在整段期間內。許多溫和的好消息，比一次大好消息更好。

遺憾的是，如果你第一年賺了一千萬美元，然後連賠九年，比十年來都不賺不賠還糟！眞的，你最後也許賺了一百萬美元（而非一無所獲），但你也許會覺得不如每年都不賺不賠（當然，這裡假設你在意財務報酬）。

因此，從狹義的會計觀點來看，我稱此觀點爲「快樂微積分」，把目標設定爲大贏一場並不划算。我們天生註定要把我們的樂趣建立在小而頻繁的報酬流量上，其樂趣雖小卻很穩定。正如我所說的，報酬不必大，但要頻繁——這裡一點點，那裡一點點。請考慮幾千年來，我們主要的滿足感來自食物和水（以及另一種私密的享受），而且，我們對其需求很穩定，因此很容易滿足。

當然，問題是，在我們所處的環境裡，成果並非以穩定的方式呈現——人類歷史主要由黑天鵝事件所主導。很不幸，適合我們當前環境的策略，可能不提供**內在的**報酬和正面回饋。

同樣的道理，反過來亦適用於吾人的不快樂上。把你所有的痛苦集中在很短的時間內發生，比散布在一段長時間裡要好。

但有些人發現，我們或許可以超越痛苦和快樂的不確定性，脫離享樂赤字，讓自己不受這場遊戲的限制——並帶著希望生活。我們有一些好消息，接下來就要談到。

希望的等候室

尤金尼亞‧克拉斯諾亞認爲，一個人愛一本書的程度，頂多是一些——超過這個程度，就是一種混亂形態。把書當作商品在談的人並不實在，就像有人廣交朋友，其友誼關係是膚淺的一樣。你所喜歡的小說就像個朋友。你一讀再讀，越來越瞭解。就像對朋友一樣，你接受這本小說原本的樣子；你並不會加以評判。有人問蒙田（Montaigne），「爲什麼」他和作家埃蒂安‧德拉‧博埃蒂（Etienne de la Boétie）做朋友——人們在雞尾酒會上所問你的這種問題，好像你知道答案，或好像有個答案似的。蒙田的典型回應是：「因爲他是他，我是我。」同樣的，尤金尼亞聲稱她愛一本書，「因爲它是它，我是我。」尤金尼亞一度還曾經因爲一名教師分析了那本書，違反了她的原則，而背棄那個老師。當別人漫無節制地分析你的朋友時，你不會坐在那邊呆呆地聽著。她當時還只是個非常固執的學童。

被她當成朋友的這本書是迪諾‧布札第（Dino Buzzati）所著的《韃靼的沙漠》（*Il deserto dei tartari*），她小時候，這本小說在義大利和法國很受歡迎，但奇怪的是，她所認識的美國人當中，沒人聽過這本書。其英文版書名誤譯爲《韃靼大草原》（*The Tartar Steppe*）。

尤金尼亞在十三歲時讀到《韃靼的沙漠》，在她父母位於巴黎城外兩公里處小村莊的度假農舍裡，這幢鄉下房子，堆滿了俄文和法文書，不受擁擠的巴黎公寓之限制。當時，她覺得在鄉下非常無聊，連書都不能看。然後，一天下午，她翻開這本書，並沉迷其中。

沉醉在希望裡

吉歐凡尼・卓果（Giovanni Drogo）是個有前途的人。他剛從軍校畢業，成爲初級軍官，正要展開他多采多姿的人生。但事與願違：他第一個四年任務竟是在遙遠的軍事基地，巴斯徹尼（Bastiani）堡壘，保衛國家不受來自沙漠邊境的韃靼人侵襲——這個職務不是很好。這個堡壘離城市有段距離，騎馬要好幾天才到：那裡除了荒地之外，一無所有——完全沒有他那個年紀男人所渴望的社交生活。卓果認爲他在這個駐地的任務只是暫時性，是更好的職缺出現之前，做完任期的一個方式。以後，回到城裡，以他那運動員的身材，穿著筆挺無瑕的制服，一定會迷死很多女士。

卓果在這個洞穴裡該做些什麼呢？他找到一個門路，只要四個月就能轉調出去。他決定要運用這個門路。

然而，在最後那一分鐘，卓果從醫護室的窗戶望了一下沙漠，決定延長他的任期。在碉堡的牆上和安靜的景觀裡，某樣東西陷住了他。在碉堡裡等待攻擊者的想法，和凶猛的韃靼人來一場大戰，漸漸成爲他存在的唯一理由。整個碉堡裡的氣氛就是期待。其他人都把時間花在看著地平線，等待敵人來襲的大事件。他們太專注了，因此，有時候會把出現在沙漠邊緣、不起眼的迷途動物，錯當成敵人來襲。

非常肯定，卓果此後一生都戍守在此處，而到城裡展開新生活之事，則一再拖延——三十五年的純希望，堅守一個理念，有一天，從遙遠的山丘上，在從未有人跨越的山丘上，敵人終於出現，讓他得到升官的機會。

在小說的結尾，我們看到，當他一輩子所苦苦等候的事件終於發生時，卓果卻死在路旁的小旅館裡。他錯過了。

期望的甜蜜陷阱

尤金尼亞把《韃靼的沙漠》讀了好幾次，她甚至還去學義大利文（也許還和義大利人結婚），以便讀義大利原文。然而，她永遠不忍心去重讀痛苦的結局。

我把黑天鵝事件表達成離群值，即沒想到會發生的重大事件。但考慮相反的情形：你沒想到會發生的事件，**但卻是你非常希望發生的**。卓果盲目地沉迷於非常不可能發生事件的出現機率；這個稀有事件是他的存在理由（raison d'être）。當尤金尼亞在十三歲讀這本書時，她並不知道她這一輩子都將扮演吉歐凡尼．卓果，在希望的等待室裡苦苦等候大事件，爲其犧牲，而且絕不妥協採用折衷方案接受安慰獎。

她並不在意期待的甜蜜陷阱：她認爲這種生活很值得；值得爲純淨的單一目的過一生。事實上，「要小心你所希望的事」：她在黑天鵝事件發生、功成名就之前，或許活得更快樂。

黑天鵝事件的特性之一就是結果的不對稱性——不是正面就是負面。對卓果來說，結果是花三十五年在希望的等候室裡等待隨機分布的數小時榮景——結果他卻錯過了。

當你需要巴斯徹尼堡壘時

請注意，在卓果的社交網絡裡並沒有連襟。他很幸運，在執行使命中有同伴。他是沙漠關防社區裡的成員，大家一起密切注意地平線的動靜。卓果的優勢是和同儕合作，避免和社群外的其他人做社會接觸。我們是區域性動物，關心我們的近鄰——即使遠方的人認爲我們根本就是一群呆子。那些智人，抽象而遙不可及，我們根本就不在乎他們，因爲我們不會在電梯裡碰到他們，和他們面對面。我們的膚淺有時候還挺管用。

我們有很多事物都需要其他人，這點也許是老生常談，但我們對其他人的需求，卻遠超過我們的理解，特別是在尊嚴和尊重上的需求。事實上，沒有同儕肯定而達成非凡成就，這樣的人，歷史上很少——但我們有選擇同儕的自由。如果我們去檢視思想史，我們會看到許多思想學派在偶然間成形，產生不受學派外界歡迎的獨特作品。你聽過斯多葛學派（Stoics）、學院懷疑派、犬儒學派（Cynics）、庇羅派懷疑主義、猶太禁欲學派（Essenes）、超現實主義（Surrealists）、達達主義（Dadaists）、無政府主義、嬉痞和基本教義派。學派可以讓某個具有特殊理念的人，在其想法得到回報的機率微乎其微的情況下，找到同伴，並創造一個與他人隔絕的小天地。團體裡的成員可以一起放逐——總比一個人單獨去放逐好。

如果你從事依靠黑天鵝事件的活動，最好成爲團體的一員。

韃靼的沙漠

尤金尼亞在威尼斯丹里尼飯店（Hotel Danieli）的大廳裡碰到了尼洛·屠利普（Nero Tulip）。他是個交易員，往來於倫敦和紐約兩地。當時，這名倫敦交易員在淡季裡的星期五中午來到威尼斯，只是想和其他的（倫敦）交易員聊聊。

當尤金尼亞和尼洛輕鬆地站著聊天時，她注意到她先生正坐在吧檯上，不安地看著他們，卻試圖裝作注意聽他兒時玩伴的武斷言論。尤金尼亞明白，她要和尼洛進一步交往。

他們後來又在紐約會面，起初是偷偷摸摸地。她丈夫是個哲學教授，多的是時間，因此開始密切注意她的行程，變得有點緊迫盯人。他盯得越緊，尤金尼亞就越加躲躲藏藏，這讓她先生盯得更緊。她把他給甩了，打電話給律師，她的律師早就料到會有這天，於是她便公然和尼洛交往。

尼洛當時行動不便，因為他碰到直升機失事，正在康復中——他在大賺一票之後變得有些高傲，開始玩一些危險的運動，雖然他在財務上依然超級保守，甚至於有點偏執。他好幾個月躺在倫敦醫院裡不能動，幾乎無法讀書寫字，他盡量不看電視、和護士打情罵俏、等待骨頭癒合。他可以憑記憶畫出天花板那十四塊板子，以及對面那幢有六十三面窗子的老舊白色大樓，這些窗子都該找專人好好地洗一洗了。

尼洛說他喝醉時可以輕鬆地讀義大利文，於是尤金尼亞給了他一本《韃靼的沙漠》。尼洛不看小說——「寫小說很有趣，但讀小說則不然。」他說。因此，他把這本書丟在床邊好一陣子。

從某方面來看，尼洛和尤金尼亞就像黑夜和白晝。尤金尼亞晚上寫稿子，黎明才上床。尼洛則和大多數的交易員一樣，黎明即起，即使週末也不例外。然後他開始寫他的《機率論》(*Treatise on Probability*) 一書，之後就不再碰這篇稿子。這本書他已經寫了十年，只有在生活有問題時，他才會覺得要盡快完成。尤金尼亞會抽煙；尼洛則很注重自己的健康，一天至少花一小時上健身房或去游泳。尤金尼亞和知識分子及放蕩的文化人交往；尼洛則喜歡與具有街頭智慧的交易員和商人混在一起，這些人沒上過大學，操著濃重的布魯克林口音（譯註：Brooklyn 區曾經是紐約的底層移民社會）。尤金尼亞永遠無法理解，爲什麼像尼洛這樣的古典主義者，通曉多國語言，竟然會和這些人交往。更糟的是，她奉行她自己的法國第五共和憲法，公然鄙視金錢，這些布魯克林傢伙除非把自己僞裝成知識分子或做文化人打扮，否則，她實在是受不了那長滿濃毛的手指頭和龐大的銀行戶頭。反過來看，尼洛的後布魯克林朋友則認爲尤金尼亞太自大（繁榮所造成的效果，就是來自布魯克林的街頭浪人持續遷移到斯塔頓島〔Staten Island〕和紐澤西州）。

尼洛也是個菁英主義者，到了令人無法忍受的程度，只是方式不一樣。他把能夠**融會貫通**的人，不論是否出生於布魯克林；和不能融會貫通的人，不論其學歷有多高；區別開來。

幾個月後，在他和尤金尼亞告一段落之後（眞是一大解脫），他翻開《韃靼的沙漠》，讀了之後便不可自拔。她有先見之明，知道尼洛和她一樣，會把自己當成書中的主角吉歐凡尼．卓果。他的確如此。

結果，尼洛買了好幾箱這本書的英（爛）譯本，只要有人禮貌地向他打招呼，就送他一本，包括他在紐約的門房，這個人還不太會說英語，更遑論讀英文書了。他在解釋書中故事給門房聽時非常熱心，因此這個門房也變得很感興趣，而且尼洛還必須為他訂購西班牙譯本，書名為*El desierto de los tártaros*（《韃靼的沙漠》）。

流血或炸毀

讓我們把世界分成兩類。有些人就像火雞，暴露在大型的炸毀之下而不自知，而另一些人則扮演反火雞，準備迎接讓其他人感到意外的大事件。在某些策略和生活狀況下，你拿好幾塊錢去賭連續贏好幾次的幾分錢，此時，看起來好像總是在贏錢。在另一個策略下，你冒著輸好幾次幾分錢的風險，去贏好幾塊錢。換言之，你不是賭黑天鵝事件將會發生，就是賭黑天鵝事件永遠不會發生，這是需要完全不同思維的兩種策略。

我們已經看到，我們（人類）顯然偏愛一次賺一點點小錢。還記得第四章提到，一九八二年夏，大型美國銀行幾乎把他們所有賺來的錢，甚至更多，全賠光了。因此，有些屬於極端世界裡的事物極其危險，但事前看起來並非如此，因為它們把風險藏起來，並使其延後發生——於是笨瓜認為它們很「安全」。事實上極端世界的特質就是，從短期來看，似乎沒有實際上那麼危險。

尼洛稱這種暴露在炸毀風險下的事業為可疑事業，尤其在他不相信任何用來計算炸毀機率的方法之後，更是如此。第四章提到，評估企業績效的會計期間太短，不足以顯示企業是否真的做得很好。而且，由於我們膚淺的直覺，我們太快就定出衡量風險的公式。

我將很快地介紹尼洛的想法。他的假設是下述的瑣碎觀點：有些事業是偶爾大贏一場，但經常小輸；如果其他人是上當了的笨瓜，而且**你具有人格上和智慧上的魄力**，這樣的事業就值得做。但你需要極大的魄力。你必須應付周圍的人所加諸你的侮辱，許多侮辱甚至很露骨。一般人通常可以接受，一個成功機率不大的財務操作策略，只要成功大到足以彌補一切，未必是個差勁的策略。然而，基於許多心理因素，人們在執行這種策略時有困難，只因這種策略需要某些信念、容忍延後成功的雅量，且願意被客戶唾棄而毫不在乎。當那些賠錢的人開始看起來像隻喪家之犬時，更激起周遭人的輕蔑。

潛在的炸毀僞裝成技巧問題，爲了對抗這樣的想法，尼洛從事一種他稱爲「流血」的策略。你長期而穩定地天天輸，除了在某些事件發生時，你得到一大筆不成比例的報酬。沒有任何單一事件可以讓你炸毀，另一方面——這世界的某些改變，產生了非常大的報酬，補償你幾年來，有時候是幾十年、甚至幾百年的流血。

在所有尼洛認識的人當中，他自己是基因上最不適合這種策略的人。他的頭腦和肉體發生嚴重衝突，以至於覺得自己處於持續戰爭狀態。問題出在他的肉體，一整天下來，暴露在連續小損失、中國水刑式的神經折磨，因而精疲力竭（譯註：中國水刑是一種精神折磨，受刑者頭上有一水袋，水長時間一滴滴地滴在額頭上）。尼洛發現損失跑到了他的情緒腦部，繞過位階較高的皮質結構，並慢慢地影響到他的海馬迴（hippocampus），減弱他的記憶。海馬迴是控制記憶的構造。這是腦部最易受影響的部位；這個部位還被認爲，能夠吸收所有重複侮辱的傷害，如我們每天經歷的各種小挫折所形成的長期壓力——這些小挫折和你房間裡突然跳出一隻老虎讓你精神振奮的

「好壓力」相反。你可以將你的需求合理化；海馬迴長期承受了太大的侮辱壓力，導致不可逆的萎縮。和一般的想法相反，這些小型、看似無害的壓力並不會讓你變得更強；它們可以讓你精神分裂。

暴露在高度資訊中會毒害尼洛的生命。如果他只看每週的績效數字，而不是每一分鐘都去看，就還可以忍受這種痛苦。他的情緒在處理自己的部位時，比在處理客戶的部位時還要好，因爲他不必做持續監控。

如果他的神經生物系統是確認偏誤的受害者，因爲對短期和可見事物的回應而受傷，那麼，他可以只注意長期成就來哄自己的腦子，從而避開惡毒的效果。他拒絕看自己任何短於十年的績效報告。從理智上來看，尼洛發跡於一九八七年股市崩盤的年代，當時他所控制的部位很小，卻發展成龐大的報酬。總的來說，這起事件讓他的績效具有永遠價值。在將近二十年的操盤生涯中，尼洛只有四年賺錢。對他來說，一年就夠多了。他所需要的是每一世紀有一年大豐收。

投資人並不會造成他的困擾——他們需要他來操盤以作爲保險，而且付給他的費用還不錯。他只要對談話的對象展示出溫和的輕視態度就可以了，他做起來很自然。這並不是做作：尼洛並沒有精心構思，只是讓他的身體語言自由發揮，同時還保持老式的高度禮貌。經過一段長時間虧損之後，他要確保他的客戶不認爲他有歉意——事實上，弔詭的是，這樣可以讓他們更支持他。只要你不露出沒信心的馬腳，人類會相信任何你所說的話；他們和動物一樣，在你還沒開口之前，就能察覺你最小的信心瑕疵。訣竅是在舉手投足間盡可能保持平順。如果你非常有禮貌而且極爲友善，就很容易釋出自信的訊息；你不用衝撞他們的感官就能控制他們。尼洛明白，生意人的問題是，如果你的舉止像個失敗者，他們就會把你當成失敗者——你自己設定自己的標準。是好是壞沒有絕對的標準。你向大家說些什麼並不重要，你如何說才重要。

但你必須在別人面前保持低調和超然的冷靜。

當年尼洛在一家投資銀行裡擔任交易員時，他必須面對典型的員工考核表。這個表格是用來考核員工的「績效」，透過檢查，避免員工有懈怠情事。尼洛發現這種考核很荒謬，因爲該表沒有仔細評判交易員績效的品質，從而鼓勵交易員去賭短期可以獲利的系統，代價是可能的炸毀——就像有些銀行，因爲放款主管的目標是下一季考核，竟然去承作愚蠢的放款，引進小機率炸毀風險。因此，在尼洛工作早期，有一天，他坐下來非常冷靜地聽著他的「主管」所給他的考核。當尼洛拿到考核表時，他在主管面前將其撕個粉碎。他撕得非常慢，凸顯出這個動作的特性，和他撕紙時的平靜之強烈對比。老闆嚇到了，呆呆地看著他，兩隻眼睛差點掉出來。尼洛專心地做他那平淡而緩慢的動作，堅持自己的信仰和執行過程的美，讓他覺得很痛快。高雅和尊嚴的組合令人興奮。他知道不是被開除就是以後沒人管他了。後來就沒人管他了。

8 卡薩諾瓦永不失靈的運氣：沉默證據的問題

狄亞哥羅（Diagoras）問題——黑天鵝事件如何逃離史書，走出自己的路子——讓你免於溺水的方法——溺斃的人通常不會投票——我們都應該當證券營業員——沉默證人算數嗎？——卡薩諾瓦（Casanova）之星——紐約市「所向無敵」

我們在認識事件的方式上，另一個謬誤是沉默證據的謬誤。歷史把黑天鵝事件，以及歷史產生黑天鵝事件的能力隱藏起來，不讓我們知道。

溺斃禱告者的故事

兩千多年前，羅馬的辯論家、文學家、思想家、斯多葛哲學家、掌權的政治家，同時（通常）也是正人君子的西塞羅（Marcus Tullius Cicero）提出下述這則故事。有一個狄亞哥羅人，即不相信神的人，人家拿出一塊畫板給他看，上面畫了幾個信神者在禱告，後來，在一次船難中存活下來。其隱含的意思是，禱告可以保護你不被淹死。狄亞哥羅人問道：「那些禱告而後來淹死的人，他們的畫像在哪裡？」

溺斃的禱告者既然死了，要從海底跳出來爲他們的經驗打廣告恐怕有困難。這造成漫不經心的觀察者被愚弄而相信神蹟。

我們稱此問題爲沉默的證據。這個觀念很簡單，卻很有力，而且放諸四海皆準。大多數的思想家都拚命想羞辱其**前**輩，而西塞羅卻讓他**之後**幾乎所有的實證思想家都感到羞愧，直到最近爲止。

後來，評論家蒙田和經驗論者培根（Francis Bacon），這兩位都是我心目中英雄的英雄，他們都在作品裡提到這點，並將其運用在錯誤信仰的形成問題上。「這就是所有迷信形成的方式，不論是占星術、解夢術、看徵兆、占卜，或類似的東西。」培根在他的《新工具》（*Novum Organum*）一書中寫道。當然，問題是，除非這些觀念有系統地傳授給我們，或是整合到我們的思考方式，否則，這些偉大的觀察很快就會被忘掉。

沉默證據充斥於所有和**歷史**相關的思想裡。我所說的歷史，並不是指書店歷史區裡那些讓人越讀越無聊的書（封面卻用文藝復興的畫來吸引買家）。我再重複一次，歷史是**任何**被視爲**對後世**有影響效果的**一連串事件**。

這種偏誤，延伸到理念和宗教何以成功的因素歸屬上、到許多專業的技能上、到藝術工作的成就上、到先天還是後天的辯論上、到法庭上的證據誤用、到歷史「邏輯」的幻覺——以及，當然，最嚴重的是，延伸到我們對極端世界特性的認知上。

你正在課堂上聽某個穿著雙排扣西裝（白襯衫、圓點花領帶）、自視甚高、莊嚴、而談話冗長（且無聊）的人，斬釘截鐵地談了兩個小時的歷史理論。你因爲內容太無聊，而對他所談的東西感到不知所云，但你聽到許多大師的名字：黑格爾、菲希特、馬克思、蒲魯東（Proudhon）、柏拉圖、希羅多德（Herodotus）、伊本・哈勒敦（Ibn Khaldoun）、湯恩比、史賓格勒（Spengler）、米什萊（Michelet）、卡爾（Carr）、布洛克（Bloch）、福山、惜福山、祝福山等等。他似乎深奧而博學，隨時隨刻地提醒你說，他的方法是「後馬克思」、「後辯證法」，或後什麼東西之類的。然後你終於明白，他所說的有一大部分是建立在簡單的幻象之上！但你也不能怎麼樣：他太投入了，以至於如果你質疑他的方法，他會丟出更多的名字給你，以作爲回應。

在調製歷史原理時，我們很容易忽略了墳場。但這個問題並不只是歷史才有。我們在**每個領域**裡建構樣本和收集證據時，都會碰上這個問題。我們應該稱這種扭曲爲偏誤，亦即，你所見到的和實物之間的差異。我所謂**偏誤**的意思是指一種系統錯誤，固定顯現與現象產生正向或負向的效果，就像一只磅秤，固定顯示比你的體重重了或輕了幾磅，或是一台讓你的腰圍變大好幾號的錄影機。過去幾個世紀來，各個學科裡到處都發現到這種偏誤，通常很快就被遺忘（和西塞羅的看法一樣）。由於淹死了的禱告者不會把他們的經驗寫成歷史（他們最好因此而活著），因此沉默證據就在歷史的失敗者之中，不論那是人或觀念。很奇怪的是，歷史學家和其他的人類學學者，他們應該是最瞭解沉默證據的人才對，似乎並沒有給沉默證據一個名稱（我很努力地找過）。至於新聞記者，省省吧！他們是扭曲的工業生產者。

偏誤一詞還顯示這種狀況基本上具有可以量化的特性：只要死、活二者都考慮，而不只是考慮活人，或許你可以計算出扭曲，並加以修正。

事件就是用沉默證據來掩藏其本身的隨機性，尤其是黑天鵝類的隨機性。

培根爵士從許多角度看，都是個有趣而耐人尋味的伙伴。

他有一種根深柢固的懷疑論、非學術性、反教條，和沉迷於經驗論的天性，這種特質，對一個抱持懷疑論、非學術性、反教條，和沉迷於經驗論的人（就像本書作者）來說，在思想這個行業裡，幾乎是找不到（任何人都能成爲懷疑者；任何科學家都有可能過度強調經驗——但困難點在於結合懷疑論和經驗論，這是很難達到的境界）。問題在於他的經驗論要求我們去確認，而不是反確認；於是他提出確認問題，就是那個產生黑天鵝事件的可惡確認。

字母的墳場

我們經常想到，腓尼基人沒有留下文學資料，雖然我們斷定他們發明了字母。評論者基於他們沒有寫作的傳統，而去探討他們的庸俗性，確信他們是因爲種族或文化的關係，對商業之興趣更甚於藝術。根據他們的說法，腓尼基人發明字母是爲了低層次的商業記錄用途，而非更高層次的文學目的（我記得在我曾經租過的一間鄉下屋子發霉的書架上，找到一本杜蘭夫婦〔Will and Ariel Durant〕所寫的歷史書，該書把腓尼基人描述成「商業民族」，我眞想把那本書丟到火爐裡）。喔，現在看起來，腓尼基人似乎寫了不少東西，但所用的莎草紙不耐久藏，禁不起歲月之侵蝕。抄寫家和作家於第二或第三世紀改用羊皮紙之前，手稿滅失的比率很高。沒有在那段時期抄下來的東西，就消失了。

我們在研究比較天分時，尤其是在探究那些贏家通吃的活動時，忽略沉默證據是特有的毛病。我們可能很欣賞我們所看到的事物，但沒道理去讀太多成功故事，因爲我們並沒有看到全貌。

試回想第三章所提的**贏家通吃**效應：注意，非常多自稱爲作家的人正在（只是「暫時地」）星巴克裡操作閃閃發亮的咖啡機。這個行業的不均現象大於，譬如說，醫界，因爲我們很少看到醫師在煎漢堡。於是我可以推論，後者這種行業，大致上我可以從觀察到的樣本，去衡量整個母體的表現。同樣的，水管工人、計程車司機、妓女等沒有巨星效果的行業也是如此。讓我們越過第三章所討論的極端世界和平庸世界之議題。巨星出現所帶來的結果是，這些我們所謂的「文學天分」或是「文學天才」，只佔具有同樣天分者的極小部分。這是第一點。否證巨星等同於天才的方式，可以立即從巨星身上推導出來：譬如說，你把十九世紀小說家巴爾札克（Honoré de Balzac）的成功，歸因於他非常善於「現實主義」、「有見解」、「敏銳」、「角色處理」、「凝聚讀者」等。這些也許可以視爲產生優秀績效的「優秀」特質，**若且唯若**那些我們認爲不是天才的人也缺乏這些特質。但如果有好幾十篇的同樣優秀的文學巨著不巧滅失了呢？而且，依照我的邏輯，如果眞的有許多類似巨著的手稿滅失了，那麼，我很遺憾地說，你的偶像巴爾札克和他的同儕比起來，不過是因爲運氣太好了才享此殊榮。再說，你獨鍾他一人或許還犯了不公平的毛病呢。

我再重複一次，我的論點並非巴爾札克沒有天分，而是，他的天分並非如我們所想的那樣**獨一無二**。只要想一想成千上萬個我們從來都不知道的作家：他們的記錄並沒有被分析。我們看不到上噸的退稿，因爲這些作家從未出版。光是《紐約客》一天就要退掉將近一百份稿子，因此，請想像一下我們從未聽過的天才人數。像法國這樣的國家，很遺憾，寫書的人比讀書的人多，德高望重的文學出版商從他們所收到的一萬份初次寫作者的稿子中挑出一份。想像一下沒有通過試鏡的演員，萬一他們很幸運上台表演而表現非常優秀的有多少人。

下次你到法國的小康家庭拜訪時，你很可能會見到一套「七星文庫」（*Bibliothèque de la Pléiade*）的大部頭書籍，這套書，他們幾乎沒讀過，多半是因爲這書太厚重了，不方便。七星文庫裡的文章都是文學經典。這部書很貴，採用超薄的印度紙，有一種特殊氣味，並把一千五百頁壓縮成一般雜貨店裡的平裝書大小。其目的是讓你在寸土寸金的巴黎裡放置最多的經典名著。出版商伽里瑪（Gallimard）對於七星文庫的作者篩選非常嚴格——只有少數的作家，如美學家兼冒險家的安德烈·馬勒侯（André Malraux）才能在在世時就入選。入選作家包括狄更斯（Dickens）、杜思妥也夫斯基（Dostoyevsky）、雨果（Hugo），和斯湯達爾（Stendhal），以及馬拉美（Mallarmé）、沙特、卡繆（Camus），和……巴爾札克。然而，如果你瞭解巴爾札克的想法，我接下來將會探討他的想法，你會認爲，這麼正式的一套大部頭並不具備正當性。

巴爾札克在他的小說《幻滅》（*Lost Illusions*）裡，把沉默證據的事業完整地呈現出來。盧西安·德魯彭佩（Lucien de Rubempré化名爲盧西安·夏東〔Lucien Chardon〕）是貧窮省分裡的天才，「進京」到巴黎開創文學事業。我們聽說他很有才華——事實上，是安格雷姆（Angoulême）裡的半貴族團體說**他**很有才華。但我們很難搞清楚，這是因爲他長得很好看，還是他作品品質好——甚至文學品質是否看得出來，我們也搞不清楚，或是如巴爾札克所想的，大家說他有才華，可能是因爲其他各種因素。成功以諷刺性的方式呈現，因爲成功是詭計和促銷的產物，或是非常幸運地，世人突然對其感興趣，而理由則和作品本身完全無關。盧西安發現了浩瀚墳場的存在，其住民則是巴爾札克所謂的「夜鶯」。

盧西安聽說「夜鶯」這個名字，是書店用來稱呼那些躺在店裡孤僻深處的作品。

巴爾札克把當代文學令人遺憾的狀態呈現給我們看：盧西安的稿子被一家出版社讀都沒讀過就打回票了；後來，當盧西安漸漸有名之後，同一份稿子爲另一家出版社所接受，同樣也是沒去讀這份稿子！作品本身是次要的考慮點。

另一個沉默證據的例子是該書的人物一直在感歎今非昔比，暗示古代的文學界比較具有公平性。他們沒有想到古代作品裡的夜鶯！請注意，將近兩個世紀之前，人們對其往昔抱持一種理想化的想法，一如我們今天把往昔理想化。

我在前面提過，要瞭解成功，並分析其原因，我們就必須研究失敗的特性。接下來，我將對此觀點做更廣泛的討論。

如何在十招之內成爲百萬富翁

許多對百萬富翁的研究，其目標是按照下述的方法，找出成爲這些大亨所需的技巧。他們找出一群大亨，有著響亮名號和職位的大亨，以此作爲母體，研究他們的特性。他們尋找這些名人有哪些共同點：勇氣、冒險，和樂觀等等，並推論這些特點，最値得注意的是冒險，對你的成功有幫助。如果你去讀一些執行長由別人所代筆的自傳，或參加諂媚的企管碩士學生爲這些執行長所做的簡報，可能也會得到同樣的印象。

現在，看一下墳場。要看這部分很難，因爲失敗的人似乎不寫回憶錄，而且，如果他們寫了，我所知道的出版商根本連禮貌性回電都懶得做(至於回覆電子郵件，算了吧)。讀者不會花二十六．九五美元去讀一個失敗者的故事，即使你說服他們裡頭含有比成功故事更有用的招數。①整個傳記的想法就建立在，爲特定性格和後續事件這兩者之間，獨斷地找出因果關係。現在我們來考慮墳場。失敗者的墓園裡將充滿了他們的共同特質：勇氣、冒險，和樂觀等。就和百萬富翁的母體相同。他們的技巧或許稍有不同，但這兩者之間的眞正差別，大致上只有一個因素：運氣。就是運氣。

你不必是個很厲害的經驗論者也能搞懂這事：一個簡單的思考實驗就綽綽有餘。基金管理產業宣稱有些人技巧高超，因爲這些人年復一年都打敗大盤。他們視這些人爲「天才」，並且要你相信其能力。我的方法是製造一群純粹隨機的投資人大軍，而且，用簡單的電腦模擬，證實**單靠運氣**就產生這些天才不是不可能的事。每年，你把失敗者開除，留下成功者，於是最後你得到長期

①就我所知，最不吹噓的財經書籍為《我賠了一百萬美元所學到的教訓》(*What I Learned Losing a Million Dollar*)，作者為保羅 (D. Paul) 和慕英漢 (B. Moynihan)。

穩定的成功者。由於你沒有看到失敗投資者的墳場，你會認為這是個很好的事業，而且有些操盤人就顯然比其他的優秀。當然，這些幸運存活者的成功因素早就有人提供解釋了：「他吃豆腐。」「她常常工作到很晚，前幾天，晚上八點我打電話到她辦公室……」或者，當然，「她生性懶散。具有這種懶散性格的人，能把事情看得很透徹。」透過事後決定論的機制，我們會去尋找「原因」——事實上，我們必須看到原因。這些假設大軍的模擬，通常用電腦做，我稱之為認識論的電腦引擎。你的思考實驗可以在電腦上做。你只要模擬出不同的世界，完全隨機，並驗證出這個模擬世界和我們的眞實世界雷同。在這些實驗裡，不靠運氣而成為富豪者是例外。②

請回想第三章之平庸世界和極端世界的差異。我在第三章說，從事「規模可變的」行業並不好，只因這些行業裡的成功者少得離譜。喔，這些行業還製造出一個龐大墳場：挨餓演員的池子可是比挨餓會計師的池子大多了，縱使你假設他們的平均所得一樣。

老鼠的健身俱樂部

沉默證據的第二個問題，如下所述，更為嚴重：當我還二十出頭時，我仍然在看報紙，以為

---

②醫師對敘事結果抱持著正直而嚴謹的懷疑態度，並要求對藥效之研究，必須探測到沉默證據的墳場裡。然而，同樣的醫師，在其他地方卻掉落到偏誤裡！在哪裡呢？就在他們的個人生活，或是他們的投資活動。在此我要不厭其煩地重複，人類天性竟可以讓我們身兼嚴謹的懷疑論者和最嚴重的受騙上當者，我對此感到相當納悶。

經常讀報對我很有用，我讀到一篇報導，討論美國的俄羅斯黑社會越來越嚴重，以及布魯克林區裡這些黑幫人士漸漸取代傳統的街坊鄰居問題。該文解釋，這些人之所以強悍殘暴，來自其古拉格（Gulag）集中營的磨練。古拉格為位於西伯利亞的勞動集中營，罪犯和異議分子通常被遣送到此處。把人遣送到西伯利亞最初只是沙皇所採用的淨化手法，後來還被蘇維埃所沿用並改進。許多被下放者都死在勞改營裡。

在古拉格裡磨練得更強悍？我突然想到這句話錯得很嚴重（而且推論很合理）。我花了不少時間才明白這句話是無稽之談，因為它被美化包裝，保護得很好；下面的思考實驗可以帶給你敏銳的洞察力。假設你能夠找到一大群各色各樣的老鼠：胖的、瘦的、強的、弱的，以及身材健美的等等（你很容易就可以在紐約的高級餐廳裡抓到它們）。有了這些成千上萬隻的老鼠，你就可以建立一個老鼠的異種大軍，足以代表紐約老鼠的整個母體。你把它們帶到我位於紐約市東五十九街的實驗室裡，我們把整個大軍都放進一個大桶子。我們把這些老鼠拿去照放射線，強度逐漸增加（由於這是思考實驗，據說過程並不殘忍）。在每一種強度的放射線之下，天生較強者（這是關鍵）將會存活下來；而死掉的就從你的樣本中丟棄。我們漸漸就得到一組越來越強的老鼠。請注意下述的關鍵事實：每一隻老鼠，包括強健者，經過放射線照射後都變得比以前**弱**。

一名天生具有分析能力的觀察者，或許大學成績很優秀，會被誘導，以致相信我實驗室所做的處理，是健身俱樂部的絕佳替代品，可以推廣到所有的動物（想想看這商機有多大）。他的邏輯如下：嘿，這些老鼠比其他老鼠族群都還強健。它們有什麼共同點呢？它們都來自搞黑天鵝的塔雷伯工作室。想看死老鼠的人並不多。

接下來，我們在《紐約時報》上玩下面的把戲：我們把存活下來的老鼠在紐約市裡放走，並告知齧齒類新聞特派員一個重大消息，紐約鼠類的社會階級已經瓦解。他會針對紐約鼠類的社會變動寫一篇冗長（且具分析性）的文章，文中包括下面這段訊息：「現在這些老鼠在鼠群中橫行霸道。他們幾乎主導一切。經過隱遁（但友善）的統計學家／哲學家／操盤員，塔雷伯博士之實驗室的磨練**強化**後，它們……」

邪惡的偏誤

這種偏誤有個邪惡的特質：當其衝擊達到最大時，也就掩藏得最好。由於我們看不到死老鼠，越具有致命風險，偏誤的能見度就越低，因爲嚴重受傷者的證據很可能都被消滅了。處理方式越具有殺傷力，存活老鼠和其他老鼠的差異就越大，而你就越容易被**強化**效果所愚弄。眞正的效果（弱化），和觀察到的效果（強化），這兩者之間要出現差異，必須具備下述兩種成分中的一種：(a)基礎大軍中，必須存在一定程度的力量不均等，或是差異，或(b)處理過程存在某種不均等，或差異現象。這裡所指的差異和過程中所產生的不確定性程度有關。

更多隱藏的例子

我們可以一直運用這個論點，因爲這種偏誤具有普遍性，一旦我們犯了這種毛病，就很難再以同樣的眼光來看待眞相。顯然，這種偏誤把我們對眞相的觀察力奪走了。我將舉出幾個例子，以展示我們那推論機器的弱點。

物種的穩定性。以我們現在以爲已經絕跡的物種數做例子。科學家有很長的一段時期以現存化石做分析，推論已絕種的物種數。但這樣所得出來的數字忽略了物種的沉默墳場，這些物種之出現與消失，沒有留下化石線索；我們努力尋找的化石，只相當於所有出現而又消失物種的一小部分。這隱含我們的生物多樣性遠大於初步檢視所得到的數量。更令人擔心的結果是，物種的絕種率遠大於我們所以爲的比率——將近百分之九十九．五曾經在地球上出現過的物種現在已經滅絕，而這個數字，科學家還不斷地提高。生命的脆弱程度，遠超過我們所容許的條件。但這並不表示我們（人類）應該要爲我們周遭的絕種現象感到罪惡；也不表示我們應該採取行動，以阻止其滅種——在我們把環境弄得烏煙瘴氣之前，物種本來就是生生滅滅。我們不需要爲每一個瀕臨絕種的生物負起道德上的責任感。

犯罪划得來嗎？新聞報導被抓到的罪犯。《紐約時報》裡沒有版面用來記載那些犯了罪卻沒被抓到的故事。因此，許多罪都値得去犯，如逃稅、賄賂、賣淫集團、對有錢的配偶下毒（以不知名、且檢驗不出來的物質下毒），和走私毒品等。

此外，我們心目中的標準罪犯形象，所根據的特質也許是那些比較不聰明而且被抓到的犯人。一旦我們把自己浸淫到沉默證據的想法之後，我們周遭許多原本晦澀難解的事物就開始自動豁然開朗了。我在這種思想模式上花了好幾十年，我相信（但無法證明），訓練和教育可以協助我們避免掉落沉默證據的陷阱。

游泳選手身材的演化

「游泳選手的身材」和「新手的運氣」這兩個流行話語有什麼共通點呢？它們在歷史概念上有何相同之處？

賭客之間有一個想法，認為新手幾乎總是會有好運。「後來就變差了，但賭客開始接觸賭博時，運氣總是很好。」你聽到這樣的說法。事實上，這個陳述在實證上為眞：研究人員已經證實，賭客有幸運的開始（同樣情形也適用於股市投機客）。這表示我們每個人都該去當個賭徒一陣子，享受一下新手的手氣，然後停掉嗎？

答案是否定。到處都有同樣的幻象：初次賭博的人，手氣不是好就是壞（由於賭場較具優勢，手氣不佳的人數應該稍微多一些）。手氣好的人，覺得自己命中註定有好運，還會繼續賭下去；其他人則因受挫就不再賭了，因而不會出現在樣本裡。他們會依照各自的性格，改去賞鳥、玩拼字遊戲、盜版，或是從事其他消遣活動。那些繼續賭下去的人，會記得他們當新手時的好運道。依定義，退出者不再屬於留下來賭的成員。這就說明了新手的運氣。

「游泳選手的身材」這個常見的說法也有類似情形，導致我在多年前很慚愧地犯了錯誤（儘管我對這種偏誤相當專精，我卻沒注意到我被愚弄了）。當我四處問人，請他們對各種運動員的身材優劣做比較時，我經常聽到跑者看起來食欲不佳、腳踏車選手下肢發達、舉重選手過胖，而且有點粗獷。我據此推論，我應該多花點時間到紐約大學的游泳池裡多吸一些氯氣，以練出一身「瘦長的肌肉」。現在先不談因果關係。假設人體的基因會造成各種不同的體型。那些天生可以長成適合游泳身材的人，就成爲較佳的游泳選手。這些人就是在你樣本中，於泳池裡展現浪裡白條本事的人。但如果他們去舉重，外觀看起來還是差不多一樣。事實上，同樣一塊肌肉就只能以同樣的方式生長，不論你吃類固醇或是到附近的健身房爬牆。

你所見及未見之事物

卡崔娜（Katrina），二〇〇五年重創紐奧良的颶風，在電視上得到許多政治人物的政治關切。這些立法委員，受到災區景象以及忿怒的受難者無家可歸畫面所感動，做出「重建」的承諾。他們的人道作爲是如此高尚，超過我們卑微的自私心態。

這個承諾是用他們自己的錢來達成嗎？不。那是用公家的錢。請考慮這筆資金將從其他地方挪過來，一如俗語所說的「拿張三的錢給李四」。這個**其他地方**就比較少人爲其協調爭取經費。那可能是私人贊助的防癌研究基金，或是下一個抑制糖尿病的計畫。似乎很少有人去關心癌症患者，他們孤獨地躺著，處於沒有電視爲其報導的困境。這些癌症患者不只不能投票（他們在下個大選之前就死了），而且還不能向我們的情感系統清楚地表達他們自己。他們每天的死亡人數超過卡崔娜的罹難人數；他們是最需要我們的人——不只是財務上的協助，還有我們的關懷。而他們可能就是經費被挪走的人——間接，甚或直接地挪走。把研究經費（公共或私人經費）挪走，也許要爲他們的死亡負責——一種永保沉默的罪行。

這種觀念的一個分支涉及我們在不明就裡之下所做的決策。我們所看到的是顯著而可見的結果，而非不可見且不顯著的事物。而那些看不到的結果卻可能是——不，應該是總是——更有意義。

費得萊·巴斯夏是一位十九世紀奇怪的人道主義者，少見的獨立思想家——獨立到連他自己的國家，法國，都不認識他，因爲他的理念和法國的正統政治理念相抵觸（他在家鄉以及自己的語言裡沒沒無聞，於是加入了我另一個鍾愛的思想家，皮耶·培爾）。但他在美國卻有龐大的追隨者。

巴斯夏在他的論文〈我們所見及我們所未見〉（What We See and What We Don't See）中，提出下述觀念：我們可以看到政府的所作所爲，從而附和他們的功績——但我們卻看不到替代選項。但替代選項的確存在；只是較爲隱晦而不爲人知。

請回想確認的謬誤：政府非常善於告訴你他們所做的事，而不是他們所沒做的事。事實上，他們所做的事可以標上假「慈悲」的名號，其行動是以可見而具感官效果的方式來助人，而不考慮沒人看到的墳場，那裡看不到成果。巴斯夏攻擊一般人認爲政府是有益的主張，從而啓發了自由意志主義者（libertarians）。但他的理念可以廣泛應用到左派和右派上。

巴斯夏探討得更深入一些。如果一項行動的正面和負面結果都落到其行爲者的身上，我們的學習就會很快。但通常一項行動的正面結果，只讓其行爲人受益，因爲它們是可見的；而負面結果，由於不可見，卻發生在其他人身上，成爲淨社會成本。試考慮工作保護法：你看到有些人的工作變得有保障，並把這項社會福利歸因於這項保護措施。你並未注意到，有些人卻因而找不到工作，因為這項措施造成釋出的工作減少了。在某些狀況下，一如癌症患者可能因卡崔娜而受到懲罰，一項活動的正面結果會立即造福政治人物和假慈善家，而其負面結果卻要很久才會浮現——也許大家永遠注意不到。吾人甚至可以責怪媒體，把慈善的貢獻導向那些最不需要施捨的人。

讓我們把這個推理用在二〇〇一年九月十一日上。在世貿中心雙子星大樓裡，大約有二千五百人直接被賓拉登集團殺害。這些罹難者的家屬受到各種慈善單位的救助，這是應該的。但根據研究，在該年度剩下的三個月裡，將近有一千人死亡，成為恐怖攻擊的沉默犧牲者。怎麼會呢？那些怕搭飛機的人改成開車，造成死亡的風險上升。證據顯示，在那段期間裡，道路上的事故增加了；道路遠比天空更具致命的危機。這些家庭得不到援助——他們甚至不知道，他們心愛的人也是賓拉登的受害者。

除了巴斯夏之外，我特別喜歡勞夫・奈德（Ralph Nader，他是行動主義者兼消費者代言人，當然不是政治人物或政治思想家）。他把汽車公司的安全記錄公布出來，成為救過最多條人命的美國公民。但他在幾年前競選時，連他自己都忘了要宣揚他所推動的安全帶法案救了成千上萬的人命。推銷「看，我為你們做了多少事」，遠比推銷「看，我幫你們避掉了多少災難」更為容易。

請回想前言那章所說的故事，一個假想的立法委員，其行動也許能避掉九一一恐怖攻擊。這樣的人，有多少在街上行走，卻沒有那些假英雄趾高氣揚的樣子？

下次你站在另一個江湖郎中型的慈善家之前時，要有勇氣去思考沉默成果。

醫生

我們對沉默證據的忽略，每天都害人死亡。假設有一種藥可以救活許多患了某種重病的人，但風險是造成少數人死亡，對社會具有淨效益。醫生會開這種藥嗎？他沒有動機這樣做。受害者的律師會像瘋狗似的緊追這名醫生，而被這種藥救活的人，可能完全不會站出來為其辯護。

救活一條命是個統計數字；一個人受害則是個故事。統計數字是看不到的；故事則是歷歷在目。同樣的，黑天鵝事件的風險也是看不見。

卡薩諾瓦的鐵氟龍式保護

這導致我們去探討沉默證據最嚴重的表現形式：安定的幻覺。這種偏誤，降低了我們對過去所遭遇過之危機的認知，尤其是那些幸運存活下來的人更是如此。你的生命曾經遭受嚴重威脅，但你活下來了，事後回想時，你會低估該狀況的實際風險。

冒險家吉亞科摩·卡薩諾瓦（Giacomo Casanova），後來自稱賈克（Jacques）、塞恩加爾騎士（Chevalier de Seingalt），自詡為知識分子和追尋女色的風流才子，他似乎具有鐵氟龍式的特質，連最具韌性的黑幫大哥也要羨慕不已：厄運不會緊跟著他。卡薩諾瓦雖以魅力聞名於世，卻自視為某種學者。他以十二冊的著作《我的生命史》（*History of My Life*）來追求文學盛名，該書以拙

吉亞科摩·卡薩諾瓦又名賈克（Jacques）、塞恩加爾騎士。有些讀者可能會感到意外，這位傳奇的情聖長得並不像詹姆士·龐德。

劣的法文（拙得很有魅力）寫成。《我的生命史》除了教人如何成爲風流才子的課程極爲有用之外，還提出一連串引人入勝的命運逆轉故事。卡薩諾瓦覺得，每當他處於困境時，他的幸運之星會把他拉出困境。事情發展成對他不利之後，不知什麼原因，總會有一隻看不見的手讓一切恢復正常，因此他相信他具有從困境中復原的本能，每次都會碰到新契機。不知爲什麼，每次在緊要關頭時，他總是會碰到貴人提供資金給他，也許是他過去從未背叛過的新贊助者，或是某個非常大方的人，記憶力不太好，忘記他曾經背叛過。卡薩諾瓦眞是命中註定每次遇到困境時都能否極泰來嗎？

未必。考慮下述狀況：曾經生活在這個地球上，所有多采多姿的冒險家之中，許多人意外喪生了，但也有不少人一再死裡逃生。正是那些活下來的人才會相信自己是九命怪貓；他們將會有一段漫長而有趣的經歷，並爲此出書。直到，當然……

事實上，之所以會有冒險家認爲自己是萬中選一的幸運兒，只因世上有太多的冒險家，而我們聽不到那些走霉運的敗亡者的故事。當我開始寫這章時，我想到曾經和一名女士談到她那個浮誇的未婚夫，他是公務員子女，想盡辦法做了幾趟金融交易，把自己打進了小說人物的生活方式，穿手工鞋、抽古巴雪茄，和開古董車等等。法文有一個字來形容這種人，flambeur，意思混合了極盡奢華的美好生活、瘋狂投機者，和冒險家，同時還帶有相當明顯的個人魅力；盎格魯撒克遜文化中似乎沒有這個字。這個未婚夫花錢如流水，就在我們談論他的命運時（畢竟，她準備和他結婚），她向我解釋，他當時的狀況有點不好，但沒什麼好擔心的，因為他總是能夠東山再起，一雪前恥。那是好幾年前的事了。我出於好奇，查了一下他的狀況（很巧妙地做）：他還沒從上次的厄運中走出來。他也已經退出原來的生活圈，不再是 flambeur 中的一員。

這和歷史的動態有何關係？請考慮大家普遍認為韌性十足的紐約市。由於某種超自然的理由，這座城市每次在瀕臨大難邊緣時，都能想辦法回復。有些人真的以為這是紐約市的內在特質。下文摘自一篇《紐約時報》的文章：

> 這就是紐約還需要薩繆爾（Samuel M. E.）的原因。薩繆爾先生今天就要七十七歲了，他半世紀以來都在研究紐約市的大起大落……「我們的記錄是，經歷過許多艱困時期，但復甦之後變得更強。」他說道。

現在，把觀念反過來運作：把城市想成小時候的吉亞科摩．卡薩諾瓦，或是我實驗室裡的老鼠。就如同我們把成千上萬的老鼠放進一個非常危險的過程裡，我們把一群城市放進歷史的模擬器當中：羅馬、雅典、迦太基、拜占庭、泰爾（譯註：Tyre，南黎巴嫩古城）、卡多修克（Catal Hyuk，位於現在的土耳其，是人類最早的古城之一）、耶利哥（Jericho，約旦古城）、皮若亞（Peoria，位於美國伊利諾州），以及，當然，紐約市。經過模擬器的嚴苛條件之後，有些城市活下來了。至於其他的城市，我們知道，歷史可不會太仁慈。我很確定迦太基、泰爾，和耶利哥也有它們自己的薩繆爾，其口才不輸薩繆爾，他們說：「我們的敵人多次想要殲滅我們；但我們總是沒被打垮，而且還變得更強韌。我們是打不垮的。」

這種偏誤，造成存活者是過程中的不合格證人。不安嗎？你存活下來的事實，構成一種條件，弱化了你對存活特性所做的解釋，包括「原因」這種膚淺想法。

你可以做許多上面的陳述。把退休經濟學家薩繆爾換成一名執行長，討論他的企業從過去的問題中起死回生的能力。試試看讓眾人笑罵的「金融體系的韌性」如何？試試看戰績彪炳的將軍如何？

現在讀者應該可以看得出來，爲什麼我要用卡薩諾瓦永不失靈的運氣作爲分析歷史——所有歷史——的一般化架構。我造了一段人造歷史，主角是，譬如說，數百萬個吉亞科摩・卡薩諾瓦，並觀察成功的卡薩諾瓦的特質（因爲是你創造的，你非常清楚他們的特質），和只看結果的觀察者所得到的特質，觀察這兩種特質之間的差異。從這個觀點來看，做個卡薩諾瓦可不是什麼好主意。

「我是個冒險家」

試考慮像紐約這麼競爭的地方裡的餐廳事業。必須是眞的很愚蠢的人，才會在這裡開餐廳，因爲牽涉非常大的風險，而且還要不厭其煩地工作，生意才會有起色，這還沒談到想法時髦的挑剔客人呢。倒閉餐廳的墳場非常沉默：到曼哈頓城中區走走，你會看到高朋滿座的餐廳，外頭停滿了豪華禮車，等候其主人和花瓶似的第二任配偶在裡面用晚餐。餐廳老闆已經過度操勞，但還是很高興這些達官貴人願意來他的小館子賞光。這就表示在這麼競爭的地區開餐館是個好主意嗎？當然不是，然而，有人會出於愚蠢的冒險性格而在此開餐館，害得我們在沒看清楚結果下，也跟著跳進來冒險。

顯然，存活下來的卡薩諾瓦有一個元素存在我們的體內，那就是冒險基因，鼓勵我們在不瞭解可能結果的變異程度之下，盲目冒險。我們遺傳到喜歡冒未經計算風險的特性。我們應該鼓勵這種行爲嗎？

事實上，經濟成長來自這種冒險。但有些傻瓜可能會有下述主張：如果大家都遵照我的推理邏輯，我們過去就不會經歷這麼輝煌的成長。這就好像有人玩俄羅斯輪盤，由於他沒死，還有錢賺，因而認爲玩這種遊戲是個好主意。

經常有人告訴我們，人類具有樂觀傾向，而**這點應該對我們有好處**。這種論調似乎把普遍的冒險行爲辯解成正面的企業行爲，而這種行爲，在一般文化中普受稱讚。嘿，聽好，我們的祖先接受挑戰——而你，塔雷伯，卻鼓勵我們什麼事都不要做（我沒有）。

我們有足夠的證據證實我們人類其實是非常幸運的物種，還證實了我們得到了冒險基因，也就是愚蠢的冒險者。事實上，我們就是存活下來的卡薩諾瓦。

再說一次，我不是要揚棄冒險的想法，因爲我本身就從事冒險。我只是對鼓勵**無資訊**冒險抱持批判態度。超心理學家丹尼·康尼曼已經提出證據，讓我們知道，一般而言，我們會去冒險，並非出於暴虎馮河的勇氣，而是對機率的忽視和盲目！下面幾章將會深入探討我們在預測未來時，傾向於把離群値和不利結果拋棄。但我堅持下面的想法：**我們因意外而有今天的成就，這並不表示我們應該繼續冒同樣的險**。我們人類已經夠成熟，足以瞭解這個論點，只要更保守一些，就能享受我們因爲運氣所得到的幸福，並守住這份幸福。我們一直在玩俄羅斯輪盤；現在該停下來並做點正事了。

關於這個議題，我還有兩點要談。第一，以「我們因此而有今天的成就」爲基礎，作爲過度樂觀的藉口，這種想法來自對人性更嚴重的誤解：相信我們天生具有瞭解自然和自己本性的能力，以及相信我們的命運是我們自己過去及現在的選擇結果。這點我不敢苟同。我們受到太多本能的驅使。

第二點比第一點更令人擔心：適者生存的演化，被那些把演化論奉爲圭臬的人不斷地宣揚誇大。一個人越不熟悉產生黑天鵝事件的隨機性，就會越加相信演化的正面功效。沉默證據並沒有出現在他們的理論裡。演化是一連串的僥倖，有些是好的，大多數卻是壞的。你只看到好的。但是，在短期內，哪一種特性才是眞正對你有益並不清楚，尤其是，如果你處在極端世界裡，在一個產生黑天鵝事件的環境裡。這就好像看到一名富有的賭徒走出賭場，宣稱賭博的嗜好對人類這個物種有益，因爲賭博可以讓你富有！冒險讓許多物種邁向絕種。

這個想法：認爲我們在這個世界裡活下來了、這是最佳的世界、**演化做得眞不錯**；從沉默證據效應的觀點來看，這種想法似乎很假。傻瓜、像卡薩諾瓦一樣的人，和盲目冒險者，通常就是那些在短期內贏得勝利的人。更糟的是，在黑天鵝環境下，愚蠢的冒險者還能夠長期勝出！在這個世界裡，一個物種可能經長期「適應」之後，才出現稀有的單一事件，撼動該物種。我將在第三部再回來探討這點，說明極端世界讓沉默證據效應更為惡化。

但還有一事值得一提。

我是個黑天鵝：人類的偏誤

我要盡量保持腳踏實地，避免把形而上或宇宙論的論點帶進這個討論裡——地球上明顯的危險已經非常多，夠我們操心的了，把形上哲學留待以後去討論是個不錯的想法。但偷看一下（不多）所謂的人本宇宙論也很有用，因為它指出了我們誤解歷史穩定性的根源。

最近一波的哲學家和物理學家（及結合這二者的人），一直在檢驗**自我抽樣假設**（the self-sampling assumption），這種假設，把卡薩諾瓦偏誤的原理，普及到我們自己的存在上。

請考慮我們自己的命運。有些人認為，我們任何一個人，其存在的機率非常低，因此我們的存在，不能歸因於命運上的意外。他們認為，這些參數出現的機率，完全等於造成我們存在所需的機率（如果和最適數字有任何的偏異，就會造成我們的世界爆炸、瓦解，或根本不曾存在）。經常有人說，宇宙似乎就是按照能夠讓我們存在的條件而建立。根據這樣的說法，宇宙之形成，並非來自運氣。

然而，**我們出現在樣本中**一事，就足以讓機率計算完全失效。再一次，卡薩諾瓦的故事可以讓這種說法變得相當簡單——遠比一般的公式還簡單。再想一下，當各個小卡薩諾瓦按照他們的命運生生滅滅時，所有可能發生的景象。還（意外）活著的小卡薩諾瓦會覺得，既然他的運氣不可能那麼好，必定存在某種超自然力量在引導他，並監控他的命運：「嘿，要不然，機率太低了，不可能僥倖活到現在。」對觀察**所有**冒險者的人來說，找到一個活著的卡薩諾瓦的機率一點兒都不低：冒險者那麼多，總會有人中大獎。

這個宇宙和人類的問題在於**我們就是活下來的卡薩諾瓦**。當你和許許多多冒險犯難的卡薩諾瓦一同開始，註定會有存活者，你猜怎麼了：如果你在這裡談論此事，很可能你就是那個存活者（請注意這個「條件」：你存活下來談論此事）。因此，我們不能再天真地計算機率，而不考慮我們的存在會對導致我們存在的過程設限。

假設歷史所呈現出來的不是「冷酷」（不利）就是「甜美」（有利）這兩種情境。冷酷的情境會導致絕種。顯然，如果我現在正在寫這些文字，那當然是因為歷史呈現出「甜美」的情境，讓我可以活在這裡，在這個歷史中，我的祖先避開了許多入侵黎凡特者的大屠殺。加上沒有殞石撞擊、核子戰爭，及大規模致命流行病的有利情境。但我不必去看整個人類。每當我探究我的自傳時，我都會警覺到我的生命到目前為止是何等脆弱。有一次我在戰爭期間回到黎巴嫩，那時十八歲，儘管是炎炎夏日，我還是覺得非常虛弱、非常寒冷。我得了傷寒。如果不是幾十年前發明了抗生素，今天我就不會在這裡了。後來我還得了一種足以讓我喪命的惡疾，感謝最近另一項醫學科技所做的治療，我「痊癒了」。身為活在網際網路時代裡的人，能夠寫作並且和讀者接觸，我還享受了社會的好運和近年來沒有大規模戰爭的好處。而且，我是人類興起的產物，而人類之興起，本身就是個意外事件。

我之所以活著，是低機率事件發生的結果，而我傾向於忘記此事。

讓我們回到四處宣揚的十招之內成爲百萬富翁的祕笈。成功的人會試圖說服你，他的成就絕非出於偶然，就像在輪盤賭局中連贏七把的賭徒會向你解釋說，這種絕無僅有的機率只有數百萬分之一，於是你只好相信有超自然力量的干預，要不然就是接受他在挑選贏家數字上有獨到的技巧和見解。但如果你把賭客的人數和賭局的次數（一共有數百萬局）納入考慮，則變得很清楚，這樣的好運註定要發生。而如果你正在談論他們，那麼，對你來說，這種事就已經發生在他們身上了。

參考點理論（reference point argument）是這樣的：不要從賭贏者（或是幸運的卡薩諾瓦、總是會復甦的紐約市，或不可毀滅的迦太基）的有利位置計算機率，而要從一開始就玩起的大批人馬觀點去計算。再一次考慮賭徒的例子。如果你把賭局開始時的全部人數作爲母體去觀察，你幾乎可以確定他們其中之一會靠運氣贏得大滿貫（但你事先不知道是哪一個）。因此，從開始時大隊人馬的**參考點**來看，這根本就沒什麼了不起。但從贏家的參考點來看（這是關鍵，不考慮輸家），連贏好幾場似乎是非常特別的結果，不能用運氣來解釋。請注意，「歷史」不過是時間過程中的一系列數字。這數字可以代表健康程度、適應力、體重等任何事物。

裝飾用的因爲

這本身就大幅弱化了「因爲」的想法,科學家經常說「因爲」,而歷史學家也幾乎總是誤用「因爲」。我們所熟悉的「因爲」,不論讓我們覺得有多噁心（而去除因果的止痛幻覺的確會讓我們覺得噁心）,我們已經接受了含糊不清的「因爲」。我一再地說,我們是尋求解釋的動物,傾向於認爲每件事都有一個可識別的原因,並抓住最顯著的部分以作爲說明。然而,可見的**因爲**也許不存在;通常是什麼都沒有,這和我們的想法相反,甚至連各種不同的可能解釋也沒有。每當問題涉及我們的生存時,**因爲**的想法就會被嚴重弱化。生存這個條件,把所有的可能解釋都淹沒了。亞里斯多德學派的「因爲」,並不是爲了替兩個物件建立堅固的連結,而是如同我們在第六章所說的,安撫我們那逃說解釋的隱祕弱點。

把這個推理應用到下面的問題:爲什麼淋巴腺鼠疫沒有殺死更多人?人們會提供大量的裝飾性解釋,包括鼠疫強度原理和流行病的「科學模型」。現在,請試著去弱化我在本章所強調的因果說法:如果淋巴腺鼠疫殺了更多的人,則觀察者（我們）就不會活著在此做觀察。因此,未必是這種疾病的特性救了人類。當問題涉及你的生存時,不要立即去檢視原因和效果。我們可以在這種疾病下存活下來,其主要的可辨識理由,或許我們根本就得不到:既然「甜美」的情境上場,在卡薩諾瓦模式下,我們就還活著,如果這種說法很難理解,那是因爲我們被因果的想法洗腦得太厲害了,還有,我們認爲說出**因爲**比接受隨機性更聰明。

我覺得教育制度最大的問題，就在於強迫學生對客觀事物強加解釋，而當學生說「我不知道」以保留判斷時，就會遭到**羞辱**。冷戰為什麼會結束？為什麼波斯人在撒拉米斯（Salamis）之役打敗仗？為什麼漢尼拔（Hannibal）會在背後遭人暗算？為什麼卡薩諾瓦會否極泰來？在每個案例當中，我們都在存活的條件下尋求解釋，而不是與此論點唱反調，主張**在這種存活的條件下**，吾人不該過度解讀**其**過程，應該學習訴諸某種程度的隨機性（隨機性就是我們所不知道的東西；訴諸隨機性就是承認無知）。讓你養成這個壞習慣的，不只是你的大學教授而已。我在第六章提到，報紙必須在其文字當中塞進因果關係，才能讓你讀得津津有味。但我要請你以誠實的態度，慎用你的「因為」，盡量將其限制在由實驗所導出的「因為」，而不是事後看歷史的「因為」。

在此，請注意，我並不是說原因不存在；別用這個說法做藉口，以逃避向歷史學習。我所說的是，這並**不是那麼簡單**；對「因為」要持猜疑態度，並小心處理——特別是在你懷疑有沉默證據存在的狀況下。

我們已經看到幾種不同的沉默證據，這些沉默證據導致我們對現實的認知變形，使得現實看起來比實際上更容易解釋（也更穩定）。除了確認的錯誤以及敘事的謬誤之外，沉默證據之出現，進一步扭曲了黑天鵝事件的角色和重要性。事實上，它們有時候會造成嚴重的高估（譬如說，文學成就），其他時候則會造成低估（如歷史的穩定性；人類物種的穩定性等）。

我前面說過，我們的認知系統，對於沒有出現在我們眼前的事物，或是不能讓我們產生情感關注者，或許就不會有反應。我們天生膚淺，會去注意我們所看到的東西，而不注意不精彩的事物。我們對沉默證據進行一場雙重戰爭。我們的推論機制（我們的確有一個推論機制）無意識部分將會忽略墳場，即使我們在知識上知道我們必須將墳場納入考量。沒看到，就不會想到：我們對抽象事物養成了一個自然、甚至是肉體上的輕蔑習慣。

我們將在下一章做進一步的說明。

9 戲局謬誤，或書呆子的不確定性

科摩湖（Lake Como，西畔）午餐——軍人哲學家——柏拉圖的隨機性

胖子東尼

「胖子東尼」是尼洛的朋友，他讓尤金尼亞·克拉斯諾亞氣到無法形容的程度。或許我們應該體貼地稱呼他爲「發福東尼」，因爲客觀上說，他並沒有像綽號所形容的過重；只是他的體型讓他不管穿什麼衣服，看起來都不合身。他只穿量身訂作的西裝，許多是在羅馬做的，但這些衣服看起來就像是從網路型錄上買來的一樣。他的手很粗，手指頭長滿了濃毛，戴著金手鐲，並散發出甘草糖果的臭味，他吃很多這種糖果以取代抽煙的老習慣。通常他並不在意別人稱他胖子東尼，但如果只叫他東尼，他會更高興。尼洛比較文雅，叫他「布魯克林東尼」，因爲他的口音和布魯克林式的想法，雖然東尼是發達的布魯克林人，但二十年前就搬到紐澤西。

東尼是個成功的聰明人，生性快樂。他過著群居生活。他唯一的明顯困擾似乎就是體重問題，還有家人、遠親，和朋友不斷地警告他要小心心臟病，讓他覺得很煩。各種方法似乎都沒效；東尼經常到亞利桑那州的減肥中心去**節食**，減了幾磅，然後在回程飛機上的頭等艙，就幾乎把那幾磅全部吃回來。很奇怪，他的自制能力和個人紀律一向令人敬佩，竟不能用在他的腰圍上。

一九八○年代初期，他從一家紐約銀行的後檯行員做起，在信用狀部門。他做的是一些瑣碎而無聊的工作。後來他升級，負責小店家的放款工作，因而瞭解如何向銀行怪獸融資的把戲，也瞭解銀行官僚體系的運作方式，和他們喜歡看些什麼樣的書面資料。在受雇期間，他開始利用破產處理程序，向金融機構買進房地產。他的高見是，賣你房子的銀行行員，由於房子並不是他們的，不會像屋主那麼在乎；東尼很快就知道如何和他們打交道，並進行操作。後來，他還學會向地方上的小銀行貸款，買賣加油站。

東尼具有輕鬆賺錢的好本事，只是當作娛樂，沒有沉重壓力、沒有案牘勞形、沒有會議，只是把買賣融入他的私生活中。東尼的座右銘是：「找出誰是笨蛋。」顯然，笨蛋通常是銀行：「行員根本就毫不在乎。」尋找這些笨蛋是他的第二本能。如果你和東尼一起到附近逛逛，只要和他「談談」，就能對世界的本質有更多的認識。

東尼在取得未公開的電話、免費升級頭等艙，及在掛了客滿的停車場裡取得停車位等，非常有天分，不是靠他的人脈，就是靠他有力的魅力。

非布魯克林型的約翰

我在一個姑且稱之爲約翰博士的人身上，找到了理想的非布魯克林型。他曾經當過工程師，現在是一家保險公司的精算師。他清瘦結實，戴眼鏡，穿黑西裝。他住在紐澤西州，離胖子東尼不遠，但兩人當然很少在路上相遇。東尼從不搭火車，事實上，他從不通勤（他開凱迪拉克，有時候則開他太太那輛義大利敞篷車，他開玩笑說，開這部車，自己比車子更顯眼）。約翰博士是時刻表的專家；他像時鐘一樣分秒不差。他在開往曼哈頓的火車上安靜而有效地讀報，然後整齊地摺起來，以便中午吃飯時繼續看。當東尼讓餐館老闆賺大錢時（他們看到他進門時會眉開眼笑，並且吵吵鬧鬧地相互擁抱），約翰每天早上一絲不苟地做三明治便當，把水果沙拉放在塑膠容器裡。至於他的穿著，他也穿著一套看似從網路型錄上買來的西裝，除了，好像眞的就是從網路上買來的。

約翰博士是個刻苦、理性、而和善的伙伴。他的工作態度很嚴肅，嚴肅到，和東尼不一樣，把工作和休閒劃分得一清二楚。他擁有德州大學奧斯汀分校（Austin）的電機工程博士學位。由於他既懂電腦又瞭解統計學，保險公司就雇用他來做電腦模擬；他很喜歡這個工作。他的工作主要是爲「風險管理」跑一些電腦程式。

我知道胖子東尼不太可能和約翰博士處在一起，更遑論見到他們倆在同一個吧檯上，因此，請把這當成純粹的思考練習。我要問他們一個問題，請他們各自回答，並比較其答案。

NNT（就是我）：假設有一個銅板是公平的，也就是說，丟擲後，正反面出現的機率相同。我擲了九十九次，每次都出現正面。我下次再擲，出現反面的機率是多少？

約翰博士：這個問題很簡單。當然是一半，因爲你已經假設百分之五十的機率，而且每次投擲都是獨立的。

NNT：你說呢，東尼？

胖子東尼：我說，當然不會超過百分之一。

NNT：爲什麼？我一開始所給你的假設是，這是個公平的銅板，表示正反面的機率都是百分之五十。

胖子東尼：你不是在鬼扯，就是個眞正的笨蛋，才會相信「百分之五十」這種事。這個銅板一定動過手腳。這不可能是公平的遊戲（翻譯：你那公平銅板的假設是錯誤的機率，遠高於公平銅板丟九十九次出現九十九次正面的機率）。

NNT：但約翰博士說是百分之五十。

胖子東尼（在我的耳邊低語）：我以前在銀行做過，我很淸楚這些傢伙的書呆子行爲。他們的思想太僵化了。而且，他們都好像是從同一個模子做出來一樣。你可以利用他們佔點便宜。

現在，這兩個人，你要選哪個當紐約市（或是蒙古的烏蘭巴托市）市長？約翰博士完全在框子裡思考，我們所給他的框子；而胖子東尼，幾乎完全在框子外思考。

我要澄清一下用語，我所謂的「書呆子」未必就是穿著不合身衣服、缺乏美感、面黃肌瘦、戴眼鏡，和背著一台手提電腦當作虛張聲勢用的武器。書呆子就是完全在框框裡思考的人。

你是否曾經覺得很奇怪，爲什麼那些全部拿A的學生，很多到最後一輩子都沒什麼搞頭，而那些成績不如他們的，現在卻賺大錢、買鑽石、打電話不會沒人理呢？甚至他們還在眞正的學科上（如醫學）獲得諾貝爾獎？這個問題，有一部分在成果上或許會牽涉到運氣，但有一部分是，課堂知識所結合的這些枯燥乏味和蒙昧主義的品質，或許妨礙了我們對現實世界的瞭解。在智商測驗，以及任何的學校考試裡（包括體育），約翰博士遠遠贏過胖子東尼。但在其他生態環境或現實生活中，胖子東尼的表現都比約翰博士強。事實上，儘管東尼沒有文化，他對現實的本質和他自己所要學的知識，卻有著強大的好奇心——我的實質感覺是，雖然不是社會的認知，他比約翰博士更科學。

我們將會深入、非常深入地探討胖子東尼和約翰博士之回答的差異；這兩種知識，我們稱之爲柏拉圖式和非柏拉圖式，其間的關聯，就我所知，還有更令人困擾的問題。簡單說，像約翰博士這樣的人會在平庸世界之外導致黑天鵝事件——他們的心智是封閉的。雖然這個問題非常普遍，其最令人感到不悅的幻覺是我所謂的戲局謬誤（fallacy of ludic）——我們在現實生活中所面臨的不確定性，其特性和我們在考試及競局裡所碰到之枯燥的不確定性，沒什麼關聯。

因此，我以下面這則故事作爲第一部的結束。

科摩湖午餐

幾年前的一個春天，我很訝異地收到美國國防部所贊助的一個智庫的邀請，要我參加他們當年秋季在拉斯維加斯所舉辦的腦力激盪會議。邀請我的人在電話上宣布：「我們將在面對科摩湖的看台上吃午餐。」這讓我非常苦惱。拉斯維加斯（及其兄弟，杜拜酋長國）恐怕是我這一生中最不想去的地方。在「假科摩湖」邊用餐將是個折磨（譯註：眞正的科摩湖位於義大利）。但我很高興我還是去了。

這家智庫召集了一個他們所謂的實作家和學者（以及像我這樣不接受這種分類的專業人士）的非政治集會，參與人員來自各種學派，都和不確定性有關。而且，他們還象徵性地挑選了一家大型賭場作爲大會場地。

這個研討會是個不對外開放、宗教盛會型的集會，與會人員如果不是這場大會，可能永遠都不會混在一起。我第一個驚奇是，我發現那裡的軍人，舉手投足和想法都像個哲學家——遠比我們在第三部中所見到在週研討會上吹毛求疵的哲學家更像哲學家。他們的思考不受框框限制，和交易員一樣，但更爲優秀，而且不怕自我反省。我們裡面就有一位國防部助理部長，但要不是我已經知道他的身分，一定會認爲他是個懷疑經驗論的專業人士。即使是調查太空梭爆炸原因的工程調查員，也是有思想而心胸開放的人。我從這個會議瞭解到，只有軍人才以眞正內省的誠實智慧處理隨機性——不像學者和使用他人錢財的企業高級主管。這不會出現在戰爭電影裡，電影通常把他們描繪成好戰的獨裁者。我眼前的這些人並不是開啓戰端的人。事實上，他們很多人認爲，成功的戰略是想辦法不用戰爭就消弭潛在危機，例如以升高國防支出來讓俄羅斯破產的策略。當我向坐在我旁邊的另一位金融界人士，羅倫斯（Laurence）表達我的讚歎時，他告訴我，軍方所集結的眞正知識分子和風險思考家，比其他大多數行業，甚至於所有的行業還多。國防人員必須瞭解風險的認識論。

這群人當中有位先生管理一群專業賭徒，大多數賭場都禁止此人進場。他和我們分享他的智慧。他坐在離沉悶的政治科學教授不遠處，他骨瘦如柴，是個典型的「大人物」，很在意自己的風評，絕不說些脫離框架之外的話，而且不苟言笑。在會議中，我試著想像一隻老鼠掉進這位大人物的背裡，讓他扭捏不安驚惶失措。他或許非常善於寫某個叫作競局理論的柏拉圖式模型，但當我和羅倫斯追問他不當使用的金融比喻時，他的傲氣就沒了。

現在，當你去想賭場所面對的主要風險時，你會想到賭博的情境。在賭場中，吾人會想，其風險包括幸運的賭徒連贏好幾大把，造成賭場倒閉，以及郎中以不正當的方法把錢詐走。不只是一般大眾有這種想法，連賭場的經理人也一樣。結果，賭場用高科技的監視系統去追查郎中、算牌人，和其他想佔賭場便宜的人。

每一個與會人員都表達自己的看法並聽取他人的意見。我上去討論黑天鵝事件時，打算告訴他們，我唯一知道的事是，我們事先對黑天鵝事件所知甚少，其特性就是偷偷地接近我們，而把黑天鵝事件柏拉圖化的企圖則導致更多的誤解。軍方人員能夠瞭解這些東西，這個想法最近在軍中很流行，於是有**不知的未知**（unknown unknown）這個說法（和**已知的未知**〔known unknown〕

相反）。但我已經準備好我的談話（在五張餐巾紙上，有些還沾了髒東西），並準備討論我爲這場會議所創造的新詞：**戲局謬誤**（ludic fallacy）。我打算告訴他們，我不該在賭場發表談話，因爲這和不確定性無關。

書呆子的不確定性

戲局謬誤是什麼？戲局（ludic）一字來自拉丁文 ludus，遊戲的意思。

我當時希望賭場代表能排在我前面先講，我才好調侃他們，（很有禮貌地）告訴大家，賭場恰好就是最**不**適合作爲這個討論議題的場地，因爲賭場所碰到的風險類別，在賭場**之外**非常不重要，而他們的研究也不能馬上應用到外界。我的想法是，賭博乃是**消毒過**和馴化過的不確定性。在賭場中，你知道規則，你可以計算機率，而且我們在那裡所碰到的不確定性種類，我們將在後面討論，是**溫和**的，屬於平庸世界。我所準備的主張如下：「賭場就我所知，是人類投機行爲中，唯一機率爲已知者，呈高斯分配（即鐘形曲線），幾乎可以計算。」你不能期望賭場出現一百萬次你所押注的選項，或是在你賭到一半時，突然改變規則——從來沒有哪一天發生過「黑三十六」被設計成有百分之九十五的出現機率。①

在現實生活中，你並不知道機率，你必須去尋找機率，而且，不確定性的來源沒有限定範圍。經濟學家並不認爲非經濟學家的發現值得花時間研究，他們將之區分爲奈特風險（Knightian risks，你能計算出來者）和奈特不確定性（Knightian uncertainty，你無法計算者），由一位名叫法蘭克·奈特（Frank Knight）的人所提出，並以其名命名，他發現了未知的不確定性，並做了許多思考，但他也許從來沒冒險過，也許他就住在賭場附近。如果他曾經去冒經濟或金融風險，他就會瞭解，這些「可計算的」風險在現實生活中大都不存在！它們是實驗室裡的玩藝兒！

然而，我們卻自動而不由自主地將機率與這些柏拉圖化的戲局做結合。有的人一旦知道我專精於機率問題之後，馬上把我和骰子做大量的連結，我聽到這種事之後勃然大怒。我有一本書的平裝版，負責該書的兩名插畫家不約而同地在封面和每一章的下面加上了一枚骰子，把我逼到暴怒的狀態。該書的編輯很熟悉我的想法，警告他們要「避免戲局謬誤」，好像這是個知名的學術錯誤似的。我很高興，這兩位的反應都是「啊，抱歉，我們不知道」。

那些花太多時間緊盯著地圖的人將會錯把地圖當成土地。去買一本最近出版的機率史或機率思想史；你會看到那些被稱爲「機率思想家」的人，其理念全都建立在這些消毒過的架構上。我最近去看大學生在機會（chance）這個主題上學些什麼，結果讓我感到驚訝；他們被這種戲局謬誤和怪異的鐘形曲線所洗腦。正在攻讀機率論博士學位的人也一樣。有人提醒我，一位頗有思想的

---

①我的同事馬克·史匹茲納格（Mark Spitznagel）發現了武術版的戲局謬誤：經過規劃的武術競賽，訓練運動員要專注在比賽裡，而且為了避免運動員不專心，要他們忽略比賽規則所不允許的各種可能動作，例如踢鼠蹊部、突然亮出刀子等。因此，那些拿到金牌的人，也許恰恰就是現實生活中，最容易被殺害的人。同樣的，在健身房這種人造環境裡讓你刮目相看的大塊肌肉男（穿著黑色T恤），卻搬不動一塊石頭。

數學家，亞莫・艾克塞爾（Amir Aczel）最近出了一本書，稱爲《機會》（*Chance*）。這本書或許非常卓越，但和其他的現代書籍一樣，建立在戲局謬誤的基礎上。而且，就算我們假設機會和數學有關，對於現實世界，我們所能做的那一丁點的數學化，並非由鐘形曲線所代表的溫和隨機性之假設，而是規模變動不居的瘋狂隨機性。能夠數學化的通常不是高斯模式，而是曼德伯模式（Mandelbrotian）。

現在，請你去閱讀對機會有所論述的古典思想家，如西塞羅的著作，你會發現不同的東西：從頭到尾都對機率保持模糊的想法，機率必須以這種方式處理，因爲這樣的模糊性，就是不確定性的特質。機率屬於文科；是懷疑論的後代，而不是一種工具，用來滿足那些隨身攜帶計算機者想要產生神奇計算和確定結果的欲望。在西方思想被「科學」精神淹沒之前，傲稱爲啓蒙時代，人們用腦子去思考——而非計算。辯論家西蒙・傅歇（Simon Foucher）於一本一六七三年所出版，我們今天已經遺忘了的美麗論文，《論眞理之追求》（*Dissertation on the Search for Truth*）中，揭示了吾人對確定性的心理偏好。他教我們懷疑的藝術，如何將我們自己定位在懷疑和相信之間。他寫道：「吾人必須解除懷疑才能產生科學——但鮮少有人注意到，不可在未成熟之前就解除懷疑的重要性……事實上，吾人經常在不瞭解之前就解除懷疑。」他進一步警告我們：「我們在母親的子宮裡，就已經具有教條傾向。」

第五章所討論的確認謬誤，我們以戲局作爲例子，在戲局中，機率論可以成功地計算機率，並宣稱這是一種普遍現象。而且，就像我們傾向於低估運氣在一般生活中所扮演的角色，我們傾向於**高估**運氣在機會戲局裡所扮演的角色。

「這幢建築位於柏拉圖圈裡；而生命則在其外界。」我要大聲喊道。

以錯誤的骰子賭博

當我知道這幢建築也在柏拉圖圈之外時，我相當地驚訝。

賭場的風險控管，除了設定賭博策略之外，就是專注在降低郎中所造成的損失。吾人不必有高深的機率論訓練，就可以知道賭場已經用各種不同的檯子，做到充分的分散，而不用擔心極爲幸運的賭客所造成的衝擊（導致鐘形曲線的分散化論點，我們將在第十五章說明）。他們所要做的只是控制「大鯨魚」，即從馬尼拉或香港飛過來的百萬級賭客，吃喝都由賭場包辦；大鯨魚一場的輸贏達數百萬美元之譜。如果沒有作弊，大多數個別賭客的輸贏對賭場來說，不過是九牛一毛，這使得整體變得非常穩定。

我答應過不討論賭場複雜監視系統的細節；我只能說，我覺得好像〇〇七電影——我想，不是賭場模仿電影，就是電影抄襲賭場。然而，儘管有這些複雜的措施，賭場的風險卻和我們所預期的賭場業務無關。因爲有史以來，賭場所發生，或是僥倖逃過的四大損失，完全出乎他們複雜的模型之外。

第一，一名無可取代的演員在主秀中（這場秀，齊格飛與洛伊〔Siegfried and Roy〕，一向是拉斯維加斯的主要賣點），被老虎咬成殘障，賭場損失了一億美元左右。這隻老虎是該演員所養大的，平常這隻老虎甚至還睡在他的臥室裡；直到出事之前，沒人懷疑過這隻凶猛的畜生會對其主人反撲。在做情境分析時，賭場甚至相信這隻畜生可能會撲向觀眾，但沒人想到為反撲主人一事投保。

第二，一名包商在承造飯店的擴建工程時受傷，非常不滿。他對和解所提供給他的條件很不滿意，因而企圖把賭場炸掉。他計劃在地下室柱子周圍放置炸藥。這項企圖，當然，被攔住了（否則，用第八章的說法，我們就不會在那裡了），但我一想到我可能坐在一堆炸藥上就渾身顫抖。

第三，賭客贏錢超過某個金額時，賭場就必須向國稅局填報某個表格。負責把這些表格寄出去的員工，卻因完全無法解釋的理由，把這些表格放在他桌子下的箱子裡。這樣持續了好幾年，竟沒人發現異狀。員工不把文件寄出去眞的是無法預料的事。逃（漏）稅是很嚴重的缺失，這家賭場面臨被吊銷執照，或是停業所帶來的龐大財務負擔。顯然，他們付了一筆龐大的罰金了事（金額未公開），這是解決這種問題最幸運的方法。

第四，還有其他許多的危險情境，例如賭場老闆的女兒被綁架，造成老闆為了籌措贖金，竟違反賭博法，染指賭場保險箱裡的錢。

結論：只要簡單的隨手計算就能顯示，這些黑天鵝事件，就是我前面所舉的這幾個模式外衝擊和潛在衝擊，其金額遠遠超過模式內風險的金額，約為一千倍左右。賭場花數億美元在機率論和高科技監視系統上，而其風險的主要部分，卻來自他們的模型之外。

賭場，還有全世界，都是從賭博的案例中，學習不確定性和機率。

第一部總結

裝飾品浮上表面

第一部裡的所有議題，事實上是同一個。你可以對一個主題做長時間思考，到了癡迷的程度。你有許多想法，但這些想法卻好像沒有明顯的關聯，你一直不瞭解其間的邏輯關聯。然而，你打從心裡知道，這些想法，其實是**同一個**。同時，尼采所謂的**文化市儈**（bildungsphilisters）②，即品味庸俗的知識分子、思想界裡的藍領階級，他們告訴你說，你被各個領域拆得四分五裂，你的回應是，這些學科都是人造而武斷的，一點用處都沒有。接著你告訴他們，你是個禮車司機，他們就不再理你了——你覺得很舒坦，因爲你不用和他們打成一片，於是，你不用再爲了符合教條而削足適履。最後，再努力一下，你就發現，全都是同一個問題。

有一天晚上，我發現自己身在一位前藝術史學家在其慕尼黑公寓裡所舉辦的雞尾酒會裡，這

---

②尼采這個詞的原意是指具教條傾向的報紙讀者和歌劇愛好者，他們對文化做矯情的接觸而且相當膚淺。在此，我延伸其義，用來表示躲在學術裡面的市儈，他們因為缺乏好奇心，且只以自己的思想為中心，而缺乏博學之識。

位史學家圖書室裡的藝術書籍，比我所知道的藝術書籍還多。我站著喝極品白葡萄酒，同時在公寓裡形成了一個說英語的角落，我一直希望我有機會用我的爛德文開口說話。有一位我認識的思想家，很有見地，他是電腦創業家尤喜・瓦爾第（Yossi Vardi），他要我用一隻腳站著，簡介「我的理念」。喝了幾杯香醇的白葡萄酒之後，本來就不容易用單腳站立，因此，我的即席演說失敗了。隔天我體驗到，知道該怎麼說，卻已經太遲了。我跳下床，想到了下面的觀念：**裝飾用和柏拉圖式的東西會自然而然地浮上表面**。這是知識問題的一個簡單延伸。這個道理很簡單，艾可圖書館的另一面，我們從未見過的那一面，具有被忽略的特質。這也是一種沉默證據問題。這就是為什麼我們看不到黑天鵝事件：我們擔心那些已發生之事，而非那些可能發生但還沒發生過的事。這就是為什麼我們要柏拉圖化，喜歡已知的概要和整理良好的知識——其喜歡程度到了讓我們看不到現實。這就是為什麼我們上了歸納問題的當，為什麼我們要**確認**。這就是為什麼在學校「研究」並畢業的人傾向於成為輕信戲局謬誤的傻瓜。

而且，這也是我們會碰上黑天鵝事件，卻從來學不乖的原因，因為尚未發生的黑天鵝事件太抽象了。感謝瓦爾第，我現在已經成為單一理念俱樂部的成員。

我們喜愛有形的、確認的、可觸摸的、眞實的、可見的、具象的、已知的、見過的、明顯的、有視覺效果的、社會的、腦中記憶的、具有情感的、突出的、刻板印象的、動人的、戲劇性的、浪漫的、裝飾的、官方的、聽起來像學者冗言（鬼扯）的、華麗的高斯派經濟學家、數學化的垃圾、壯觀的、法蘭西學院、哈佛商學院、諾貝爾獎、穿黑西裝白襯衫打佛萊格莫（Ferragamo）領帶的人、動人的演講，和火熱的東西。我們最喜歡的是**敍事故事**。

嗚呼，我們身為當前的人種，天生無法瞭解抽象事物——我們需要來龍去脈。隨機性和不確定性是抽象概念。我們尊重已發生者，忽略**有可能**發生者。換言之，我們天生膚淺而迷信——而我們並不知道這點。這不是心理學問題；這來自資訊的主要特質。我們很難看到月球黑暗的那面；照亮那面需要耗費能量。同樣的，照亮我們所看不到的事物需要計算上和心智上的努力。

與靈長類的差距

有史以來，就一直存在著高等人類和低等人類的區別。對希臘人而言，有希臘人和野蠻人之分，那些北方人所講的話含糊不清，聽在雅典人的耳朵裡，就和動物的尖叫聲沒兩樣。對英國人而言，高等人生活就是紳士的生活——和今天的定義相反，紳士過的是閒適的生活，其行為準則包括避免做超過舒適生活所需之工作，以及一套禮儀。對紐約人而言，有曼哈頓郵遞區號和布魯克林區郵遞區號之分，或是更等而下之的皇后區郵遞區號。對早期的尼采而言，有太陽神型（Apollonian）和酒神型（Dionysian）之分；對成名後的尼采而言，則有超人（Übermensch）之說，然而，他的讀者卻各自解讀。對一個現代斯多葛學派者而言，高等人認同一個高貴的道德體制，這個體制決定了一個人行為的高貴與否，也決定了一個人是否有能力區別結果和努力。這些區別的用意全都在拉長人類和我們的近親——其他靈長類——的距離（我一向堅持，碰到做決策時，我們和這些毛茸茸的表親之差距，遠比我們的想像還要少）。

我的建議是，如果你想用一個簡單的步驟就達到高等生活，並且盡可能地遠離動物的形式，那麼，你可能要去除敍事，也就是說，關掉電視、盡量減少看報紙的時間、不看部落格。訓練你的推理能力以控制你的決策；在重要的決策上啓動第一系統（自由心法系統或是經驗系統）。訓練你自己去找出**感官和實證之間的差異**。和全世界的毒素做這樣的隔絕還有另一項好處：這將改善你的生活。還有，請牢牢記住，我們對機率的認識很膚淺，而機率是所有抽象想法之母。要對周遭事物有更深入的瞭解，你不必煞費周章。最重要的是，要學著避免「鑽牛角尖」。

這裡寫一些後面內容的橋段。我用賭場故事所展示的柏拉圖式盲目還有另一種表現形式：專注。如果你是個修錶師傅、腦科醫師，或棋手，那麼，專注是很好的美德。但是，當你在處理不確定性時，你最不應該做的事就是「專注」（你應該叫不確定性去專注，而不是叫我們專注）。這種「專注」會讓你變成笨蛋；這種「專注」會轉型成預測問題，我們將在下一節談到。眞正測試我們對世界的瞭解的，是預測，而非敍事。

第二部　我們就是不能預測

當我請大家說出三項近年來對今日世界最具有影響力的科技時，他們通常會提到電腦、網際網路，和雷射。這三項都不是事先即有計劃，或是事先即預測到的東西，而且在發現時，還不受重視，連開始用了之後，也還不太受重視。它們很重要。它們是黑天鵝事件。當然，我們有事後的幻覺，以爲它們是某個偉大計劃的　部分。不論你用政治事件、戰爭，或知識流行病爲例，你自己也可以列出一份清單，而得到類似的結果。

你會認爲，我們的預測記錄相當糟：世界遠比我們所想的還要複雜，但這並不是個問題，除非我們大多數人都不瞭解這點。我們在展望未來時，會傾向於「鑽牛角尖」，把它當成例行事務，不受黑天鵝事件影響，但事實上，未來絕非例行事務。未來不屬於柏拉圖式的類別！

我們已經看到，我們非常善於後溯敘事，並且善於發明一些故事，讓自己相信我們瞭解過去。對許多人而言，知識具有不用大量才能就可產生信心的神奇力量。另一個問題：對（不重要的）常態之專注，造成「在框框裡」預測的柏拉圖化。

我們無視於實際記錄，而使用排除了稀有事件的工具和方法，持續對未來做預測，好像我們很會預測似的，這點，我覺得很可恥。預測，已經穩穩地在我們這個世界裡被廣爲接受。我們竟呆呆地相信那些協助我們探索不確定性的人，不論這些人是算命仙、「著作等身」（而無聊）的學者，或使用假數學的公僕。

從尤吉・貝拉到亨利・龐加萊

偉大的棒球教練尤吉・貝拉（Yogi Berra）有句名言：「預測很困難，尤其是預測未來。」雖然他沒有寫出讓他成爲哲學家的著作，但除了智慧和論述能力之外，貝拉還是可以宣稱他多少懂一點隨機性。他是不確定性的專業人士，而且，身爲棒球選手和教練，他經常面對隨機結果，而且還必須完全靠預感去面對。

事實上，尤吉・貝拉並不是唯一一位想到未來結果遠超過我們想像能力的思想家。許多不是那麼有名，或用詞不是那麼簡潔，但能力完全不輸給他的思想家，已經以這種想法檢驗過人類的天生限制，從哲學家賈克・阿達瑪（Jacques Hadamard）和亨利・龐加萊（Henri Poincaré）（這兩人通常被當成數學家），到哲學家海耶克（Hayek，通常被當成經濟學家，嗚呼哀哉），到哲學家卡爾・波柏（通常被稱爲哲學家）。我們可以安全地稱此爲貝拉—阿達瑪—龐加萊—海耶克—波柏推測，這項推測，爲預測之事業設定了結構上和先天上的限制。

「未來和以前的未來不一樣。」貝拉後來說道。①似乎他一向都說對了：我們對世界模型化（和預測）的能力之增加，也許被其所增加的複雜度給矮化了——隱含了未被預測到的事物，其角色越來越重要。黑天鵝事件的角色越吃重，我們的預測工作就越困難。抱歉。

在談預測的限制之前，我們要先討論我們過去的預測實績，以及知識增加和信心的補償性增加之間的關係。

①請注意，這些被當成尤吉・貝拉所說的名言，可能出處不可考——最先想到這句話的人是物理學家尼爾斯・波爾（Niels Bohr），後續還有許多人也說過這句話。然而，這些名言仍然是典型的貝拉主義。

10 預測之恥

歡迎來到雪梨——她有幾個愛人?——如何成爲經濟學家、穿一套體面的西裝,和交朋友——不對,只是「幾乎」對了——淺河可能有深坑

在三月的一個晚上,幾名男士和女士站在沙灘上望著雪梨歌劇院外面的海灣。這時正是雪梨的夏末,儘管氣候暖和,男士們還是穿著西裝。女士們的穿著就比較清爽些,但她們卻穿著高跟鞋,必須忍受行動不便之苦。

在此,他們都必須爲精緻付出代價。不久之後,他們要花好幾個小時去聽一群胖男人和胖女人用俄文唱個不停。這些聽歌劇的人,許多看起來像是JP摩根(J. P. Morgan)當地分公司,或是其他金融機構的員工,他們的財富和其他的當地人相較,有頗大的差距,伴隨而來的壓力則是精緻生活的戲碼(酒和歌劇)。但我到那裡並不是爲了偷看這些新精緻階級。我是來看雪梨歌劇院的,這幢建築讓每份澳洲觀光手冊增添光彩。事實上,這幢建築的確很嚇人,雖然讓人覺得,蓋這幢建築有點像是爲了讓其他的建築物相形失色。

那天晚上，在雪梨非常宜人的「岩石區」(the Rocks) 散步，堪稱朝聖之旅。雖然澳洲人有個幻覺，以爲他們蓋了一個不朽的建築，讓其天際線馳名世界，其實他們所做的是，爲人類的預測失敗、計劃失敗，和不瞭解我們對未來的**無知**——對於未來的葫蘆裡賣些什麼藥，我們有系統地低估了——建了一座紀念碑。

澳洲人其實是建了一座人類知識傲慢的象徵。故事如下：雪梨歌劇院原先計劃在一九六三年初開幕，總經費爲七百萬澳幣。最後卻延遲了十年才開幕，而且，雖然實際工程沒有原先的規劃那麼龐大，其總經費卻高達一億零四百萬澳幣左右。雖然還有其他更慘的計劃失敗案例（如蘇聯），或是預測失敗案例（所有重要的歷史事件），但雪梨歌劇院卻提供了計劃及預測困難度的藝術性（至少原則上如此）示範。歌劇院的故事在本節所討論的扭曲當中是最溫和的（只牽涉到金錢，並沒有造成無辜百姓血流成河）。但無論如何，雪梨歌劇院都是個象徵標誌。

本章有兩個主題。第一，我們對於我們知道些什麼顯得傲慢。我們當然知道很多，但我們天生有個傾向，認爲我們比實際上多懂一點點，這**一點點**就足以讓我們偶爾陷入嚴重困境。我們將會看到，在你的客廳裡就能證實，甚至衡量這種傲慢。

第二，我們將會檢視這種傲慢對所有牽涉預測的活動之隱含意義。

我們爲什麼要做這麼多的預測？更糟、甚至更有趣的是：我們爲什麼不談論我們在預測上的成績？爲什麼我們看不出來我們（幾乎）總是錯失重大事件？我稱此爲預測之恥（scandal of prediction）。

凱薩琳的愛人數含糊不清

讓我們來檢驗我所謂的**知識傲慢**（epistemic arrogance），其實，這就是我們對我們知識極限的驕傲態度。Epistēmē是希臘文「知識」的意思，爲一個抽象概念取個希臘名字，可以讓它聽起來很重要。沒錯，我們的知識的確會成長，但卻受到信心成長得更多之威脅，這造成我們的知識在增加時，也增加了困惑、無知，和自大。

找一個滿滿都是人的房間。隨機挑一個數字。這個數字可以來自任何事物：西烏克蘭證券營業員是神經病的比例、本書在所有含有r字母的月份裡的銷售量、商管書籍編輯（或是作者）的平均ＩＱ、俄羅斯凱薩琳二世（Catherine II）的愛人數目等等。請房間裡的每個人獨立估計出一個可能數值的範圍，這組數字範圍，他們認爲有百分之九十八以上的機會爲正確，百分之二以下的機會爲錯誤。換言之，不管他們猜什麼，總是有百分之二的機會落在他們的範圍之外。例如：

「我有百分之九十八的信心認爲，拉加斯坦（譯註：Rajastan，印度的一省）的人口數，介於一千五百萬到二千三百萬之間。」

「我有百分之九十八的信心認爲，凱薩琳二世的愛人數目介於三十四到六十三之間。」

你可以數數看樣本裡猜錯的人有多少個，從而對人性做推論；我預期，一百個人當中，猜錯的人數不會超過兩人太多。請注意，受測者（被你陷害的人）可以自由地按照需要去設定他們的範圍，要多寬就可以有多寬：你所要測量的不是他們的知識，而是他們對**自我知識的評估**。

現在，我們來看結果。和生活中的許多事物一樣，這是個意外、僥倖，而令人驚訝的發現，而且大家要一段時間才能消化。根據傳說，發現此結果的研究人員，艾柏特（Albert）和雷發（Raiffa），其實原本是在探究完全不同、而且是很無聊的東西：人類在涉及不確定性的決策時，是如何設定機率的（即學者所謂的**校準**〔calibrating〕）？結果研究人員被搞迷糊了。這百分之二錯誤率，竟變成受測母體中有將近百分之四十五的人猜錯！很明顯，第一批的樣本中含有哈佛商學院學生，這種人以不夠謙虛和不知反省的特性著稱。企管碩士在這方面特別糟糕，這或許可以用來解釋他們的事業成就。後來的研究則記錄了其他母體裡較爲謙虛或較不傲慢的族群。清潔工和計程車司機都相當謙虛。而政治人物和企業執行長呢，嗚呼哀哉……我將留到後面說明。

我們是否對我們之所知，過度自信了二十二倍？似乎如此。

這個實驗已經針對不同的族群、職業，和文化，反覆做了數十次，而且幾乎每個實證心理學家和決策理論學家都試著在課堂上，向其學生展示人類的大問題：我們的智慧還不夠，不能在知識上信任我們。原本所打算的百分之二錯誤率，結果卻成了錯誤率介於百分之十五到三十之間，視不同的族群和議題而定。

我也對自己做了測試，當然，沒猜對，雖然我知道要盡量謙虛一些，小心翼翼地設個較寬大的範圍——然而，這樣的低估，我們將會看到，不巧竟成爲我在專業活動上的核心。這種偏誤似乎在所有的文化裡都會發生，即使是較謙虛的文化也一樣——吉隆坡市中心和位於（現在）黎巴嫩的艾米昂之古老住民之間，也許沒有重大差異。昨天下午我在倫敦一個研討會上演說，在前往會場的途中，因爲計程車司機一向比一般人更善於「找路」，於是我就一直把心放在寫作上。我決定在演講中做個簡單實驗。

我請與會人員猜測安伯托・艾可圖書館的藏書量範圍，而其藏書量，在第一部的前言中我們已經說過，是三萬冊。六十名參加者當中，沒有任何一個人所猜測的範圍涵蓋到正確數字（百分之二的錯誤率變成百分之百錯誤）。這個案例也許脫離常態，但顯示出在不常見的數量上，扭曲問題更爲嚴重。有趣的是，大家所猜錯的數字，不是太高就是太低，有的人猜二千到四千之間；有的人猜三十萬到六十萬之間。

沒錯，有些人說這種測試有個特性，受測者可以很安全地猜零到無限大；但這樣一來就不具「校準」的意義了——這樣猜的人並沒有提供任何資訊，而且，無法據以作爲決策之用。在這種情形下，受測者不如說：「我不想玩這個遊戲；我沒有概念。」

反過來的例子也不少，那些過度反向的人，事實上會高估他們的錯誤率：你也許有個表哥對他自己所說的話特別謹慎，或許你還記得你有個大學生物教授謙虛到病態的程度；我在這裡所討論的傾向適用於一般大眾，但並非每個人。平均值附近有相當多的變異，足以包括偶爾發生的反例。這些人是少數——而且很遺憾地，他們不太容易成爲名人，這些人在社會裡似乎不太具有影響力。

知識傲慢具有雙重效應：透過對不確定狀態之範圍的壓縮（亦即，縮減未知數的空間），我們高估我們之所知，並低估不確定性。

這種扭曲，不只是用在知識的追求上而已：請看看你周遭人的生活。幾乎所有和未來有關的決策都被感染了。我們人類有個毛病，會長期低估未來脫離最初所見景象的可能性（還有其他的偏誤，有時會進一步讓此效應更加惡化）。舉個明顯的例子，請考慮離婚的人有多少。幾乎所有離婚的人都熟悉離婚率介於二分之一到三分之一，但當兩人要結婚時卻不做這樣的預測。當然「不會是我們」，因爲「我們非常相配」（好像其他結婚的人就不相配似的）。

我要提醒讀者，我並不是在測試人們知道了多少，而是去評估**人們實際上所知道的，和他們以爲知道的之間的差異有多少**。我想到當年我決定出來自己開業時，母親開玩笑地編出一種評估方法。她對我（外顯）的自信持諷刺態度，但未必不相信我的能力，她爲我找到一種賺大錢的方法。什麼方法？只要有人想辦法按照我的實際價值把我買下來，再按照我自己所認爲的價值賣回給我，就會賺到相當大的差價。雖然我一直試著說服她，讓她相信我在自信的外表下，有著內省和居安思危的心；雖然我不斷地告訴她，我是個內省者——她還是很懷疑。內省者，內省個鬼，在我寫本書時，她還是戲稱我有點自視過高。

回到黑天鵝事件眼盲

上面的簡單測試顯示，我們人類先天上具有低估離群值——或黑天鵝事件——的傾向。由於天性使然，我們傾向於認爲：每十年發生一次的事其實是每一百年才發生一次，而且，我們知道來龍去脈。

這種計算錯誤的問題比較微妙。事實上，離群值對低估不太具有敏感性，因爲離群值很容易遭到估計錯誤的破壞，而估計錯誤則可能是高估或低估。正如我們在第六章所見，有些狀況是，人們會高估特殊事件或某種特定的特殊事件（譬如說，當人們想到具感官效果的景象時）——而這種狀況，我們已經看到，正是保險公司大發利市之時。因此，我的整體觀點是，這些事件極易被**錯誤估計**所破壞，通常是嚴重低估混雜著偶爾的嚴重高估。

事件越是離譜，這種錯誤就越嚴重。到目前爲止，我們在前面的遊戲中，只考慮百分之二的錯誤率，但如果你去看，出現機率只有，譬如說，百分之一、千分之一，甚至於百萬分之一的情況，則錯誤就會變得非常可怕。出現的機率越小，知識的傲慢就越大。

在此，請注意吾人直覺判斷的一個特質：即使我們住在平庸世界裡，在這裡很少發生大型事件，但我們還是會低估極端值——我們會把它們想成更爲稀有。即使使用高斯變數，我們也會低估我們的錯誤率。我們的直覺屬於次平庸世界（sub-Mediocristani）。但我們並不住在平庸世界。很可能我們每天所要估計的數字，大部分來自極端世界，亦即，它們具有集中性且受黑天鵝事件影響。

猜測和預測

我猜測一個非隨機性、但我的資訊殘缺不全的變數，如在凱薩琳二世床上躺過的愛人數；以及我預測一個隨機變數，如明天的失業率或明年的股市；這兩者之間並無有效的差異。從這個觀點來看，猜測（我所不知道，但別人或許知道的事）和預測（尚未發生的事）是同一碼子的事。

爲了進一步領會猜測和預測之間的關聯，假設你所要估計的不是凱薩琳的愛人數，而是較無趣，但對某些人而言，是更重要的問題，如下個世紀的人口成長、股市報酬率、社會保險赤字、油價、你叔父的房地產賣了多少錢，或巴西二十年後的環境狀況。或者，如果你是尤金尼亞·克拉斯諾亞那本書的出版商，你必須對未來的銷售狀況做個估計。現在，我們已經進入危險區域：只要想一下就知道了，那些以預測為業的專業人士，大都也都受到上述心智缺陷的折磨。而且，那些職業預測者通常比不以預測為業的人更受到這種缺陷的影響。

資訊對知識有害

或許你會對學習、教育，和經驗對知識傲慢的影響情形感到好奇——受過教育的人，在上述測驗中，和其他人（以計程車司機米海爾作為標竿）比起來，成績如何？你會被答案嚇一跳：視職業別而定。我將先檢視「消息靈通」者在謙虛的預測事業上，相對於我們一般人有什麼優勢。

我記得我到紐約一家投資銀行拜訪朋友時，看到一個「宇宙大師」型的狂人，他的頭上戴著一副無線耳機，麥克風從右邊伸出，使得我在和他交談的二十秒中，看不到他的嘴唇。我問我朋友，這個新玩藝兒是幹什麼用的。「他喜歡隨時和倫敦保持聯絡。」朋友說。當你是受雇者時，必須靠別人給你評價，而看起來很忙，有助於你在一個隨機的環境裡，宣稱績效來自你的貢獻。繁忙的外表，強化了因果上的認知，以及績效和此人角色之關係的認知。當然，這種情形更可適用於大公司的執行長，這些人必須大肆宣揚其「風采」和「領導」與公司績效的關聯性。我還沒看到有任何的研究去探討，這些人花時間去交談和吸收小道消息究竟有何用處——也沒有幾個作家膽敢去質疑，有關企業成功，執行長的重要性到底有多大。

讓我們來討論資訊的主要效應：知識的障礙。

亞里士多德・歐納西斯（Aristotle Onassis）可能是有史以來第一個仲介大亨，原則上以富有——以及展示財力——聞名於世。他是來自土耳其南部的希臘裔難民，跑到阿根廷，因進口土耳其煙草而賺了一筆錢，然後成爲航運大王。當他和美國甘迺迪總統（John F. Kennedy）的遺孀賈桂琳・甘迺迪（Jacqueline Kennedy）結婚時，引來世人辱罵，也讓歌劇歌后瑪麗亞・卡拉絲（Maria Callas）心碎，把自己關在巴黎的公寓裡等死。

如果你去研究歐納西斯的一生，我剛成年時就花了點時間去研究，你會注意到一個有趣的規律：傳統觀念裡的「工作」，在他身上完全看不到。他甚至連辦公桌都沒有，更遑論辦公室。他不只是個仲介而已，他還經營航運帝國，仲介沒有辦公室沒關係，但航運可是需要日日監控。然而他的主要工具是一本筆記簿，裡頭包含所有他需要的資訊。歐納西斯終身都在和富貴名人打交道及追求（並收集）女人。他通常中午起床。如果他需要法律顧問，他會叫他的幾個律師於半夜兩點到巴黎某個夜總會裡見他。據說他具有令人無法抗拒的魅力，這讓他在和別人交往時，佔了很大的便宜。

故事的部分就講到這裡，我們要談更多的東西。把歐納西斯的成就和他的一貫作風做因果連結，恐怕會有「被隨機性愚弄」的效應。我或許永遠都無法瞭解他究竟是靠技能還是靠運氣，但我相信歐納西斯的魅力爲他開啓大門。我可以透過檢視資訊和瞭解之間的實證關係，對他的作風，做一個嚴格的檢驗。因此，「**更多的日常營運細節知識可能毫無用處，甚至有害**」這個命題雖然間接，但可以做有效測試。

把一幅消防栓的模糊影像顯示給兩組人看，影像要模糊到他們認不出來的程度。第一組分十個步驟慢慢增加解析度。第二組的速度快一些，分五個步驟。每當展示給兩組所看的影像完全相同時，便停下來請每一組都辨認看看是什麼東西。中間步驟較少的那一組很可能會較快認出消防栓。心得？你給某人的資訊越多，他們沿路上所建構的假設就越多，而其辨識成果就越差。他們看到資訊裡更多的隨機雜訊和錯誤。

問題在於我們的想法具有固著性：一旦我們產生了一個理論，很可能就無法改變自己的想法——因此，那些延遲發展出自己理論的人，狀況比較好。當你以薄弱的證據爲基礎，發展出自己的想法時，你將很難解釋後續出現、而與你的想法相抵觸的資訊，即使這個新資訊顯然較爲正確。這當中有個機制：我們在第五章所看到的確認偏誤和堅定不移的信念，我們不願逆轉既有想法的傾向。記住，我們把想法當成財產，很難與其分離。

第一個消防栓實驗是在一九六〇年代做的，其後又做了幾次。我也用資訊數學研究這個效應：對於實際現象，一個人所得到的知識細節越多，他所看到的雜訊（即軼事）就越多，並將之錯當成實際的資訊。請記住，我們會受到感官效果的影響。每小時收聽收音機新聞遠比一週讀一次雜誌還糟，因爲期間較長，多少可以濾除一些資訊。

一九六五年，司徒亞特・歐斯坎（Stuart Oskamp）把一連串的檔案提供給臨床心理學家，這些檔案含有越來越多的病人資訊；心理學家的診斷能力並沒有隨著資訊之增加而增長。他們只是對原來的診斷變得更有信心。就算我們對一九六五年的心理學家沒有太多要求，但這些發現，似乎可以適用到各個學科。

最後，心理學家保羅・斯諾維奇在另一項生動的實驗中，要求職業賭馬人從過去的賽馬記錄中，找出八十八項他們認為有助於計算勝率的變數。這些變數包括各種過去表現的統計資訊。他先給賭馬人十項最有用的變數，並要他們對比賽結果做預測。然後再多給他們十項變數，再請他們預測一次。資訊集的增加並沒有提升他們的正確率；但他們對自己選擇的信心卻反而顯著地增加了。這證明資訊是有害的。我這一生當中就常常掙扎在「越多越好」這種普通的中產階級想法——越多，有時候是越好，但不是越多就一定越好。這種知識的害處，將會在我們調查所謂的專家時顯示出來。

專家問題，或虛有其表者的悲劇

到目前為止，我們並沒有去質疑這些專業人士的權威，而是質疑他們對其知識範圍的衡量能力。知識傲慢並不妨害技能。一名鉛管工人比頑固的評論家和數學交易員更瞭解鉛管。疝氣醫生很少比肚皮舞舞者更不懂疝氣。但另一方面，他們有時候也會犯錯——而這就是惱人之處，你對他們的犯錯率，可能懂得遠比他們還多。不管別人怎麼對你說，你最好還是質疑一下專家操作的**錯誤率**。不要質疑他的過程，只質疑他的信心（身為一個被醫療機構整過的人，我學會了小心，而且我希望大家都要小心：如果你帶著症狀走進一名醫師的診療室，他說這**不是**癌症的機率為若干時，別聽他的）。

我把它分成下面兩種狀況。溫和狀況：**具有（某些）能力的傲慢**，以及嚴重狀況：**傲慢加上無能（虛有其表）**。有些專業，你懂得比專家還多，這些人，嗚呼，你竟花錢去聽他們的意見——而不是他們花錢請你去聽他們的意見。這些行業是哪一種呢？

移動和不會移動的東西

探討所謂專家問題的文獻非常多，這些文獻對專家做實證測試，以驗證他們的記錄。但乍看之下，似乎讓人覺得很混淆。一方面，有一種專門打擊專家的研究人員，如保羅·密爾（Paul Meehl）和羅賓·道斯等告訴我們，「專家」和騙子差不多，績效沒有比使用單一指標的電腦程式好，他們的洞察力礙手礙腳的，使他們的眼睛被蒙蔽（使用單一指標電腦程式的例子如，流動資產對負債的比率，就比大多數的信用分析師做得更好）。而另一方面，還有相當豐富的文獻證明，他們因洞察力而打敗電腦。哪一種才正確呢？

一定有某些學科有眞正的專家。讓我們提出下面的問題：你願意讓報紙的科學記者爲你動腦部手術，而不找合格的腦科醫師來開刀嗎？另一方面，你比較喜歡聽某個「知名」大學，如華頓學院的財務學博士所講的經濟預測，還是新聞報紙商業作家所做的經濟預測？雖然在實際經驗上，第一個問題的答案很明顯，但第二個問題的答案卻完全不明顯。我們已經能夠看出「知道做法」（know-how）和「知道內容」（know-what）這兩者的不同。希臘人把技術（technē）和知識（epistēmē）加以區別。曼諾多圖斯和赫拉克利特（Heraclites of Tarentum）的經驗醫學派，要求其醫師盡量接近 technē（即「技術」）而遠離 epistēmē（即「知識」、「科學」）。

心理學家詹姆士・尚托（James Shanteau）展開找出哪些學科有專家、哪些學科沒有專家的工作。請注意此處的確認問題：如果你要證明沒有專家，則你應該能夠找到**一個**專家沒有用的行業。同樣的，你也可以證明相反的論述。但有一個共通性：有些行業的專家很重要，而其餘的行業則沒有證據顯示具有技術性。究竟哪個是哪個呢？

應該是專家的專家：家畜鑑定人、天文學家、試飛員、土壤鑑定人、棋士、物理學家、數學家（當他們在處理數學問題，而不是實際問題時）、會計師、裝糧檢查員、相片判讀師、保險分析師（處理鐘形分配的統計數字）。

應該……不是專家的專家：證券營業員、臨床心理師、精神病醫師、大學招生主管、法官、議員、人事招募主管、情報分析人員（根據中情局的記錄，雖然花了很多錢，成果卻令人同情）。我還要根據我自己對這些文獻的檢驗，增列下面這些項目：經濟學家、財務預測人員、財務學教授、政治科學家、「風險專家」、國際清算銀行（Bank for International Settlements）行員、國際金融工程協會（International Association of Financial Engineers）尊榮會員，和理財專員。

很簡單，**會移動的東西**就需要知識，通常沒有專家；而不會移動的東西，似乎就有某些專家。換言之，處理未來、並把研究建立在不具重複性之過去的行業，有專家問題（但氣象和涉及短期物理過程〔而非社會經濟過程〕的事業例外）。我並不是說處理未來的人無法提供有價值的資訊（前面提過，新聞報紙可以相當準確地預測電影開演時間），而是那些無法提供有形附加價值的人，一般都是在處理未來。

另一個檢視方式是，會移動的東西通常容易發生黑天鵝事件。專家是專注於窄小領域的人，他們必須「鑽牛角尖」。在某些情況下，鑽牛角尖沒問題，因爲黑天鵝事件不重要，這時，專家將會表現得相當好。

羅伯特・崔佛斯（Robert Trivers）是一名演化心理學家，也是個見解非凡的人，他有另一個答案（他在準備攻讀法學院時所發展出來的概念，讓他成爲自達爾文（Darwin）以來最具影響力的演化思想家）。他把此連結到自我欺騙（self-deception）。我們在具有祖先傳統的領域，如掠奪，可以把預測做得非常好，只要評估一下雙方實力就行了。人類和黑猩猩都可以立即察覺出哪一方佔上風，並做成本效益分析，以決定是否發動攻擊奪取物品或配偶。你一旦發動突擊，你就把自己放入一個妄想狀態，使你忽略其他資訊——在交戰當中最好不要猶豫不決。另一方面，和突擊不一樣，大規模戰爭並非來自人類遺傳——大戰對我們而言是新的東西——因此，我們傾向於錯估其期間，並高估我方的相對戰力。這讓我想到黎巴嫩戰爭的時程被低估了。參加第一次世界大戰的人以爲只是虛晃一下。越戰也一樣，伊拉克戰爭也一樣，差不多每一場現代戰爭都一樣。

你不能忽視自我妄想。專家的問題在於他們並不知道他們不知道。缺乏知識，及對自己的知識品質產生妄想會一起來——讓你懂得不多的過程，同時也讓你對自己的知識感到滿意。

接下來，我們不再討論預測的範圍，而要去關心我們預測的準確性，亦即，預測數字的能力。

如何贏得最後勝利

我們也能從交易活動中，學到有關預測錯誤的事。我們這些計量交易員，有豐沛的經濟和財務預測資料——從大型經濟變數的一般性資料，到電視「專家」或「權威」的預測和解盤。這些豐富的資料加上電腦處理能力，使得這個題材對經驗論者來說，非常珍貴。如果我是個新聞記者，或是歷史學者（絕對不可以），那麼，在測試這些言詞討論的預測有效性時，我將面臨極大的困難。你無法用電腦處理言詞評論——至少不是很容易。而且，許多經濟學家天眞地犯了一個錯誤，產生一大堆涉及許多變數的預測，給了我們一個包含經濟學家和變數的資料庫，讓我們能夠檢視，是否有某些經濟學家比其他的經濟學家更爲優秀（沒有重大差異），或者，是否有一些他們所擅長的變數（嗚呼，沒有任何變數是有意義的）。

我的位置可以非常密切地觀察我們的預測能力。在我當全職交易員時，一星期有好幾天，每天早上八點半，我的螢幕上會出現商業部、財政部、貿易部，或某些尊貴單位所發布的經濟數據。我從來都沒搞清楚過這些數字的意義，也從不覺得有必要花時間去搞清楚。因此，除非大家都非常激動，大量談論這些數字的可能影響，並對預測加油添醋，否則，我對這些數據是一點兒都不在乎。這些數據是消費者物價指數（Consumer Price Index, CPI）、非農業就業人口（Nonfarm Payrolls，就業人數的變動）、領先經濟指標指數（Index of Leading Economic Indicators）、耐久財銷售額（Sales of Durable Goods，交易員把它念成 doable girls〔可以做的女孩〕）、國內生產毛額（Gross Domestic Product，最重要的數字）等等，視其在談話中出現的時機，各自產生不同的興奮程度。

資料供應商允許你去看「領先群倫的經濟學家」和崇高機構，如摩根大通（J. P. Morgan Chase）或摩根史坦利（Morgan Stanley）裡（穿西裝）的人所做的預測。你可以觀看這些經濟學家的談話，其論理流暢而令人信服。這些人大多數賺七位數的錢，像明星一樣，還擁有研究團隊爲他們分析數據和預測。但這些明星有夠笨，竟然公布他們的預測數字，後人可以用這些資料來觀察和評估他們的優秀程度。

然而更糟的是，很多金融機構還在每年年底出版稱爲「二〇〇×年展望」的小冊子，對來年做解讀。當然，他們做出預測**之後**就不去檢查預測的正確性如何。大眾可能更愚蠢，不做下面的簡單測試，就相信他們的說法——這個測試雖然簡單，卻沒幾個人做過。這個簡單的實證測試，就是把這些明星級經濟學家拿來和虛構的計程車司機（相當於第一章裡的米海爾）做比較：你創造一個虛擬業務員，這個人把最近所發生的數字當作對下一期的最佳預測，同時假設他什麼也不懂。接著，你所要做的就是比較這些經濟大師和你的虛擬業務員的錯誤率。問題在於，當你被一些故事所觸動時，你就忘了必須做這個測試。

事件是稀奇古怪的

預測問題更加微妙。之所以如此，最主要來自我們生活在極端世界，而非平庸世界這個事實。

我們的預測者或許對預測普通事件非常拿手，但不規則事件則否，而這就是他們終將失敗之處。在長期的利率預測中，你只要錯過一次利率變動，從百分之六跳到百分之一（二〇〇〇年到二〇〇一年之間所發生的事），你後續的預測值就全都無效，使得你的累積記錄破功。重點不在於你猜對的頻次是多少，而是在於你的累計錯誤有多大。

這些累計錯誤有很大的部分是依附在重大意外及重大機會上。經濟、金融，和政治預測者不只是錯失了重大事件，還無恥地向客戶說，這些事件稀奇古怪——然而，結果是，**事件幾乎總是稀奇古怪**。而且，正如我們在下一節所要討論的，經濟預測者的預測值傾向於彼此相互接近，而不是和出象結果接近。沒有人要和大家不一樣。

由於我的測試並不是很正式，只能作爲宣傳和娛樂之用，或供我自己使用，並沒有整理成可供發表的格式，因此我將採用其他研究者更正式的結果，他們非常辛苦地解決了繁雜的論文發表程序。我很訝異，對這些專業預測是否有用的反省檢測竟然如此稀少。在三個領域裡有一些——但不多——正式的測試：證券分析、政治科學，和經濟學。毫無疑問，未來幾年將會有更多出現。或許不會出現——這類論文的作者可能已經成爲同儕的眾矢之的。在政治學、財務學，和經濟學將近一百萬篇的論文裡，只有寥寥可數的幾篇去檢驗這些知識的預測品質。

像牛一樣群集

有一些研究者已經對證券分析師的工作成果和態度做了一番檢驗，成效斐然，特別是當研究者考慮到這些操作者的知識傲慢時。在一篇對證券分析師和氣象預測員做比較的論文中，泰杜斯・特思卡（Tadeusz Tyszka）和皮歐德・奇龍卡（Piotr Zielonka）證實，分析師的預測做得比較差，卻對自己的技能有較高的信心。不知爲什麼，分析師的自我評估，並沒有在預測錯誤之後，降低他們的錯誤率。

去年（二〇〇五年）六月，我到巴黎向尙－菲利普・布修（Jean-Philippe Bouchaud）哀悼這些已發表的研究之死。他是個娃娃臉，只比我小兩三歲，看起來卻像年紀只有我的一半，我開玩笑說，這要歸功於物理學之美。其實，他不完全是個物理學家，而是一名計量科學家，把統計物理學的方法應用到經濟變數上，這門領域是貝諾・曼德伯在一九五〇年代後期所創立的。這個社群並不使用平庸世界的數學，因此，他們似乎很在意眞相。他們完全不在經濟學或商學院金融系所裡面，而存活於物理系和數學系裡，或者，通常存活於自營商交易室裡（券商所聘用的經濟學家很少供自己使用，而是用來提供故事給那些比較嫩的客戶）。他們也有些人在社會學系裡運作，同樣也遭到「原住民」的排斥。和穿著西裝編造理論的經濟學家不一樣，他們用實證方法去觀察資料，而且不用鐘形曲線。

他拿出一篇研究論文讓我嚇了一跳，這篇論文是一名暑期見習生在他的指導下寫成的，才剛被接受，同意出刊：該文仔細檢驗了兩千份證券分析師所做的預測。該文顯示，這些證券經紀商分析師什麼都**沒有**預測到——任何一個人以當期的數字充當下一期預測值所做出來的天眞預測，和分析師的預測比起來，不會比較差。然而分析師卻知道公司的訂單、即將拿到的合約，和預計支出等，這些領先資訊，**應該**有助於他們的預測做得明顯比那些只看過去資料、而沒有進一步資訊的天眞預測者還要好才對。更糟的是，這些預測者的誤差，顯著大於個別預測値之間的平均差異，這顯示出群集現象。正常而言，一個預測値和另一人所做的預測値之間的差異，應該和實際數値的差異相當。但如果要瞭解他們怎樣想盡辦法在業界裡求生存，以及他們爲什麼不會罹患嚴重的神經崩潰症（暴瘦、古怪行爲，或酗酒），我們就必須去看心理學家菲利浦・泰洛克（Philip Tetlock）的作品。

我「幾乎」對了

泰洛克研究政治和經濟「專家」的事業。他請各種不同的專家判斷，在某個特定期間內（大約是未來五年）所發生的幾個政治、經濟，和軍事事件。他得到了將近三百名專家所做的大約二萬七千個預測。經濟學家佔了他樣本的四分之一。其研究顯示，專家的錯誤率顯然是他們自己所估計的好幾倍。他的研究暴露出一個專家問題：預測者是博士或是學士，其結果並沒有差異。著作等身的教授並沒有比新聞記者高明。泰洛克所發現的唯一規律是，名望對預測有負面效果：名滿天下的人所做的預測比沒沒無聞者還差。

但泰洛克的焦點不在於證明專家的眞正實力（雖然就這點來看，該研究已經相當具說服力），而是要調查爲什麼這些專家並不瞭解他們在專業領域上的表現並不理想，換句話說，他們如何編造自己的故事。這些人沒有實力似乎有個邏輯，大部分以信念防衛或是保護自尊的形式出現。於是他進一步探討這些受測者所產生的事後解釋機制。

我將不去討論一個人的信念如何影響認知，只探討更廣泛的面向，對自己預測的盲點。

你告訴自己，你所玩的是不同的遊戲。假設你沒有預測到蘇聯衰敗，驟然瓦解（沒有任何社會科學家預見此事）。你很容易宣稱，你所拿手的是瞭解蘇聯的政治運作，但這些俄羅斯人實在是太俄羅斯，非常善於隱藏重要的經濟元素不讓你知曉。如果你的工作和經濟情資有關的話，你當然有能力預測到蘇聯政權的滅亡。你的技能沒有問題。如果當年你預測高爾（Al Gore）將以壓倒性勝利打敗小布希（George W. Bush），同樣說詞也可以派上用場。你不知道當時的經濟竟是如此窘迫；事實上，似乎沒人看得出來經濟有問題。嘿，你不是經濟學家，而這場遊戲的主軸卻變成了經濟學。

你訴諸離群値。某些不在系統內或不在你的學科範圍內的東西出現了。既然這種事無法預測，就不該怪你。那是黑天鵝事件，而預測黑天鵝事件不是你的責任。NNT告訴我們，黑天鵝事件基本上是不可預測的（但我認爲NNT會問你，爲什麼要依賴預測？）。這類事件是「外生的」（exogenous），來自你學科以外的世界。或許這是機率非常非常低的事件，一場千年洪水，不幸被我們碰上了。但下次就不會再發生這種事了。這種專注於狹隘戲局，並把自己的爛績效和老戲碼做連結，就是那些書呆子把數學方法套用在社會現象而失敗時所做的解釋。模型沒錯，運作得很好，但這場遊戲竟變成和預期有所不同。

「幾乎對了」的防衛。事後回顧時，由於數據和資訊架構都可以調整，很容易讓人覺得，差一點就對了。泰洛克寫道：「觀察前蘇聯者於一九八八年時認爲，共產黨不會在一九九三年或一九九八年失去政權，這些人特別容易相信，克里姆林宮的強硬派在一九九一年的政變中，差點就把戈巴契夫（Gorbachev）趕下台，而且，如果謀反者更堅定一些，不要那麼陶醉；或者，如果關鍵軍官奉命行事，殺掉挑戰軍法的人民；或者，如果葉爾欽（Yeltsin）不是那麼勇敢的話；他們可能已經把戈巴契夫趕下台了。」

現在，我要進一步探討這個例子中所發現到的更普遍缺點。這些「專家」很會偏袒：當他們偶爾說對時，會歸功於自己的知識深度和專業；當他們猜錯了，不是怪罪情境，因爲情況特殊，就是更等而下之，不承認錯誤，並編出一套故事。他們總覺得，實在很難承認自己的瞭解還不夠。但這種特性普遍存在於我們的所有活動中：我們天生就有某種保護自尊心的特質。

我們人類是隨機事件不對稱認知的受害者。我們把成功歸功於我們的技能，而把失敗歸咎於不受我們所控制的外部事件，即隨機性。我們覺得好事因我們而成，但壞事則不是我們的責任。這造成我們認爲，不管是做哪一行，我們都比其他人更優秀。百分之九十四的瑞典人認爲，自己的駕駛技術比百分之五十的瑞典人還要好；百分之八十四的法國人認爲，自己的做愛能力排在法國的前半段。

這種不對稱性的另一個效應是我們覺得自己比其他人還特殊，和其他人不同，我們不認爲其他人具有這種不對稱性。我已經提過，正準備要結婚的人，對未來有不切實際的期望。還有，請考慮對自己的未來鑽牛角尖的家庭數，他們把自己綁在難以異動的不動產上，認爲他們一輩子都要在那裡生活，而不瞭解，固定居所的生活，其普遍的記錄是悲慘的。難道他們沒看到那些穿著時髦的不動產仲介商開著拉風的德國轎車到處跑？我們具有相當程度的遊牧性，遠超過我們的打算，但我們不得不如此。請考慮那些突然失去工作的人，有多少人曾經認爲自己可能會丟掉飯碗，即使在丟掉工作的前幾天？或者，請考慮，有多少的吸毒者在第一次接觸毒品時是願意長期吸毒的？

泰洛克的實驗還有另一項値得學習之處。他發現了我在前面所提到的事，許多大學明星，即頂級期刊上的常客，他們在察覺世界的變動上，並沒有優於《紐約時報》的一般讀者或記者。這些有點過度專業化的專家，竟然無法在他們的專業上通過測試。

刺蝟和狐狸。泰洛克依照評論家以賽亞·伯林（Isaiah Berlin）所提的方法，將預測者分為兩種，刺蝟和狐狸。如同伊索寓言的說法，刺蝟只懂一件事，狐狸懂很多事——這些就是你在日常生活上所要用到的不同適應形態。許多的失敗預測來自刺蝟，刺蝟的思想獨鍾某一個黑天鵝事件，對不太可能發生的事下大注。刺蝟就是那些專注於單一個重要而不太可能發生事件的人，他們犯了敍事謬誤的錯誤，而敍事謬誤讓我們被單一的出象結果所蒙蔽，無法想像其他的可能性。

刺蝟，由於敍事謬誤的關係，我們比較容易瞭解——他們的想法以聳動標題呈現。這種類型，大都是名人；因此，平均而言，名人的預測做得比其他預測者還差。

我已經有很長一段時間避免和新聞界接觸，因為每當新聞記者聽了我的黑天鵝故事之後，都會要我給他們一份未來的衝擊事件表列。他們要我**預測**這些黑天鵝事件。很奇怪的是，我的《隨機的致富陷阱》（*Fooled by Randomness*）一書在二〇〇一年九月十一日前一星期出版，我在書中討論一架飛機撞進我的辦公大樓的可能性。因此，很自然地有人要我透露「我如何預測該事件」。我並沒有預測該事件——只是碰巧發生。我並不是在扮演先知！最近我甚至還收到一封電子郵件，要我預測下十個黑天鵝事件。大多數人並不瞭解我所謂特定化錯誤、敍事謬誤的意思，也不瞭解我對預測的想法。和大家的期望相反，我的建議是，任何人都不要成為一隻刺蝟——而是當個心胸開放的狐狸。我知道歷史將會被某一個稀有事件所影響，只是，我並不知道這個事件是什麼。

實情？做什麼用？

我在經濟學期刊上找不到正式的泰洛克式完整研究。但很奇怪，我發現沒有論文讚揚經濟學家產生可靠推測的能力。因此，我詳閱任何找得到的經濟學之論文和未發表論文。這些文章整體上顯示不出具說服力的證據，來證實經濟學界具有預測能力，而且，即使經濟學界有些許能力，他們的預測也頂多只比隨機的預測好**一點點**而已——還沒好到對嚴肅決策有幫助的程度。

有關學術方法在眞實世界的表現情形，最有趣的當屬史拜羅斯・馬克利達基斯（Spyros Makridakis）所做的測試，他有一部分的工作是管理預測者之間的競爭狀況，這些預測者所運用的是一種稱為計量經濟學的「科學方法」——一種結合經濟理論和統計量測的方法。簡單說，他讓大家**在眞實生活中**做預測，然後再判斷其準確度。於是在米雪兒・希本（Michele Hibon）的協助下，他舉辦了一系列的「M競賽」（M-Competitions），最近一次是第三次的M3，於一九九九年完成。馬克利達基斯和希本得到了一個令人沉痛的結論：「複雜統計或複雜方法未必比簡單方法提供更準確的預測。」

我在做計量操盤時也有同樣的經驗——操著古怪口音的外國科學家，熬夜在電腦上所做出來的複雜數學，其預測並沒有比計程車司機用他所能拿到的最簡單工具所做的預測來得好。問題在於我們只關注這些方法有效的少數時機，卻幾乎從不在意它們頻頻失敗的狀況。我不斷哀求願意聽我說的人：「嘿，我是個來自黎巴嫩艾米昂的簡單、不故弄玄虛的傢伙，我一直搞不懂，爲什麼需要用電腦跑一整個晚上，卻不能讓我的預測做得比其他來自艾米昂的人還好的東西，大家竟認爲這種東西很有價值。」我從這些同事所得到的唯一反應是，這和艾米昂的地理歷史有關，而不是他們對自己業務的坦誠說明。在此，你再度看到敘事謬誤發揮作用，只是你用更悲慘的情境代替新聞報導：一個操俄羅斯口音的「科學家」看著照後鏡以方程式來說故事，他不願正視前方，因爲他會暈車。計量經濟學家羅伯特・恩格爾（Robert Engel）其實是個很有魅力的紳士，他發明了一套非常複雜的統計方法，稱爲GARCH，並得到諾貝爾獎。沒人對這套方法做測試，以證實在現實生活中是否有效。簡單而不具魅力的方法其實更有效，但這種方法沒辦法讓你到斯德哥爾摩領獎。在斯德哥爾摩，你會碰上專家問題，我將在第十七章說明。

複雜方法的這種不合用性，似乎也適用在所有的方法上。另一項研究有效地測試了所謂賽局理論（game theory）的專業人士，最有名的非約翰・納許（John Nash）莫屬了，他是個患有精神分裂症的數學家，因電影《美麗境界》（*A Beautiful Mind*）而聲名大噪。令人遺憾的是，儘管這個方法吸引了許多知識分子，也得到許多媒體的關照，使用這種方法的專業人士在預測上做得並沒有比大學生好。

還有另一個問題，而且更令人憂心忡忡。馬克利達基斯和希本不得不接受一個事實，他們研究中所呈現的強烈實證結果，竟被理論統計學家所忽視。而且，他們的實際驗證還招來令人震驚的敵意。「〔統計學家〕依然故我，仍舊集中力量去建立更複雜的模型，而不考慮這些模型正確預測眞實生活資料的能力。」馬克利達基斯和希本寫道。

有些人可能以下述說法反詰：也許是經濟學家的預測產生回饋作用，抵消了他們的有效性（這就是所謂的盧卡斯評論〔Lucas critique〕，以經濟學家羅伯・盧卡斯〔Robert Lucas〕爲名）。例如，經濟學家預測到通貨膨脹；聯準會針對此預期做出反應，採取措施把通貨膨脹壓下來。因此在經濟學上，你不能像其他事件一樣地判斷預測的準確性。這點我同意，但我不相信這是造成經濟學家預測失敗的原因。世界遠比他們的學科複雜多了。

當經濟學家沒有預測到離群值時，他通常會訴諸地震或革命等事件，宣稱大地測量學（geodesics）、大氣科學，或政治科學並不是他的領域，而不願把這些領域融入他的研究中，並承認他的學科不能獨立存在。經濟學可能是最孤立的學科；它是所有學科中，引用其他領域文章最少者！經濟學可能是所有學科中，偏狹學者最多者——這些學者既不博學又沒有自然的好奇心，讓你的思想封閉，讓整個學科支離破碎。

「除此之外」，還不錯

我們已經以雪梨歌劇院的故事作爲討論預測的開端。現在，我們要討論另一個人性的常態：預測規劃員所產生的系統錯誤，來自人性之混雜、世界之複雜，或組織結構。爲了求生存，機構可能必須讓自己和其他人在表面上對未來具有「洞察力」。

計劃會因爲我們所謂的鑽牛角尖，即我們忽略了計劃外部的不確定性來源，而告失敗。

典型的情境如下。喬是一名非小說作家，簽了一份兩年後出書的合約。主題相當簡單：爲作家塞爾曼・魯西迪（Salman Rushdie）寫傳記，他已經收集相當豐富的資料。他甚至還追查到魯西迪的前女友，在訪談中相談甚歡，他爲此感到興奮不已。在離兩年到期日還有，譬如說，三個月時，他打電話向出版商解釋他可能要**稍微**延遲交稿。出版商見怪不怪；他已經習慣作者拖稿了。現在，出版商感到有點棘手，因爲大眾對這個議題的熱度已經**意外地**淡下來——出版商原先的預測是，大眾對魯西迪的興趣應該會持續不墜，如今卻熱潮已退，似乎是因爲伊朗人基於某種原因，已經對殺魯西迪沒興趣了。

我們來看看傳記作家低估完稿時間的源頭。他推估自己的時程表，但他太專注於小範圍細節了，因爲他並沒有預測到一些害他進度慢下來的「外部」事件之出現。這些外部事件包括：二〇〇一年九月十一日的大災難，這件事讓他的進度落後了幾個月；到明尼蘇達州爲臥病在床的母親幫忙（後來康復了）；還有許多事，像是訂婚告吹（但不是和魯西迪的前女友）。「除此之外」，全都在他的計劃之內；他本身的工作完全沒有進度落後情事。他覺得沒有準時完稿不是他的責任。①

意外，對計劃具有一種單邊效應（one-sided effect）。請考慮建商，或是作家和包商的實際記錄。意外幾乎總是產生單邊方向的壓力：成本更高、工期更久。在非常稀有的狀況下，如帝國大

①你手上的這本書「出乎意料之外地」延宕了十五個月左右。

廈（Empire State Building），你才會得到相反的效果：工期縮短和成本降低——這種情形眞是非常罕見。

我們可以做實驗來反覆測試，以證實這種計劃錯誤是人類天性的一部分。研究者已經測試過學生對完成專案報告所需時間之估計情形。在一個代表性的測試裡，研究者把一群學生分爲兩類，樂觀類和悲觀類。樂觀的學生承諾在二十六天完成；悲觀的學生則估四十七天。結果，實際完成天數平均是五十六天。

作家喬的案例並不嚴重。我選這個例子是因爲本例牽涉重複而例行性的工作——就這類工作而言，我們的計劃錯得並不離譜。至於非常新奇的計劃，如軍事侵略、全面性戰爭，或某些全新的行動，錯誤就會暴增。事實上，越是例行工作，你就越懂得如何預測。但在我們這個現代環境下，總是有一些非例行性的東西出現。

吾人答應較短的完工期限可能有其動機——爲了爭取出版合約，或是建商爲了讓你付頭期款，以作爲他去安地卡（譯註：Antigua，位於西印度群島）旅遊的經費。但即使在沒有動機去低估工期（或成本）的情況下，仍然存在著計劃問題。正如我先前所說，我們是思想非常狹隘的物種，認爲事件出乎我們心智預測之外的可能性微乎其微，而且，我們太專注於計劃的內部事物，而沒去考慮外部的不確定性，即「不知的未知數」，也就是說，未讀過書本的內容。

還有書呆子效應，來自吾人在心智上把不在模型內的風險剔除掉，也就是說，只**專注**在你所知道的事物。你從模型**內部**去看世界。請想想大多數不在計劃中（也就是說，它們在既有模型之外），卻造成工期延宕和成本失控的意外事件，諸如罷工、電力短缺、工安事故、壞天氣，或火星人來襲。這些小黑天鵝事件的威脅，破壞了我們的計劃，而我們的計劃卻沒有將之納入考慮。它們太抽象——我們不知道它們長得什麼樣，也無法聰明地談論它們。

我們無法眞正地做計劃，因爲我們不瞭解未來——但這未必是壞消息。我們還是可以做計劃，**但要把這種限制放在心上**。只要勇敢一點。

科技之美：Excel 試算表

在不久之前，譬如說，沒有電腦的時代，提到預測，讓人想到模糊而質化的東西，我們必須勞心勞力才能掌握預測，而且，對未來做情境分析簡直是個要命的工作。做這種工作，要動用鉛筆、橡皮擦、大量的紙張和許多大型垃圾桶。還要再加上會計師的最愛：繁瑣而緩慢的工作。簡單說，預測這項工作吃力不討好，而且還帶著自我懷疑的缺點。

但自從試算表出現之後，情況就不一樣了。當你把 Excel 試算表交給懂電腦的人之後，你就可以得到「銷售預測」，毫不費力地延伸到無限期！預測一旦印出來，或顯示在螢幕上，或更糟的，秀在 PowerPoint 簡報上之後，它就有了自己的生命，不再模糊、抽象，並成爲哲學家所說的具體化，變爲具體事物；它有了新生命，成爲有形物體。

我的朋友布萊恩・漢奇克里夫（Brian Hinchcliffe）和我一起在附近的健身房運動時，提出了下面的想法。或許是因爲大家只要拉一拉試算表的儲存格，就能輕易對未來做預測，造成這些預測大軍信心十足地製造長期預測（而且都在他們的假設裡鑽牛角尖）。感謝這些功能強大的電腦程式交到那些連自己知識都無法處理的人的手上，我們現在變成了比蘇聯還差勁的計劃者。布萊恩和大多數的商品交易員一樣，是個尖酸刻薄的人，有時候還是個殘酷的現實主義者。

在此，有個典型的心智機制，稱爲定錨（anchoring），似乎發揮作用了。你用一個數字來降低對不確定性的焦慮，然後你就「定錨」在這個數字上，就像在茫茫大海中抓住一個東西。定錨機制是不確定心理學（psychology of uncertainty）之父——丹尼・康尼曼和阿莫斯・特沃斯基——在早期做「自由心法與偏誤」（heuristics and biases）研究時所發現的。其作法如下：康尼曼和特沃斯基請受測者去轉命運之輪。受測者先看他們所轉出來的數字，**他們知道這是隨機的數字**，然後再請受測者去估計聯合國中有多少個非洲國家。那些轉出小數字者所估計的國家數較少；而那些轉出大數字者則產生較大的估計數。

同樣地，請某個人把他社會保險證號碼末四碼提供給你。然後再請他估計曼哈頓有多少個牙科醫師。你將發現，讓他先知道這四位數，就誘導出一個與此數字相關的估計值。

就以銷售預測來說，我們會在腦中使用參考點，並開始相信預測值就在參考點附近，因爲相較之下，採用參考點所須耗費的腦力，比不用參考值做絕對評估來得少（**第一系統**發揮作用！）。沒有參考點，我們就不能工作了。

因此，爲預測者的心智引入一個參考點將可發揮神奇的作用。這和討價還價時先起個頭完全沒兩樣：你先開個高價（「我這幢房子要賣一百萬美元」）；買家會回說：「只值八十五萬美元」——這場討論決定於那個最初的價格水準。

預測錯誤的特性

預期壽命（life expectancy）和許多的生物變數一樣，來自平庸世界，也就是說，服從溫和的隨機性。預期壽命不具規模可變性，因爲我們越老，我們還能活的時間很可能就越少。在已開發國家中，根據保險生命表，新生女性的壽命期望值約爲七十九歲。當她活到第七十九歲時，假設她的健康狀況一般，她的預期壽命是還可以活十年。到了九十歲，她應該還可以活四・七年。到了一百歲，則還可以活二・五年。到了一百一十九歲，如果她很神奇地活了這麼久，她應該還有九個月可以活。每當她活過預期的死亡日期之後，殘存的壽命也隨之逐漸減少。這展示出鐘形隨機變數的主要性質。殘餘壽命的條件期望值隨著個人年歲漸長而往下掉。

但人類的計劃和冒險則是另一回事。這些事物通常具規模可變性，一如我在第三章中所說。這些規模可變的變數來自極端世界，你會看到完全相反的效果。譬如說，一個計劃預期需要七十九天來完成，其完工日數和女性新生兒的預期壽命的年數相同。到了第七十九天，如果該計劃尚未完成，那麼，預期還需要二十五天才能完成。但到了第九十天，如果計劃尚未完成，那就還要五十八天左右才能完成。到了第一百天，預期還要八十九天才能完成。到了第一百一十九天，預期還要一百四十九天才能完成。到了第六百天，如果該計劃還是沒有完工，你將預期多花一千五百九十天。你可以看到，**你等得越久，你預期要再等待的時間就越長**。

假如你是個等待回歸祖國的難民。每過一天，你離凱旋歸國的日子就更遠，而不是更近。同樣的道理也適用在下一座歌劇院的完工日期。如果原先計劃兩年完成，三年後你問何時完工，不要指望這個案子可以馬上完工。如果平均的戰爭期間是半年，而你的那場戰爭已經打了兩年，可以預期還要打個好幾年。以阿戰爭已經打了六十年還在打——然而六十年前這場戰爭卻被認為「問題不大」（請永遠記得，在現代環境下，戰爭會比原先的標準計劃拖得更久，死傷人數更為慘重）。另一個例子：譬如說，你寄信給你最心愛的作家，你知道他很忙，但有兩星期的空檔。如果三週後你的信箱還是空的，別指望明天就會收到回信——平均還要三個星期才會收到信。如果三個月後你還沒收到隻字片語，你可能還要再等一年。每過一天，你離死亡的日期就越近，卻離收信的日子越遠。

規模可變隨機性（scalable randomness）的這種微妙、卻極為重要的特質、非常違反直覺。我們錯解了大幅偏離正軌的邏輯。

我將在第三部深入探討規模可變隨機性的這些特質。但現在我們只要把它當成吾人誤解預測業務的中心問題。

如果一條河（平均）有四英尺深，千萬別渡這條河

企業和政府的預測有另一個顯而易見的瑕疵：他們在情境分析上並沒有附上**可能的錯誤率**。即使沒有黑天鵝事件，這種疏失都是個錯誤。

有一次我對華府特區伍德羅・威爾遜中心（Woodrow Wilson Center）勤奮的政策專家發表演

說，警告他們要瞭解我們在預測未來上的弱點。

與會者非常馴良而安靜。我對他們所說的事，完全違反了他們的信念和所代表的價值，我講話時非常激動，但他們和業界那些趾高氣揚的人比起來，似乎頗善解人意。我對自己的魯莽行爲覺得很內疚。很少人發問。邀請我來的主辦人必須不斷地對大家講笑話。我像個激進的無神論者在宗教盛會上大放厥詞，堅持己見，卻完全不知要禮貌性地修飾。

然而，還是有些成員對我所說的話感到認同。一位不具名人士（他是政府單位的員工）於會後私下向我解釋說，他的部門在二〇〇四年一月預測二十五年後的油價爲每桶二十七美元，只比當時的價格高一點而已。六個月之後，大約是二〇〇四年六月，他們不得不在油價漲了一倍之後，修正他們的估計值爲五十四美元（我在寫這段時的油價將近每桶七十九美元）。既然他們的預測顯然很快就不正確，做第二次預測其實是很可笑的事，但他們卻不瞭解這點，也不瞭解預測這個行業無論如何，都必須加以質疑。而他們竟看到**二十五年**之後！他們也沒想到有個叫作錯誤率的東西必須考慮進去。②

沒有說明錯誤率的預測，暴露出三個謬誤，這些謬誤全都來自對不確定性特質的錯誤觀念。

第一個謬誤：**變動很重要**。第一個錯誤來自過度相信預測而不去注意其精確度。然而，就計劃目的而言，你預測的精確度遠比預測本身更重要。我說明如下。

如果一條河平均有四英尺深，千萬別渡這條河。你要到遠方去旅行，如果我告訴你，當地的溫度預計是華氏七十度，錯誤率的期望值爲四十度，則你所帶的衣物，將會和我告訴你錯誤的寬容度只有五度不同。我們在制定決策時所需要的政策，必須和可能的出象範圍有關，而不只是最後的期望數字。我在銀行工作時，已經見識過人們在預測公司的現金流量時，幾乎不考慮不確定性的情形。到券商那裡查看他們用什麼方法來預測未來十年的銷售值以「編造」其評價模式。去找出分析師如何預測政府的預算赤字。到一家銀行去，或是參加一個證券分析訓練課程，看看他們如何教人做假設；他們不會教你爲這些假設建立錯誤率——但他們的錯誤率是如此之大，以至於錯誤率遠比預測值本身更重要！

第二個謬誤來自當預測期間拉長時，沒有考慮將預測降級。我們並沒有完全瞭解短期未來和長期未來之間的差異。然而只要做簡單的回顧檢驗——甚至不用參考科學論文，其實這方面的論文也是出奇的少——就可以知道，這些預測在時間拉長下，顯然都必須降級。試考慮一九〇五年爲未來四分之一個世紀所做的預測，經濟或科技方面的皆可。這些預測和一九二五年的實際狀況落差有多大？請自行參閱喬治・歐威爾（George Orwell）的《一九八四年》一書，以得到相當的感受。或是看看更近的預測，一九七五年對千禧年所做的展望。許多事件之發生和許多新科技之

②雖然預測錯誤總是具有娛樂效果，商品價格卻一直讓許多笨蛋上當。考慮美國官方在一九七〇年所做的預測（經過財政部長、國務卿、內政部長，和國防部長的簽署）：「外國原油的標準價格在一九八〇年之前將會有相當的跌幅，而且絕不會有大幅上漲情事。」油價在一九八〇年之前漲了十倍。我很好奇，當前的預測者究竟是缺乏知識上的好奇心，還是他們故意忽略預測錯誤。

還有，請注意另一個偏差行為：由於高油價造成石油公司的庫存價值上升，石油公司的獲利創新高，而其經理人也領到高額的獎金，因為「他們做得很好」——就好像他們**造成**高油價，從而帶來利潤似的。

出現，完全落在預測者的想像之外；而他們所預期發生或預測出現的許多事物，卻沒有發生或出現。傳統上，我們的預測錯誤一向都很巨大，我們沒有理由相信，我們突然比看不見未來的先人，站在更有利的地位，能夠看穿未來。官僚體制所做的預測似乎是用來解除焦慮，而不是用來制定合適的政策。

第三個謬誤可能最嚴重，和我們對所要預測的變數之隨機特質的誤解有關。由於黑天鵝事件，這些變數的可能情境，可能比當前所預期的情形更爲樂觀——或是更爲悲觀。請回想我和丹．高思坦所做的實驗，測試人類直覺反應的領域攸關性，我們在平庸世界裡傾向於不會犯錯，但在極端世界裡卻會犯大錯，因爲我們不瞭解稀有事件的重要性。

這些，在此有何意涵？即使你認同某個預測，你還是要擔心眞的出現顯著偏差的可能性。一名不靠穩定收入的投機者可能很歡迎這種偏差；然而對退休人員而言，他們所設定的風險特性可是禁不起這樣的折騰。我要用河流深度的論點，進一步主張，在制定政策時，重要的是估計值的下限（即最壞狀況）——最壞狀況遠比預測值本身更重要。尤其是當壞情境令人無法接受時，更是重要。然而現有的用語卻無法做適當表達。完全不能表達。

人們常說：「能夠預見未來的人有智慧。」也許，智者是那些知道自己不能看到遙遠未來者。

換別的工作吧！

當我質疑預測者的事業時，有兩種典型的回應：「那麼他該怎麼做？你有更好的預測方法可

卡拉瓦喬（Caravaggio）的「算命師」（The Fortune-Teller）。我們一直是個傻瓜，相信告訴我們未來的人。圖中的算命師正在偷受害者的戒指。

以提供給我們嗎？」以及「如果你那麼聰明，請把你自己的預測告訴我。」事實上，後面這個問題通常是很誇張地提出來，目的是要顯示業者和「實作者」比哲學家更優秀，這些人大都不知道我是個交易員。如果每天從事不確定性事務有什麼好處的話，那就是可以不用理會那些官僚的狗屁話。

我有一個客戶向我要預測。當我告訴他我沒有預測時，他很火大，決定取消我的服務。其實我們這行有個例行、未經檢討的慣例，填寫企業問卷，把自己所做的「展望」寫出來。我從來都沒有「展望」，也不做專業預測——但至少**我知道我不能預測**，而且有一小群（我所關心的）人認爲這是一項資產。

有些人隨意就做出預測。當你問

他們爲什麼要預測時，他們答道：「喔，人家花錢請我們就是要我們做預測。」

我的建議是：換別的工作吧！

這個建議可能不太受歡迎：除非你是個奴隸，否則我認爲你在選擇職業上，有一定程度的主控權。不然，這就成了道德問題，而且是個嚴重的道德問題。那些因爲工作而身不由己的人，只因「這是我的工作」而做預測的人，由於他們相當清楚他們的預測根本無效，我不認爲這些人具有道德良知。他們的所作所爲，和不斷說謊、卻聲稱「這是我的工作」者沒有兩樣。

任何因預測而造成傷害者，應該被當成傻瓜或是騙子。有些預測者對社會所造成的傷害比罪犯還嚴重。拜託，請不要蒙著眼睛亂開校車。

在甘迺迪機場

在紐約的甘迺迪機場你可以看到大型的書報攤，滿滿的好幾牆都是雜誌。經營者通常是來自印度次大陸非常有禮貌的家庭（只有父母；小孩都上醫學院去了）。這些牆，把一個「知識」人爲了「瞭解發生了什麼事」所需要知道的文章，完全呈現出來。我很好奇，讀遍這些雜誌裡的每一篇文章，不包括釣魚和摩托車期刊（但包括八卦雜誌——也許你也很喜歡看），到底要花多少時間。半輩子？一輩子？

遺憾的是，這些知識，對讀者預測明天會發生什麼事，全都派不上用場。事實上，還可能降低讀者的預測能力。

預測問題還有另一面向：預測的先天限制，和人性無關，而是來自資訊本身的特殊性質。我說過黑天鵝事件有三個特性：不可預測性、重要性，和事後可解釋性。讓我們來檢視其不可預測性。③

③我還沒回答讀者，凱薩琳的愛人到底有幾個。她有十二個愛人。

11　如何尋找鳥屎

波柏對預測的預測——龐加萊玩撞球——我們允許這和海耶克無關——薩繆森（Paul Samuelson）要求你要理性——對哲學家要小心——需要某種確定性

我們已經介紹(a)我們傾向於鑽牛角尖，且思想「狹隘」（知識傲慢），及(b)我們的預測成績被過度高估——許多自認爲有能力預測的人，其實沒有預測能力。

現在我們要深入探討，我們的預測能力隱而不宣的結構性限制。這些限制或許不是來自我們自己，而是來自活動本身的特性——太複雜，不只是對我們，對任何我們想得到的工具來說，都太複雜。有些黑天鵝事件將永難理解，足以讓我們的預測失敗。

如何尋找鳥屎

一九九八年夏，我在一家由歐洲人所投資的金融機構工作。與交易相關的經理人有五個，各個看起來都很嚴肅（總是穿著深藍色西裝，即使是穿便服的星期五也一樣），那整個夏季，他們都在爲了「制定五年計劃」而開會。那應該是內容豐富的文件，有點像公司的作業手冊。一份五年計劃？對一個深深懷疑中央計劃者的伙伴而言，這種想法眞是荒唐可笑；這家公司裡各部門的成長一向是有機而不可測的；由下而上，而非由上而下。大家都知道，該公司最賺錢的部門從事的是一個意外發現的產品，一個客戶打電話來要求承作一筆特定而且奇怪的金融交易。該公司意外地發現，他們可以成立一個部門專門處理這類交易，由於這個業務很賺錢，很快就成爲公司的主要業務。

這些經理人爲了開會全球到處飛：巴塞隆納、香港等等。爲了一堆廢話飛了很長的距離。不用說，他們經常沒時間睡覺。當個經理人並不需要太發達的前額葉，而是要有各種領導能力、能夠忍受無聊，以及在繁雜的時程表中，具有膚淺表現的能力。除此之外，還有參加歌劇演唱會的「責任」。

在這些會議中，這幾個經理人坐下來腦力激盪，以構思，當然了，中期的未來——他們要有「願景」。但後來發生了一件不在先前五年計劃裡的事件：一九九八年俄羅斯金融風暴以及後續拉丁美洲債券市場崩盤的黑天鵝事件。這事件的影響非常大，以至於該公司雖然一向堅持保住經理人的雇用政策，這五個經理人在一九九八年的五年計劃起草後不到一個月，竟沒一人留任。

然而我很有把握，今天，他們的後繼者還是在開會制定下一個「五年計劃」。我們就是學不到教訓。

不經意的發現

人類的知識傲慢一事，誠如前一章所述，是在不經意中發現的。但許多其他的發現也是如此。遠比我們所想到的還多。

發現的古典模型如下：你要尋找你所知道者（譬如說，到印度的新路線），卻發現了某個你不知道竟然存在的東西（美洲）。

如果你認爲我們一般所看到的發明，是來自某個坐在小房間裡按照時間表一個個做出來的話，請再想一想：眼前的每一樣東西，幾乎都是不經意發現的產物。**不經意發現**（serendipity）一詞是由作家休・華爾寶（Hugh Walpole）在一封信中所創造出來的字，他從神話故事「錫蘭三王子」（The Three Princes of Serendip）中，發展出這個字。這幾個王子「總是在意外中，或是靠著聰明，發現到許多不是他們所想要的東西」。

換句話說，你發現了某種不是你所要找的東西，而這個東西，改變了世界，而且，你在發現之後會覺得很奇怪，爲什麼這麼明顯的東西，竟然「花了這麼久的時間」才出現。輪子發明時，還沒有新聞記者，但我敢打賭，當時的人並不是在執行輪子的發明計劃（以作爲成長的主要引擎），然後根據時間表來完成。同樣的，大多數的發明也是如此。

培根爵士的評論是，大多數重要的進步來自無法預測的事物，也就是那些「躺在想像路徑之外」的東西。這種想法不斷冒出來，但卻很快就消失了。將近半世紀之前，暢銷書小說家亞瑟・

柯斯勒（Arthur Koestler）寫了一整本書來討論這個問題，巧妙地稱之爲《夢遊者》（*The Sleepwalkers*）。該書把發現者描寫成夢遊者，在意外中得到成果，卻不瞭解他們手上所擁有的是什麼東西。我們以爲哥白尼（Copernicus）發現行星運行方式時，他和當時的人都很清楚其重要性；他死了七十五年之後，官方權威才開始受到挑戰。我們以爲伽利略（Galileo）因科學之名而犧牲；其實，當時的教廷根本就不把他當一回事。實情似乎是伽利略自己劍拔弩張引來一場騷動。達爾文和華萊士（Wallace）以天擇說提出演化論一文，改變了我們的世界觀，他們提出此論文那年年底，該篇論文所提交的林奈學會（Linnean society）會長宣稱，該會認爲其文章「沒有驚人發現」，沒有任何足以引起科學革命的特殊之處。

輪到我們做預測時，我們就忘了不可預測性。這就是爲什麼大家可以在讀這章和類似文章時，完全認同文中的觀點，卻在思考未來時，不能對自己的論點小心一點。

我們來看看這種不經意發現的戲劇性案例。亞歷山大・佛萊明（Alexander Fleming）在清理實驗室時，發現青黴菌（penicillium mold）污染了他的一項舊實驗。於是他意外地想到盤尼西林（譯註：penicillin，又稱青黴素）具有抗菌效果，這就是許多人現在還能活著的理由（正如我在第八章所說，也包括我本人，因爲得了傷寒如果沒有治療的話，是會致命的）。沒錯，佛萊明是在尋找「某些東西」，但實際發現之物卻只是不經意的發現。而且，雖然從事後來看，這項發現顯然很重要，當時的醫療官員卻花了非常長的一段時間，才瞭解他們手上這東西的重要性。連佛萊明也在其發現被廣泛使用之前，對自己的想法失去信心。

一九六五年，紐澤西州貝爾實驗室（Bell Labs）的兩名天文學家正在設立一具大型天線，他們爲背景雜訊感到困擾，這雜訊是一種斷斷聲，很像你收音機收訊不良時的靜電聲。這種雜訊無法根除——即使在他們清理了天線碟盤上的鳥糞之後也一樣，因爲他們相信是鳥屎所造成的雜訊。他們花了一段時間才搞清楚，他們所聽到的是宇宙誕生記錄的聲音，是宇宙背景的微波輻射。這項發現讓大霹靂理論（the big bang theory）復活，大霹靂之說是早期研究者所提出的假設，當時已奄奄一息。我在貝爾實驗室的網頁上找到了下面的評論，盛讚此「發現」是該世紀最偉大的進展之一：

當彭亞斯（Penzias，參與這項發現的其中一名無線電天文學家）退休時，貝爾實驗室當時的總裁兼朗訊（Lucent）營運長丹・史丹奇歐尼（Dan Stanzione）說，彭亞斯「把貝爾實驗室的標誌，即創造力和卓越技術，化爲具體成果」。他稱彭亞斯爲文藝復興級的人物，「把我們對創世紀的破碎瞭解加以伸展，並在許多重要的領域裡，把科學的前緣往前推進。」

文藝復興個頭。這兩個傢伙當時是在找鳥屎！他們不僅不是在找大霹靂這類不著邊際的證據，而且和大多數這類案件一樣，他們並沒有立即瞭解到這項發現的重要性。遺憾的是，最早想到這個觀念的人，物理學家勞夫・艾佛（Ralph Alpher），他在與重量級學者喬治・加墨（George Gamow）和漢斯・貝特（Hans Bethe）共同著作的論文中發表此觀念，竟落得吃驚地在《紐約時報》上讀到這項發現。事實上，在這篇沒什麼人理會的論文中，他們提出了宇宙誕生的假設，但當時的科學家懷疑這種輻射是否測量得到。一如一般發現所經常發生的情形，尋找證據的人找不到證據；而那些不是在找證據的人，卻被擁爲發現者。

我們有個悖論。不只是預測者普遍上令人遺憾地無法預見具不可預測性的發現所帶來的劇烈變化，而且，漸進式的變化其實普遍比預測者的預期還要慢。當一項新科技出現時，我們不是嚴重低估，就是嚴重高估其重要性。IBM的創辦人湯瑪斯・華生（Thomas Watson）曾經預測，全世界對電腦的需求量用五根手指頭就數得出來。

本書的讀者在讀這本書時，或許不是在螢幕上閱讀，而是使用過時的設備，書籍，這點，對某些自詡爲「數位革命」權威的人來說，似乎相當偏離正軌。你用古老、混亂，而不一致的英文、法文，或斯華西里語（譯註：Swahili，一種非洲語），而不是用世界語（Esperanto）去閱讀書籍，此事已違逆了半世紀前的一項預測，這個預測認爲世界不久就會用一種合邏輯、沒有矛盾，及柏拉圖式設計的通用語言做溝通。同樣地，我們也沒有像三十年前的普遍預測一樣，到太空站上去度長週末假期。這是個企業傲慢的例子，現在已經倒閉的泛美航空（Pan Am）在人類首次登陸月球之後，提前接受預約訂購地球到月亮之間的來回票。很不錯的預測，只是該公司當時沒有預見到不久之後該公司就倒了。

等待問題出現的解決方案

工程師傾向於爲了開發工具的樂趣而開發工具，而不是歸納自然以得到自然的祕密。碰巧這些工具有些會帶給我們更多的知識；由於沉默證據效應，我們忘了考慮那些除了不斷地讓工程師大撈一票之外、一點兒都沒有用的工具。工具帶來意外的發現，這些發現本身又帶來其他的意外發現。但我們的工具似乎絕少按照原先的目的發揮功效；對人類知識之增長有所貢獻的，只是工程師對於建造玩具和機械的熱情和喜好。爲驗證或協助理論所設計出來的工具，並不能讓知識有所進步，而是帶來反效果。電腦之發明，並不是爲了讓我們可以發展新穎的視覺幾何數學，而是爲了其他目的。但電腦卻意外地讓我們發現到原先很少人認眞尋找的數學主題。電腦之發明也不是爲了讓你和位於西伯利亞的朋友聊天，但電腦卻造成遠距關係的熱絡發展。身爲一個作家，我可以證明，網際網路讓我能夠跳過新聞記者，直接把我的想法散播出去。但這並不是最初開發網際網路的軍方設計者所表彰之目的。

雷射最能代表一項工具原先爲了某個特定目的（其實沒有眞正的目的），後來發現，竟然應用在當初完全想不到的地方。這是典型的「先有解決方案，再來找問題」。早期有許多應用，其中之一是用在視網膜剝離的縫合手術上。半世紀之後，《經濟學人》（*The Economist*）問查爾士・湯恩斯（Charles Townes），據說他是雷射的發明人，他發明雷射當時是否想到視網膜。他當時沒有想到。他原先的願望就是切割光束，他感到很滿意，就是這樣。事實上，湯恩斯的同事就經常以他的發現和後來的應用無關來開他的玩笑。然而，請考慮雷射在你周遭世界所產生的影響：光碟、視力矯正、顯微手術、資料存取——在在都是這項技術事先所無法預見的應用。①

我們建造了許多玩具。這些玩具之中，有些會改變世界。

不斷搜尋

二〇〇五年夏，我是加州一家成就非凡的生技公司的客人。他們穿著T恤，別上代表鐘形曲線打擊者的胸針來歡迎我，並宣布成立肥尾俱樂部（Fat Tails Club，「肥尾」是黑天鵝事件的技術名詞）。這是我第一次碰到的靠正面黑天鵝事件賺錢的公司。他們告訴我，這家公司的經營者是一名科學家，而且，他身爲科學家，有一種直覺，只要讓每個科學家各自按照自己的直覺去尋找研究方向就行了。商業化是其次。我的主人，是個發自內心的科學家，他瞭解研究涉及大量的不經意發現元素，只要你知道這行業多半靠不經意發現，並懂得加以組織，就可以把這個事業玩得很大。威而剛，大幅改善退休人員的心靈和社交狀況，原先是用來做高血壓藥。另一項高血壓藥後來發展成生髮藥。我的朋友布魯斯·高柏格很瞭解隨機性，他稱這些非計劃中的副應用爲「邊角」（corners）。雖然大多數人擔心非計劃中的結果，科技創業家卻靠它們發達。

---

①創造論者（譯註：creationists，相信神造宇宙萬物之說者）和演化論者（evolutionary theorists）之間的辯論（我沒有參加），大多數如下：創造論者相信世界係由某種設計形式所造成，而演化論者把世界視為隨機變化經過無目的過程的結果。但我們很難看著一部電腦或是一輛汽車，並認為它們是無目的過程的結果。然而，它們的確是無目的過程的結果。

這家生技公司似乎是以內涵而非外顯的方式遵循路易士·巴斯德（Louis Pasteur）的格言，靠多接觸來創造運氣。「幸運眷顧有準備者。」巴斯德說過，而且，和所有偉大的發現者一樣，他非常瞭解意外發現。達到大量接觸的最好方法就是不斷搜尋。收集機會——這點，我們稍後再談。

要預測一項科技是否會四處散播，意味著去預測時尚和社會流行這個龐大元素，而這些，都不在科技本身的目標效用範圍之內（假設有目標效用這種怪東西）。有多少神奇妙用的想法最後無疾而終，一如賽格威（Segway），這是一種電子踏板車，大家曾經預言該產品將改變城市的風貌，還有許多其他東西。當我在腦中寫這幾行時，我看到機場書報攤上的《時代》（*Time*）雜誌封面宣布，本年度「最有意義的發明」。這些發明在雜誌出版時似乎很有意義，或許幾星期之後還是很有意義。新聞記者能夠教我們如何**不**學習。

如何預測你的預測！

談到這裡，我們要討論卡爾·雷蒙·波柏爵士對歷史主義（historicism）的抨擊。正如我在第五章所說，這點是他最獨到的見解，卻一直鮮爲人知。沒有眞正瞭解波柏作品的人，傾向於把焦點放在波柏式的否證論，探討對各種主張的驗證和非驗證（nonverification）。這種專注，把他的中心思想模糊掉了：他讓懷疑論（skepticism）成爲一種**方法**，讓某些懷疑論者具有建設性。

就像馬克思在盛怒之下，寫出《哲學的苦難》（*The Misery of Philosophy*）之諷刺文章，以回應蒲魯東的《苦難的哲學》（*The Philosophy of Misery*），波柏對他當時一名相信可以對歷史做科學瞭解的哲學家相當感冒，因而寫出《歷史主義的苦難》（*The Misery of Historicism*，這本書的英譯本名爲 *The Poverty of Historicism*〔歷史主義的窮困〕），以作爲雙關語。②

波柏的看法是有關預測歷史事件的限制，以及必須把「軟性」的領域，如歷史和社會科學降級到只比美學或娛樂，如收集蝴蝶標本和集郵等，稍微高一點的層次（波柏受古典維也納教育，不用離鄉背井；我卻要離鄉背井。我來自艾米昂）。我們在此處所謂的軟性歷史科學，是指要依靠敍事的研究。

波柏的中心論述是，若要預測歷史事件，你必須預測科技創新，而科技創新本身基本上是不可預測的。

「基本上」不可預測？我要用現代的架構來解釋他的意思。請考量下面這個知識特質：如果你預期，**明天**你將很確定地知道，你的男朋友這陣子都在騙你，而且你**今天**就要採取行動，譬如說，拿把剪刀氣憤地把他所有的佛萊格莫領帶全剪成兩半。你不會對自己說，這件事我明天才會知道，和今天無關，因此，我要忽略這則資訊，先享受愉快的晚餐再說。這個論點可以推廣到知識的所有形式。事實上，統計學有個法則稱爲**迭代期望定律**（law of iterated expectations），我在此列出其強式（strong form）：如果我預期在未來某一天將會預期到某件事，則我現在已經預期

②請回想第四章中阿爾加惹爾和阿威羅伊如何透過書名來相互侮辱對方。也許有一天我能夠很幸運地讀到一本攻擊本書的書，針鋒相對地把書名取為《白天鵝》。

到該件事。

我們再來看看輪子。如果你是個石器時代的歷史思想家，要爲你部落裡的首席規劃員對未來做一份詳實的預測報告，那麼，你就必須預測到輪子的發明，否則你將錯失大多數的活動。現在，如果你能預知輪子的發明，你就已經知道輪子長什麼樣子，於是你已經**知道如何**做輪子，因此，你已經開始做了。黑天鵝事件必須被預測到！

但這個迭代知識（iterated knowledge）定律還有一個較弱的形式。可以用下面的句子表達：**對未來之瞭解，若要達到能夠預測未來的程度，則你必須具備來自該未來本身的元素**。如果你知道你未來將會發現什麼事物，則你幾乎已經發現了。假設你是中世紀大學預測學系的一名特殊學者，專長爲預測未來歷史（爲了方便討論，我們用遙遠的二十世紀史）。你必須想到蒸汽機、電力、原子彈，和網際網路的發明，還有制定登機訊息的機構，以及一種稱爲商務會議的奇怪活動，在此活動中，大家吃得飽飽的，卻終日枯坐，而男人還自願用一種稱爲領帶的昂貴設備來抑制血液循環。

這種無能爲力並非毫無意義。通常，單單是知道某些東西已經被發明出來之知識，就足以導致一系列類似性質的發明出現，即便該發明的細節完全都沒有透露出來，也是一樣——不必費心去找出間諜並將他們斬首示眾。在數學界，一旦宣布某個晦澀難解的定理被證明出來之後，我們經常看到，不知從哪兒竟冒出許多類似的證明出來，偶爾會出現洩漏機密或剽竊的控訴。可能沒人剽竊：「解法存在」這個資訊本身就是一大題解。

同樣的邏輯，我們不容易想出未來會有什麼發明（如果想得到，那就已經發明出來了）。有一天，當我們能夠預見發明時，我們將會活在一個所有想像得到的東西，都已經發明出來了的狀態。這讓我們想到我國一八九九年的一段稗官野史，當時美國的專利局局長請辭，因爲他認爲已經沒什麼東西可以發明了——他是該辭職了。③

波柏並非第一個探討我們知識極限的人。在十九世紀後期的德國，艾米爾・迪布瓦—雷蒙（Emil du Bois-Reymond）宣稱：我們是無知的，且將永遠如此（ignoramus et ignorabimus）。然而，他的想法卻被遺忘。但還是造成一些回應：數學家大衛・希伯特（David Hilbert）列出一串數學家必須在下個世紀解出來的問題，以反駁雷蒙。

連雷蒙也錯了。我們甚至不善於瞭解不可知之事。請考慮我們對我們永遠無法知道的事物所做的聲明——我們很有信心地低估了我們在將來所可能得到的知識。孔德（Auguste Comte），實證主義學派（school of positivism）的開山始祖，該學派被（不公平地）指控，其目的是把所有眼睛看得到的東西都科學化，宣稱人類將永遠無法知道恆星的化學成分。但是，誠如查爾斯・桑德斯・皮爾斯的報告：「這種論點才寫出來，油墨都還沒乾之前，光譜分析儀（spectroscope）就出現了，而他認爲絕對不可能知道的東西，則一項一項地被確認出來。」諷刺的是，孔德的其他預測，認爲我們將漸漸瞭解社會的運作方式，卻全面——且危險地——被誇大。他假設社會像個時

③這種聲明不少。例如，物理學家艾伯特・邁克生（Albert Michelson）就想像，到了十九世紀末，自然科學界留待我們去發現的，只剩下一些微調工作，讓我們的精確度多增加幾位數。

鐘，我們將可獲知其祕密。

我把我的論點整理如下：預測需要知道未來將會發現的技術。但這樣的知識，幾乎自動讓我們可以馬上開始開發這些技術。因此，我們不知道我們將會知道什麼。

有些人或許會說，這個論點，一如上面所寫的，似乎太淺顯了，我們總是認爲我們已經得到可靠的知識，但卻沒注意到，我們所嘲笑的過去社會也認爲他們已經得到了可靠的知識。我的論點沒什麼，那麼，爲什麼我們沒有想到呢？答案在於人性的毛病上。還記得上一章有關技能認知之不對稱性的心理學討論嗎？我們看到別人的缺點，卻看不到自己的缺點。又一次，我們似乎還是神奇的自欺機器。

第N個撞球

亨利．龐加萊，儘管相當有名，通常還是被認爲是個被低估了的科學思想家，因爲他的思想，有某些部分要過了將近一世紀之後才受到重視。他可能是最後一位偉大的思想數學家（可能要反過來說，一名數學思想家）。每次我看到印著愛因斯坦頭像的T恤，就忍不住要想到龐加萊——愛因斯坦是值得我們尊敬，但他已經把許多人排擠掉了。我們意識裡的空間太小了；在那裡，是贏家通吃。

亨利・龐加萊教授先生。不知爲什麼，他們不再培養出這樣的思想家。南錫第二大學（Université Nancy-2）提供。

第三共和式的禮儀

還是一樣，龐加萊自成一格。我記得我父親很推崇龐加萊的文章，不只是因爲其科學內容，還有其法文散文的品質。大師寫這些奇文就像是連載文章，而且像是用即席演講所寫成的。就像每一部曠世巨著一樣，你會看到他的文章裡雜有重複和離題等東西，每個「人云亦云」包裝式思想的編輯看了，都要罵幾聲——但這些，讓他的文字可讀性更高，因爲在思想上具有鋼鐵般的一致性。

龐加萊在三十幾歲時成爲多產作家。他似乎活得很匆忙，英年早逝，五十八歲就死了；他實在是太匆忙了，以至於不想去修改文章中的錯字或文法錯誤，甚至看到錯誤了他都不想改，因爲他發現那會浪費他的時間。他們不再培養這樣的天才了——或者說，他們不再讓這類天才按照自己的方式寫作。

龐加萊的思想家聲望在死後迅速褪去。和我們有關的一些想法要將近一個世紀之後，才重新浮現，但以不同的形式出現。我小時候沒有仔細閱讀他的文章實在是一大錯誤，因爲在他的權威之作《科學與假說》（*La science et l'hypothèse*）裡，我後來發現，他忿怒地貶抑鐘形曲線之使用。

我要一再地說，龐加萊是眞正的科學哲學家：他的哲學來自他親自見證主題本身的極限，而這點正是眞正哲學家所要做的事。我喜歡把龐加萊當成我最喜愛的法國哲學家，以激怒法國知識分子。「**他是個哲學家？您這是什麼意思，先生？**」向人們解釋，他們所尊敬的思想家，如柏格森（Henri Bergson）或沙特等，大部分是流行的產物，單從對未來幾世紀的影響來看，這些人就遠不如龐加萊；每次這麼做，總是讓我覺得很沮喪。事實上，此處就發生了預測之恥的問題，因爲決定誰是哲學家，以及大家該讀哪個哲學家一事，竟是由法國教育部來決定。

我正看著龐加萊的照片。他留著大鬍子，肥胖而身材魁梧，是受過良好教育的法國第三共和貴族紳士，他終生浸淫在科學裡，深入檢視其領域，而且博學多聞令人驚訝。他屬於十九世紀後期受人尊敬的官宦家族：中上階級、有權力，但不是非常富有。他父親是醫學教授及醫師，叔父是知名的科學家和行政官員，而他的堂弟雷蒙（Raymond）則當上了法國總理。那正是富商地主的子孫轉而追求知識專業的年代。

然而，我無法想像他印在T恤上的樣子，也無法想像他像愛因斯坦那張有名的照片一樣伸出舌頭。他是開不得玩笑的，那就是第三共和式的尊嚴。

龐加萊在他那年代裡被視爲數學和科學之王，當然，除了少數幾個心胸狹隘的數學家，如查爾斯・埃爾米特（Charles Hermite）之外，埃爾米特認爲龐加萊太直覺、太有智慧，及太會「揮手」（hand-waving）。當數學家以鄙夷的方式說某人的作品爲「揮手」時，那表示這個人(a)有眼光、(b)務實、(c)有些話要說，而且還表示(d)他的看法沒錯，因爲當這些數學家找不出更負面的批評時，評論界也認爲他的看法正確。龐加萊點頭與否，可以成就或毀掉一個人的職業前途。許多人宣稱龐加萊在愛因斯坦之前想出相對論——而且愛因斯坦是從他那裡得到相對論的概念——但他不把這當一回事。這些說法自然是來自法國人，但我們似乎可以從愛因斯坦的朋友兼傳記作者亞伯拉罕・派斯（Abraham Pais）得到某種程度的證實。龐加萊的出身和行爲舉止似乎太貴族了，以至於不能抱怨這些成果其實是他的。

龐加萊是本章的中心，因爲他的年代，正是人類智慧在預測領域上的成長極爲快速之時——請考慮天體運行機制。科學革命讓我們覺得，我們已經擁有讓我們抓住未來的工具。不確定性不見了。宇宙就像個時鐘，只要研究其零件的動作，就能推算未來。那只是把模型寫下來，請工程師去計算的問題。未來，不過是我們科技確定性的延伸。

三體問題（The Three Body Problem）

龐加萊是第一個瞭解並解釋我們的方程式存在基本極限的知名數學大師。他提出了非線性的觀念，小衝擊會導致嚴重的後果，這個觀念後來非常流行，於是成爲混沌理論（chaos theory），或許有點流行過頭了。這麼流行會有什麼壞處嗎？因爲整個龐加萊的論點在於非線性所造成的預測限制；其論點不是要大家用數學技術來做過度的預測。數學能夠很清楚地把數學本身的限制顯示給我們看。

在這個故事中，（一如往常）存在一個預期不到的元素。龐加萊最初是爲了參加數學家米塔格—列夫勒（Gösta Mittag-Leffler）爲慶祝瑞典奧斯卡國王（King Oscar）六十歲大壽所舉辦的競賽。龐加萊的論文，關於太陽系的穩定性，得獎了，這是當時最高的科學榮譽（也是諾貝爾獎出現之前的快樂年代）。然而，卻發生了一個問題，一名科學編輯在出刊前對論文做檢查，發現到一個計算上的錯誤，而這點，經過修正之後，卻得出相反的結論——不可測性，或是以更專業的術語來說，不可積性（nonintegrability）。這篇論文被愼重其事地拉下來，並於一年後重新出版。

龐加萊的推理很簡單：當你要預測未來時，你對模型所要探討的過程之動態，必須增加精密度（precision），因爲你的錯誤率成長得非常快。問題是，要達到相當精密的程度是不可能的，因爲你的預測，其劣化程度會暴增——最後，你必須對過去做無限精密的計算。龐加萊以一個非常簡單的例子來說明，即有名的「三體問題」。如果太陽系裡只有兩個行星，在這種情況下，沒有任何其他東西影響其運行，於是你可以無限期地預測這些行星的行爲，不會很辛苦。但在這些行星之間加上第三個星體，譬如說，最小的彗星。起初，第三體並不會造成飄移，沒有影響；接下來，假以時日，它對其他兩星體的影響可能會呈爆炸性增加。這個小星體最初放置位置的小小差異，最後對大行星未來的位置，有決定性的影響。

預測的困難度暴增來自各機制間的錯綜複雜性，包括最微小的機制。不幸的是，我們的世界遠比三體問題還複雜；其組成遠超過三樣物體。我們所要處理的是現今所謂的動態系統——而在我們這個世界裡，我們將會看到，有太多的動態系統。

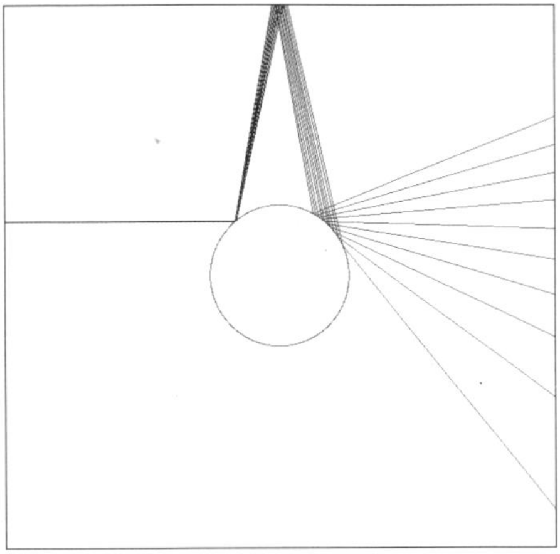

圖二：精確和預測

本書初稿的一個讀者，大衛·柯文（David Cowan）畫了這張散布圖，此圖顯示初始狀況的變異，在第二次碰撞回彈時可以產生差異極大的結果。因爲初始角度的不準確度會被放大倍增，每反彈一次，就放大一次。這造成嚴重的倍數效果，讓誤差大到不成比例。

試以一棵樹分生出許多枝條來思考預測的難度；在每個分叉點上，新枝呈倍數增加。爲了讓你見識我們的直覺對這些非線性倍數效應（multiplicative effects）非常的弱，請考慮棋盤的故事。棋盤發明者要求下述的補償：第一個方格要一粒米，第二格二粒，第三格四粒，然後是八粒、十六粒等等，每次增加一倍，一共六十四次。國王答應了這項要求，以爲這個發明者所要的不過是一丁點的補貼——但他很快就明白，他上當了。所需要的米，超過所有的米倉存量！

我們可以用有關預測撞球在球桌上的運動之簡單練習，來展示倍數難度導致我們對假設的精密度之要求越來越高的情形。我以數學家麥克·貝利（Michael Berry）所做的計算爲例。如果你知道一組有關靜止球體的基本參數、能夠計算球桌的阻力（相當簡單）、而且可以測量撞擊力，那麼，預測第一次撞擊後會發生什麼情形就相當簡單。第二次撞擊就變得比較難了，但還是有可能做到；你對初始狀態的知識必須更加小心，也必須更精確。問題在於要正確計算第九次撞擊時，你必須考慮站在球桌旁的人的萬有引力(不重，在貝利的計算中，所用的體重不超過一百五十磅)。

而要計算第五十六次撞擊，宇宙中每個基本粒子都必須出現在你的假設之中！宇宙邊緣的一個電子，離我們一百億光年之遠，在計算中也必須納入考慮，因為它會對結果產生有意義的影響。現在，請考慮必須把這些**變數未來是什麼數值**的預測也納進來所增加的負擔。預測球桌上一顆撞球的運動，需要整個宇宙動態的知識，詳細到每個原子！我們可以輕易預測像行星這樣大型物體的運動（雖然所預測的期間不是很遠），但小東西很難算出來——而小東西非常多。

請注意，這個撞球故事假設在簡單的世界裡做實驗，甚至還不考慮具有自由意志的瘋狂社會事物。撞球本身沒有意志。我們的例子也沒有考慮到相對論和量子效應。我們也沒有用到所謂「測不準原理」（uncertainty principle）的想法（假學究常用）。我們也沒考慮測量次原子（subatomic）水準的精密度限制。我們只是處理幾顆撞球！

在一個動態系統裡，你所要考慮的不只是球體本身，各球的軌道會相互影響，預測未來的能力不只是減少了而已，還受制於一個基本極限。龐加萊的建議是我們只能探討質方面的事物——我們可以**討論**系統的某些特質，但不能計算。你可以嚴謹地思考，但你不能用數字。龐加萊甚至還為此發明了一個領域，原位分析（analysis in situ），現在是拓樸學的一部分。推測和預測這個事業遠比一般人的瞭解還要複雜，但必須是懂數學的人才瞭解這點。要接受這點，除了瞭解之外，還要有勇氣。

麻省理工學院（MIT）的氣象學家愛德華．羅倫茲（Edward Lorenz），於一九六〇年代獨自發現了龐加萊的成果——也是在意外中發現的。當時，他正在做氣象動態的電腦模型，做了一個預測未來幾天的氣象系統模擬。後來他試著以同樣的模型重複做同樣的模擬，而所輸入的參數，他以爲也相同，但卻得到差異相當大的結果。最初，他把這些差異歸因於電腦臭蟲或是計算錯誤。當時的電腦是笨重而緩慢的機器，和我們今天一點兒都不像，因此，使用者嚴重地受到時間的限制。羅倫茲後來瞭解，他的模擬結果之所以大幅發散，並非來自錯誤，而是來自輸入參數的微小捨位。後來，這成爲知名的蝴蝶效應（butterfly effect），因爲一隻蝴蝶在印度振動翅膀，能夠導致兩年後紐約的颶風。羅倫茲的發現，造成大家對混沌理論這個領域的興趣。

自然地，研究者發現，在羅倫茲發現之前，還有一些前輩，不只是龐加萊，還有見解獨到而頗具洞察力的賈克·阿達瑪，阿達瑪大約在一八九八年想到了同樣的觀念，後來還繼續活了將近七十年——他在九十八歲過世。④

他們依然忽略海耶克

波柏和龐加萊的發現，限制了我們預測未來的能力，讓未來成爲過去的一個非常複雜的反映（reflection）——如果存在過去的反映這種東西的話。波柏爵士的好友，直觀經濟學家（intuitive economist）海耶克（Friedrich Hayek）把此觀念，在社會世界做了一個強而有力的應用。海耶克

④還有許多限制我不打算在這裡討論。我甚至還沒提到大家稱之為ＮＰ完全性（NP completeness）的不可計算性（incomputability）類別。

是他那一門「專業」裡，將焦點放在眞正的不確定性、知識極限，及艾可圖書館中未讀書籍的少數知名成員（還有凱因斯〔J. M. Keynes〕和沙克爾〔G. L. S. Shackle〕）。

一九七四年，他獲瑞典銀行爲紀念諾貝爾所頒發的經濟科學獎，但如果你去讀他的得獎演說，你將會覺得有點訝異。那篇感言名爲「知識的虛矯」（The Pretense of Knowledge），名稱極富表現力，他對其他經濟學家及規劃者的想法大加撻伐。他反對把硬科學的工具用在社會科學上，無奈不久之後，這些方法就在經濟學裡大放異采。後來，複雜方程式之使用大爲流行，使得眞正的實證思想家所處的環境，比海耶克發表這篇演說之前還要糟。他每一年所出的一篇論文或一本書，都是對經濟學命運的哀悼，並抱怨經濟學竟然企圖東施效顰模仿物理學。我最近所看到的一篇是有關經濟學家應該把目標設爲扮演謙卑的哲學家，而不是高高在上的神父。然而，左耳進，右耳出。

海耶克認爲，眞正的預測是由一個系統有機地完成，而不是靠命令去指揮。一個單一機構，譬如說，中央計劃者，不能**總和**（aggregate）所有的知識；許多重要的資訊片斷將會被遺漏。但社會整體將可以把各種知識片斷整合到社會的運作之中。社會整體會跳脫框架思考。海耶克抨擊社會主義和管制經濟（managed economies），是我所謂**書呆子知識或柏拉圖式思想**的產物——由於科學知識之增長，我們高估了我們瞭解構成世界的微妙變化，以及這些變化應該給予多少權重的能力。他巧妙地稱之爲「唯科學主義」（scientism）。

我們的機構普遍嚴重地患了這個毛病。這就是爲什麼我害怕政府和大型企業——這兩者很難區分。政府做預測；公司做預測；每一年，各式各樣的預測者預測次年年底的房貸利率水準和股市。企業能夠生存並不是因爲他們做了良好的預測，而是因爲，和我前面所提到的華頓學院拜訪的執行長一樣，他們可能只是僥倖。而且，就像餐廳老闆，他們可能在傷害自己，而不是傷害我們——或許還給我們幫助，在過程中提供物品給我們，以補貼我們的消費，例如在達康（dotcom）時代的過度投資，便提供了便宜的國際電話。我們消費者可以讓他們愛怎麼預測就怎麼預測，如果他們認爲要在業界生存，就該這樣的話。如果他們硬要的話，就讓他們自己吊死自己吧。

事實上，正如我在第八章所提，我們紐約客都受益於企業和餐廳老闆那唐吉訶德式的自負。這是很少人討論的資本主義福利。

但企業經常倒閉，從而將其財富轉移到我們的口袋裡——越多家企業破產，對我們就越有利。而政府則是更嚴肅的事業，我們必須確保我們不會爲他們的愚行付出代價。身爲個人，我們應該喜愛自由市場，因爲裡面的業者可以愛怎麼無能，就怎麼無能。

吾人對海耶克的唯一批評，可能是他把社會科學和物理學做明確而質化的區分。他證明物理學的方法不能移轉到其社會科學的兄弟上，而且他還爲此譴責工程導向的想法。但他寫作時，正是物理學這個科學之后成爲我們世界顯學之時。結果，連自然科學也遠比物理學還複雜。他對社會科學的看法正確，他信任硬科學學者多過社會科學家當然也沒錯，但他所指出的社會知識之弱點，也適用於所有的知識。所有的知識。

爲什麼？因爲確認問題，吾人可以主張，我們對自然世界所知甚少；我們對已讀過的書大肆宣揚，卻忘了還有沒讀到的書。物理學一向很成功，但成功的部分，只是硬科學裡極爲狹窄的領域，而人們卻傾向於將其成功，泛化成所有科學都很成功。如果我們對癌症或是（高度非線性的）

氣候的瞭解，多於對宇宙之始的瞭解，那就更令人歡喜。

如何不當個書呆子

讓我們再深入一些探討知識問題，並繼續比較第九章中的胖子東尼和約翰博士。書呆子會鑽牛角尖嗎？我的意思是，他們會專注在鮮明範疇（crisp categories）而錯失不確定性來源嗎？請回想我在前言中對柏拉圖式思想的介紹，這種思想由上而下地專注在由這些鮮明範疇所構成的世界。⑤

試考慮一個書呆子學新語言。他以從頭到尾讀完一本文法書並死記規則的方式來學習，譬如說，塞爾維亞—克羅埃西亞語（Serbo-Croatian）或是非洲的孔族語（!Kung）。他將會有個印象，以為有某個高高在上的文法權威設定語言規則，好讓無知的一般老百姓能夠照其規則說話。實際上，語言是以有機的方式成長；文法是人們在生活上沒有其他更刺激的事好做時，才把規則寫成一本書。雖然學院派的想法會去記語尾變化，非柏拉圖式的非書呆子學習塞爾維亞—克羅埃西亞語的方式，卻是到塞拉耶佛（Sarajevo）郊區的夜店交女朋友，或是和計程車司機交談，然後，

⑤這種思想以各種不同的名稱，四處出現於歷史中。懷海德（Alfred North Whitehead）稱之為「錯置具體感的謬誤」（fallacy of misplaced concreteness），例如，把模型和模型所要描述的物理實體混為一談的錯誤。

把文法規則套在他們已經擁有的知識上（如果需要的話）。

再考慮中央規劃者。和語言一樣，世上並沒有制定社會和經濟事件法則的文法權威機關；但請試著去說服一名官僚，或是社會科學家，告訴他們，這個世界或許不想遵循他們的「科學」方程式。事實上，海耶克所屬的奧地利學派（Austrian school），其思想家正是以**緘默的**（tacit）或**隱含的**（implicit）一詞，來稱呼知識中無法寫下來、但我們應該避免壓制的部分。他們把我們先前提到的「知道作法」（know-how）和「知道內容」（know-what）加以區別——後者比較虛幻，也較具書呆子化傾向。

明確地說，柏拉圖式是由上而下、公式、思想封閉、自我滿足、且標準規格化；而非柏拉圖式則是由下而上、心胸開放、抱持懷疑論和經驗論。

我單獨把偉大的柏拉圖挑出來，其理由從下面這個有關這位思想大師的例子中，就可以看得很清楚：柏拉圖相信，我們應該同樣靈巧地使用雙手，否則就「沒道理」。他認爲善用左手或善用右手，是「母親和護士的愚行」所導致的畸形發展。他不喜歡不對稱性，而且，他把他那優雅的想法投射到現實上。我們必須等到路易士・巴斯德出現，才明白化學分子不是左旋式就是右旋式，而且那很重要。

吾人可以從幾個零散的思想流派中找到類似想法。最早的就是經驗論者（一如通常的情形），這些人採用由下而上、沒有理論，和「以證據爲基礎」的醫學方法，主要的人物有：希臘科斯島（Cos）的菲納斯（Philnus）、埃及亞歷山卓的塞拉皮昂（Serapion），和南義大利塔倫騰（Tarentum）的格勞西亞（Glaucias），後來又由曼諾多圖斯發展成懷疑論，現在則由其口授專家，我們的朋友，偉大的懷疑論哲學家塞克斯都・恩披里科發揚光大。我們前面談過，塞克斯都可能是第一個探討黑天鵝事件的人。經驗論者不靠推理來執行「醫療藝術」，他們想要從意外觀察中得到好處，透過猜測、實驗，和修修補補的方式，直到他們找到有用的東西。他們極少做成理論。

經過兩千年的說服之後，他們的方法終於在今天復興，成爲以證據爲基礎的醫學。請思考在我們知道細菌，以及細菌和疾病的關係之前，醫師拒絕洗手這項實務，因爲他們覺得**沒道理**，儘管證據顯示，醫院中的死亡率因洗手而顯著降低。十九世紀中葉的醫師英納斯・賽莫維斯（Ignaz Semmelweis）提倡洗手的觀念，其觀念一直要到他死後數十年才得到平反。同樣的，針灸療法「沒道理」有效，但如果在某個人的腳趾頭上扎一針（以經過實證的適當方法扎針），可以產生系統性的止痛效果，那麼，很可能有些太過複雜而我們無法瞭解的功能存在，因此，我們就姑且接受這種療法，並保持心胸開放吧。

學術界的自由意志主義

借用華倫・巴菲特（Warren Buffett）的話，別問理髮師傅是不是該剪頭髮了——如果一個問題和某學者的研究有關，這個問題就別問他。在此，我將以下面的觀察來結束對海耶克的自由意志主義之討論。我說過，組織過的知識之問題在於學術團體和知識本身之間，偶爾會出現利益不一致的狀況。因此，我這輩子都無法瞭解，爲什麼今天的自由意志主義者不去追求成爲正式教授（除了，也許是因爲許多自由意志主義者本身就是學者）。我們看到公司會倒閉，但政府卻永遠存在。但雖然政府永遠存在，官員卻可能被降級，而國會議員和參議員最後可能敗選。在學術界，一旦轉成正式教授，就成了終身職——知識這個行業有永遠的「負責人」。很簡單，學術郎中是控制的產物，不是自由和缺乏結構的結果。

預測和自由意志

如果你知道一個物理系統的所有可能狀態，那麼，你就能在理論上（但不是實際上，我們已經談過），預測其未來的行爲。但這只牽涉到無生命的東西。當預測涉及社會事物時，我們就踢到鐵板了。當預測涉及到人類的時候，就不是同一件事了，**如果你認爲他們是活的，而且還有自由意志的話**。

在既定的環境下，如果我能預測你所有的行動，那麼你就不像你以爲的那麼自由。你是環境刺激的自動反應。你是命運的奴隸。而自由意志的幻覺可以化約成描述分子之間互動結果的方程式。這就好像在研究時鐘的機制一樣：一個擁有所有初始狀況和因果連結之知識的天才，可以把他的知識延伸，瞭解**你**未來的行動。那不是很悶嗎？

然而，如果你相信自由意志，你就不可能眞正相信社會科學和經濟預測。你不能預測人們會如何行動。除非，當然，如果有一種技巧，而新古典學派經濟學正是綁在這種技巧之上。你只要假設個人在未來是**理性的**，從而以可預測的方式行動。理性、可預測性，和數學可處理性（mathematical tractability）之間，有很強的關聯。一個理性的個人，在指定的環境下，將會採取**唯一**的一組行動。「理性」人爲了滿足他們的最佳利益，會採取何種行動，這個問題有一個答案，而且只有一個答案。理性行動者必須條理清楚（coherent）：他們不能喜歡蘋果多於橘子，喜歡橘子多於梨子，然後喜歡梨子多於蘋果。否則，就難以將他們的行爲做泛化。同時，也難以預測他們在不同時間裡的行爲。

在正統經濟學裡，理性成了一套束縛。柏拉圖化的經濟學家忽略了，人們可能比較喜歡做一些不是讓他們的經濟利益極大化的行爲這項事實。經濟利益極大化導出「極大化」（maximization）或「最適化」（optimization）的數學技巧，保羅·薩繆森的著作裡就建立了許多這類技巧。最適化在於讓經濟機構能夠以數學方式追求其最適策略。例如，你在存貨上的「最適」配置量應該是多少？這牽涉到複雜的數學，於是形成一道進入障礙，讓沒有受過數學訓練的學者無法進入。說這種最適化，讓社會科學退步，把經濟學從智慧和反省的學科，簡約爲成爲「精確科學」（exact science）的企圖，我不會是第一人。我所謂的「精確科學」是指二流的工程問題，專門給那些想要假裝自己是物理系的人（即所謂的物理學羨妒者〔physics envy〕）去研究。換言之，這些人是知識騙子。

最適化是一種無效的模型處理，我們將在第十七章做進一步討論。最適化沒有實際上（甚至理論上）的用處，因此，最適化的主要功能就成了爭取學術職位的工具，一種讓大家拚數學實力的方式。它讓柏拉圖化的經濟學者無法上夜店去玩，他們晚上要解方程式。悲劇是，大家都說薩繆森，這個腦筋很快的人，是他那年代裡最聰明的學者。這顯然是個腦筋用錯地方的例子。典型上，薩繆森用這個說法來嚇阻對他的技術提出質疑的人：「有能力者，做科學；其他人則去做方法學。」如果你懂數學，你就能「做科學」。這讓人想到，遭受批評時就指控對方的父子關係有問題、以使對方閉嘴的心理分析師。嗚呼，結果是，薩繆森和他大多數的追隨者才是不太懂數學的人，或者說，他們不知道怎麼用他們所懂的數學，不知道如何做實際應用。他們所懂的數學，只夠讓他們用數學來蒙住眼睛。

悲劇啊，在那些對實務一無所知的白癡專家四處增生之前，眞正的思想家，如凱因斯、海耶克，和偉大的曼德伯等，早就開始做一些有趣的研究，這些人都被趕走了，因爲他們讓經濟學遠離二流物理學的精確性。非常遺憾。沙克爾是一位被低估了的偉大思想家，現在已完全模糊，他提出「未知識」(unknowledge) 的觀念，也就是安伯托・艾可圖書館裡未讀過的書。沙克爾的文章很少被提及，而我必須找倫敦的中古書商才能買到他的書。

自由心法與偏誤 (heuristics and biases) 學派的實證心理學家大軍已經證實，理性行爲的模型在不確定性之下，不只是整體上不夠準確，對現實的描述也完全錯誤。他們的研究成果還讓柏拉圖化的經濟學者感到惱怒，因爲他們說，人類有好幾種不理性的方式。托爾斯泰 (Tolstoy) 說，所有幸福的家庭都十分相似，而每個不幸的家庭則有各自的不幸。事實證明，人類會犯下相當於「喜歡蘋果多於橘子，喜歡橘子多於梨子，而且**喜歡梨子多於蘋果**」的錯誤，視問題的提出方式而定。問題的順序很重要！而且，正如我們在定錨問題的例子中所見到的，受測者對曼哈頓牙醫師人數的估計，會受他們先前所看到的隨機數字——**錨**——之影響。在錨的隨機性之下，我們在估計時也呈隨機性。因此，如果人們會做出矛盾的選擇和決策，那麼，經濟最適化的核心就不成立了。你再也無法產生「一般理論」(general theory)，而沒有一般理論，你就無法預測。

圖三

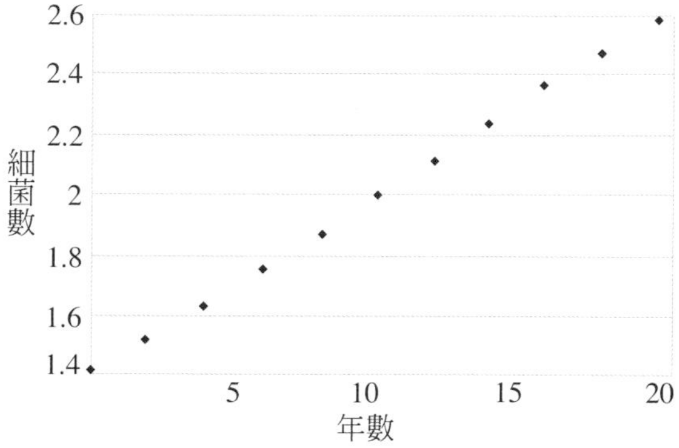

一個看起來像是成長中的細菌數數列（或是銷售記錄，或任何在一段時期所觀察到的變數——如第四章中的火雞餵食數）。

圖四

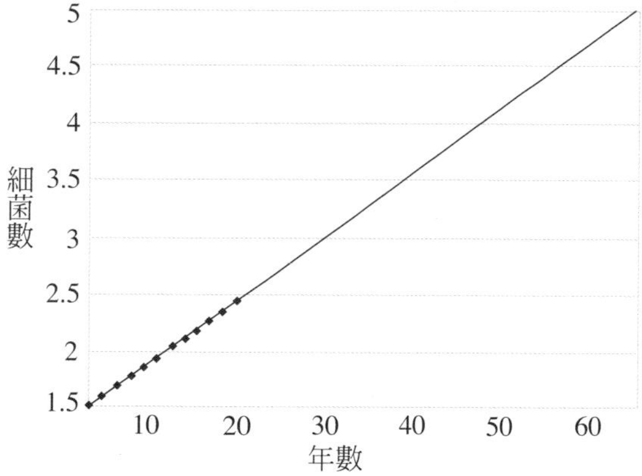

很容易配上趨勢——有一個，且只有一個線性模型和資料吻合。你可以推測將持續到未來。

圖五

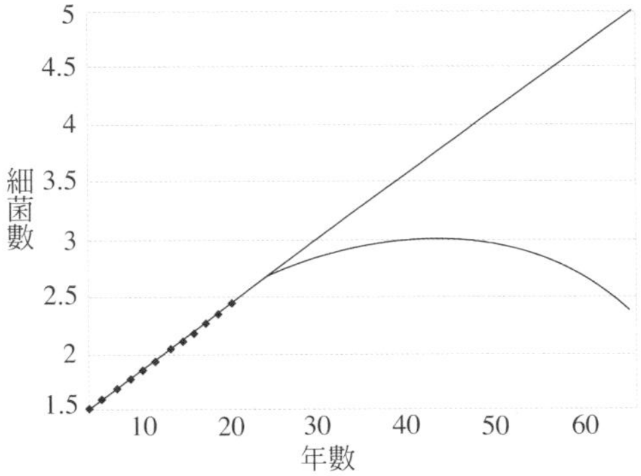

我們用更寬的座標來看。嘿，其他的模型也配得相當好。

圖六

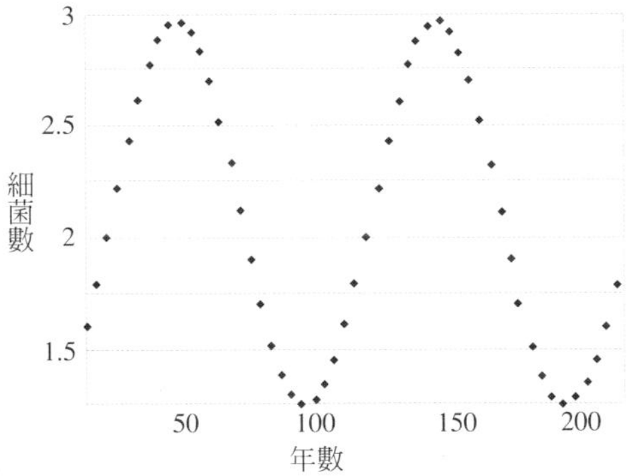

眞正的「產生過程」極爲簡單，但與線性模型無關。其中某些部分看起來好像線性，我們被直線外插法給愚弄了。*

*這些圖還展示出統計版的敍事謬誤——你找到一個與過去相配的模型。「線性迴歸」或 R-square 最後可能在測量上把你給愚弄了，其嚴重程度可不是開玩笑的。你可以把該曲線的直線部分配得很好，並得到很高的 R-square，高 R-square 的意思是你的模型和資料非常相配，具有很高的預測能力。這全都淪爲空話：你只配了該數列的線性部分。永遠記住，R-square 不適合極端世界；只能用在學術推廣上。

你必須學習沒有一般理論也能活下去，就看在老天的分上吧！

祖母綠的藍綠問題

請回想火雞問題。你檢視過去，並導出未來的某些規則。喔，以過去推測未來的問題可能比我們前面所談的還要嚴重，因爲同樣的過去資料，可以確認一項定理，也可以否定該定理！如果你在明天之前都還活著，這可能表示，若非(a)你很可能長生不老，就是(b)你離死亡更近了。這兩個結論都建立在完全相同的資料上。如果你是一隻被餵了很長一段時間的火雞，你可以天真地假設，餵食動作**確認你的安全**，或者，很聰明地認爲，餵食動作**確認你**將成爲晚餐**的危機**。一個熟人，過去甜言蜜語的行爲，可能顯示他對我的眞愛以及他對我的關懷；但也可能確認他很愛錢，算計著哪一天要奪取我的事業。

因此，過去不只有可能誤導，我們對過去的解釋，也有許多的自由度。

要瞭解這個觀念的技術性版本，請考慮一頁紙上有一系列隨時間分布的點——其圖形就像在第四章圖一中的前一千天。假設你的高中老師要你把這一系列的點做延伸。在線性模型下，也就是說，用一把尺，你能跑出一條直線，從過去到未來的**單一**直線。線性模型是唯一的。從一系列的點可以推估一條，而且是唯一的一條直線。但事情可能不是這麼單純。如果你不把自己限制在一條直線，你會發現，有一個龐大的曲線族群，同樣也能把這些點都連接起來。如果你以線性的方式，從過去推估未來，則你是在延續一個趨勢。但未來脫離過去軌跡的可能偏異是無限大。

這就是納爾遜‧古德曼（Nelson Goodman）所謂的歸納之謎（the riddle of induction）：我們以直線做推估，只因我們腦中有個線性模型——一個數列已經以直線方式上升了一千天，這會讓你對這個數列未來還會繼續上升覺得更有信心。但如果你腦中有個非線性模型，你可能會確認第一千零一天應該下跌。

假設你在觀察一顆祖母綠。這顆石頭昨天是綠色，前天也是綠色。今天還是綠色。在正常的情況下，你會確認「綠色」的性質：我們可以假設明天這顆祖母綠也將是綠色。但對古德曼來說，這顆祖母綠的顏色史，同樣也可以確認具有「盎色」（grue）性質。「盎色」性質是什麼？祖母綠的「盎色」性質是指，在某個特定日子，譬如說，二〇〇六年十二月三十一日，之前，都是綠色，但此後就都是藍色。

歸納之謎是敍事謬誤的另一個版本——你面對無限多的「故事」解釋你已經見到的事物。古德曼的歸納之謎，其嚴謹說法如下：如果不再存在一個唯一的方式，讓你對你之所見做「泛化」以推論未知，則你該如何操作？顯然，答案將是，你應該用「常識」，但在考慮某些極端世界變數的情況下，你的常識可能不是很完備。

那偉大的預期機器

讀者有權提出質疑，因此，塔雷伯，我們幹麼要做計劃？有些人之所以做計劃，是爲了利得，而有些人則是因爲那是「他們的工作」。但我們也會在沒有這兩種企圖時做計劃——不自由主地做計劃。

為什麼？答案和人性有關。計劃，可能來自我們之所以成為人類的一組東西，那就是，我們的意識（consciousness）。

我們對於預測到未來的事物之需求，應該有演化上的面向，這點，我將在此很快地說明其重點，因為這可能是一個絕佳的解釋，一個卓越的推測，但由於和演化有關，我會很小心。

這個想法係丹尼爾・德奈特（Daniel Dennett）所提倡，其內容如下：我們的頭腦，最厲害的運用是什麼？答案正是預測未來，並玩起反事實（counterfactual）遊戲的能力——「如果我打他的鼻子，那麼他一定會立刻反擊，或是更糟的，叫他的紐約律師來處理。」這樣做有一個好處，我們可以讓我們的推測結果為我們犧牲。正確地使用預測能力，並以此代替內心的反應，有效地讓我們免於受到直接的第一階自然淘汰——與原始生物相反，原始生物很容易就死亡，頂多只能靠天擇來改善基因庫。就某方面而言，預測讓我們騙過演化：現在演化發生在我們的頭腦裡面，成為一系列的預測和反事實情節。

在心智上做預測的能力，即使能讓我們免於演化律的影響，但這項能力本身，卻應該是演化的產品——就好像演化把我們和環境之間，用一條長長的鍊子連起來，而其他生物和其環境之間的鍊子卻非常短，有直接的依存關係。德奈特認為，我們的頭腦是「預期的機器」（anticipation machines）；他認為，人類的心智和意識是新興的特質，是我們加速發展所不可或缺的特質。

為什麼我們會去聽專家做預測？可能的解釋是社會依靠專業化、有效的知識分工。你不會等到了身患重病時才去上醫學院，直接請教已經上過醫學院的人比較省事（當然也比較安全）。醫師聽取汽車技師的話（不是爲了健康問題，只有在他們的車子發生問題時），汽車技師聽醫師的話。我們有聽取專家意見的自然傾向，即使在沒有專家的領域裡。

12 知識政體，一個夢想

這只是一篇隨筆——兒童與哲學家 vs. 成人與非哲學家——科學是孤僻的企業——過去也一樣有其過去——錯誤預測並過著長壽而快樂的一生（如果你活下來的話）

知識傲慢程度低的人，其能見度不高，就像雞尾酒會裡害羞的人一樣。我們並不是在先天上就會去尊敬謙虛者，謙虛者試圖暫緩做判斷。現在，請仔細考慮**知識謙虛**（epistemic humility）。考慮某個非常愛反省的人，由於知道自己的無知而感到痛苦不堪。他缺乏白癡似的勇氣，然而卻有著少見的魄力說：「我不知道。」他不在意自己看起來像個傻瓜，或更等而下之的不學無術之人。他猶豫不決，不願承諾，而一旦他的決策錯了，他會爲結果感到極度痛苦。他反省、反省、再反省，直到身心俱疲爲止。

這未必就表示他缺乏信心，只是他相信，他自己的知識必須被懷疑。我將稱這種人爲**知識民**（epistemocrat），而在法律架構上，考慮這種人性可錯性（human fallibility）的領域，我將稱之爲**知識政體**（epistemocracy）。

最重要的現代知識民就是蒙田。

知識民的蒙田先生

米歇爾·伊堪姆·德·蒙田（Michel Eyquem de Montaigne）在三十八歲時，退休回到他位於法國西南部鄉下的莊園。蒙田（Montaigne）在古法文裡的意思是「山」，這個字也是該莊園的名稱。今天，這個地區以波爾多（Bordeaux）葡萄酒聞名，但在蒙田時代，沒什麼人把心思花在葡萄酒上。反正蒙田具有禁欲主義傾向，絕不會沉溺於這種嗜好。他的想法是把自己的「嘗試」，也就是隨筆，寫成一小本文集。**隨筆**（essay）一詞，表達出嘗試、探索，和沒有定論。蒙田的古典基礎非常扎實，他要沉思生命、死亡、教育、知識，以及人性上一些不怎麼有趣的生理現象（例如，他很好奇，跛子是否會因其性器官的血液循環較豐富而有較活躍的性欲）。

他的研究有如一座高塔，題上了希臘和拉丁格言，這些格言幾乎全都提到了人類知識的弱點。而塔上的窗戶，則提供了環視附近山丘的寬廣景觀。

蒙田的主角，正式說來，就是他自己，但這大部分只是爲了便於討論；他不像那些企業執行長，寫自傳來誇耀自己的榮耀和成就。他的興趣主要在於發現和他有關的事物，或是讓我們**發現**和他有關的事物，並展示能夠做一般化推廣的東西——推廣到整個人類都適用。他的研究所用的題辭中，有一則拉丁詩人的句子：Homo sum, humani a me nil alienum puto——我是人，人性中，沒有哪一樣是我所陌生的。

在被現代教育壓迫過之後，再去讀蒙田，會有耳目一新的感覺，因爲他完全接受人類的弱點，也瞭解若不能考慮吾人根深柢固的不完美、吾人在理性上的限制，以及讓我們成爲人類的缺點，就沒有一種哲學有效。不是他領先他的時代；應該說，後來（宣揚理性）的學者落伍了。

他是個思想、再思想的人，而且，他的想法並不是在平心靜氣地讀書時冒出來，而是在他騎馬時出現。他騎馬遠行，回來時就有了各種想法。蒙田既非巴黎大學的學者，也不是舞文弄墨的專家，他**不是**這種人，基於兩個層次。第一，他是個**實作者**（doer）；他在退休以思考自己的人生和思考自己的知識之前（主要是思考自己的知識），曾經當過行政官員、商人，和波爾多市市長。第二，他是個反教條主義者：他是個有魅力的懷疑論者，一個會犯錯、不表態、特立獨行、而且會反省的寫作者，最主要的是，他想要在偉大的古典傳統中，當個眞正的人。如果他生在不同時代，他就是個經驗懷疑論者（empirical skeptic）——他有庇羅派那種絕對懷疑傾向，塞克斯都‧恩披里科那種反教條傾向，尤其是他知道必須把判斷擱置。

知識政體

每個人都有一個烏托邦的想法。對許多人來說，那代表平等、放諸四海皆準的正義、免於受壓迫的自由、免於工作的自由（對有些人來說，其理想更卑微，雖然不會更容易達成，那就是通勤族在火車上免於受到講手機的律師干擾之自由）。對我而言，烏托邦就是知識政體，在這個政體下，其百姓都是知識民，而且所有的知識民都想成爲知識政體的一分子。其社會之治理，建立在瞭解無知的基礎上，而非知識。

嗚呼，一個人一旦接受自己也會犯錯，其權威就不保。很簡單，人們需要被知識所蒙蔽——我們天生要追隨領導者，而領導者之所以能夠讓大家聚集起來，那是因爲在團體裡面的好處勝過特立獨行。我們覺得盲目地團結在錯誤的領導下，比自己獨自走正確的路受益更多。追隨武斷的白癡，而沒有當個反省的智者的這些人，把其一部分基因傳給了我們。從社會病態來看，這點非常明顯：追隨者團結在神經病患之下。

偶爾，你就會看到有些人類的成員，由於智慧高人一等，可以輕鬆自在地改變自己的想法。

在此請注意下述的黑天鵝不對稱性。我相信你對**某些**事物深信不疑，而且不得不如此。你可以對「確認爲僞」比「確認爲眞」更有信心。有人控訴波柏在提倡自我懷疑的同時，卻以積極而充滿信心的語氣去寫作（本書作者偶爾也會被不瞭解我的懷疑經驗論邏輯的人，提出這種質疑）。幸好，自蒙田之後，我們已經非常瞭解如何落實懷疑經驗論的事業。黑天鵝不對稱性讓你**對何者爲錯**有信心，而不是讓你對你的信仰爲眞一事有信心。波柏曾經被問道，吾人是否「能夠否證否證」（換個方式說，吾人是否可以懷疑懷疑論）。他的答覆是把學生趕出教室，要他提出比這更有智慧的問題。波柏爵士還眞是相當嚴厲。

過去的過去，以及過去的未來

有些眞理只有兒童才猜得到——大人和非哲學家陷在生活瑣事上，必須去擔心「重要的事」，因此他們爲了一些表面上與生活息息相關的東西，把這些看法給捨棄掉了。這些眞理中，有一項是關於過去和未來在質感和品質上的重大差異。由於我一輩子都在研究這項區別，我現在比小時候更瞭解這個問題，但我不再以生動的方式看這個問題。

把未來想像成和過去「類似」，你的唯一方法就是假設未來是過去的**精確**投射，從而可以預測。就像你精確地知道你何時出生，你也可以同樣精確地知道你何時將會死亡。而對未來的想法，雜有**機會**（chance），不是你對過去認知的確定延伸，這是一種吾人心智所無法處理的思想操作。對我們而言，機會本身就是很模糊的東西。過去和未來之間存在著一種不對稱性，但這種不對稱性太微妙了，我們無法自然瞭解。

這種不對稱性的第一個結果就是，在人們的心中，過去和未來之間的關係，並不是從以前的過去和未來之關係習得。這裡有個盲點：當我們在想明天時，我們並不是用我們昨天或前天的看法來構想明天。由於這種反省上的缺陷，我們學不到我們先前的預測和後來結果之間的差異。當我們想明天時，我們只是把它當成另一個昨天去預測。

這個小盲點還有其他表現形式。到紐約布隆克斯動物園（Bronx Zoo）的靈長類區吧，你可以看到我們快樂的靈長類近親，在那裡過著它們自己的繁忙社交生活。你可能是那些嘲笑低等靈長類滑稽地模仿人類的參觀群眾。現在，請想像你是高等物種的一員（譬如說，「眞正的」哲學家，一個眞正有智慧的人），遠比人類還高等。顯然，對那些取笑猩猩的人來說，成爲看輕他們自己的高等物種，就像自己看輕猩猩一樣，這個想法，他們無法立即想到——如果他們想得到，就會產生自憐。他們就不會再嘲笑猩猩了。

因此，在人類心智從過去中學習的機制裡，有一個元素造成我們相信確定的答案——卻沒有考慮到我們的祖先也有確定的答案。我們嘲笑他人，而沒想到在不久的將來，也會有人同樣公平地嘲笑我們。這樣的體會，承襲自我在前言所提之遞迴式，或是第二階的思考；我們不善於此種思考。

心理學家尚未研究這種對未來的心智障礙，也還沒有爲其取名，但這種障礙似乎很像自閉症。有些自閉症患者擁有高水準的數學或技術知識。他們的社交技能有問題，但這並不是他們的問題根源。自閉症的人不能設身處地，以別人觀點來看世界。他們把別人看成無生命的東西，就像機器一樣，按照明確的規則行動。他們不能處理像「他知道我不知道我知道」這種簡單的心智練習，而且，正是這項能力上的缺憾妨礙了他們的社交技能（有趣的是，自閉症患者不論有多「聰明」，還顯示出缺乏瞭解不確定性的能力）。

就像自閉症被稱爲「意盲」（mind blindness），那些不能動態思考、不能以未來觀察者的觀點來爲自己定位者，我們應該稱之爲「未來盲」（future blindness）。

預測、錯誤預測，和快樂

我搜尋認知科學（cognitive science）的文獻，以尋找任何有關「未來盲」的研究，結果一無所獲。但我在有關快樂的文獻中，找到預測上的習慣錯誤，這種錯誤讓我們感到快樂。

這種預測錯誤係以下述方式產生作用。你正要買一輛新車。這輛車子將會改變你的生活、提升你的地位、並讓你在通勤時像度假一樣。車子非常安靜，讓你搞不淸楚引擎是否已經發動，所以你可以在高速公路上聽拉赫曼尼諾夫的小夜曲。這輛新車將把你的滿足感做永久的提升。大家每次看到你的時候都會認爲，嘿，他有一輛了不起的車子。然而你忘了上次買車時，你也有同樣的期望。你並沒有預期到這個新車效應終將褪色，而你將回復到最初的狀況，整個過程就跟上次一樣。你把新車牽回來幾個星期之後，這輛車就變得無聊了。如果當時你預期到這點，或許你就不會買這輛車了。

你就要犯下一個你已經犯過的預測錯誤。然而只要反省一下，就可以省下不少費用！

心理學家已經分別從令人愉快的事件和令人不愉快的事件，研究這種錯誤預測。我們高估了生活中這兩種未來事件的效應。我們似乎處於一種不得不如此做的心理狀態。這種狀態，丹尼・康尼曼稱之爲「預期效用」（anticipated utility），而丹・吉爾伯特（Dan Gilbert）則稱之爲情感預測（affective forecasting）。重點並不完全在我們傾向於錯誤預測我們的未來快樂，而在於我們不會遞迴地從過去經驗中學習。我們過去對自己未來情感狀態所做的錯誤預測，證據顯示，我們對其有心理障礙，並將其扭曲。

我們在整體上高估了生活中厄運的影響長度。你認爲失去財富或是失去現在的地位，將是一場毀滅性的大災難，但你的想法可能錯了。比較可能的是，你將會適應，或許就像你以前碰上厄運之後一樣。你可能會覺得有點痛，但不會像你所預期的那樣糟。這種錯誤預測可能有一個目的：激勵我們表現出**重要的**行動（如買新車或賺更多錢），並防止我們去冒不必要的險。而這是更廣泛問題的一部分：我們人類應該在許多地方稍微愚弄自己一下。根據崔佛斯的自欺原理，這應該可以把我們導向有利的未來。但離開了自然領域之後，自欺就不是我們想要的行爲。自欺阻止我們去冒不必要的險——但我們在第六章談到，那並不包括突如其來的現代風險，我們並不怕這種風險，因爲這種風險並不鮮明，如：投資風險、環保危機，或長期安全等。

赫勒諾斯（Helenus）和反向預言

如果你從事預言者的工作，爲沒有特權的普羅大眾描述未來，那麼，人們將以你預測的良窳來評判你這個人。

在《伊里亞德》（*The Iliad*）中，赫勒諾斯是個不一樣的預言者。身爲普里阿摩（譯註：Priam，爲特洛伊國王）和赫卡柏（Hecuba）夫婦的兒子，他是特洛伊（Trojan）軍隊裡最聰明的人。在刑求之下告訴亞該亞人（譯註：Achaeans，即希臘人）如何拿下特洛伊的人就是他（顯然，他並沒有預測到自己會被捕）。但這並不是他特殊之處。赫勒諾斯不像其他的預言者，他能夠非常精準地預測**過去**——不用給他任何過去的細節。他倒後預測。

我們的問題不只是我們不知道未來，我們對過去也不怎麼瞭解。如果我們想要瞭解歷史，就極需一個像赫勒諾斯的人。讓我們來看看何以如此吧。

溶化的冰塊

請思考下面這個借自我的朋友阿倫・布朗（Aaron Brown）和保羅・威瑪特（Paul Wilmott）的思考實驗：

操作一（融化中的冰塊）：想像一個冰塊，並思考接下來兩個小時中，當你和朋友玩幾局撲克牌之後，會融成什麼樣子。試著想像出融成冰水混雜的樣子。

操作二（水從哪裡來？）：考慮地上的一攤冰水。現在試著把你心中所看到的冰塊重新建立成原來的樣子。請注意，這攤冰水未必來自冰塊。

操作二比較難。赫勒諾斯得眞的有兩下子才行。

這兩個過程的差異如下。如果你有正確的模型（有時候，你手上就有，再沒有比這更好的了），你可以極爲精確地預測這個冰塊如何融化——這是一個特定工程問題，沒有很複雜，比撞球問題容易。然而，從一攤水，你卻可以導出無限多種可能的冰塊，如果原先眞的有個冰塊的話。第一個方向，從冰塊到冰水，稱爲**前向過程**（forward process）。第二個方向稱爲**後溯過程**（backward process），非常、非常的複雜。前向過程通常用在物理學和工程上；而後溯過程則用在不可重複、不可實驗的歷史研究上。

就某方面而言，我們無法把煎蛋回復成雞蛋的限制，也讓我們無法對歷史做逆向工程（reverse engineering）。

現在，我要假設非線性的存在，把前向－後溯問題的複雜度增加一些。以前一章所討論的羅倫茲之發現，即一般所謂的「印度蝴蝶」做範例。我們已經討論過，在一個複雜系統中，一個小小的輸入可以導致非隨機性的龐大結果，視特定條件而定。新德里的一隻蝴蝶振動翅膀，可能是北卡羅來納州一場颶風的可靠**成因**，雖然，颶風可能要好幾年之後才發生。然而，**在觀察到北卡羅來納州的颶風之後**，我很懷疑你能夠想到其成因，不管精確與否：這種小事物數以兆計，如廷巴克圖（譯註：Timbuktu，西非城市）的蝴蝶振翅，或是澳洲野狗打噴嚏等，都可能造成颶風。從蝴蝶到颶風的過程，遠比**從**颶風**找到**可能的蝴蝶之逆向過程更爲簡單。

在一般文化中，到處充斥著對這兩者的混淆，情況相當嚴重。這個「印度蝴蝶」的比喻，至少已經愚弄了一家製片商。例如，《偶遇》（*Happenstance*，又名《蝴蝶振翅》〔*The Beating of a Butterfly's Wings*〕）這部由羅弘·飛宏德（Laurent Firode）所導演的電影，原意是鼓勵人們要留意能夠改變他們生命的小事物。嘿，既然一個小事件（一片花瓣落在地上，引起你的注意）能夠導致你選擇某一人，而不是另一人爲終生伴侶，你就應該注意這些非常小的細節。製作人和評論家都不瞭解，他們所探討的是後溯過程；單單一天就有數以兆計的這種小事物，而我們無法一一加以檢驗。

再一次，不完全資訊

拿台個人電腦過來。你可以用試算表程式產生一個隨機數列，這一連串的點，我們可以稱之爲歷史。如何產生？電腦程式按照一個非常複雜的非線性方程式產生看起來像是隨機的數字。這個方程式很簡單：如果你知道這個方程式，你就能預測該數列。然而，人類幾乎不可能以逆向工程求出該方程式，並預測更多的數列。我現在所談的是一個產生五、六個資料點的簡單電腦程式（名爲帳篷映射（tent map）），程式只有一行，不是構成眞正世界史的數十億個同時發生之事件。換句話說，即使歷史是由某個「世界方程式」所產生的非隨機數列，只要這個方程式的逆向工程非人類能力所及，就應該被視爲隨機，而且不該用定態混沌（deterministic chaos）這個名稱。歷史學家除了討論世界的一般特質並瞭解他們知識上的極限之外，應該遠離混沌理論和困難的逆向工程。

這導致我去探討歷史學家這一行裡更大的問題。我把實務的基本問題陳述如下：雖然在理論上隨機性是個內在性質（intrinsic property），但在實務上，隨機性是個**不完全資訊**（incomplete information），也就是我在第一章中所稱的**不透明性**（opacity）。

隨機性的非實務業者並不瞭解其奧妙之處。通常，當他們在會議中聽到我談論不確定性和隨機性時，哲學家，有時候是數學家，會提出最不相干的問題來質疑我，其問題是，我所談的隨機性究竟是「眞正的隨機性」，抑或是假扮成隨機性的「定態混沌」。一個眞正的隨機系統眞的就是隨機的，不具有可預測性。而一個混沌系統完全具有可預測性，但它們太難了，我們無法知道。因此，我對他們的答覆是兩者皆是。

(a)這兩者在實務上並沒有功能差異，因爲我們永遠無法加以區別——那是數學上的區別，而非實務上的區別。如果我看到一名懷孕婦女，她肚子裡小孩的性別對我而言純屬隨機（男女各佔百分之五十的機率）——但對她的醫生則不是隨機，這個醫生或許已經爲她做過超音波。在實務上，隨機性基本上是不完全資訊。

(b)當一個人在談論這兩者的差異時，這表示他從來都沒有在不確定之下做重要的決策——這就是爲什麼他不瞭解這兩者在實務上無法區別。

最後，隨機性就是「未知識」（unknowledge）。世界是不透明的，而其外表則會愚弄我們。

他們所謂的知識

對歷史這部分議題做個結論。

歷史就像個博物館，我們可以到那裡去看看所陳列的過去，並品味一下古時候的魅力。歷史是面奇妙的鏡子，我們可以從中看到自己的故事。你甚至可以用DNA分析來追查過去。我對文學史很感興趣。上古史滿足了我想要建構自己的故事、瞭解自己的出身，並和我那（複雜的）東地中海人根源產生連結的欲望。我甚至喜歡較爲古老的報導，這種書的特徵就是沒有現代書籍正確。我一讀再讀的作家中（你是否喜歡一個作家的終極測試，就是你會不會重讀他們的作品），我想到的有：普魯塔克（譯註：Plutarch，希臘作家，西元四六至一二〇年）、李維（Livy，羅馬的歷史學家，西元前五九年至西元一七年）、蘇埃托尼烏斯（Suetonius，古羅馬傳記作家，西元七五年至一六〇年）、狄奧多羅斯（Diodorus Siculus，西元前一世紀西西里的希臘歷史家）、吉朋（Gibbon，英國的羅馬史學家，西元一七三七年至一七九四年）、卡萊爾（Carlyle，蘇格蘭的散文家和歷史學家，西元一七九五年至一八八一年）、勒南（Renan，法國哲學家，西元一八二三年至一八九二年），和米什萊（法國的史學家，西元一七九八年至一八七四年）。和今天的作品相較，這些文章的特色是不符標準；它們大都爲軼事趣聞且充滿了神話。但我知道這點。

歷史對瞭解過去的興奮之情很有用，也對說故事很有用（眞的），如果其故事沒有傷害性的話。歷史當然不是用來建構理論或推導一般知識的地方，其意義更不是不用特別小心，就可以對未來有所幫助。我們可以從歷史得到陰性確認（negative confirmation），這點非常有價值，但我們也從中得到非常多的知識幻覺。

這讓我再回過頭來談曼諾多圖斯和火雞問題的處理，以及如何不當個被過去所欺騙的笨蛋。經驗派醫師對歸納問題的處理方法是，**知道**歷史，而不從中得出理論。學著去讀歷史，盡可能地吸收所有知識，不要覺得軼事不好，但請不要做任何因果連結，不要太努力地去嘗試逆向工程——但如果你做了，請不要做偉大的科學聲明。請記住經驗懷疑論者對習俗有所尊重：他們把它當成既定狀態，一個行爲的基礎，但僅止於此。他們稱這種對過去的堅壁清野方法爲**完結篇主義**（epilogism）。①

但大多數的歷史學家有另一個意見。請考慮卡爾所提出的代表性反省：**歷史是什麼？**你會發現，他公開地追求因果關係以作爲他的工作重點。你甚至還可以進一步往上溯源：希羅多德，舉世公認的史學之父，在他作品的開場白中，對他的目的做了一個定義：

> 把希臘人和野蠻人的行爲之記憶留存下來，「特別是，比任何事都重要，爲他們之間的相互征戰給個**原因**〔粗體是我加的〕。」

你從所有的歷史理論家中，都可以見到同樣的想法，不論是伊本．哈勒敦、馬克思，或黑格爾。我們越是想盡辦法，不把歷史轉變成定理，而變成僅供吾人閱讀享樂的一系列報導，則我們所碰到的困擾就越多。難道我們都染上了敍事謬誤的毛病了嗎？②

①尤吉．貝拉或許已經為完結篇主義做出一個理論，他說：「你只要看就能觀察到許多東西。」

②在檢視過去時，拒絕天真的類比是個不錯的想法。許多人把今天的美國比成古羅馬，從軍事觀點（迦太基的滅亡經常讓人想到，美國的敵對政權也一樣會瓦解）和社會觀點（數不盡的陳腐言論警告我們未來的興衰起落）來為這兩者做比較。嗚呼，把從類似第一類型的簡單環境，就像我們遠古時代的環境中，所得到的知識移植到今天的第二類型，有著錯綜複雜的因果網絡的系統裡，我們必須極為小心。另一個錯誤是從沒有發生核子戰爭來推導因果結論，因為這種說法訴諸第八章之卡薩諾瓦的論點，我要再說一次，如果當時發生了核子戰爭，我們就都不會在這裡了，而且，當我們在推導「原因」時，如果我們的生存受制於該「原因」，那就不是一個好推論。

我們可能要等待有能力瞭解前向過程和後溯過程之差異的新一代懷疑經驗論歷史學家。就像波柏攻擊歷史主義者對未來所做的斷言一樣，我不過是把歷史方法在瞭解**過去**本身上的弱點展示出來罷了。

在討論過未來（和過去）的盲性之後，我們來看看該怎麼辦。很神奇地，我們能採用許多極爲務實的方法。我們將在下一章中加以探索。

13 如果你不能預測，該怎麼辦？①

你向別人提出忠告時應該收費——我的小小建議——大家都不懂，但至少，他懂——參加派對去

忠告很廉價，非常廉價

把知名思想家所說的話塞進自己的文章中，除非是為了調侃他們，或是提供歷史性的參考，這個習慣並不好。名家的話是「很有道理」，但動聽的格言本身會迫使我們被騙，而且總是無法通

①對那些現在終於說「塔雷伯，你的意思我懂了，但我該怎麼辦？」的人，本章提供通盤性的結論。我的回答是，如果你已經懂了，你差不多就已經知道該怎麼辦了。但本章不失為一個刺激。

過實證檢驗。因此，我選擇超級哲學家羅素所說的下面這番陳述，正因爲我不認同他的說法。

需要確定性，這是人類天性，然而卻也是一種智慧上的惡行。如果你在一個陰晴不定的日子裡，帶孩子去野餐，他們將會對這一天到底會是晴天還是雨天，要求一個明確的答案，而當你無法確定時，他們會對你感到失望……

但只要人們沒有受過**訓練**〔粗體是我加的〕，在缺乏證據之下保留判斷，他們就會在過度自信的預言者之引導下偏離正軌……每一種美德之學習都有其合適的紀律；而暫緩判斷之學習，其最佳的紀律就是哲學。

讀者或許會很訝異我竟然不認同這段話。我很難不同意，對確定性的需求是一種智慧上的惡行。我很難不同意，我們可能在某個過度自信的預言者之引導下，偏離正軌。我膽敢和這位偉人不同之處在於，我不相信提出忠告的「哲學」，在協助我們處理這個問題上，會有什麼成效；我也不相信，美德可以**輕易**教導；我更不會鼓勵大家，爲了避免做判斷，而把自己繃得緊緊的。爲什麼？因爲我們必須把人當作人來看待。我們無法**教**人保留判斷；判斷就深植在我們看東西的方式裡。我看到的不是一棵「樹」；我看到的是一棵賞心悅目或是醜陋的樹。我們附加在事物上的這些小價值，如果不用強大到足以讓人癱瘓的力量，是不可能將之剝除的。同樣的，在吾人的腦袋裡，是不可能保持沒有某種偏誤元素的狀況。在我們親愛的人性裡，有某種東西造成我們要去相信；那又如何？

自亞里斯多德以來，哲學家教導我們說，我們是思想深入的動物，而且我們可以用推理來學習。我們花了一段時間才發現，我們的確會有效地思考，但那更像是我們為了給自己一個以為瞭解的幻覺，以及為了掩護過去的行為，所做的後溯敍述。我們一忘記這點，「啓蒙」思想馬上就再度鑽入我們的腦中。

我寧願把人類降級到某個程度，當然高於其他已知的動物，但絕不是高到和理想的奧林匹亞神人不分軒輊，神人可以吸收哲學命題，並據以行動。其實，如果哲學眞**那麼**有效，那麼小書店裡的自助區對於撫慰痛苦心靈，就會有某種程度的幫助——但其實不然。當我們處於繃緊狀態時，我們就忘了要做哲學思考。

我將以下面兩個心得來結束這節對預測的探討，其中一個非常短（針對小事物），另一個相當長（針對大而重要的決策）。

在正確的地方當個傻瓜

對小事的心得是：**要有人性！**承認我們身為人類，在處理事務時，必然會有某種程度的知識傲慢。對此不要感到羞愧。不要老是保留判斷——意見是生活的一部分。該預測時，不要逃避——是的，在對預測大加撻伐之後，現在，我並不強求你不要當個傻瓜。只要在正確的地方當個傻瓜。②

你所要避免的是，不必要地依賴大型而有害的預測——就是這些。避開對你未來可能產生傷害的大題目：在小事情上糊塗，而不是在大事上被騙。不要聽信經濟預測者或是社會科學預言家

（他們只是藝人），但要郊遊時，請務必自己做預測。不論如何，下次郊遊時要要求確定性，但避開政府對二〇四〇年所做的社會保險預測。

要懂得不按照可信度，而是按照可能造成的傷害之大小，來排列你的相信次序。

要準備好

讀者讀到吾人普遍無法預見未來時，可能會感到不安，並擔心該怎麼辦。但如果你擺脫了充分可預測性的想法之後，你就有許多事可做，當然，要時時留意其極限。知道你不能預測，不表示你不能從不可預測性得到好處。

重點：要準備好！心智狹隘的預測具有一種止痛或治療的效果。要小心魔術數字的麻痺效果。爲所有終將發生的相關事物做好準備。

②丹・吉爾伯特在一份知名的論文〈心智系統如何相信〉（How Mental Systems Believe）中證實，我們並非天生的懷疑論者，而「不相信」可是要耗費腦力的。

正面意外的想法

請回想經驗論者，那些希臘實證醫學派的成員。他們認為，你應該在診療時敞開心胸，讓幸運發揮作用。有了幸運，病人或許會，譬如說，吃到某種食物，結果，這種食物竟意外地治好他的病，因此，這種療法就可以用在以後的病患上。**正面**意外（像高血壓藥所產生的副作用，導致威而剛之出現）是經驗論者在醫療發現上的中心方法。

同樣的觀點可以推廣到生活上：盡量擴大你周遭的不經意事物。

塞克斯都・恩披里科曾經重述了畫家阿佩萊斯（Apelles the Painter）的故事，阿佩萊斯在畫一匹馬時，想要把馬嘴上的泡沫畫下來。他很努力地畫，卻弄得一團混亂，後來他就放棄了，而且非常生氣，拿起用來清潔畫筆的海綿往畫上一丟。海綿所撞擊之處，竟留下了一塊完美的泡沫圖。

試錯法（trial and error）表示要試非常多東西。理察・道金斯（Richard Dawkins）在《盲眼鐘錶匠》（*The Blind Watchmaker*）中，聰明地展示出這個想法：這個世界沒有偉大的設計，靠許多微小而隨機的逐步變化來推進。請注意，我個人有些許不認同，但並不影響其大意：我認為這世界是由**大型**的隨機進步所推動。

其實，我們對試錯法以及接受生命中有一系列必要的小失敗，在心理上和智慧上有其難處。我的同事馬克・史匹茲納格瞭解我們人類對失敗有心智上的障礙：「你必須去愛損失」是他的座右銘。事實上，我在美國就立即覺得快意自在，其原因正是美國文化鼓勵失敗過程，不像歐洲和亞洲文化，這些地方，失敗招來恥辱和難堪。美國的專長是爲其他地區承受這些小風險，這解釋了何以美國在創新上所佔的比率遠高於其他地區。一旦一個構想或是一項產品建立之後，就在那裡「臻於完美」。

黑天鵝事件的波動性和風險

人們通常以損失爲恥，於是他們採取波動性非常小、但肯定會有大損失之風險的策略——就像在蒸汽壓路機前撿銅板。日本文化對隨機性的適應有問題，先天上就不瞭解不良績效可能來自運氣不佳，在這個文化裡，損失可能會嚴重玷汙個人的聲望。人們痛恨波動性，於是所採用的策略是暴露在可能倒閉的危機中，導致偶爾有人在蒙受重大損失之後自殺。

還有，這種在波動性和風險之間所做的權衡，也可能出現在表面上看起來安穩的職業上，像一九九〇年代前之IBM的工作。當裁員時，這些員工面臨完全的虛無：其他任何工作他都不再適任。在受保護產業裡工作的人，也有同樣問題。另一方面，顧問業的收入也許不穩定，因爲客戶的獲利高低起伏，但沒飯吃的風險較低，因爲其技能符合需求——搖晃但不會沉沒（fluctuat nec mergitur）。同樣的，表面上風平浪靜的專制政體，如敘利亞或沙烏地阿拉伯，其所面臨的混亂風險大於，譬如說，義大利，因爲義大利自二次大戰之後即一直處於政治紛亂之中。我從金融業之中學到這個問題，在金融業裡，我們看到「保守的」銀行家坐在一堆炸藥上，卻因爲他們的作業看起來很無聊且缺乏波動性，而欺騙自己。

槓鈴策略（Barbell Strategy）

在此，我要把我當交易員時所採用的「槓鈴」策略之想法，推廣到實際生活上，其構想如下。如果你知道你會被預測錯誤所傷，而且，你接受大多數的「風險指標」，由於黑天鵝事件，都有瑕疵，那麼，你的策略就是盡可能地超保守和超積極，而不是溫和的積極或保守。別把你的錢放在「中度風險」的投資（你如何知道那是中度風險？聽尋求終身職的「專家」的話嗎？）你必須把一部分的錢，譬如說百分之八十五到九十，放到極爲安全的工具上，像是國庫券——這類的標的是你在地球上所能找到最安全的工具。剩下的百分之十到十五，你放到極爲投機的賭注，槓桿盡可能放大（如選擇權），最好是創投風格的投資組合。③這樣，你的「地板部位」（floor），即你放在最安全投資的那一籃雞蛋，就不會受到風險管理錯誤的影響；沒有任何黑天鵝事件可以對你

---

③務必確定你有許多這種小賭注；避免被單一個鮮明的黑天鵝事件所蒙蔽。盡可能多投注一些你所有想得到的這種小賭注。即使是創投公司，也會因為一些他們認為「很有道理」的故事，而落入敘事謬誤；他們所下的賭注檔數還未達應有水準。如果創投公司賺錢了，那不是因為他們腦中所想到的故事發酵，而是因為他們暴露在計劃外的稀有事件之下。

造成傷害。或者（可能的話），你可以做一個投機性的投資組合，並對損失做保險，使損失不超過，譬如說，百分之十五，其效果一樣。你把無法計算的風險，那些對你有害的風險，「剪除」了。你的風險不是中度風險，而是一邊爲高風險，另一邊爲無風險。平均起來將是中度風險，但對黑天鵝事件，建立了一個正面暴露。這個組合，可以用比較技術性的說法，稱爲「凸」（convex）組合。我們來看看這個構想如何落實在生活中的各個面向。

「根本不會有人知道」

據說知名編劇家威廉・戈曼（William Goldman）在談到有關電影票房的預測時，大聲吼道：「根本不會有人知道！」現在，讀者可能很好奇，像戈曼這麼有成就的人，是如何搞清楚在沒有預測之下，該做什麼事？答案和一般人所認知的事業邏輯完全相反。他知道他無法預測個別事件，但他很瞭解，無法預測的事物，即一部票房大賣的電影，可以讓他立即獲利。

因此，第二個心得比較積極：你可以利用預測問題和知識傲慢，眞的得到好處！事實上，我猜想，大多數的成功企業正是那些能夠迂迴處理先天上的不可測性，甚至還加以利用者。

請回想我曾經討論過的生技公司，其經理人瞭解研究之精髓在於不知的未知。還有，請注意他們如何抓住「邊角」，即世上的免費彩券。

這裡有一張（小額的）彩券。但請注意，彩券的額度越小，就越有效。

(a)**第一，將**正面意外**和**負面意外**加以區別**。對於人類所從事的工作，學著把那些會帶來（或一直帶來）極大利益的不可預測事物，和那些不瞭解未來就會造成傷害者加以區別。黑天鵝事件正面、負面皆有。威廉・戈曼從事的是電影業，一種正面黑天鵝事業。這個產業，不確定性的確會帶來報酬。

負面黑天鵝產業是那種意外事件會造成嚴重衝擊和傷害者。如果你的行業是軍人、巨災保險，或住家保全，你所面對的就只有不利事件。同樣的，正如我們在第七章所見，如果你所從事的是銀行和放款業，意外事件很可能對你是負面的。你把款子放出去，最佳的情況是你把款子收回來——但如果借方違約的話，你可能把你的錢全賠光。當借方發大財時，他不太可能多分一些股息給你。

除了電影之外，正面黑天鵝產業的例子還有：出版業的某些區域、科學研究，和創投業。在這些產業裡，你小賠以求大賺。每出一本書，你賠得不多，但基於完全無法預期的理由，任何一本已經出版的書都可能大賣。下檔損失很小且可以控制。出版商的問題，當然是，他們經常把書一次付清，於是造成其上檔相當有限，而下檔卻很可觀（如果你花一千萬美元出一本書，你的黑天鵝事件就是這本書沒有成爲暢銷書）。同理，雖然科技能帶來極大的報酬，花錢買一個令人興奮的故事，一如人們在達康泡沫的行爲，可以讓所有的上檔都變成有限，而下檔損失卻非常龐大。創投業者投資了一家投機性的公司，再賣給沒有想像力的投資人，此黑天鵝事件的受益者是創投業者，不是「我也要」的投資人。

在這些產業中，如果你什麼都不懂，那你就很幸運——特別是如果其他人也是什麼都不懂，但他們不知道這點。而且如果你知道你對哪個領域無知，你就可以大快朵頤了，這麼說吧，你是唯一去看沒被讀過的書的人。這和「槓鈴」策略完全吻合，盡量暴露在正面黑天鵝事件之中，同時偏執地避開負面黑天鵝事件。你所暴露於其中的正面黑天鵝事件，你不必對其不確定性的結構有絲毫的瞭解。我發現我很難解釋說，當你的損失極爲有限時，你必須盡其可能地積極、投機，有時甚至是「不可理喻」。

平庸的思想家有時候將這種策略比喻成收集「彩券」的策略。那根本就不對。第一，彩券的報酬並非規模可變；其獎金的上限爲已知。戲局謬誤在此可以適用——和彩金相較，規模可變性讓眞實生活的報酬沒有限制，或是其限制爲未知數。第二，彩券的規則爲已知，且其機率屬實驗室風格，相當清楚；而在此處，我們並不知道規則，而且可以從其他的不確定性獲利，因爲不確定性不會傷到你，只能讓你獲利。④

(b)**不要尋找**明確**而**狹隘**的東西**。簡單說，不要心胸狹隘。提出「機會青睞有準備者」這個觀念的偉大發現者巴斯德知道，你不要每天早上起來就去尋找一些特殊的東西，而是要努力工作，讓偶發事件進入你的工作生涯。誠如另一位偉大的思想家尤吉·貝拉所說的：「如果你不知道你該往哪個方向走，你就要非常小心了，因爲你可能會一事無成。」

同理，不要嘗試去預測明確的黑天鵝事件——通常是你所沒預測到的黑天鵝事件讓你受傷慘重。我的朋友安迪·馬歇爾（Andy Marshall）和安德魯·梅斯（Andrew Mays）在國防部裡就遇到同樣的問題。軍方汲汲營營地把資源投注在預測下個問題上。這兩位思想家則提倡相反的作法：投注在準備上，而不是預測上。

記住，無限的警戒是不可能的。

(c) **抓住任何機會，或任何看起來像機會的東西**。機會很稀有，遠比你所想的還稀有。記住，正面黑天鵝事件有個必要的第一步：你必須暴露在其中。許多人碰到機會時，並不知道他們將會得到人生中的幸運突破。如果一家大出版商（或是大畫商、電影公司老闆、頂尖銀行家、大思想家）約你見面，請把你所有的行程都取消：你可能永遠都不會見到這樣的窗口再度爲你敞開。有時候我很訝異，竟然很少人知道這種機會不是長在樹上。你要盡量收集免費的非彩券（酬金沒有上限者），而且一旦開始獲利，不要隨便放棄。努力工作，不是去做那

④還有一個更微妙的認識論觀點。請記住，在良性的黑天鵝產業裡，過去所未曾發生過的事，幾乎可以確定為對你有利。當你去看過去的生技業營收時，你看不到超級大賣的藥品，但由於可能出現治癒癌症（或是頭痛、禿頭，或缺乏幽默症等等）的藥，這個產業的營業額有一個微小的機率一飛沖天，遠比預期還高。相反的，請考慮負面黑天鵝產業。你所看到的過去績效很可能讓你高估其資產價值。回想一九八二年的銀行業倒閉風潮：對天真的觀察者來說，銀行業當時似乎比表面上還賺錢。保險公司有兩種：一種屬於平庸世界，可以做正常的多元分散（如壽險），以及買進更危險、更容易受爆炸性黑天鵝事件影響險種的再保公司。根據資料，再保公司過去幾十年來所承保的保單已經讓他們賠錢，但和銀行家不一樣，他們有足夠的反省能力，知道狀況其實可能更慘，因為過去二十年來並沒有發生大災難，而一個世紀只要發生一次巨災，就足以讓這個產業再見。許多對保險業做「價值評估」的財經學者似乎沒看到這點。

些枯燥乏味的例行事務，而是去追逐這種機會，並盡量暴露在其中。這使得住在大城市的價值無法衡量，因爲提高了不經意邂逅的機會——你得到機會，暴露在不經意的邀請裡。住在鄉下的想法是基於我們生活在「網際網路時代」，溝通無阻，但這種想法卻偏狹地把正面不確定性來源給排除掉了。外交官非常瞭解這點：在雞尾酒會上隨性聊聊經常可以帶來重大突破——不是枯燥的書信往返或電話交談。去參加派對吧！如果你是個科學家，可能會意外碰到一個想法，開啓了新研究。如果你有自閉的毛病，就派你的同事去參加吧。

(d)**要小心政府的明確計劃**。一如第十章之討論，讓政府去預測（這使得官員自己覺得好過一點，並讓他們有個存在的理由），但不要太推崇他們所說的話。記住，這些公僕的興趣在於求生存和自保——不是得到眞相。這並不表示政府沒有用，只是你必須對其副作用保持戒心。例如，金融官員很容易犯嚴重的專家問題，而且他們傾向於寬恕魯莽（而隱藏）的冒險行爲。馬歇爾和梅斯問我，私部門在預測上是否會做得比較好。嗚呼，不。再一次，請回想銀行在他們的資產組合裡隱藏爆炸性風險的故事。有關這類稀有事件的事，最好不要信任大企業，因爲其高階經理人的績效，不能從短期的基礎上觀察出來，而且他們會玩弄制度，顯示出良好的績效，好讓他們得到年終獎金。資本主義的致命要害在於，如果你讓企業去競爭，有時候最嚴重暴露在負面黑天鵝事件的公司，會看起來像是最適合生存者。也請回想第一章附註中弗格森的發現，市場並非戰爭的良好預測者。沒有任何人是任何事物的良好預測者。抱歉。

(e)「有些人是這樣的，如果他們不懂，你就沒辦法跟他們談下去。」偉大的不確定性哲學家尤吉·貝拉曾經這麼說過。**不要浪費時間去和預測者、股市分析師、經濟學家，和社會科學家對抗，除非你想消遣他們**。他們非常容易被人取笑，而且大多數還會惱羞成怒。對不可預測性慨然歎息是沒有用的，人們還是會愚蠢地做預測，尤其是如果有人花錢請他們預測，而且，你無法終結這種制式化的欺騙。如果你的工作就是要留意預測，記住，當你把預測時間拉長時，其準確性迅速惡化。

如果你聽到一個「知名的」經濟學家使用**均衡**或**常態分配**等字眼，別和他爭論；只要忽略他就行了，或者試試把一隻老鼠放進他的襯衫裡。

偉大的不對稱性

這些建議都有一個共同點：不對稱性。把你自己放置在有利結果遠大於不利結果的處境。眞的，本書的中心觀念就是**不對稱出象**（asymmetric outcomes）。我永遠都無法知道未知之事物，因爲，在定義上，那就是未知。然而，我總是能猜測其對我的影響，而且我應該根據它來做決策。

這個觀念經常被誤稱爲帕斯卡的賭注（Pascal's wager），以哲學家暨（思想）數學家帕斯卡（Blaise Pascal）爲名。他的說法大致如下：我不知道上帝是否存在，但我知道，如果我是個無神論者，而上帝又不存在，我並沒有得到什麼好處；但如果祂眞的存在，那我可就損失慘重了。於是，我應該相信上帝。

帕斯卡的論點在神學上有嚴重的瑕疵：吾人必須天眞地相信，上帝會因爲我們信仰錯誤而懲罰我們。除非，當然，吾人必須有個相當狹隘的看法，認爲上帝很天眞（據說羅素曾經宣稱，上帝必須先創造出傻子，帕斯卡的說法才講得通）。

但帕斯卡賭注背後的想法，基本上可以應用在神學以外的領域。它完全和知識的整個概念相反。它消除了我們對稀有事件之機率的瞭解之需求（我們在這種知識上有基本極限）；反而，我們可以把焦點放在一個事件，如果發生的話，其報酬和好處。非常稀有事件的機率是無法計算的；而一個事件對我們的影響，卻非常容易確定（事件越稀有，其機率就越模糊）。我們可以對一個事件的結果有清楚的概念，即便我們不知其發生的可能性有多大。我不知道地震發生的機率，但我可以想像，如果發生地震，舊金山會受到什麼影響。爲了做決策，你必須把焦點放在結果上（你可以知道者），而非放在機率上（你無法知道者），這個想法，就是**不確定性的中心觀念**。我這一輩子，大都靠此爲生。

你可以根據這個概念建立決策的最高原理。你所要做的事就是減輕結果所帶來的傷害。我說過，如果我的投資組合暴露在市場崩盤的危機下，我不能計算其機率，我只要買保險，或是出場，把我不願意蒙受任何損失的部分投資到風險較低的證券上就可以了。

的確，如果自由市場一直很成功，那正是因爲他們允許犯了敘事謬誤的個別競爭者，進行我所謂的「隨機修補」（stochastic tinkering）的試錯過程——這些競爭者雖然犯了敘事謬誤，仍能有效地一起參與這個大計劃。我們漸漸學會在不瞭解之下練習隨機修補——感謝自由市場體制讓過度自信的企業家、天眞的投資人、貪婪的投資銀行家，和雄心勃勃的創投業者齊聚一堂。下一章將說明我爲什麼樂觀地認爲學術界正漸漸失去拘束知識的權力和能力，以及更多脫離框架的知識將以維基風格（Wiki-style）產生出來。

最後我們還是被歷史所駕馭，雖然我們一直認爲，是我們在駕馭歷史。

我將把這麼一大章節對預測所做的討論，總結爲：我們可以輕易地把我們何以無法瞭解發生了什麼事，限縮爲幾個理由。這幾個理由是(a)知識傲慢以及吾人對應所產生之未來盲（future blindness）；(b)分類所造成之柏拉圖式想法，或人們被化約（reductions）所愚弄的情形，特別是那些在專家無用的學科裡擁有學位的人；以及，最後(c)有瑕疵的歸納工具，特別是來自平庸世界，與黑天鵝事件無關的工具。

在下一節，我們將更深入，非常深入地探討這些來自平庸世界的工具，這麼說吧，深入「管線」。有些讀者可能會將之視爲附錄；其他的人或許會認爲那是本書的核心。

第三部 那些極端世界裡的灰天鵝

現在該是好好討論與我們的黑天鵝事件有關的最後四個項目的時候了。

第一，我先前說過，世界正漸漸往極端世界深處前進，越來越不受平庸世界所統治——事實上，這個概念遠比上述說法還要微妙。我將說明何以如此，並對不公平之形成，提出各種我們所知道的想法。第二，我一直把高斯鐘形曲線描述成傳染性的嚴重妄想症，現在該是深入討論這個想法的時候了。第三，我將介紹我所謂的曼德伯隨機，或碎形隨機（fractal randomness）。記住，一個事件要成為黑天鵝事件，不只是要稀有或狂暴而已，它必須出乎預料之外，必須落在我們狹隘的機率觀之外。你必須成為上了它的當的傻瓜。許多稀有事件的結構，偶爾也能被我們所制服：要計算其機率並不容易，但要對其發生的可能性，有個一般性的想法卻很容易。也就是說，我們可以把黑天鵝事件轉成灰天鵝事件，減少其訝異效果。瞭解這種事件的機率的人，就可以歸入非笨蛋類。

最後，我將介紹那些專注於假不確定性（phony uncertainty）的哲學家之觀念。本書的編排方式是把技術性（但非不可或缺）的章節放在第三部；對思想周密的讀者而言，這些部分可以跳過而不會有任何遺漏，尤其是第十五、十七章和第十六章的後半段。我會用腳註來提醒讀者。對偏異機制（mechanics of deviations）不是很感興趣的讀者，可以直接進入第四部。

14 從平庸世界到極端世界，再回來

我喜歡霍洛維茲——如何失寵——長尾——爲某些意外做好準備——不只是錢的問題

讓我們來看看，越來越人工化的地球如何從溫和的隨機性演化成狂暴的隨機性。首先，我要描述我們如何達到極端世界。然後，我將檢視其演化。

世界是不公平的

這個世界不公平嗎？我一輩子都在研究隨機性、練習隨機性、恨隨機性。浸淫越久，我就越發覺得惡劣、害怕，並厭惡人類的天性。對這個主題，我思考得越多，就看到越多證據顯示，我們腦袋裡所想的世界，和外面實際運作的世界不同。每天早上起來，我覺得世界似乎比前一天還隨機，而人們被其所愚弄的程度，似乎也比前一天嚴重。隨機性漸漸變得令人難以忍受。我發現我在寫這幾行時非常痛苦；我發現這世界令人厭惡。

有兩種「軟性」科學家爲這種不公平提出了直觀的模型：一種是主流經濟學家，另一種是社會學家。這兩種人都太過簡化了。我將介紹其觀念，因爲其觀念很容易瞭解，而不是因爲他們的見解或發現成果所具有的科學品質；我將會以站在自然科學家這有利位置的觀點來說明此事。

我們先從經濟學家雪文．羅森（Sherwin Rosen）開始吧。在一九八〇年代初期，他寫了許多有關「超級巨星經濟學」的論文。他在其中的一篇論文中，表達了對一年可以賺一百二十萬美元的籃球球員或年收入爲二百萬美元的電視名人之不滿。爲了讓各位瞭解這種集中度的增加情形——即我們脫離平庸世界的情形——請考慮今天，該論文發表後不過二十年，電視名人和運動明星（甚至在歐洲）的合約高達數億美元！這種極端現象（到目前爲止）大約是二十年前的二十倍以上！

根據羅森，這種不公平來自比賽效應（tournament effect）：稍微「優秀」一點的人可以輕易地贏得所有的獎金，讓其他人一無所獲。用第三章的說法，人們喜歡花十．九九美元去買霍洛維茲的錄音，勝過花九．九九美元去聽一個生活困頓的鋼琴家的音樂。你會花十三．九九美元去買昆德拉的作品，還是花一美元去讀一個沒沒無聞作家的書？因此，這看起來像是個比賽，贏家全拿——而且他不必贏太多就可以全拿。

但在羅森漂亮的論述裡，獨缺運氣的作用。問題在於「比較優秀」的想法，他把焦點放在技能是成功的因素。隨機出象，或是一個任意的狀況，也能解釋成功，並提供初始的助力，導致贏家全拿的結果。一個人可以基於完全隨機的理由，獲得些微的領先；因爲我們喜歡相互模仿，我們將會爭相擁抱這個人。傳染的世界被過度低估了！

用了多年的微軟產品之後，我在寫這幾行時，用的是蘋果（Apple）電腦的麥金塔（Macintosh）。蘋果電腦的技術遠比微軟優異，然而較差的軟體卻在今天贏得市場。憑什麼？運氣。

馬太效應（The Matthew Effect）

比羅森還早十多年之前，科學的社會學家羅伯・莫頓（Robert K. Merton）提出了馬太效應的想法，說明人們會把窮人的資源拿去給富人。①他檢視科學家的績效，證明某些人的初始優勢可以跟著他一輩子。考慮下述的過程。

如果有一個人寫了一篇學術論文，文章中引用了五十位從事相關主題研究者的文章，這些人的研究，提供了相當的背景資料，爲了簡化起見，我們假設這五十個人的功勞都相等。另一個研究相同主題的研究者，會從這五十人中，隨機抽取三人出來，以作爲自己論文的參考文獻。莫頓證明，許多學者所列的參考文獻並沒有眞正讀過原作，而是讀一篇論文，就從該文的資料出處中，抽出一些以作爲自己的參考文獻。因此，研讀第二篇論文的第三個研究者，會從前一篇文章中抽

①聖經上已經討論過規模法則：「凡有的，還要加給他，叫他有餘；凡沒有的，連他所有的，也要奪去。」馬太福音（「馬太福音」第二十五章第二十九節，英皇欽定本〔King James Version〕）。

出三名作者以作爲**自己的**參考文獻。這三名作者將會累積越來越多的聲譽，因爲他們的名字已經和現有的這個主題緊密地結合在一起。勝出的這三人，和原始研究大軍的其他成員之間，其差異主要在於運氣：他們一開始就被選上並不是因爲比較行，而只是因爲他們的名字出現在先前文獻上的方式使然。由於他們的聲譽日隆，這幾個成功的學者還會繼續寫論文，而他們的論文將輕易就被接受並發表。學術上的成就有一部分（但影響力頗大）是靠抽籤。②

測試聲譽效應很容易。其中一個方法就是去找由知名科學家所寫的論文，如果作者的身分被弄錯了，就會遭到拒絕。你可以去查一查，這些退稿在作者的眞正身分被確認了之後又重新被接受的有多少。請注意，學者主要是由其作品被其他人引用了多少次來評量，於是形成相互引用的派系（就是「我引用你，你引用我」的這種把戲）。

最後，沒被經常引用的人就會在這場遊戲中敗陣下來，而到，譬如說，政府裡工作（如果他們個性溫和的話），或爲黑手黨工作，或到華爾街的券商上班（如果他們的荷爾蒙很強）。那些在學術生涯中一開始就得到助力的人，一輩子都可以不斷地累積優勢。有錢的人變得更有錢，有名的人變得更有名，是比較容易。

在社會學裡，馬太效應有個沒什麼文學氣息的名字，「累積優勢」（cumulative advantage）。

---

②許多人察覺到，研究者在研究生涯裡年少有成很重要，這可能來自對這個效應的反常作用之誤解，尤其是在偏誤的強化下，更是如此。反例很多，即使在數學這種應該是「純粹年輕人遊戲」的領域，也顯示出年齡的謬誤：很簡單，你必須盡早成功，甚至非常早就要成功。

這個理論可以輕易地應用在公司、商人、演員、作家，和任何從過去成就得到好處的人身上。如果你因爲信紙的顏色引起編輯的注意，這個編輯正在做白日夢，以爲碰到了上等貨，從而讓你的文章登上《紐約客》，其所帶來的報酬將一輩子跟著你。更明顯的是，運氣也跟著**其他人**一輩子。失敗也具有累積性；失敗者很可能把未來都輸掉了，即使我們不考慮意志消沉的機制可能使失敗更爲慘重，並帶來更多的失敗。

請注意，藝術，由於依賴口碑，極受這種累積優勢的影響。我在第一章提到群集現象，以及新聞業如何讓這種群集現象延續不衰。我們對一項藝術品之優點的意見，比政治理念更容易受到他人意見的感染。一個人寫了一篇書評；另一個人讀了這篇書評之後，用同樣的論點也寫了一篇評論。很快你就會看到數百篇書評，其內容實際上彙總起來不超過二或三篇，因爲太多重複了。如果要看故事性的例子，請讀《把這些傢伙開除！》(*Fire the Bastards!*)，其作者傑克・格林（Jack Green）有系統地完整檢視威廉・蓋迪斯（William Gaddis）的小說《承認》（*The Recognition*）的書評。格林清楚地呈現書評家以他人之評論爲評論的情形，並且告訴我們強大的相互影響力，連用詞也都相互影響。這種現象讓我們想起我在第十章所討論的金融分析師的群集現象。

現代媒體的出現，已經讓這些累積優勢加速。社會學家皮耶・布迪歐注意到成功越來越集中，和文化及經濟生活的全球化有關聯。但我不是要在這裡扮演社會學家，只是要證實無法預測的元素，可能對社會結果（social outcomes）有所影響。

莫頓的累積優勢觀念有一個更一般性的前輩：「偏好連結」(preferential attachment)，這個觀念，我將在後面以逆時間順序的方式（但不是逆邏輯順序）做介紹。莫頓的興趣在於知識的社會面，而非社會隨機性的變動，因此他的研究有別於數理科學中之隨機性動態的研究。

共通語（Lingua Franca）

偏好連結理論，其應用無所不在。它解釋了爲什麼城市規模屬於極端世界、爲什麼字彙集中在少數的字集，或爲什麼細菌族群數的規模，變動非常大。

科學家維里斯（J. C. Willis）和玉爾（G. U. Yule）在一九二二年的《自然》雜誌上發表了一篇劃時代的論文，名爲「演化上的一些統計數字與動植物之地理分布及其意義」（Some Statistics of Evolution and Geographical Distribution in Plants and Animals and Their Significance）。維里斯和玉爾注意到生物學裡出現了所謂的冪法則，這是我在第三章所討論的規模可變隨機性（scalable randomness）之眾所矚目的版本。維爾弗雷多・帕雷托（Vilfredo Pareto）更早之前就發現了冪法則（下一章將討論其技術部分），他發現冪法則可以用在所得分配上。其後，玉爾發表了一個簡單模型，說明冪法則的產生方式。他的論點如下：假設物種以固定的速度一分爲二以產生新物種。原先物種的基因越豐富，新物種所得到的基因也就越豐富，和馬太效應的邏輯一樣。請注意下面的警語：在玉爾的模型裡，物種不會滅亡。

在一九〇年代期間，哈佛語言學家喬治・齊夫（George Zipf）檢視了語言的特質，提出一個實證上的規則，現在稱之爲齊夫定律（Zipf's law），當然，這並不是一條定律（就算是定律，也不會是齊夫的定律）。這只是思考不公平過程的另一個方式。他所描述的機制如下：一個字，你用得越頻繁，你會發現，你下次再用它時，就越不費力，因此，你從你的私人字典中，按照過去使用的比率來用字。這解釋了英文的六萬個主要單字中，只有幾百個字就構成了寫作用字的主體，而一般對話所用到的字更少。同理，某個城市，其所聚集的人口越多，外地人就越有可能挑選這個城市作爲定居之所。大的越來越大，而小的還是很小，或是相對上變小了。

我們可以從世界各地如雨後春筍般紛紛採用英文爲共通語一事，見識到偏好連結的偉大展示——雖然不是爲了英文的內在品質，而是因爲當人們在交談時，必須使用單一語言，或是盡可能地只用單一語言。所以，任何一種優勢語言都會在突然間吸引人們成群結隊地使用；使用這種語言會像傳染病一樣擴散，而其他語言則會迅速地被排除。我經常聽到相鄰兩國的人，譬如說，土耳其人和伊朗人，或是黎巴嫩人和塞浦路斯人，以蹩腳的英文交談，他們揮動雙手來強調意思，吃力地從喉嚨吐出搜索枯腸的字句，這讓我感到很神奇。甚至連瑞士軍隊的成員也用英語（而不是法語）作爲共通語（聽他們講話很有意思）。想想看，美國的北歐後裔中，只有非常少的少數人來自英國；在傳統上，優勢族群是德國人、愛爾蘭人、荷蘭人、法國人，和其他北歐血統的人。然而因爲這些族群現在都用英文作爲主要語言，所以他們必須去研讀這後來才採用的語言之根源，並發展出與一個特別潮濕島嶼的部分文化，還有與該島的歷史、傳統，和習俗相結合的文化！

想法和傳染

同樣的模型可以用在想法的傳染和集中上。但傳染的性質有一些限制，我必須在此加以討論。

想法之擴散必然存在某些結構形式。請回想第四章所討論的，我們在推論時是如何做準備。正如同我們傾向於對某些事物，而不是其他事物做泛化推廣，似乎有某種「引力凹地」(basins of attraction) 指引著我們的特定信念。經證明，某些想法具有傳染力，但其他想法則否；某些類別的宗教信仰將會主導一切，但其他宗教則否。人類學家、認知科學家，及哲學家的丹・斯波伯 (Dan Sperber)，曾經對表徵的流行病學 (epidemiology of representations) 提出下述觀念。大家所謂的瀰因 (memes)，也就是以人類為載體進行散播和相互競爭的各種「想法」，其實並不像真的基因。想法之散播是因為，嗚呼，它們具有讓載體自我滿足的機構，讓載體對該想法有興趣，並且在複製過程中，對扭曲該想法感到興趣。你做蛋糕並不只是為了複製食譜——你要製作**你**自己的蛋糕，用別人的想法來改善。我們人類並不是影印機。因此具傳染力的心智類種必須是那些我們準備要相信，甚或我們被設計成要相信的類別。一個心智類種若要具有傳染力，必須和我們的天性相符。

在極端世界，沒人可以高枕無憂

我到目前為止所介紹的這些集中度動態的模型，都有某種極端天真的情形，特別是社會經濟類。例如，雖然莫頓的想法包括運氣，卻漏掉隨機性的其他層面。在這些模型中，贏家一直保持贏家的地位。現在，一個輸家或許永遠是輸家，但贏家可能被某個不知道從哪裡冒出來的人篡位。沒人可以高枕無憂。

偏好連結理論在直覺上具有吸引力，但卻沒有考慮被新加入者所取代的可能——也就是每個學童都知道的文明之隕沒。請思考城市之邏輯：在西元一世紀擁有一百二十萬人口的羅馬，如何在第三世紀落得只剩一萬二千人？一度是美國主要城市的巴爾地摩何以淪為廢墟？而費城的風采又是如何被紐約所奪走？

一個布魯克林法國人

當我開始從事外匯交易時，我和一個叫文生（Vincent）的傢伙成為好朋友，他除了說一口法文版的布魯克林語之外，完全像個布魯克林交易員，有著和胖子東尼一模一樣的怪癖。文生教了我一些竅門。他說過很多名言，如：「交易可能有許多王子，但沒人一直當國王。」及「你現在看到一路往上升的人，下次你再碰到他時，是一路往下掉。」

我小的時候，有許多理論探討階級鬥爭和無辜百姓掙扎著對抗強大企業巨獸，這些巨獸具有吞噬世界的能力。任何有求知欲的人都會被灌輸這些承襲自馬克思思想的理論，認為開採工具具有自我回饋性，即有權有勢的人會變得更有權有勢，讓系統變得更不公平。但吾人只要四處看看，就會見到這些大型企業怪獸像蒼蠅一樣地栽下來。找個任何時點，對主要企業做橫剖面分析，其中有許多家數十年後就倒閉了，而一些大家都沒聽過的公司，卻從加州的某個車庫，或是從某個大學宿舍，躍上舞台。

考慮下面讓人清醒的統計。美國一九五七年的五百大公司，四十年後，只剩七十四家還留在原來的區塊，也就是留在標準普爾五〇〇（Standard & Poor's 500）裡。只有幾家因購併而消失；

其餘的不是萎縮就是破產。

有趣的是，這些大企業幾乎都坐落在地球上最資本主義化的國家，美國。一個國家越具有社會主義傾向，這些大型企業怪獸就越容易生存下去。爲什麼資本主義（而不是社會主義）會摧毀這些吃人怪獸？

換言之，如果你不去管這些公司，他們傾向於被吃掉。那些偏愛經濟自由的人宣稱，野獸般貪婪的企業不會產生威脅，因爲競爭使得他們受到約制。我在華頓學院所看到的，讓我相信，眞正的理由還包括一大部分的其他要素：運氣。

但是當人們在討論運氣時（他們很少討論此事），他們通常只看自己的運氣。**其他人**的運氣非常重要。另一家公司可能靠運氣推出大賣的產品而取代目前的贏家。資本主義，除了其他事項之外，是世界的活源，這要歸因於在資本主義裡，有機會得到運氣。運氣是個偉大的等化器，因爲幾乎每個人都可能從運氣中得到好處。社會主義政府保護他們的怪獸企業，這麼做，會把潛在的新進者在子宮裡就殺掉。

萬事皆無常。運氣產生並消滅了迦太基，也產生並消滅了羅馬。

我之前說過，隨機性不好，但並非總是不好。運氣甚至遠比智慧更不公平。如果人們嚴格地只依照能力來得到報酬，那還是不公平——人類的能力並不是自己可以選擇的。隨機性具有把社會重新洗牌的福利效應，把大傢伙打下來。

在藝術界，流行時尚也做同樣的工作。新進者可能從一波流行中獲利，因爲追隨者由於感染了偏好連結式的流行病而倍增。然後，你猜怎麼了？他也成了明日黃花。去看看某個年代所讚揚的作家，再看看其中有多少人現在已經被我們遺忘，這是件相當有趣的事。即使像法國這樣的國家也會發生此事，法國政府支持既有的成名者，就像他們支持體弱多病的大企業一樣。

當我到貝魯特拜訪時，我經常在親戚家看到一套殘存的「諾貝爾叢書」，特別以白皮精裝。曾經有個超積極的業務員，打算以這些製作精美的書籍來推廣個人圖書館；有些人買書是為了裝飾之用，因而希望有個簡單的選書標準。這套書所用的標準是，每年出一本諾貝爾文學獎得主的書——一個建立終極圖書館的簡單方法。這套書應該要每年出新書才對，但我猜這家公司在一九八〇年代就倒了。每次我看到這幾冊書就覺得很痛苦：你今天還會經常聽到蘇利・普律多姆（Sully Prudhomme，第一屆受獎者）、賽珍珠（Pearl Buck，一位美國女士）、羅曼・羅蘭（Romain Rolland）、安那托爾・法朗士（Anatole France，這兩位是他們當時最著名的法國作家）、聖約翰・濮斯（St. John Perse）、馬丁・杜・加爾（Roger Martin du Gard），或佛瑞德列・米斯特拉爾（Frédéric Mistral）等人嗎？

長尾

我已經說過，在極端世界裡沒人可以高枕無憂。這個說法有個逆命題：也沒有人會受到完全消滅的威脅。我們當前的環境允許讓小人物在成功的等候室裡靜靜地等待，愛等多久，就等多久——只要活著就有一線希望。

這個觀念，最近在克里斯・安德森（Chris Anderson）的倡導下，又再度流行，安德森是少數瞭解碎形（fractal）集中度的動態具有另一層隨機性的人。他用他的「長尾」觀念來包裝它，我們馬上就會介紹。安德森很幸運，不是個職業統計師（那些不幸受過傳統統計訓練的人認爲我們住在平庸世界裡），他可以用清新的眼光來看世界動態。

沒錯，網路產生嚴重的集中性。非常多的使用者只瀏覽少數幾個網站，如Google，這個網站在我寫本書時，具有完全的市場主導優勢。歷史上未曾出現過如此快速就具有如此掌控力的公司——Google可以服務從尼加拉瓜，到蒙古西南部，到美國西岸的人，不用擔心電話接線生、出貨、交貨、和製造的問題。這是贏家全拿的終極個案研究。

但大家忘了，在Google之前，Alta Vista曾經獨霸搜尋引擎市場。我已經準備好將來本書再版時，以另一個新名字來取代Google的比喻。

安德森所看到的是，**除了**集中性之外，網路還造成了某種特性。網路讓許多在背後等待的準Google之儲存槽得以成形。它還提倡**逆Google**（inverse Google），亦即，允許擁有技術專業的人去找一群小而穩定的觀眾。

請回想網路在尤金尼亞·克拉斯諾亞的成功上所扮演的角色。感謝網際網路，她才能繞過傳統的出版商。當時若沒有網路，她那戴粉紅色眼鏡的出版商甚至不可能在業界存活。讓我們假設亞馬遜網路書店（Amazon.com）不存在，而你已經寫了一本非常複雜的書。可能的情況是，陳列書籍數只有五千本的小書店，不太有意願讓你的「嘔心瀝血之作」佔用他們寶貴的書架空間。而超大型書店，如一般的美國邦諾書店（Barnes & Noble），可能藏書十三萬冊，但還是不足以容納沒沒無聞的書。於是你的作品還是流產。

但網路商家則不然。一家網路書店可以販售幾近無限多種書，因爲它不須有實際的庫存。事實上，沒人需要實際庫存，因爲書可以用數位的形式存在，直到必須印出之時，這是一種稱爲隨選列印（print-on-demand）的新興事業。

因此，你身爲這種小書的作者，可以好整以暇地坐下來，讓搜尋引擎找得到你，有機會從偶爾的流行中得到好處。事實上，過去這幾年來的閱讀品質已有相當顯著的改善，這要歸功於這些較複雜書籍唾手可得。當今的環境是多元化的沃土。③

許多人打電話來要我討論長尾的觀念，這觀念似乎和規模可變性所隱含的集中現象完全相反。長尾隱含了小傢伙，集合起來，由於利基和次專業因網際網路而得以生存，應該掌控文化和商業的頗大部分。但很奇怪，這個觀念也可能隱含了非常大的不公平：一大群的小傢伙和一非常小撮的超級巨人，共同代表著世界文化的一部分——偶爾有些小傢伙興起，擊敗贏家（這就是「雙尾」〔double tail〕：一條小傢伙的大尾和一條大傢伙的小尾）。

長尾的角色是改變成功動態、讓穩坐贏家之位者無法安定，並帶來另一個新贏家的基礎。從

③網路由下而上的特性也造成書評的可信度更高。雖然書評可以扭曲作者的原意，而且，由於確認謬誤使然，可將書中毫不相干的文字弱點暴露出來，讓作者對書評的獨斷性束手無策，只能乖乖就範，但現在，作者有更強的手段。他們可以乾脆把他們自己對書評的意見直接貼在網路上，以取代寫信給編輯發牢騷。如果受到人身攻擊，他們可以以牙還牙，直接攻擊書評者的可信度，只要確保他們的聲明可以很快地在網路搜尋，或在維基百科（Wikipedia）這由下而上的百科全書上出現。

極短期來看，這是將永遠屬於極端世界而受制於第二類型隨機性的集中現象，但這是一個不斷變動的極端世界。

長尾的貢獻尚未普及；仍以網路及小規模的電子商務爲範疇。但請考慮長尾對文化、資訊，和政治生活之未來的可能影響。它可以讓我們免於主要政黨之限制、免於學術體制之限制、免於媒體群集現象之限制——免於任何當前僵化、自負、而只顧自己的權威之限制。長尾將有助於認知多元化之培育。二〇〇六年有一個非常有趣的事，那就是我收到了一本名爲《認知多元化：我們的個人差異如何產生整體福祉》（*Cognitive Diversity: How Our Individual Differences Produce Collective Benefits*）之書的稿本，作者爲史考特・佩奇（Scott Page）。佩奇檢測了認知多元化在解決問題上的效果，並證實各種不同的看法和方法，其作用就像修補的引擎。其運作方式就有如演化。我們推翻了大架構，也就消滅了柏拉圖化的**單一**做事**方法**——最後，由下而上，不受理論束縛的經驗論應該廣爲流行。

總之，長尾是極端世界的副產品，讓極端世界不會那麼不公平：世界並沒有因此對小傢伙更公平，但卻對大人物變得極爲不公平。沒有任何人是眞的屹立不搖。小傢伙極具破壞力。

天眞的全球化

我們正滑入一個失序狀態，但未必是不良的失序狀況。這隱含我們將看到更多的平靜穩定期，而大多數問題則集中在少數幾個黑天鵝事件上。

請思考過去戰爭的性質。二十世紀並不是死傷最慘重的世紀（以佔總人口百分比而言），但卻帶來了新東西：極端戰爭（Extremistan warfare）——一場發生機率甚小的戰爭惡化成全人類的大屠殺，一場任何人在任何地方都不安全的衝突。

類似的效應也發生在經濟生活中。我在第三章談到全球化，經濟生活已然全球化，但並非全都是好事：全球化創造出連鎖弱點，雖然減少了波動性，產生安定的表象。換言之，它會創造出毀滅性的黑天鵝事件。我們以前從未生活在全球瓦解的威脅中。金融機構一直在合併，成爲少數幾家非常大型的銀行。現在幾乎所有的銀行都相互關聯。於是金融生態正不斷地膨脹爲巨型、近親結盟而官僚化的銀行（他們的風險衡量方式通常採高斯法）——一家倒，全都倒。④銀行集中之後，似乎具有金融危機不易發生之效果，但一旦發生危機，其規模就是全球性，並重創我們。我們已經從小銀行各自有不同之放款策略的多元化生態，變成各家公司相互雷同的均質架構。沒錯，我們現在失敗比較少，但一旦失敗……我想到這點就不寒而慄。我再說一次：我們將會有較

---

④現在的銀行找「科學家」來當行員，以管理其部位，比以前更容易受到黑天鵝事件和戲局謬誤之傷害，好像我們的問題還不夠多似的。業界巨人JP摩根在一九九〇年代推行風險矩陣（RiskMetrics），把整個世界推向風險之中，這是個以管理人員風險為目標的騙人模型，導致大家普遍使用戲局謬誤，並讓約翰博士掌權，以取代懷疑論的胖子東尼（有一個稱為「風險值」〔Value-at-Risk〕的方法和其有關，已經廣泛使用）。同樣地，政府資助的機構，聯邦國家房貸協會（Fanny Mae），我去檢視其風險，發現他們似乎是坐在一桶炸藥上，只要有風吹草動就完了。但別擔心：他們龐大的科學家職員認為這些事件「不太可能發生」。

少但更爲嚴重的危機。事件越是罕見，我們對其機率之所知就越少。這表示我們對危機發生的機率越來越不瞭解。

但我們多少有一些想法，知道這種危機可能會發生。網路是一群稱爲節點（nodes）的元素所組成，各節點以某種方式與其他節點連結；全世界的機場就構成一個網路，全球資訊網（World Wide Web）是一個網路，社會關係和電力網格（electricity grids）也都構成一個網路。有一門稱爲「網路理論」的學科，研究這種網路的組織和節點間的連結，其研究者有鄧肯．華茲（Duncan Watts）、史帝芬．史特羅蓋茲（Steven Strogatz）、艾伯特—拉斯洛．鮑勞巴希（Albert-Laszlo Barabasi）及許多人。他們都瞭解極端世界數學，也知道高斯的鐘形曲線有問題。他們已經發現網路具有下述特性：網路集中於少數幾個節點，這些節點扮演著樞紐連結的功能。網路具有一個自然傾向，將其本身以極爲集中的架構組織起來：少數幾個節點的連結極多；其他的節點則連結數甚少。這些連結的分配具有我們將在第十五、十六章所討論的規模可變性結構。這種集中現象並不僅限於網際網路；也出現在社會生活中（一小群人連結了其他人）、電力網格，和通訊網路。這種現象似乎使得網路更爲結實：對網路的大部分部位做隨機攻擊，並不會造成重大影響，因爲這些攻擊很可能打在連結甚少的部位。但這也造成網路更容易受到黑天鵝事件的傷害。只要想想，如果一個主要節點出了問題會有什麼下場。二〇〇三年八月在一次重大的蓄意攻擊中，美國東北部發生大停電，就是今天大型銀行會有什麼下場的最佳寫照。

但銀行的狀況遠比網際網路來得糟。金融業沒有顯著的長尾！如果我們有不同的生態，就會遠比現在更好，偶爾讓金融機構倒閉，並迅速由新的金融機構所取代，仿效網路業的多元性，及網際網路經濟的韌性。或是，如果有個政府官員和公僕的長尾存在，重振官僚體系。

極端世界之消除

我們這個到處充斥著集中現象的社會，和我們平庸世界或中庸之道的古典觀念，不可避免地，這兩者之間的壓力是越來越大，因此，我們可以理解，人類做了許多努力來扭轉這種集中現象。我們的社會是一人一票，而其所通過的累進稅率正是用來弱化贏家。事實上，社會規則可以輕易地被金字塔底層的人所改寫，以免集中現象傷害他們。但這麼做並不一定是靠投票——宗教也能紓解問題。想想基督教之前，在許多社會裡，有權勢的人有許多太太，於是阻止了底層的人取得子宮，這種狀況和許多物種只有雄性首領才能繁殖後代，並沒有什麼不同。但基督教加以改革，感謝一夫一妻制。後來，回教也限制太太不可以超過四個。猶太教過去一向是一夫多妻制，到了中世紀也變成一夫一妻制。吾人可以說，這種政策很成功——嚴格一夫一妻制的婚姻制度（沒有正式的妾，如希臘羅馬時期），即使採「法國式」，都提供了社會安定力，因爲社會底層的性沒有被剝奪，不會累積民怨，他們不會只爲爭取交配機會而發動革命。

但我發現，過度強調經濟公平問題而以其他種類的不公平爲代價，是極爲令人困擾的事。公平問題並非經濟事物所專有；當我們的基本需求滿足了之後，就越來越不重要。重要的是地位之尊卑！超級巨星將永遠存在。蘇聯或許已經把社會結構扁平化，但他們卻鼓勵了他們所特有的超人版本。大家最不瞭解或最不願承認的是（由於其意義讓人感到不安），在知識之製造上，**一般人**

的角色不見了。非常少數的人，在知識上產生不成比例的影響力，甚至比財富分配不均更令人不安——之所以不安是因爲，這不像所得差距，沒有任何一項政策可以消除之。共產主義可能隱藏或壓縮所得差異，但無法消滅知識生活中的超級巨星制度。

英國公務員世代研究（Whitehall Studies）的邁克爾・馬莫（Michael Marmot）已經證實，即使經過疾病調整，社會地位高者較爲長壽。馬莫這項傑出的研究顯示，光是社會地位就能影響壽命長短。經計算，得過奧斯卡獎的演員平均比沒得過該獎的演員多活五年。在社會梯度（social gradients）較平緩的社會裡，人們活得較久。不管經濟條件如何，由於在社會梯度較爲陡峭的社會之下，人的壽命較短，贏家等於殺害了同儕。

我不知道如何醫治這個病（除了透過宗教信仰）。你可能去買保險以對抗同儕的成就所帶來的士氣打擊嗎？頒發諾貝爾經濟學獎對社會或知識一向都沒有好處，但即使是頒獎給那些對醫學和物理學有**眞正**貢獻者，也會造成其他人迅速被我們遺忘，並且偷走這些人的壽命。極端世界在此將永遠存在，因此我們必須調適自己，並找些伎倆讓我們受得了。

15　鐘形曲線，知識大騙局①

不值一瓶茴香酒——奎特雷的錯誤——「一般人」是個怪獸——讓我們將之奉爲神明——是或不是——一個不怎麼像樣的實驗

把你在大學所學的統計學和機率論都忘光吧。如果你沒修過這些科目，那更好。讓我們從頭開始。

①沒有技術背景（或靠直觀）的讀者可以跳過本章，因為本章將深入細節，探討鐘形曲線。還有，如果你屬於不懂鐘形曲線的那群幸運兒，也可以跳過本章。

最後的十元馬克鈔票，上面印著高斯，以及，在他的右手邊，平庸世界的鐘形曲線。

高斯模式和曼德伯模式

二○○一年十二月我正在法蘭克福機場轉機，那是從奧斯陸飛往蘇黎世的途中。

我有很多時間可以耗在機場，而且這是我買歐洲黑巧克力的好機會，尤其是因爲我花了好大的工夫才說服我自己，機場的卡路里不算。收銀員交給我的東西之中，有一張十元的德國馬克鈔票，在下一頁你可以看到其（非法的）掃描影像。德國馬克鈔票在那之後幾天就不能流通了，因爲歐洲要轉用歐元。我收下來以作爲告別留念。在歐元來臨之前，歐洲有許多國家的貨幣，這對印刷廠、貨幣兌換商，以及，當然，像筆者這樣（有點）謙虛的外匯交易員有好處。當我在吃歐洲黑巧克力時，念念不忘地看著這張紙鈔，我差點噎住。我突然注意到，有史以來第一次，這張鈔票很有趣。鈔票上印了高斯的畫像，以及他的高斯鐘形曲線。

此處最令人訝異的諷刺是，最不可能和德國貨幣產生連結的標的就是這種曲線：帝國馬克（reichsmark，該國貨幣以前的名稱）在一九二〇年代短短幾年間，從四馬克兌一美元跳到**四兆**兌一美元，這個結果告訴你，鐘形曲線在描述這種貨幣波動的隨機性上沒有意義。只要這種變動發生過一次，你就可以推翻鐘形曲線——只要考慮結果。然而鈔票上竟然印著鐘形曲線，旁邊還印了高斯教授，不怎麼討喜，有點嚴肅，他當然不是我懶洋洋地躺在陽台上，喝著茴香酒，和人漫無目的地聊天時所要談的人。

令人震驚的是，那些穿黑西裝，以沉悶的方式談論貨幣的官員和中央銀行家，竟然用鐘形曲線作爲風險衡量工具。

減少中的增加

高斯分配的要點在於，一如我前面所說，大多數的觀察點都落在中央附近，即平均值附近；當你離開平均值，偏異值出現的機率就掉得越來越快（呈指數方式）。如果你一定要以一個單一資訊來表示，那就是平均值：當你離開中央，即平均值，出現機率就以劇烈的速度下降。請看下列的例子。我以高斯量，如身高，做例子，並稍微加以簡化使其更容易說明。假設（男人和女人的）平均身高爲一．六七公尺，或五呎七吋。假設我令**一個偏異單位**爲十公分。讓我們來看看從一．六七公尺以上逐次增加的情形，並思考非常高的人之出現機率。②

比平均高十公分以上（即一．七七公尺以上或五呎十吋以上）：每六．三人出現一人

比平均高二十公分以上（即一・八七公尺以上或六呎二吋以上）：每四四人出現一人

比平均高三十公分以上（即一・九七公尺以上或六呎六吋以上）：每七四〇人出現一人

比平均高四十公分以上（即二・〇七公尺以上或六呎九吋以上）：每三二〇〇〇人出現一人

比平均高五十公分以上（即二・一七公尺以上或七呎一吋以上）：每三五〇〇〇〇〇人出現一人

比平均高六十公分以上（即二・二七公尺以上或七呎五吋以上）：每一〇〇〇〇〇〇〇〇〇人出現一人

比平均高七十公分以上（即二・三七公尺以上或七呎九吋以上）：每七八〇〇〇〇〇〇〇〇〇〇人出現一人

比平均高八十公分以上（即二・四七公尺以上或八呎一吋以上）：每一六〇〇〇〇〇〇〇〇〇〇〇〇〇〇人出現一人

比平均高九十公分以上（即二・五七公尺以上或八呎五吋以上）：每八九〇〇〇〇〇〇〇〇〇〇〇〇〇〇〇〇〇人出現一人

比平均高一百公分以上（即二・六七公尺以上或八呎九吋以上）：每一三〇〇〇〇〇〇〇〇〇〇〇〇〇〇〇〇〇〇〇〇〇〇人出現一人

---

②為了簡化，有些數字是我編出來的。

……以及，

比平均高一百一十公分以上（即二·七七公尺以上或九呎一吋以上）：每三六〇〇〇人出現一人

請注意，不久之後，我相信，到了二十二個偏異單位，或比平均高二百二十公分以上時，其出現的機率達一 googol 分之一，一 googol 是一後面加一百個〇。

這個表的用意在於展示加速情形。請看比平均高六十公分和七十公分的機率差異：才增加四吋，機率就從十億分之一跑到七千八百億分之一！至於從七十公分跳到八十公分的情形，再比平均多高個四吋，我們就從七千八百億分之一跑到一千六百兆分之一！③

當你所碰到的事物，其機率呈陡峭下降時，就可以讓你忽略離群值。只有一種曲線可以提供這種下降方式，那就是鐘形曲線（屬非規模可變家族）。

③高斯分配最讓人誤解之處在於對尾端事件之估計非常弱，很容易出問題。四個標準差的出現機率是四·一五個標準差出現機率的兩倍。二十個標準差出現機率是二十一個標準差的一兆倍！這表示在標準差上微小的衡量錯誤，將導致對機率的大幅低估。我們可能把某個事件的機率錯估了一兆倍。

曼德伯模式

我們來看看歐洲的財富以作爲比較。假設財富具規模可變性，即，屬曼德伯分配（這並不是對歐洲財富的精確描述；而是已經簡化，以強調規模可變性分配的邏輯）。④

規模可變的財富分配

淨值達一百萬歐元以上者：每六二·五人出現一人
二百萬歐元以上者：每二五〇人出現一人
四百萬歐元以上者：每一〇〇〇人出現一人
八百萬歐元以上者：每四〇〇〇人出現一人
一千六百萬歐元以上者：每一六〇〇〇人出現一人

④我的主要論點在第三部中以各種方式不斷地重複，玆敘述如下。當你考慮兩種，而且只有兩種範疇時，在觀念上，所有東西都變簡單了：非規模可變性（如高斯模式）和**其他**（如曼德伯隨機性）。我們後面將會看到，排除了非規模可變性的應用就足以**消滅某些世界觀**。這就像陰性經驗論（negative empiricism）：我靠確定何者為錯而知道許多事。

三千二百萬歐元以上者：每六四〇〇〇人出現一人

三億二千萬歐元以上者：每六四〇〇〇〇人出現一人

此處維持一定的下降速度（或不會越降越快）！當你把金額加倍時，就把發生機率除以一個固定數，四，而與金額大小無關，不論你是在八百萬歐元或是一千六百萬歐元。簡言之，這個例子顯示出平庸世界和極端世界之間的差異。

請回想第三章為規模可變性和非規模可變性所做的比較。規模可變性的意思是沒有逆風來讓你慢下來。

當然，曼德伯模式的極端世界可以有許多種形態。請考慮極端世界裡極為集中版的財富分配；在此，如果你把財富增加一倍，出現機率就減少一半。其結果在數量上和上個例子有所差異，但還是遵循同樣的邏輯。

非常不公平的碎形財富分配

淨值達一百萬歐元以上者：每六三人出現一人

二百萬歐元以上者：每一二五人出現一人

四百萬歐元以上者：每二五〇人出現一人

八百萬歐元以上者：每五〇〇人出現一人

一千六百萬歐元以上者：每一〇〇〇人出現一人

三千二百萬歐元以上者：每二○○○人出現一人
三億二千萬歐元以上者：每二○○○○人出現一人
六億四千萬歐元以上者：每四○○○○人出現一人

如果財富呈高斯分配，我們會看到如下表之從一百萬歐元開始發散。

假設服從高斯法則下的財富分配

淨值達一百萬歐元以上者：每六三人出現一人
二百萬歐元以上者：每一二七○○○人出現一人
三百萬歐元以上者：每一四○○○○○○○○○人出現一人
四百萬歐元以上者：每八八六○○○○○○○○○○○○○○○人出現一人
八百萬歐元以上者：每一六○○○○○○○○○○○○○○○○○○○○○○○○○○○○○○○○○人出現一人
一千六百萬歐元以上者：……**我的電腦沒有一台能算得出來**……出現一人

我用這些表列所要顯示的意義，就是這兩種範疇在質上的差異。我說過，第二種範疇爲規模可變性；這裡沒有逆風。請注意，規模可變性的另一種說法就是冪法則。

光知道我們處在一個冪法則環境裡，並沒有告訴我們太多東西。爲什麼？因爲我們必須去測量眞實生活中的參數，這遠比高斯架構更難。只有高斯模式才能很快地求出其特性值。我所提出的方法只是一種看世界的通用方法，而不是精確的解法。

要記住什麼

記住這點：高斯—鐘形曲線的變動頂著逆風，使得你在離開平均值時，機率會掉得越來越快，而「規模可變性」或曼德伯模式的變異，並沒有這樣的限制。你知道這點也就差不多了。⑤

不均

讓我們更仔細地檢視不均的特性。在高斯架構下，當差異變大時，不均性會減少——由於下

⑤請注意，變數可能無法無限地具規模可變性；在非常、非常遠之處可能存在一個上限——但我們不知道那上限是在哪裡，所以我們就把這種狀況當作無限規模可變性來處理。就技術而言，超過地球上所有人口之後，你一本書也賣不掉——但此上限已經夠大，可以當作不存在。而且，誰知道，把書籍重新包裝之後，或許你可以賣同一個人兩次，或是讓一個人看同一部電影好幾次。

降速度增加所造成。規模可變性則不然：不均一直保持不變。超級富豪間的不均和普通有錢人之間的不均完全一樣——不會趨緩。⑥

考慮這個效應。隨機從美國人口中抽出兩個人做樣本，其年所得加起來爲一百萬美元。這兩個人各賺多少，最有可能的情形爲何？在平庸世界裡，最有可能的組合是各賺五十萬美元。在極端世界裡，那會是五萬美元和九十五萬美元。

書籍銷售的情況更爲偏頗。如果我告訴你，兩個作家一共賣了一百萬冊的書，最可能的組合是一個人賣了九十九萬三千冊，另一個賣七千冊。其可能性遠比各賣五十萬冊更大。**就任何一個龐大的加總數字而言，將是總數越大，其明細就越不對稱。**

爲何如此？下面這個身高問題可以拿來比較。如果我告訴你，有兩個人的身高加起來爲十四呎，你會認定最可能的明細是各爲七呎，不是二呎和十二呎，甚至也不是八呎和六呎！高於八呎的人非常罕見，因此不可能是這種組合。

---

⑥當我在二〇〇六年八月重新修訂這份稿本時，我待在麻州德罕鎮（Dedham）的一家旅館裡，離我小孩的夏令營不遠。在那裡，我對非常多體重過重的人在大廳裡走動，造成電梯載重問題而感到有點好奇。結果是美國接納肥胖協會（National Association for Fat Acceptance, NAFA）在那裡舉行年會。由於大多數的會員都極端超重，我無法分辨出哪個最重：在這些非常重的人之間，普遍存在著某種形式的均等（遠比這些人還重的人可能已經死了）。我確信在美國接納富人協會（National Association for Rich Acceptance, NARA）的年會上，一個人就可以讓其他人變成矮子，而且，在這些超級巨富之間，比例上非常少的人就代表了總淨值的一大部分。

極端世界和八十／二十法則

你聽過八十／二十法則嗎？這是冪法則的共通特徵——事實上，所有的這類法則都由此開始：當帕雷托觀察到，義大利百分之八十的土地爲百分之二十的人所擁有時。有些人用這個法則來暗示百分之八十的工作是由百分之二十的人所完成。或是百分之八十的努力只得到百分之二十的成果，反之亦然。

雖然公設（axiom）五花八門，什麼怪樣都有，但下面這個公設的說法，可不是爲了譁眾取寵：你可以輕易地稱之爲五〇／〇一法則，也就是，百分之五十的工作，爲百分之一的工人所完成。這個公式讓世界看起來更不公平，然而，兩個公式卻完全相同。何故？喔，如果不均現象存在，則那些在八十／二十法則裡構成百分之二十的人，其貢獻也是不均——其中只有少數人交出絕大部分的成果。如此輾轉細分下去，大約百分之一的人做出略高於整體之一半的貢獻。

八十／二十法則只是比喩性質；那並不是法則，更不是一成不變的法則。在美國的出版業裡，這個比例比較接近九七／二〇（即百分之二十的作家，其書籍銷量佔了百分之九十七）；如果你只看非文學，情況更爲嚴重（將近八千種書中的二十種，其銷量佔全體一半）。

在此，請注意，並非所有的狀況皆爲不確定性。在某些情形下，可能你所碰到的八十／二十類型之集中現象，具有非常高的可預測性且非常好處理，從而可以做清楚的決策，因爲你可以在**事前**找出那有意義的百分之二十在哪裡。這些狀況非常容易控制。例如，馬爾坎・葛拉威爾在《紐約客》上寫了一篇文章表示，大多數的囚犯虐待問題可歸因於非常少數的惡劣獄卒。把這些獄卒過濾掉，你的虐囚比率就會劇烈下降（另一方面，在出版業，你事先並不知道哪一本書可以賺錢。戰爭也一樣，因為你事先並不知道哪一場戰爭會把相當大一部分的地球人殺死）。

草與樹

我要在此做個總結，並重複本書在前面各處所提到的論點。根據鐘形曲線所做的不確定性之測量值，根本就沒考慮到大跳躍或不連續性的可能和衝擊，從而不適用於極端世界。使用它們就好像只注意小草，卻錯失了（巨大的）樹木。雖然無法預測的大偏異非常罕見，但不能把它們當成離群值而加以棄置，因為，就累積效果而言，其衝擊是如此之劇烈。

傳統的高斯模式，其對世界的看法是一開始就專注在普通事件上，然後再把例外或所謂的離群值當成附屬物。但有第二種方法，以例外作為起始點，並視普通事件為次要。

我已經強調過，隨機性有兩種，是質的不同，就像空氣和水之不同。一種是根本不在乎極端事物；另一種卻嚴重受到極端事物的影響。一種不會產生黑天鵝事件；另一種會。我們不能用與探討液體相同的技術，來探討空氣。如果可以的話，我們就會稱這種方法為「一個近似法」。氣體並不會「近似」液體。

有些變數，如果有合理的理由相信其最大值和平均值不會相距太遠，則我們可以善用高斯法。如果有個引力把各個數字拉下來，或者，如果有個實體限制，防止非常大的觀察值之出現，我們就是處於平庸世界之中。如果有個強大的均衡力量，使得狀況一旦脫離均衡，就會被相當迅速地拉回到均衡點，則你還是可以用高斯法。否則，就別管高斯法了。這也是經濟學以均衡之觀念為主要依據的原因：其好處很多，包括讓你把經濟現象當作高斯模式處理。

請注意，我並不是說平庸世界類型的隨機性不容存在**一些**極端事件。但這告訴你，它們非常稀少，以至於整個加起來並不具重要性。這種極端事件的效果少得可憐，而且會隨著你的母體變大而減少。

更技術性的說，如果你有各種不同種類的巨人和矮子，亦即，好幾個不同數量級的觀察值，可能你還是在平庸世界裡。何故？假設你有一個一千人的樣本，從高到矮，各式各樣都有。你的樣本裡很可能有許多巨人，巨人並不是罕見的狀況。你的平均值並不會受到偶爾再多一個巨人之影響，因為我們預期，這些巨人有些是你樣本裡的一部分，而你的平均值很可能比較高。換句話說，最大的觀察值並不會離平均值太遠。平均值將永遠包含了兩種人，巨人和矮子，因此這兩種都不會太稀有——除非你在非常罕見的狀況下，得到一個百萬倍的巨人或是微型侏儒。這就是具有大偏異單位的平庸世界。

請再注意下述的原則：事件越稀有，我們對其機率的估計錯誤就越大——即使是在使用高斯法的時候。

讓我來向你展示高斯鐘形曲線如何把生活中的隨機性幹掉——這就是它受歡迎的原因。我們之所以會喜歡高斯鐘形曲線，是因為它允許確定性！如何做到？透過平均，我將在下面討論。

爲什麼喝咖啡很安全

請回想第三章所討論的平庸世界，沒有任何單一的觀察值能夠影響你的總數。當你的母體變大時，這個性質就更加明顯。平均值將變得更穩定，達到讓所有的樣本看起來都差不多的程度。我這一生當中，收集了非常多的咖啡杯（這是我的一大嗜好）。如果沒有外力，我從未見過任何一只杯子從我的桌子上跳出二英尺遠，同時還把咖啡灑在這份稿子上（即使在俄羅斯也一樣）。其實，要觀察到咖啡杯跳起來的事件可不只是常常喝咖啡就行了；可能好幾輩子都看不到——其機率很小，分母後面有非常多的零，多到我沒空把它們全寫出來。

然而物理現實讓我的咖啡杯有跳躍的可能性——非常不可能，但還是有可能性。粒子無時無刻不在跳動。爲什麼由跳動粒子所組成的咖啡杯本身卻不會跳呢？理由很簡單，如果要讓杯子跳，必須所有的粒子都朝**同一個**方向跳，而且要連續做好幾次才行（同時桌子要往反方向移動來助其跳開）。我咖啡杯裡的那好幾兆個粒子不會全都朝同一個方向跳；在這個宇宙的一生當中都不會發生。因此我可以很安全地把咖啡杯放在我的寫字檯邊緣，並把心思放在更嚴肅的不確定性來源上。

咖啡杯很安全的例子，顯示了高斯模式的隨機性可以用平均法來馴服。如果我的杯子是一個大粒子，或是表現得像一個大粒子，那麼這粒子的跳動就會是個問題。但我的杯子是由數兆個非常微小的粒子所組成。

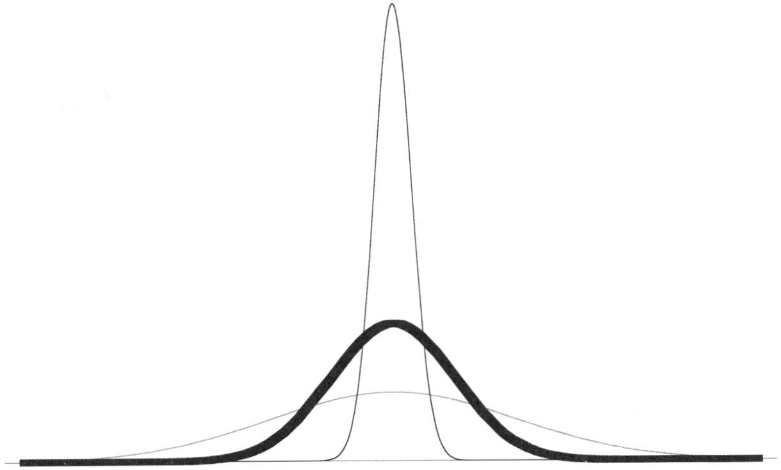

圖七：大數法則爲什麼有用

在平庸世界，當你的樣本規模增加，所觀察到的平均數將以越來越集中的方式呈現——你可以看到，分配圖會變得越來越窄。一言以蔽之，這就是統計理論裡所有東西之所以有用（或被認爲有用）的方式。

賭場經營者非常瞭解這點，這也是他們從不虧錢的原因（如果他們的作法正確的話）。他們只要不讓一個賭客下大注，而讓許多賭客押注在各式各樣的小賭就行了。所有的賭客也許一共下了二千萬美元的注，但你不必爲賭場的安危擔心：假設平均一注是二十美元；賭場會設個每注金額上限，好讓賭場老闆晚上安心睡覺。因此，不論全部的賭加起來有多大，賭場報酬的變異數小得可笑。你不會看到有人從賭場贏走十億美元——在這個宇宙的一生當中。

上面是平庸世界最高法則的應用：當你有非常多的賭客時，沒有任何一個賭客對總體產生超過微小數字的影響。

其結果是，在高斯模式中，平均值附近的變異，亦稱爲「誤差」（errors），並不足以憂慮。它們很小，而且會被洗掉。它們是平均值附近的溫和波動。

對確定性的愛

如果你大學時曾經修過（無聊的）統計學，你當時不太瞭解教授在興奮些什麼，而且也搞不清楚「標準差」（standard deviation）是什麼意思，這沒什麼好擔心的。標準差的想法，離開了平庸世界之後就完全沒有意義。如果當時上的是神經生物學、美學，或後殖民非洲舞蹈，顯然會更有用，當然也更有趣，這點很容易從經驗上看出來。

離開高斯模式，標準差就不復存在，或者說，即使存在也不重要，不能解釋什麼。但離開了高斯模式，狀況卻變得更糟。高斯模式家族（包括各式各樣的親朋好友，如布阿松定律〔Poisson law〕）是唯一可以用標準差（和平均數）來描述的分配種類，你不需要其他東西就能描述其分配特性。鐘形曲線滿足了容易受騙者的化約主義（reductionism）。

還有其他觀念，離開了高斯模式就沒有意義，或沒有多少意義：**相關性**（correlation）或更等而下之的**迴歸**（regression）。然而，它們卻深深地根植在我們的方法之中，在商務談話中，很難不聽到**相關性**這個詞。

要見識相關性離開了平庸世界是多麼的沒有意義，請從極端世界所特有的地方，取出涉及兩個變數的歷史數列，如債市和股市、或兩檔股票的股價、或兩個變數，譬如說，美國童書銷售變動量和中國的肥料產量；或紐約市的不動產價格和蒙古股市的報酬率。以各種不同的子區間，譬如說一九九四、一九九五、一九九六等，衡量各對變數的相關性。其相關性數值將很可能顯示出嚴重的不穩定性；視計算所採用的區間之不同而有所不同。然而大家卻好像相關性是眞的東西一樣在討論相關性，使其成爲有形、具有實體特性，並將它具體化。

同樣的具體化幻覺也影響了我們所謂的「標準」差。取出任何一個歷史價格或價值的數列。將它分成幾個子區間並衡量其「標準」差。意外吧？每個子區間樣本都會得到不同的「標準」差。那麼，爲什麼大家還要討論標準差呢？你自己去想想吧。

在此請注意，和敘事謬誤一樣，當你去檢視過去資料，並計算出一個相關係數或標準差時，你並沒有注意到這種不穩定性。

如何造成巨災

如果你要用**統計上顯著**這個專業用語，請小心確定性的幻覺。最有可能的狀況是，有些人已經看到他的觀察誤差，卻依然假設此誤差屬於高斯模式，因爲必須在高斯模式下，也就是平庸世界裡，其觀察才能被接受。

爲了讓你知道，誤用高斯模式的問題有多普遍和多嚴重，請看一本名爲《巨災》（*Catastrophe*）的（無聊）書，作者是理察・波斯納法官（Richard Posner），一名多產的作家。波斯納感歎公務員錯解了隨機性，並提出許多建議，其中一項是要政府的決策官員學習統計學……向經濟學家學習。波斯納法官似乎是企圖引起巨災。然而，他可以不要當這麼個應該多讀書、少寫書的人，而是成為一個有見地、深入，而具原創性的思想家，他和大多數人一樣，不瞭解平庸世界和極端世界的區別，而且他相信統計學是一種「科學」，絕不是騙術。如果你碰到他，請讓他明白這些東西。

奎特雷的平均怪獸

這個稱為高斯鐘形曲線的怪物並非高斯的傑作。雖然他研究過這東西，但他是個探討理論觀點的數學家，不會像滿腦子統計思想的科學家一樣，對現實之結構發表意見。哈代（G. H. Hardy）在〈一個數學家的自白〉（A Mathematician's Apology）中寫道：

> 「真的」數學家的「真正」數學，費瑪（Fermat）、歐拉（Euler）、高斯、阿貝爾（Abel），和黎曼（Riemann）等人的數學，幾乎完全「沒有用」（而「純粹」數學的「應用」，也是如此）。

正如我先前所提，鐘形曲線主要是由一名賭徒所捏造出來的，這個人就是棣莫夫（Abraham de Moivre, 1667-1754），一名法國喀爾文教派（Calvinist）的流亡者，雖然他的英語有很重的腔調，但大半輩子都住在倫敦。不過，思想史上，算起來最具破壞力的學者，應該是奎特雷，而不是高斯，我們接下來就會說明。

奎特雷（Adolphe Quételet, 1796-1874）提出了實體上的平均人（l'homme moyen）之觀念。奎特雷本身一點兒也不像個平均的一般人，他是一個「擁有極大創造熱忱的人，一個充滿精力的創意人」。他寫詩，甚至與人合寫歌劇。奎特雷的基本問題在於，他是個數學家而非實證科學家，但他不瞭解這點。他在鐘形曲線裡找到了和諧。

其問題發生在兩個層次上。第一，奎特雷有個規範性的想法，要讓世界去配合他的平均，對他來說，平均就是「正常」。如果能夠把特殊而「不正常」的黑天鵝事件對整體之貢獻忽略掉，那就太好了。但我們把這個夢想留給烏托邦吧。

第二，這種想法伴隨著一個嚴重的實證問題。奎特雷把每個地方都看成鐘形曲線。他被鐘形曲線給弄瞎了眼睛，而且，我已經再次學到，一旦你讓鐘形曲線進入你的腦袋，那就很難擺脫。後來，弗朗西斯・伊西德羅・艾吉沃斯（Francis Ysidro Edgeworth）提到，奎特雷的思想以鐘形曲線去看所有的東西，是個很嚴重的錯誤。

金色的中庸之道

奎特雷提供了許多必要的產品以滿足當時意識形態上的欲望。他從一七九六年活到一八七四年，請考量和他同時代的人物：聖西門（Saint-Simon, 1760-1825）、皮耶—約瑟夫・蒲魯東（1809-1865），和馬克思（1818-1883），個個都是不同社會主義版本的開山始祖。在這個後啓蒙時代裡，人人都在期盼中庸之道（aurea mediocritas），即黃金均數：在財富、身高，和體重等領域。這種期待包含了某種一廂情願的想法之某些元素，而這種一廂情願的想法，則融合了大量的和諧以及……柏拉圖式思想。

我永遠記得我父親的教誨，「適度即爲美德」(in medio stat virtus)。喔，長久以來，這一直是個理想，從這種觀點來看，中庸甚至被當成金律。全面擁抱中庸。

但奎特雷把這個觀念帶到一個不同的層次。他收集各種統計數字，開始爲各種「均數」制訂標準。嬰兒出生時的胸圍、身高，和體重很少脫離他的**標準**。他發現，離開標準之後，偏異越大，出現機率就呈指數方式降低。後來，奎特雷先生在觀察到平均人的身體特性之後，轉而運用到社會事物上。平均人有其本身的嗜好、消費，和方法。

透過身體上和道德上的平均人之建立，奎特雷在平均值上創造了一個偏異範圍，把所有的人都放進這個範圍裡，不是在中央的左邊，就是在右邊，並處罰那些位於統計上的鐘形曲線之極左側或極右側者。他們成了**不正常**。這對馬克思的影響非常明顯，馬克思曾經在平均人和正常人這個觀念上引用奎特雷的說法：「例如，在財富分配上所出現的社會偏異 (societal deviations)，應該極小化。」他在《資本論》(*Das Kapital*) 裡寫道。

我們必須讚揚一下奎特雷那時代的科學成就。他們當時並沒有全盤接受他的觀點。最先是哲學家／數學家／經濟學家奧格斯汀・古諾 (Augustin Cournot)，不相信可以在純粹的量化基礎上建立出一個標準人。這樣的標準會因所採用的特質之不同，而有所不同。在某一個領域所衡量到的結果，可能和另一領域所得到的不同。應該以哪個做標準呢？平均人可能會是個怪物，古諾說道。我將在下面解釋他的論點。

假設當個平均人値得吾人嚮往，則這個平均人必然有某方面的專長，亦即，他在該領域比別人更有才華——他不可能每一樣事物都位於平均。鋼琴師比平均更會彈鋼琴，但，譬如說，騎馬就不行了。製圖師可能很會製圖，諸如此類。**平均人這個觀念和做每件事都達平均水準的人是不同的。**事實上，一個完全平均的人應該是半男半女。奎特雷完全沒想到這點。

上帝的誤差

上述之討論，更令人擔心的一面是，在奎特雷時代，高斯分配的名稱爲誤差法則（la loi des erreurs），因爲最早就是應用在天文測量的誤差分配上。你會像我一樣擔心嗎？偏離均數（此處也可用中位數），就被當成誤差！難怪馬克思會上了奎特雷觀念的當。

這個觀念很快就甚囂塵上。**應**（ought）和**是**（is）混爲一談，而這竟然還得到科學的認可。平均人的觀念，在參與歐洲中產階級之誕生的文化裡蔓延，即後拿破崙時代不成熟的店家文化，一種對剩餘財富和剩餘智慧的吝嗇之情。事實上，社會各種出象狀況全被壓縮在一起的夢想，被假設成來自一個理智的人在面對出生命運時的願望。如果你必須選一個社會，以便在那裡出生，但無法知道你出生時會得到什麼樣的遺傳，大家的假設是，你大概不會去賭；你會選一個各種出生結果都沒什麼差別的社會。

法國有一個稱爲布熱德主義（Poujadism）的政治團體，最初是由雜貨店運動所構成，這個團體之創立，正是頌揚中庸之道的娛樂效果。大家在一個不十分喜愛的希望下，聚在一起相互取暖，而這個希望就是，看到宇宙的其他部分壓縮成和自己同屬一類——一種非無產階級革命。這種行動有一種雜貨店老闆的思維，連在數學工具的使用上，也是同樣思維。高斯會把數學提供給店長嗎？

龐加萊的救援行動

龐加萊本身就對高斯模式相當懷疑。當高斯模式或類似方法向他展示不確定性的模型時，我猜，他感到很噁心。你只要想，高斯模式最初是用來測量天文誤差，而龐加萊對建構天體機制的想法，則是充滿了深沉的不確定感。

龐加萊寫道，他有個朋友，一位不願具名的知名物理學家，向他抱怨說，物理學家傾向於使用高斯曲線，因爲他們以爲數學家相信這是數學上的必要方法；而數學家之所以使用高斯曲線，是因爲他們相信，物理學家發現高斯曲線是一個經驗上的事實。

消除不公平的影響

讓我在此聲明，除了雜貨店思維之外，我眞的相信中間和中庸的價值——不想把人類間的歧異化爲最小者，這算是哪門子的人道主義？再也沒有比超人理想那種完全不顧他人的想法，更令人反感的了！我的眞正問題屬於認識論範疇。現實並非平庸世界，因此，我們應該學著去適應它。

「希臘人會奉之爲神明」

腦袋塞滿鐘形曲線思想四處遊蕩的人多得令人不可思議，這要感謝柏拉圖式的純淨思想。法蘭西斯・高頓勳爵（Sir Francis Galton）是查爾斯・達爾文（Charles Darwin）的表弟，也是伊拉斯謨斯・達爾文（Erasmus Darwin）的外孫，他和他的表哥，或許是世上最後的獨立紳士科學家——這種人還包括卡文迪西男爵（Lord Cavendish）、凱爾文男爵（Lord Kelvin）、維根斯坦（以他自己特有的方式），以及，就某個程度上，我們的超級哲學家羅素。雖然凱因斯不太屬於這種人，他的思想卻是這種人的縮影。高頓活在維多利亞時代，當時有閒階級的個人和繼承人除了騎馬和打獵等活動之外，還可以成爲思想家、科學家，或（天資不夠的人可以當）政治家。那個年代非常令人懷念：證明有人爲了科學而從事科學，沒有職業前途上的直接動機。

不幸的是，爲了喜愛知識而從事科學，未必表示你會朝著正確方向前進。高頓在遇到並吸收了「常態」分配之後，就愛上了常態分配。據說他曾經大聲驚呼，如果希臘人知道有常態分配，他們會奉之如神明。他的熱忱，或許對高斯模式之流行有所貢獻。

高頓在數學上並沒有特殊天分，但他對於測量，卻有著世上少有的熱忱。他當時並不知道大數法則，卻從資料本身發現了這個法則。他建造了一套五點梅花陣（quincunx），這是一種用來展示鐘形曲線發展的彈珠檯——這東西，我還會用好幾段文字來說明。沒錯，高頓把鐘形曲線應用在遺傳學和遺傳這類的領域上，這並沒有什麼不妥。但他的熱忱卻有助於把不成熟的統計方法推進到社會議題上。

只要「是／不是」就好

讓我在此討論損害的程度。如果你所處理的是質的推論，如心理學或醫學，尋求是／不是的答案，而量的大小在此不適用，那麼，你可以假設你處於平庸世界而不會有嚴重的問題。極為稀有事件的影響不可能太大。你得了癌症或沒有癌症、你懷孕了或沒有懷孕，諸如此類。死亡或懷孕的程度並不相干（除非你所處理的是傳染病）。但如果你所處理的是總計數，量的大小很重要，如所得、你的財富、投資組合的報酬，或書籍銷售額，那麼，如果你用高斯模式，你就會碰上難題，並得到錯誤的分配，因為高斯模式不屬於此處。單單一個數字就能把你所有的平均數破壞掉；單單一次損失就能讓一整個世紀的利潤連根拔除。你再也不能說「這是例外」。「喔，我可能會賠錢」的說法並沒有資訊上的意義，除非你能夠附上那次損失的金額。你可能把你所有的淨值都賠掉，也可能只賠一日所得的一小部分；這是有差別的。

這解釋了為什麼實證心理學及其對人性的觀點（我在本書前幾部介紹過），不太受到錯誤使用鐘形曲線的影響；他們太幸運了，因為他們大部分的變數都可以應用傳統的高斯統計學。當他們在衡量一個樣本裡有多少人存有偏見，或是犯了錯誤，通常這些研究所要求的是「是／不是」類型的回答。沒有任何一個觀察值，其本身，就可以推翻整體的結論。

下面我將以自成一格的方式，從頭開始介紹鐘形曲線的觀念。

探討鐘形曲線從何而來的（文學式）思考實驗

想像一個和圖八所示一樣的彈珠檯。打三十二球，假設檯子非常平衡，當球撞到釘子時，向左或向右掉的機率相等。你所預期的結果是，許多球會落在中間那幾格，離開中間，格子裡的球數就會減少。

接下來，我們來做一個想像實驗（gedanken）。有一個人在擲銅板，擲出之後，視銅板出現正面或反面而向左走一步或向右走一步。這就叫作隨機漫步，但這個詞本身，倒未必和走路息息相關。你可以用完全相同的方式說，不是向左走或向右走，而是每次贏一元或輸一元，而且你將持續追蹤你皮包裡所累積的金額。

假設我設了一個（合法的）賭局找你來賭，其機率對你不好不壞。擲銅板。正面，你贏一元；反面，你輸一元。

擲第一次，你不是贏就是輸。

擲第二次，可能的出象數就會倍增。狀況一：贏、贏。狀況二：贏、輸。狀況三：輸、贏。狀況四：輸、輸。每一個狀況都有相等的機率，一贏一輸的組合，其出現情形為其他的兩倍，因為狀況二和狀況三，贏─輸和輸─贏，構成同樣的結果。而這就是高斯模式的關鍵。許多中間部分都混在一起了──我們將會看到，許多狀況都出現在中間。因此，如果你一把賭一元，賭了兩把之後，你有百分之二十五的機率賺（或損失）兩元，但有百分之五十的機率打平。

讓我們再玩一把。擲第三次，再度把可能的狀況數加倍，因此，我們面對八種可能的出象。狀況一（就是在第二次擲出贏、贏）分成了贏、贏、贏和贏、贏、輸。我們在前一次的每個出象之後再添上一個贏或輸。狀況二分成了贏、輸、贏和贏、輸、輸。狀況三分成了輸、贏、贏和輸、贏、輸。狀況四分成了輸、輸、贏和輸、輸、輸。

我們現在有八種狀況，機率全都相同。請再注意一下，你可以把中間的出象以輸贏相抵的方式，歸爲一群群的（在高頓的五點梅花陣裡，就是球先往左掉再往右掉，或是先右後左，這些狀況佔了大部分，因此最後你在中間有非常多的球）。其淨結果，或累計結果如下：(1)**三贏**；(2)二贏一輸，淨**一贏**；(3)二贏一輸，淨**一贏**；(4)一贏二輸，淨**一輸**；(5)二贏一輸，淨**一贏**；(6)二輸一贏，淨**一輸**；(7)二輸一贏，淨**一輸**；及(8)**三輸**。

在八種狀況中，三贏只出現一次。三輸的狀況也是一次。淨一輸的狀況（一贏二輸）出現了三次。淨一贏的狀況（一輸二贏）發生了三次。

再玩一把，第四把。這將有十六個機率一樣的出象。你將會有一種四贏的狀況、一種四輸的狀況、四種二贏的狀況、四種二輸的狀況，和六種平手的狀況。

彈珠檯例子裡的五點梅花陣（quincunx，來自拉丁文的「五」），顯示出第五把，有六十四種可能狀況，很容易追查。這就是法蘭西斯・高頓在五點梅花陣背後所使用的觀念。但高頓很懶散，而且他的數學也太嫩了些；否則，他很可能用簡單的代數做出來，或是執行像這樣的思考實驗，而不是造個古怪的新機器。

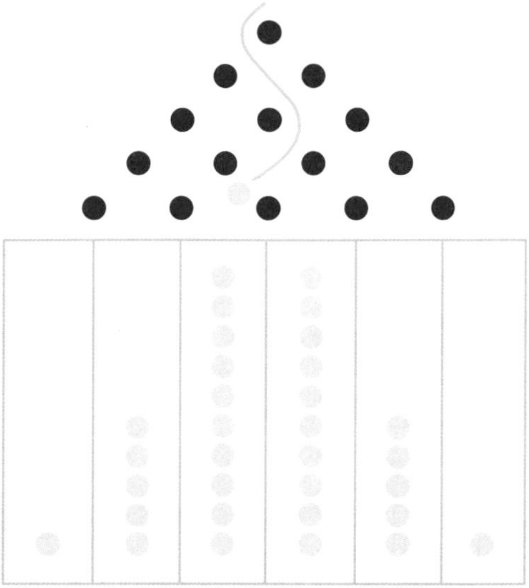

圖八：五點梅花陣（簡化）——彈珠檯

把彈珠丟下去，碰每根釘子時，會隨機地往右或往左掉。上圖是最有可能的情境，這點和鐘形曲線（又名高斯分配）非常類似。亞力山大・塔雷伯（Alexander Taleb）提供。

讓我們繼續玩下去。一直玩到你擲了四十把。你可以幾分鐘就擲完，但我們需要用計算機來計算出象數，在我們這個簡單的思考實驗裡，這是個吃重的工作。你將會有大約一○九九五一一六二七七七六種可能的組合——超過一萬億。不要用手算了，那是二自乘四十次，因爲每多賭一把，每個分叉處就增爲兩倍。（請回想從第三把進入第四把時，我們在第三把的每一種狀況後面，再加上了一贏和一輸兩種狀況，從而讓可能的狀況數倍增）。在這些組合中，只有一種是四十次正面，一種四十次反面。其餘的都落在中間附近，在此是零。

我們已經可以看出，這種隨機性的極端情況極爲稀有。在四十次投擲中，四十次全贏的機率是一○九九五一一六二七七七六次出現一次。如果你每小時做一遍這個擲四十次銅板的練習，連續出現四十個正面的機率是如此之小，以至於你可能要做相當多的四十次投擲實驗才能看到。假

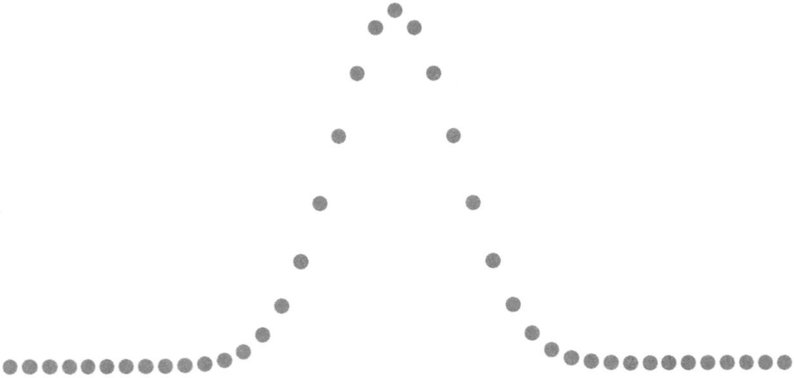

圖九：贏的次數

投擲四十次的結果。我們看到鐘形曲線的雛形漸漸出現。

設你要停下來吃飯、與朋友和室友爭吵、喝啤酒，和睡覺，則你可以預期，你要等將近四百萬輩子才能看到一次四十個正面的結果(或是四十個反面的結果)。還有，請考慮下面。假設你再多玩一把，總共四十一把；要得到四十一個全部正面將要花八百萬個輩子！從四十到四十一，機率少了一半。分析隨機性所用的非規模可變性架構的關鍵性質是：極端偏異值的機率以加速度的方式下降。你可以預期連續擲出五十個正面要花四十億個輩子！

我們還未完全達到高斯鐘形曲線，但我們已經非常接近了。這還是一個高斯雛形，但你已經可以看出梗概(事實上，你永遠不可能達到純粹的高斯圖，因爲那是一種柏拉圖式思想——你只能越來越接近，但永遠達不到)。然而，你可以從圖九看到，我們所熟悉的鐘形曲線已經儼然成形。

我們要如何更接近完美的高斯鐘形曲線？重新調整投擲過程。我們可以投擲四十次，每次一元；或是投擲四千次，每次十分錢，然後把結果加起來。在這兩種狀況下，你的期望風險約略相同——而這就是祕訣之所在。要說這兩組投擲相當，其中有一個違反直覺的小障礙。我們把賭局的把數乘以一百，而賭注金額卻是除以十——現在先不要去找原因，只要假設它們爲「相當」就行了。整體的風險兩者相當，但我們現在已經把一局出象的輸贏次數，增加爲四千次。其機率約爲一後面一百二十個零分之一，也就是1,000,000,000,000,000,000,
000,000,000,000,000,000,000,000,000,000,000,000,000,000,000,000,000,000,000,000,000,000,000,000,
000,000,000,000,000,000,000,000,000,000 次中出現一次。

把這個過程繼續執行一陣子。我們從每次一元擲四十次，到每次十分錢擲四千次，到每次一分錢擲四十萬次，越來越接近高斯模式。圖十顯示結果就散布在負四十到正四十之間，也就是八十個點上。下一個過程就會畫出八千個點。

讓我們繼續做下去。我們可以擲四千次，賭注金額爲○．一分錢。如果擲四十萬次，賭注金額爲○．○○一分錢如何？純粹的高斯曲線爲柏拉圖式，原則上就是每一盤擲無限多次，而賭注金額無限小所得到的結果。不用忙著把結果畫出來看，甚至也不用把它們合理化。我們可以不用再談「無限小」的賭注金額（既然我們有無限多個這種東西，我們就進入數學家所謂的連續架構）。好消息是我們有一個替代方式。

我們已經從一個簡單的賭局進到某種完全抽象的東西。我們已經從觀察，進入到數學領域。在數學裡，所有的東西都純化了。

現在，完全抽象的東西本來就不存在，因此，**請不要嘗試去瞭解圖十**。只要知道怎麼用就行了。把它想成溫度計：我想，你在談溫度時，並不瞭解溫度的**意義**。你只要瞭解溫度和舒適感（或

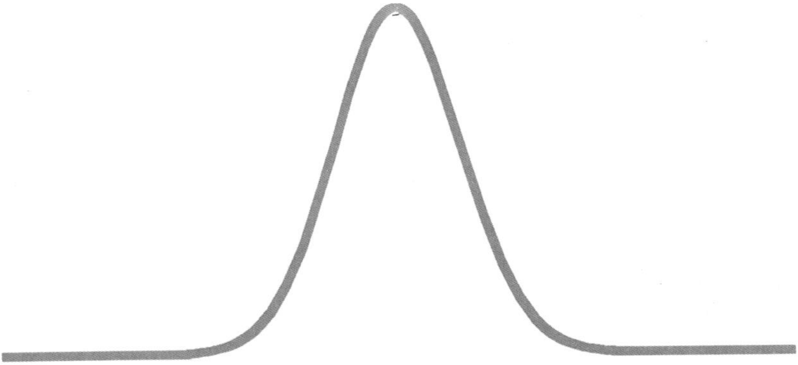

圖十：比較抽象的版本：柏拉圖的曲線

投擲無限多次。

其他經驗）之間的對應關係。華氏六十度對應到宜人的天氣；零下十度可不是我們想要的東西。你不必去關心粒子間的實際碰撞速度，這是對溫度做更技術性的解釋。從某方面來說，度數就是你的心智用來把某些外部現象轉換成數字的方法。同理，高斯鐘形曲線設定成百分之六十八．二的觀察值落在離平均值負一個標準差到正一個標準差之間。我再重複一次：甚至不要嘗試去瞭解**標準差是否就是平均偏異**（average deviation）——標準差不是平均偏異，一大堆（非常大一堆）使用**標準差**這個詞的人並不瞭解這點。標準差只是一個讓你用來調整東西刻度的數字，只是一種把現象**對應到高斯模式**的東西罷了。

這些標準差通常有個綽號，稱爲 sigma。還有人談到「變異數」（variance，同樣的東西：變異數是 sigma，即標準差，的平方）。

請注意這曲線的對稱性。不論 sigma 是正是負，你都得到同樣的結果。落在低於負四 sigma 的機率，與超過四 sigma 的機率相同，其機率爲三萬二千分之一。

讀者可以看到，高斯鐘形曲線的主要重點是，一如我一直在說的，大多數的觀察值落在中庸，也就是平均值附近，而當你離開平均值，偏異出現的機率就掉得越來越快（呈指數方式）。如果你必須保留一則資訊的話，只要記住，當你離開平均值，機率會以劇烈的速度往下掉。離群值越遠越不可能。你可以很安全地加以忽略。

這個性質還產生了平庸世界的最高法則：既然大偏異的數量非常少，它們對總數的貢獻就會小到幾乎看不出來。

在本章前面所舉的身高例子中，我用十公分當作偏異單位，以顯示隨著身高增加，其出現次數減少的情形。這些就是一個 sigma 偏異；這個身高表還提供了一個以 sigma 當作衡量單位，「調整刻度到一個 sigma」的操作範例。

那些舒服的假設

請注意我們在導出高斯模式雛形或溫和隨機性的擲銅板遊戲裡，所做的一些核心假設。

第一核心假設：每次投擲，相互獨立。銅板沒有記憶。你先前投出正面或反面，並不會改變下一次投擲出現正面或反面的機率。你不會在一段時間之後，變成「更佳的」擲銅板者。如果你引入了記憶，或是投擲技巧，整個高斯模式大業就會搖搖欲墜。

請回想我們在第十四章所討論的偏好連結和累積優勢。這兩個理論都聲稱，你今天贏了，未來就更有可能贏。於是機率和歷史有關，而導出高斯鐘形曲線的第一核心假設在現實中不成立。

在戲局中，當然，過去的勝利不該轉譯成未來的勝率增加——但現實生活並非如此，這就是我對從遊戲中教機率的擔心原因。但是當勝利可以帶來更多的勝利時，你看到連贏四十把的機率將遠比高斯模式雛形為高。

第二核心假設：沒有「狂」跳。基本隨機漫步的基礎步伐大小總是為已知，即一步。一步的大小並沒有不確定性。我們並不會碰到步伐大小狂亂不一的情況。

記住，如果這兩個核心假設其中有任何一個無法符合，那麼你的行動（或是擲銅板）就不能以累積的方式導到鐘形曲線。視狀況之不同而定，它們可能導到狂野的曼德伯式縮放不變（scale-invariant）隨機性。

「無所不在的高斯模式」

我在生活上所碰到的問題是，每當我對人家說，高斯鐘形曲線在現實生活中並非無所不在，只存在於統計學家的腦子裡時，他們要求我要「提出證明」——要證明很簡單，我們將在下兩章中看到，然而卻沒有人要花心思反過來證明他們是對的。每當我提出某個過程不是高斯模式時，我會被要求對我的說法做出合理解釋，並且，除了說明現象之外，還要「告訴他們背後的理論」。我們在第十四章所看到的富者越富的模型，就是用來說明不要用高斯模式。模型建構者被迫要花時間去寫各種有關可能產生規模可變性現象之模型的理論——好像他們必須為此辯護似的。理論個頭啦！我對此有個認識論上的質疑，請他們務必合理說明，世界何以不像那些看不見現實者想盡辦法所要倡導的理想模型。

我的技術不是去研究各種可能產生非鐘形曲線隨機性的模型，這犯了盲目製作理論的相同錯誤，我的作法與此相反：盡可能密切地瞭解鐘形曲線，並找出它在什麼地方適用，什麼地方不適用。我知道平庸世界在哪裡。在我看來，不是很瞭解鐘形曲線、而且必須爲其辯護的人，經常就是（不，應該說幾乎總是）那些使用鐘形曲線的人，而不是不使用鐘形曲線者。

高斯模式無所不在並非世界的特質，而是一個人類心智上的問題，源自吾人看世界的方式。

下一章將要談大自然的縮放不變性和碎形（the fractal）的性質。再下一章將探討高斯模式在社會經濟生活上的誤用，及「製造理論的需求」。

有時候我會變得有點情緒性，因爲我這一輩子，大部分的時間都花在思考這個問題上。自從我開始思考這個問題，並執行各種我在前面所提的思考實驗，我這一生，就是無法從事業上所接觸到人和統計學界裡，找到一個在智慧上不自相矛盾的人，一個既接受黑天鵝事件，也棄卻高斯模式及高斯工具的人。許多人接受了我的黑天鵝觀念，但無法據以得出邏輯上的結論，即你不能只用單一個衡量隨機性的指標，即所謂的標準差（並稱之爲「風險」）；你不能接受以一個**簡單的**答案來描述不確定性。再走下去，需要勇氣、信念、融會貫通的能力，和想要充分瞭解隨機性的欲望。這也表示不把其他人的智慧奉爲教條。後來，我開始尋找揚棄了高斯工具的物理學家，但這些物理學家卻迷上了另一種原罪：被明確的預測模型所矇騙，這部分在第十四章中的偏好連結有詳細的論述——另一種形式的柏拉圖式思想。我找不到任何一個具有深度和科學技術的人，這個人，注意到隨機性的世界，並瞭解其特質；這個人，把計算視爲一種輔助，而不是主要目的。我花了將近十五年才找到這樣的思想家，一個讓許多天鵝變成灰色的人：曼德伯——偉大的貝諾・曼德伯。

16 隨機性的美學

曼德伯的圖書室——伽利略瞎了嗎？——明珠配豬玀——自我親似——如何以一個簡單的方法將世界複雜化，或者，可能的話，以一個非常複雜的方法將世界簡單化

隨機性之詩人

當我在曼德伯的圖書室裡聞到舊書的味道時，那成了一個憂鬱的下午。那是二〇〇五年八月的一個炎熱的日子，熱氣讓法國舊書的膠水霉味變得更濃，帶來一種強烈的鄉愁味道。通常，我都能成功地壓住這種突如其來的鄉愁，但是當它們以音樂或味道在不知不覺中襲來時，我就沒輒了。曼德伯的書的味道，是法國文學的味道，是我父母圖書室的味道，是我十多歲時成天泡在書店和圖書館裡的味道，當時我家附近的書大都爲（嗚呼）法文書，當時我認爲文學是至高無上（有許多法文書我從青少年之後就沒再碰過了）。不論我認爲文學有多麼抽象，它都必須有個實體外

形，文學有個味道，我在曼德伯那裡所聞到的，就是這個味道。

那天下午還很惆悵，因爲曼德伯就要搬走了，而我好不容易才得到他的同意，只要我有問題，如爲什麼大家不明白八十／二十法則可能就是五〇／〇一法則，可以在任何不正常的時段打電話給他。曼德伯已經決定搬到波士頓區，不是去養老，而是到一家由國家實驗室所贊助的研究中心工作。因爲他要搬到劍橋的公寓，而把原來寬敞的房子，留在紐約的威斯特郡（Westchester）郊區，所以他邀我去那裡，挑些我喜歡的書帶走。

甚至連書名都可以勾起往日情懷。我裝了一箱法文書，如柏格森一九四九年版的《物質與記憶》（*Matière et mémoire*），這本書似乎是曼德伯在當學生時所買的（那味道！）。

我在這本書裡東一點、西一點地提到曼德伯之後，現在終於要介紹他了，原則上，所有和我談論過隨機性的人當中，他是第一個擁有學術頭銜而不會讓我有受騙感覺的人。其他的機率數學家會丟給我各種帶著俄羅斯名字的理論，如「索伯列夫」（Sobolev）、「科莫格洛夫」、和維納測度（Wiener measure），沒有這些東西，他們就不知所措；他們在探索這門學問的核心，以及跳脫他們的小框框時，一直遭受到困難，這段受困時間之長，足夠讓他們思考機率論在實證上的瑕疵。而和曼德伯在一起就不一樣了：就好像我們兩人來自同一個國家，流亡國外多年之後相見，終於可以在沒有扭曲造作之下，說著我們的母語。他是我唯一的眞人老師——我的老師通常是我書房裡的書。我很不尊敬研究不確定性和統計學的數學家，因而無法把他們任何一人當成我的老師——在我的想法裡，數學家的訓練是在確定性方面，和隨機性之處理無關。曼德伯證明我錯了。

他說著一口非常標準而正式的法文，很像我父母那代的黎凡特人或舊世界貴族所講的那種法文。這使得他的美式英語有個腔調，雖然標準，但有時候聽起來會覺得怪怪的。他身材高胖，這使得他有個娃娃臉（雖然我不曾見過他大吃大喝），而且體格魁梧。

外面的人會認爲曼德伯和我的共通之處，爲狂野的不確定性、黑天鵝事件，和無聊（有時候不無聊）的統計想法。但我們雖然共同合作，這些卻不是我們的主要話題。我們所談的大部分是文學、美學，和一些學術修養不凡者的歷史傳言。我指的是修養，不是成就。曼德伯可以講一大堆他在上個世紀裡曾經共事過的大人物故事，但不知爲什麼，我天生就認爲，科學家這種角色遠不如多采多姿的博學之士來得有趣。曼德伯和我一樣，對離群索居的人很感興趣，這種人的特性是，通常，他們都不想和別人在一起共同生活。他經常提到一個人，拜倫・皮耶・若望・岷納斯（Baron Pierre Jean de Menasce），一九五〇年代，兩人在普林斯頓認識，而岷納斯曾經是物理學家歐本海默（譯註：Oppenheimer，原子彈發明者）在普林斯頓的室友。岷納斯正是我很感興趣的那種人，黑天鵝的具體化身。他來自富有的亞歷山卓猶太商人家族，和所有的黎凡特菁英一樣，會說法文和義大利文。他的祖先已經把他們的阿拉伯姓氏改成威尼斯拼音，後來又再加上匈牙利貴族的封號，與皇室交往。岷納斯不僅改信基督教，還成爲道明會牧師以及閃語和波斯語的大學者。曼德伯不斷問我有關亞歷山卓的問題，因爲他一直在找這樣的人物。

沒錯，我這一生所要找的就是學養俱豐的人物。我那博學多聞的父親——如果他還在世的話，只比曼德伯大兩個星期——喜歡極有文化教養的耶穌會神父朋友。我記得這些耶穌會客人佔去了我的餐桌位置。我記得其中一個擁有醫學學位和物理學博士學位，但還是到貝魯特的東方語言學院教當地人阿拉姆語。他的上一個任務可能是在高中教物理，而再前一個任務則可能是在醫學院教書。這種博學遠比科學生產線所製造出來的人才，更讓我父親留下深刻印象。也許我有某些基因驅使我遠離**文化市儈**（bildungsphilisters）。

雖然曼德伯經常讚揚志趣高超的博學者，以及傑出但名氣並不怎麼大的科學家的氣質，如他的老朋友卡爾登・加德賽克（Carleton Gajdusek），就以找出熱帶疾病形成原因的能力，讓他歎爲觀止；但他似乎不會熱中於向我們所以爲的偉大科學家歌功頌德。我很久之後才發現，他曾經和各種領域裡的佼佼者合作過，而這種事，那些喜歡賣弄大人物名字以自抬身價的人，一定會不斷地拿出來說嘴。雖然我已經和他合作了許多年，我是前幾天和他太太聊天時才發現，他曾經擔任過心理學泰斗皮亞傑（Jean Piaget）兩年的數學共同合作者。當我發現他也曾經和偉大的歷史學家布勞岱爾（Fernand Braudel）合作過，又是另一個震撼，但曼德伯似乎對布勞岱爾不怎麼感興趣。他根本就懶得談馮紐曼（John von Neumann），曼德伯曾經當過他的博士後研究人員。他的標準和別人相反。有一次我問他對查爾斯・崔瑟（Charles Tresser）的看法，這是我在派對上所碰到的一名沒沒無聞的物理學者，寫過混沌理論方面的論文，並且在紐約附近開了一家店，靠做酥皮點心來補貼他的研究人員收入。他用法語強調，稱崔瑟是「**一個極爲不凡的人**」，而且還稱讚個沒完。但是當我問他對某個大人物的看法時，他答道：「他是個典型的 bon élève，一個成績很好的學生，沒有深度，也沒有眼光。」這個大人物可是個諾貝爾獎得主。

三角形的柏拉圖式思想

來，爲什麼我要把這事稱爲曼德伯或碎形隨機性？這個謎題的每一個部分，以前都曾經有人提過，如帕雷托、玉爾、和齊夫，但曼德伯才是(a)將此融會貫通，(b)把隨機性和幾何做連結（一種特殊形態的幾何），及(c)爲這個課題得出合乎自然的結論。其實，有許多數學家之所以會在今天很有名氣，部分原因是曼德伯把他們的作品挖出來以支持曼德伯自己的主張——我在本書也跟著用這種策略。「我必須編造出自己的前輩，這樣大家才會認眞看待我。」他曾經這樣對我說，他把名人的信譽拿來當成美化工具。吾人幾乎可以爲任何一個想法找到前輩。你總是可以找到某一個人已經研究過你論點中的一部分，並用他的貢獻作爲你的後盾。重大觀念的科學門派，也就是「品牌名稱」，歸給融會貫通的人，而不是偶然觀察到該觀念的人——即使是達爾文，沒有文化素養的科學家稱達爾文「發明了」適者生存，也不是第一個提到適者生存這個觀念的人。他在《物種源始》（*The Origin of Species*）的簡介中寫道，他所提出來的事證未必都是第一手；但卻是他認爲「有趣」的結果（他以特有的維多利亞式謙虛說出此話）。最後，那些導出結果並掌握其觀念之重要性者，由於他們看到眞正價値，乃能勝出。他們是能夠談論該課題的人。

就讓我來說明曼德伯幾何吧。

大自然的幾何

讓我們很多人在上課時打瞌睡的三角形、正方形、圓形，和其他的幾何觀念，或許是美而純的想法，但它們似乎在建築師、藝術設計師、現代藝術建築，和學校老師的腦袋裡出現，比在大自然中出現得更頻繁。這沒什麼關係，除非我們大多數人都不瞭解這點。山並不是三角形或金字塔形；樹並不是圓形；直線幾乎不會在任何地方出現。大自然並未上過中學的幾何課程，也沒讀過歐幾里德（Euclid）的書。大自然的幾何是鋸齒狀，但有自己的邏輯，其邏輯很容易瞭解。

我已經說過，我們似乎天生就有柏拉圖式思想和只用學過的東西來思考的傾向：不論是泥水匠或哲學家，沒人可以輕鬆地跳脫這種制約的奴隸。請考慮伽利略，竟寫出下面這段話，否則，他其實是個拆穿謊言的人：

> 大自然這本偉大的書永遠敞開在我們的眼前，而真正的哲學就寫在裡頭……但如果我們沒有先學會其語言及其書寫的文字，我們就無法讀它……它是以數學語言寫成的，而其文字就是三角形、圓形，和其他的幾何圖形。

伽利略是法定視障（legally blind）嗎？即使偉大如伽利略，號稱獨立思考，也沒有能力以乾淨的眼光來看大自然。我相信伽利略的房子有窗戶，而且他也經常到外面逛：他應該知道，在大自然中，很難找到三角形。我們就如此輕易地被洗腦了。

我們不是眼盲就是文盲，或者二者皆是。很明顯，大自然的幾何並非歐幾里德幾何，但沒人，幾乎是沒人，見過。

這種（肉體上的）盲目，和造成我們以爲賭場就代表隨機性的戲局謬誤，完全等同。

碎形

但首先，我們要先描述碎形。然後我們將會展示，碎形如何連結到我們所謂的冪法則，或是規模可變法則（scalable laws）。

曼德伯用**碎形**（fractal）這個字來描述粗糙而**破碎**的幾何——來自拉丁文 fractus，**斷裂**之字源。**碎形**是幾何形狀以不同大小的方式重複，這些重複，顯示出它們本身越來越小的版本。在某種程度上，小部分和整體相類似。我將會在本章中試著說明碎形如何應用到一種應該冠以曼德伯名字的不確定性：曼德伯隨機性（Mandelbrotian randomness）。

葉脈看起來像樹枝；樹枝看起來像樹；岩石看起來像小山。當一項物件改變大小時，並沒有質的改變。如果你從飛機上看英國的海岸，其形狀就和你拿著放大鏡去看海岸差不多。這種自我親似（self-affinity）的特性隱含了電腦，或更具隨機性的大自然，可以用一個簡短到令人難以置信的重複法則，建造出看起來極爲複雜的形狀。這種特性可以很方便地用電腦繪圖處理，但更重要的是，這就是大自然的作法。曼德伯所設計的這種數學物件，現在稱爲曼德伯集合（Mandelbrot set），是數學史上最著名的物件。曼德伯集合在混沌理論追隨者之間非常流行，因為它用小到讓人疑惑的遞迴法則，產生出可以不斷複雜下去的圖形，**遞迴**（recursive）的意思是某種東西可以無限地一再套用在自己身上。你可以用越來越高的解析度來看該集合，其解析度永遠不會達到極限；你將會持續看到辨識得出來的形狀。這些形狀絕不相同，然而卻相互親似，是一個類似程度極高的家族。

這些物件在美學上有其作用。考慮下面的應用：

視覺藝術（visual arts）：現在，大多數電腦產生的物件都建立在某種版本的曼德伯碎形上。我們還能夠從建築、繪畫，和許多視覺藝術的作品中，看到碎形——當然，這些作品的創作者並沒有意識到這點。

音樂：慢慢地哼出貝多芬（Beethoven）第五號交響曲開始的前四個音：嗒—嗒—嗒—嗒。接著把每個音換成同樣的前四音，以得到十六個音符。你將會看到（或者說，聽到），每一小段都和原來較長的那段類似。以巴哈（Bach）和馬勒（Mahler）為例，他們所寫的樂句，其子動樂章就會和該子動樂章所屬的大樂章相類似。

詩：例如，愛蜜莉・狄金生（Emily Dickinson）的詩就是碎形：其大結構和小結構相類似。根據一名評論家的說法，她的詩是「發音、韻律、修辭、態勢，和調性的精心組合」。

碎形最初是由曼德伯，一名數學社會裡的賤民，所創造出來的。法國的數學家被嚇到了。什麼？影像？我的天啊！那就像在我祖先的艾米昂老家，對著一群虔誠的東正教老祖母放映色情電影。因此，曼德伯就待在紐約上州的ＩＢＭ研究中心裡，成為一個學術難民。那是一種**大不了老**

子不幹了的狀態，因爲ＩＢＭ讓他愛幹什麼，就幹什麼。

但一般大眾（大都爲電腦玩家）看得懂。曼德伯的書《大自然的碎形幾何》（*The Fractal Geometry of Nature*）在四分之一個世紀之前推出時，轟動一時。它擴散到藝術圈，並導致美學、建築設計，甚至於大型工業應用上的研究。甚至還有人請他去當醫學教授！他們應該是認爲肺部爲自我相似（self-similar）吧。他的談話引起了各種藝術家的回響，爲他贏得了「數學界的搖滾巨星」（Rock Star of Mathematics）之綽號。以作品的應用情形來看，電腦時代有助於讓他遠在象牙塔接受他之前，就成爲史上最有影響力的數學家。我們將會看到，他的作品除了具有普遍性之外，還有一種非凡的特質：極易瞭解。

稍微介紹一下他的生平。一九三六年，曼德伯十二歲，從華沙遷到法國。由於在納粹佔領法國期間必須過著四處躲藏，居無定所的生活，因而不能花時間去學傳統法國教育裡毫無啓發性的數學技巧，他大部分靠自學。後來，他深受叔叔索連（Szolem）的影響，索連是法國數學界的名人，法蘭西學院院士。曼德伯後來定居於美國，大多數時間是當個工業科學家，其間穿插著許多不同的短期學術工作。

在這項由曼德伯帶領大家去認識的新科學裡，電腦有兩個角色。第一，我們已經看到，碎形物件可以用一個簡單的法則，以法則套用在法則本身之上的方式產生出來，這非常適合用電腦（或大自然）的自動行爲來處理。第二，在產生直觀視覺之中，形成了數學家和所產生物件之間的對話。

現在，就讓我們來看看這東西如何帶領我們進入隨機性。事實上，曼德伯的事業就是從機率開始。

一個處理極端世界／平庸世界的視覺方法

我正在看著書房裡的小毯子。如果我用顯微鏡去檢查，我會看到非常凹凸不平的表面。如果我用放大鏡看，其表面會變得比較平滑，但仍然相當不平坦。但當我站著看時，這毯子的表面顯得非常平滑——幾乎和一張紙一樣平滑。以肉眼水準所看到的毯子對應到平庸世界和大數法則：我所看的是波動的加總，而**這些波動會被消掉**。這就像高斯隨機性：我的咖啡杯之所以不會跳動，是因爲其所有運動中的粒子，加總起來，相互抵消了。同樣的，你把許多小小的高斯不確定性加總起來，就可以達到確定性：這就是大數法則。

高斯模式並非自我相似，而這就是我桌上的咖啡杯不會跳的原因。

現在，請考慮一趟爬山之旅。不管你爬到離地表有多高之處，山都還是崎嶇的。即使是在海拔三萬英尺處也是一樣。當你飛到阿爾卑斯山上空，你還是會看到崎嶇的山脈取代了小石頭。因此，有些地表並非來自平庸世界，而改變解析度並不會使它們更平坦（注意，只有當你跑到極高點時，這種效果才會消失。對一個來自太空的觀察者而言，我們的地球看起來很平滑，但這是因爲地球太小了。如果是個較大的行星，那麼上面就會有讓喜馬拉雅山看起來像矮子的大山，而觀察者必須站在更遠之處，才會覺得看起來平滑。同理，如果該行星的人口更多，即使平均財富維持一樣，我們很可能找到某個人的淨值遠超過比爾・蓋茲）。

圖十一

顯然，一個鏡頭蓋掉在地上了。現在，請翻到下頁。

圖十一和圖十二顯示了上述的論點：看到第一張照片的觀察者可能會認爲一個鏡頭蓋掉到地上了。

回想我們對英國海岸的簡短討論。如果你從飛機上看，其輪廓和你在海邊所看到的輪廓並不會有太大的差異。規模的變動並不會改變形狀或其平滑度。

明珠配豬玀

碎形幾何和財富分配、城市大小、金融市場報酬、戰爭中的傷亡人數，或行星的大小有什麼關係呢？讓我們來個一以貫之吧。

此處的關鍵在於**碎形的數值或統計值，在不同的刻度下，維持（某種程度）的不變**——其比例依然相同，不像高斯模式。圖十三展示另一個對自我相似性的看

圖十二

事實上，那東西不是鏡頭蓋。這兩張圖展示出縮放不變性：地面爲碎形。將它和人造的東西如汽車或房子做比較。來源：內華達雷諾大學（University of Nevada, Reno）惠特克雷夫特（Stephen W. Wheatcraft）教授。

法。一如我們在第十五章所見，超級巨富和富人相似，只是更富有——財富和縮放無關，更精確的說法是，具有未知的尺度依賴（scale dependence）。

在一九六〇年代，曼德伯把他對大宗物資與金融證券之價格的想法，介紹給經濟學界，這些財務經濟學家全都非常興奮。一九六三年，芝加哥大學商學研究所的所長喬治．舒茲（George Shultz）聘他去當教授。這個舒茲就是後來成爲雷根（Ronald Reagan）的國務卿的那個舒茲。

有一天晚上，舒茲打電話給他，要取消聘書。

四十四年後，在我寫此書時，經濟學和社會科學的統計學並沒有任何變化——除了一些無謂的美化，把世界當成我們只受到溫和的隨機性之影響來處理——而諾貝爾獎還是不斷地發出去。有些論文提出「證據」，說曼德伯錯了，而這些論文，是由不瞭解本書中心思想的人所寫的——你總是可以找出一段沒有發生稀有事件的期間，以製造佐證資料，證實此期間之過程屬於高斯模式，就像你可以找一個沒人被殺的下午，並作為某人無罪的「證據」。我要重複地說，由於歸納的不對稱性，就像要棄卻無罪的說法比接受無罪之說法容易，棄卻鐘形曲線比接受鐘形曲線容易；相反的，要棄卻碎形比接受碎形困難。為什麼？因為只要一個事件就能摧毀我們所面對的是高斯模式鐘形曲線的說法。

總之，在四十年前，曼德伯把明珠交給了經濟學家和一些履歷表洋洋灑灑的俗人，這些人卻拒絕接受，因為曼德伯的觀念太好了，他們無福消受。這就是俗語所說的，margaritas ante porcos，明珠配豬玀。

我將在本章剩下來的部分解釋我如何能夠為曼德伯碎形背書，認為碎形代表了大多數的隨機性，但我們不一定要接受其精確的使用方式。碎形應該是預設值、近似值，和架構。它們並沒有解決黑天鵝問題，也不會把所有的黑天鵝事件轉變成可預測的事件，但它們讓我們可以理解這種大型事件，從而顯著地緩和了黑天鵝問題（碎形讓它們變成灰色。為什麼是灰色？因為只有高斯模式才會給你確定性。後面會有更多的討論）。

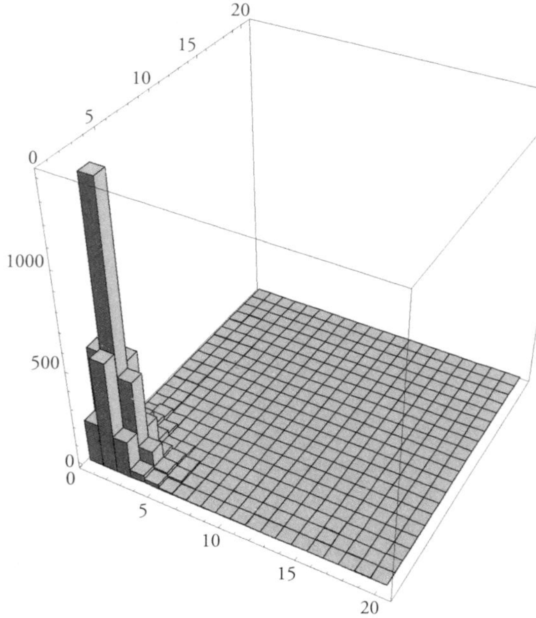

圖十三：純碎形統計山

圖中十六個子區裡的不均程度完全一樣。在高斯分配的世界裡，當你只看上端時，財富（或其他量）的不均現象會降下來——因此，億萬富翁之間的均等關係會大於他們與百萬富翁之間的關係，而百萬富翁之間的均等關係也會大於他們與一般中產階級的關係。這種在每個財富層級都缺乏均等性的性質，簡言之，就是統計的自我相似。

碎形隨機性的邏輯（及警告）①

我已經在第十五章的財富表中介紹過碎形分配的邏輯：如果財富從一百萬元倍增成二百萬元，擁有多於該數量財富的人數就減爲四分之一，其指數爲二。如果指數爲一，則擁有多於該數量財富的人數將減爲二分之一。這個指數稱爲「冪」（power，也就是大家用**冪法則**〔power law〕這個詞的原因）。讓我們把財富超過某個水準的人數稱爲「以上值」（exceedance）——二百萬的「以上值」就是財富超過二百萬元以上的人數。這些碎形有一個主要性質（或是用另一個方式來表達其主要性質，規模可變性），那就是，兩個數的「以上值」②之比率，就是該二數相除的負「冪」次方。讓我們來說明此事。譬如說，你「認爲」每年只有九十六種書的銷量會超過二十五萬冊（這是二〇〇五年的情形），而且你「認爲」其指數約爲一·五。你可以用外插法估計出大約有三十四種書的銷量超過五十萬冊——只要用96乘上（500,000/250,000）$^{-1.5}$。我們可以繼續做下去，請注意，應該有八種書左右的銷量超過一百萬冊，即96乘上（1,000,000/250,000）$^{-1.5}$。

讓我來介紹各種不同現象所測量到的不同指數值。

① 對技術不感興趣的讀者可以直接從此處開始略過本章。

② 利用對稱性，我們也可以檢測該數字以下的發生數。

我直接告訴你好了，從數值的精確度來看，這些指數的意義非常小。我們馬上就會知道爲什麼，但現在你只要注意一事：我們並沒有**觀察到**這些參數；我們只是用猜的，或是從統計資訊中推論得出，這有時候會讓我們很難知道眞正的參數——如果該參數眞的存在的話。現在，讓我們先來檢驗一個指數的實際結果。

表二：各種不同現象的假設指數*

現象	**假設的指數（大約）**
字彙的使用頻率	一・二
網頁的點擊數	一・四
書籍在美國的銷售量	一・五
接到的電話數	一・二二
地震強度	二・八
月球上隕石坑的直徑	二・一四
太陽閃焰（solar flares）的強度	〇・八
戰爭強度	〇・八
美國人的淨值	一・一
一個姓氏有多少人	一

美國各城市的人口	一・三
市場波動	三（或略低）
公司規模	一・五
在恐怖攻擊中喪生的人數	二（但也可能是遠低於此的指數）

*資料來源：紐曼（M.E.J. Newman）（二〇〇五）及作者自己的計算。

表二顯示極爲稀有事件的衝擊。該表顯示前百分之一和百分之二十對整體的貢獻。指數越低，其貢獻就越大。但請看這過程是如何的敏感：在一・一到一・三之間，對整體的貢獻度就從百分之六十六跳到百分之三十四。指數只差〇・二，結果卻有很大的差別——而這樣的差別可能來自簡單的測量錯誤。這種差異並非沒有意義：請考慮我們就是無法精確求出其指數，因爲我們無法直接測量。我們所做的只是從過去的資料去推估，或是依靠能夠讓我們建立某種模型，從而對事物有所瞭解的理論——但這些模型可能有隱藏的弱點，讓我們不能盲目地應用在現實上。

因此，請記住，一・五的指數是個近似值，很難計算，你沒辦法向上帝拿這個數字，至少不是很容易就可以拿到，而且，你的抽樣誤差大得像怪獸。你將會觀察到，銷售超過一百萬冊的書籍並非總是八種——可能高達二十種，或低到只有兩種。

表三：指數的意義

指數	前一%的貢獻比率	前二〇%的貢獻比率
一	九九・九九%*	九九・九九%
一・一	六六%	八六%
一・二	四七%	七六%
一・三	三四%	六九%
一・四	二七%	六三%
一・五	二二%	五八%
二	一〇%	四五%
二・五	六%	三八%
三	四・六%	三四%

*顯然，你在有限的樣本中不會觀察到百分之百的貢獻比率。

更顯著的是，這指數從某個稱爲「門檻」(crossover) 的數字開始適用，並影響大於這個門檻的數字。其效果可能從二十萬冊的書開始，也可能從四十萬冊才開始。同樣的，財富不均的增加情形，在譬如說，六億美元之前，有不同的性質。你如何知道門檻位在哪個點上？這是個問題。

我同事和我處理過大約兩千萬筆的金融資料。我們的資料完全相同，然而我們各自從資料所求出來的指數，從不曾完全相同過。我們知道這資料顯示出碎形的冪法則特性，但我們知道，吾人無法求得一個準確的數字。然而我們所知道的事——**該分配具規模可變性和碎形特性**——已足敷我們操作和決策之用。

上限的問題

有些人已經研究過碎形，並且「只在某種程度上」接受碎形。他們認為，財富，書籍銷售，和市場報酬全都存在某個水準，超過該水準之後，就不再呈碎形。他們所提的就是「截頂」（truncation）。我同意存在一個水準，超過此水準之後，碎形**可能**就停住了。但那是哪裡呢？說上限存在，**但我不知道這上限有多高**，和說**沒有上限**，在實務上具有相同的意義。提出一個上限是非常不保險的事。你可能說，我們在分析裡，把財富的上限設在一千五百億美元。接著另一個人可能說，為什麼不設在一千五百一十億美元呢？或是說，為什麼不是一千五百二十億美元呢？我們或許也可以認為該變數沒有上限。

小心精確度

我從經驗中學到了不少的花招：不管我要測量的是什麼樣的指數，很可能都被高估（請回想，較高的指數值表示大偏異的影響較小）——你所見到的，很可能比你所沒見到的，更不具黑天鵝性質。我稱此爲僞裝問題。

假設我製造了一個指數爲一．七的過程。你看不到這具引擎的裡面，只看到跑出來的資料。如果我問你，其指數是多少，很可能你會算出類似二．四的東西。即使你有一百萬個觀察點也是如此。其理由是，有些碎形過程要花非常長的時間才能顯示出其特性，還有，你低估了其衝擊的嚴重性。

有時候，有的碎形會讓你相信它屬於高斯模式，尤其是當分割點從很大的數值開始時。在碎形分配下，那種極端的偏異，稀少到足以掩藏起來，使你看不到：你認不出該分配爲碎形。

再談冰水問題

你已經看到，不管我們假設哪個模型成立，我們在求算其參數時都有困難。因此，在極端世界下，歸納問題又出現了，這次甚至比本書前面所提的那幾次還要顯著。很簡單，如果一個機制爲碎形，它就能出現很大的數值；於是大偏異事件有發生的可能，但可能性有多高，其出現頻率應該有多大，我們卻很難知道，即使要知道個大概都很難。這就很像冰水問題：很多種冰塊都可能產生該攤冰水。

我才剛讀完三本介紹複雜系統之研究的「科普」書：馬克・布侃南（Mark Buchanan）的《改變世界的簡單法則》（*Ubiquity*）、菲利普・鮑爾（Philip Ball）的《臨界量》（*Critical Mass*），和保羅・奧默羅德（Paul Ormerod）的《失敗法則》（*Why Most Things Fail*）。這三位作者把社會科學的世界表達成充滿了冪法則，這個觀點，我大致上同意。他們還宣稱，這些現象，大多存在著**普遍性**（universality），因此，自然界裡的許多過程，和社會群體的行爲，二者之間有著神奇的雷同，這點我同意。他們以各種網路理論來支持其研究，並且證實在自然科學裡所謂的臨界現象（critical phenomena）和社會團體裡的自我組織（self-organization）之間，存在著美妙的對應。他們把產生雪崩、社會傳染，和他們稱之爲資訊流（informational cascades）的過程歸在一起，這點我同意。

普遍性是物理學家發現帶有臨界點的冪法則特別有趣的原因之一。在動態系統理論和統計力學裡，有許多的狀況是，臨界點附近的動態，有許多性質和該動態系統的細節無關。同一群組裡，可能有許多系統的指數在臨界點上完全相同，即使這些系統的其他面相並不相同。我幾乎同意這個普遍性的想法。最後，三位作者都鼓勵我們運用統計物理學的技術，要像避開瘟疫一樣地避開計量經濟學和高斯式的非規模可變性分配，這點我極爲同意。

但這三位作者都因爲製造或提倡精確性，而落入前向和後溯過程（即問題和逆問題〔inverse problem〕之間）不分的陷阱——我覺得，這是科學上和認識論上最大的原罪。他們並不孤單：幾乎每個處理資料、卻不用根據這些資料做決策的人，都有觸犯這個原罪的傾向，這是敘事謬誤的變種。在缺乏回饋過程的狀態當中，你去檢視模型，並以爲模型和現實吻合。我相信這三本書的觀念，但對其應用方式則不敢苟同——當然更不認同這些作者加諸其上的精確性。事實上，複雜理論（complexity theory）應該讓我們對現實的精確模型之科學主張**更**感到懷疑。複雜理論並沒有讓所有的天鵝變成白色；我們可以預測：它讓天鵝變成灰色，而且只有灰色。

一如我先前所說，這世界，在認識論上，對由下而上的經驗論者來說，眞是個不同的地方。我們不敢奢望能夠坐下來研讀主導宇宙的方程式；我們只是觀察資料，假設可能的眞實過程，並配合更多的資訊調整我們的方程式，以進行「校準」。當事件呈現時，我們把我們所看到的和我們所預期要看到的做比較。通常這是一個使人謙虛的過程，讓吾人，尤其是瞭解敍事謬誤的人，發現歷史是向前進，而不是往後退。儘管大家都認爲商人有很強的自尊心，其實這些人經常在決策與結果之差異，以及精確模型和現實之差異的提醒下，變得謙卑。

我所談的是不透明性、資訊的不完全性，和世界生成元（generator）的不可見性。歷史並不會把它的想法透露給我們——我們必須去猜測裡頭是什麼東西。

從表象到實體

上述觀念和本書各個部分都有關聯。雖然很多人研究心理學、數學，或演化論，並想辦法將其觀念應用到事業上，以獲得第三者的認同，我卻建議完全相反的方式：研究市場強烈、未知、而讓人謙虛的不確定性，以作爲瞭解隨機性特質的方法，這樣的瞭解，可以應用到心理學、機率、數學、決策理論，甚至統計物理學。你將會看到敍事謬誤、戲局謬誤，和偉大的柏拉圖式思想的錯誤，於從表象進到實體的過程中，悄悄地呈現出來。

我第一次碰到曼德伯時，我問他，像他這麼有建樹的科學家，應該從事對其生命更有價値的事，爲什麼會對金融這種庸俗的課題有興趣。我認爲，金融和經濟學只不過是吾人在轉而投入更大、更好的事物之前，先向各種經驗現象學習，以便在銀行戶頭裡累積足夠的**老子不幹了**的資金之地方。曼德伯的回答是：「**資料**，資料的金礦。」其實，大家都忘了，他在轉而投入物理學和自然幾何之前，就是從經濟學開始出發。處理如此豐富的資料讓我們更謙卑；它提供我們看出下述錯誤的洞察力：以錯誤的方向在表象和實體之間行進。

統計學的循環論證（circularity of statistics）問題（也可稱之爲統計的回溯論證〔regress argument〕）如下。譬如說，你需要過去資料來決定某個機率分配是高斯、碎形，或其他分配。你必須先確認你是否有足夠的資料來支持你的論點。我們要如何知道我們有足夠的資料？從機率分配——一個分配的確可以告訴你，對你所要推論的事物，你是否有足夠的資料以「建立信心」。如果那是一個高斯鐘形曲線，則幾個點就可以滿足（大數法則，又來了）。但你要如何知道該分配爲高斯分配？喔，從資料去判斷。因此，我們需要資料來告訴我們那是何種機率分配，還要機率分配來告訴我們，我們需要多少的資料才夠。這構成了嚴重的回溯論證。

如果你**事先假設**（assume beforehand）該分配爲高斯分配，則此種回溯就不會發生。碰巧，由於某種原因，高斯分配的性質很容易得到。極端世界的分配卻不然。因此，在探求通用法則時選用高斯分配似乎是個方便法門。就是這個原因，高斯分配被當成預設分配來使用。正如我不斷重複的說法，事先假設爲高斯分配也許可以用在犯罪統計學、死亡率，和平庸世界裡的事物等少數幾個領域。但在性質未明的歷史資料上和極端世界的事物上，是行不通的。

現在，爲什麼處理歷史資料的統計學家不能察覺到這個問題？第一，他們不想聽到他們整個事業被歸納問題一筆勾消。第二，他們的預測成果並沒有受到嚴格的質疑。正如我們在馬克利達基斯（Makridakis）比賽中所看到的，他們受制於敘事謬誤，但這些話他們不想聽。

再一次，要當心預測者

讓我把問題再往上提升。我先前提過，有非常多時髦的模型企圖解釋極端世界的起源。事實上，這些模型分成兩大類，但偶爾還有更多的方法。第一類包括簡單的富者越富（或大者越大）式的模型，用來解釋人口在城市周圍的聚居情形、微軟和VHS（而不是蘋果和Betamax）主導市場，及學術威望的動態等。第二類是有關一般所謂的「滲流模型」（percolation models），所探討的不是個體行爲，而是個體所操作的地形。當你把水倒進多孔的表面時，該表面的結構比液體的影響還大。當一粒砂撞擊一堆砂子時，會不會發生砂崩，取決於那堆砂的地形組成方式。

當然，大多數的模型都企圖具有精確的預測性，而不只是敍述性；我覺得這頗令人惱怒。它們是展示極端世界起源的好工具，但我堅持，產生實體的生成元（generator），似乎不會密切遵循模型的運作方式，不足以使這些模型對精確的預測有所助益。至少從當前任何你所能找到之有關極端世界議題的文獻來判斷，都是如此。我們再一次碰上了嚴肅的校準問題，因此，在校準非線性過程時，最好避免這個共通的毛病。請回想，非線性過程的自由度大於線性過程（一如我們在第十一章所見），這意味著你冒著用錯模型的大風險。然而，每隔一陣子你就會看到一本書或文章倡導，把統計物理學的模型運用到現實上。菲利普．鮑爾的書如此之美，把精確的量化模型展示出來，並讓我們知道，但這種書不該導出精確的量化模型。這些書，你可別照單全收啊。

但讓我們看看我們能從這些模型中得到什麼收穫。

再一次，快樂的解決方案

第一，在規模可變的假設下，我接受，任意一個大數都有出現的可能性。換句話說，不公平現象在超過了某個**已知的**上限之後，也不應該止住。

譬如說，《達文西密碼》（*The Da Vinci Code*）賣了六千萬冊左右（聖經賣了大約十億本，但容我們將聖經忽略，並把我們的分析限制在自然人所寫的凡書上）。雖然我們從未聽過哪一本凡書賣了兩億本，但我們可以認爲其可能性並不是零。其機率很小，但不是零。每三本《達文西密碼》這樣的暢銷書之中，或許就會有一本超級暢銷書，而且雖然到目前爲止連一本都還沒出現，我們卻不能將其排除。而每十五本《達文西密碼》這種書，將會有一本賣了，譬如說，五億冊的超級暢銷書。

把同樣的邏輯用到財富上。譬如說，全球最富有的人擁有五百億美元的身價。有一個不可忽略的機率出現明年某個不知從哪裡冒出來的人擁有一千億美元的身價。每三個身價超過五百億美元的人當中，就會有一人超過一千億美元。出現二千億美元以上身價的機率更小——是前面機率的三分之一，但絕不是零。甚至還有一個極爲微小、但不是零的機率，出現某人擁有超過五千億美元的身價。

這告訴我下述事項：我可以推論我在資料裡看不到的事，但這些東西仍應屬於機率的範疇。有一本看不見的暢銷書，這本書並沒有出現在過去的資料裡，但你必須將其納入考慮。請回想我在第十三章的論點：這讓書籍或藥品的投資比依照過去資料所得出的統計結論還要好。但這也可以讓股市的損失比過去所顯現的還要慘重。

戰爭具有碎形性質。一場殺戮超過毀滅性的二次大戰之戰爭是可能的——可能性不大，但不是零機率，雖然過去從未發生過這樣的戰爭。

第二，我將介紹一個來自大自然的例子，這個例子有助於我們瞭解精確性。一座山，在某種程度上和一塊石頭相似：它和石頭相仿，一種親族式的類似，但不是完全一樣。用來描述這種類似的字眼是**自我親似**（self-affine），而不是精確的**自我相似**（self-similar），但曼德伯在傳達親似的概念上有問題，其自我親似一詞充滿了精確類似而不是親族類似的意涵。如同山和石頭的情形一樣，十億美元以上的財富分配，和十億美元以下的情形並非完全相同，但這兩個分配具有「親似性」。

第三，我之前說過，在經濟物理學界（econophysics，把統計物理學應用到社會和經濟現象上），有非常多的論文，其目標就是做這種校準，以及從現象世界抓出數字。許多論文都嘗試達到預測性。嗚呼，我們無法靠掌握「變遷」來預測危機或流行時尚。我的朋友迪迪爾·索爾內（Didier Sornette）企圖建立預測性模型，我很喜愛這些模型，只不過我不能用它們來預測——但拜託不要告訴他，他可能會就此罷手。我不能按照他的意圖來使用這些模型，但這並不能否定他的成果，我只是藉此來說明我們需要氣度寬宏的思維，他的模型可不像基本上有瑕疵的傳統經濟學。我們或許可以靠某些索爾內現象賺錢，但不是全部。

灰天鵝在哪裡？

我整本書都在寫黑天鵝。這並不是因爲我愛上了黑天鵝事件；身爲一個人道主義者，我恨黑天鵝事件。我恨它所造成的許多不公平和破壞。因此我希望消除許多黑天鵝事件，至少減緩其效果，讓我們得到保護。碎形隨機性是減少這些意外的一個方法，讓某些天鵝看起來可能發生，也就是說，讓我們察覺其重要性，把它們變成灰色。**但碎形隨機性不會得出精確的答案**。其好處如下。如果你知道股市**可能**崩盤，一如一九八七年的情形，那麼這種事件就不是黑天鵝事件。如果你用指數爲三的碎形來看，一九八七年的崩盤並非離群值。如果你知道一家生技公司可能推出超級大賣的藥品，賣得比我們到目前所看過的藥都更好，那麼這就不是黑天鵝事件，而且萬一這種藥眞的出現了，你不應該感到意外。

於是曼德伯碎形讓我們可以把許多的黑天鵝事件納入考慮，但不是全部。我前面說過，有些黑天鵝事件是因爲我們忽視了隨機性的來源而發生的。其他的則發生在我們高估了碎形指數。灰天鵝事件談的是可以模型化的極端事件，而黑天鵝事件則是和不知的未知（unknown unknowns）有關。

我坐下來，把這件事拿來和這位偉人（譯註：指曼德伯）討論，結果，一如往常，變成了一場文字遊戲。我在第九章介紹過將奈特不確定性（Knightian uncertainty，不可計算者）和奈特風險（Knightian risk，可計算者）加以區別的知名經濟學家，這種區別，不可能是一個原創到連我們的字彙裡都找不到的概念，於是我們到法文裡去找。曼德伯提到他的一個友人，一位典型的英雄，貴族數學家瑪索—保羅‧舒曾貝爾哲（Marcel-Paul Schützenberger），他是個博學之士（和筆者一樣），很容易就會覺得無聊，一旦問題越來越無趣，他就沒辦法繼續下去了。舒曾貝爾哲堅持，法文裡的 hasard 和 fortuit 有明確的區別。hasard 一字源自阿拉伯文的 *az-zahr*，意思是像骰子──可處理的隨機性；fortuit 就是我的黑天鵝事件──純粹意外且無法預見。我們去查了《小羅柏字典》（*Petit Robert dictionary*）；其區別的確存在。fortuit 似乎對應到我的知識不透明性，字典的解釋為 l'imprévu et non quantifiable，無法預見且無法量化之事；hasard 指的則是戲局類的不確定性，為梅雷騎士（Chevalier de Méré）在早期的賭博論文中所提出。值得注意的是，阿拉伯人可能還曾經向不確定性產業介紹過一個字：rizk，意思是資產。

我再重複：曼德伯所處理的是灰天鵝；而我處理的是黑天鵝。因此，曼德伯把我許多的黑天鵝事件馴化了，但非全部，也不是完全馴化。但他的方法帶給我們一絲希望，一個開始思考不確定性問題的方法。真的，如果你知道這些野生動物在哪裡，你就會很安全。

17 洛克的狂人，或放錯地方的鐘形曲線①

什麼？——任何人都可能成爲總統——諾貝爾的遺產——那中世紀的日子

我的屋子裡有兩間書房：一間是眞的，放著有趣的書籍和各種文學資料；另一間則是非文學的，我不喜歡待在那裡，我把那些乏善可陳而眼光如豆的東西束之高閣。非文學書房裡有一整牆的統計學和統計學史的書，這些書我一直不忍心燒掉或丟掉；雖然我已經知道，離開學術應用，它們幾乎完全沒用（卡尼底斯〔Carneades〕、西塞羅，和傅歇對機率的瞭解，遠勝於這些假道學的書籍）。我不能把它們用在課堂上，因爲我答應過我自己，即便餓死，也不能教學生一些垃圾東西。爲什麼我不能用這些書？這些書沒一本探討極端世界。一本都沒有。少數幾本討論到這部

①這是本書在財務和經濟學上之一貫論點的簡單釋例。如果你不相信鐘形曲線在社會變數上的應用，如果，你和許多的專業人士一樣，已經相信「現代」財務理論是危險的垃圾科學，你可以很安全地跳過本章。

分的書並不是統計學家所寫的，而是統計物理學家寫的。我們拿來自平庸世界的方法去教人家，並鬆散地將這些方法轉到極端世界。這就好像把治療植物所開發出來的藥用在人類身上。難怪我們會冒世上最大的險：我們處理**屬於極端世界的事物，但卻把它們當成屬於平庸世界在看待**，把這種作法當成「近似法」。

數十萬名來自新加坡和伊利諾香檳校區的商學院及社會科學系所學生，以及來自業界的人士，繼續研讀「科學」方法，全都建立在高斯模式上，全都身陷戲局謬誤。

本章要檢驗假數學用到社會科學上所造成的災害。眞正的主題或許是頒發諾貝爾獎的瑞典學院爲我們社會所帶來的危機。

只有五十年

讓我們回到我從商的故事。請看圖十四。過去五十年來，金融市場裡最極端的十天，其報酬佔整體的一半。五十年中的十天。同時，我們竟陷在閒聊當中。

顯然，如果有人除了一大堆的六 sigma 之外，還要求更多的東西來證明市場屬於極端世界，他的頭腦就必須去檢查一下。數十篇論文顯示，高斯類型的分配和市場的規模可變特質不相配。我想到，多年來，我已經把兩千萬筆的資料往前、往後地跑過統計分析，這使得我藐視任何一個用高斯模式的術語來談論市場的人。但大家要跳到這個知識的結果時卻有困難。

最奇怪的是，業界人士經常在聽了我的談話或我的論點之後，會認同我的想法。但當他們隔

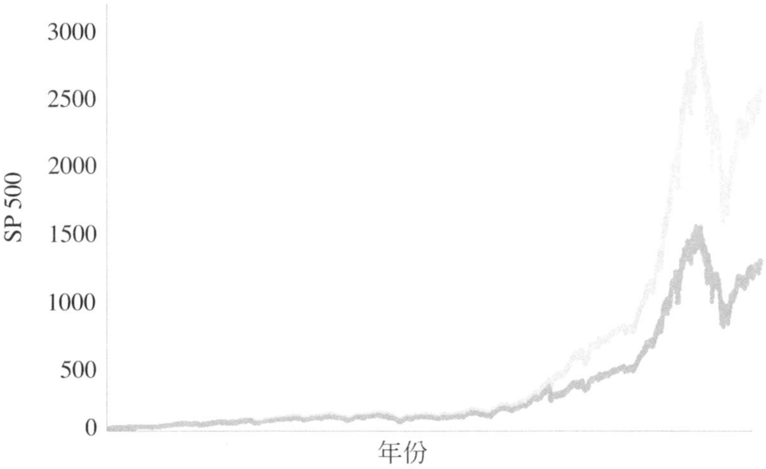

圖十四

把美國股市過去五十年來十大單日最大變動拿掉，我們所看到的報酬就會有很大的不同——然而傳統的財務學卻將這些單日彈跳視為異常（anomalies）（這只是類似測試之一。雖然隨便看就覺得這個例子已經很具說服力，從數學角度看，還有非常多具說服力的例子，例如十 sigma 事件）。

天回到辦公室，他們又會回復到使用高斯工具的老毛病。他們的心智具領域相關性，因此，在研討會上，他們可以做批判思考，但在辦公室裡就不行了。而且，高斯工具帶給他們數字，看起來好像「總比沒有好」。高斯工具對未來不確定性的量測結果，滿足了我們根深柢固的簡化欲望，即使這表示要把非常豐富而不能以一個數字來描述的事物，硬生生地擠壓成一個單一的數字。

叛徒

我以一九八七年的股市崩盤作爲第一章的結束，這次崩盤讓我可以積極地追尋我的黑天鵝理念。就在崩盤之後，當我主張，那些用 sigma（即標準差）作爲衡量隨機性的風險程度者爲江湖郎中時，每個人都同意。如果金融世界爲高斯模式，像這樣崩盤（超過二十個標準差）的戲碼，將是每數十億個宇宙史才發生一次（詳見第十五章的身高例子）。根據一九八七年的情況，大家接受，稀有事件會發生，而且是不確定性的主要來源。大家只是不願放棄把高斯模式當成核心的衡量工具——「嘿，我們別無選擇。」大家需要一個數字作爲定錨之處。然而這兩個方法在邏輯上卻相互矛盾。

當時我並不知道，一九八七年並不是第一次高斯模式的觀念被證實爲愚蠢的行爲。曼德伯在一九六○年左右就向經濟學界介紹過規模可變性，並向他們證實，高斯曲線和**當時的**股價不吻合。但他們克服了興奮之後，他們知道，他們可能要重新學習這個行業。當年一名頗具影響力的經濟學家，已故的保羅・庫特納（Paul Cootner）寫道：「曼德伯，和他之前的邱吉爾（Churchill）首相一樣，給我們的承諾不是烏托邦，而是血汗苦淚。如果他說對了，幾乎所有我們的統計工具就沒用〔或〕沒意義了。」我對庫特納的聲明有兩點修正意見。第一，我會把**幾乎所有**換成**所有**。第二，我不同意血汗的說法。我發現曼德伯的隨機性顯然比傳統的統計學更容易瞭解。如果你剛加入這行，不依賴老舊的理論工具，也不對確定性有高度的預期的話。

任何人都可能成爲總統

現在我們簡單說一下「諾貝爾」經濟學獎的歷史，這個獎是瑞典銀行以阿弗雷德・諾貝爾（Alfred Nobel）的名義設立的，根據想要取消這個獎項的諾貝爾家人的說法，他現在可能在墳墓裡打滾作嘔。其家族一名行動派的成員稱這個獎是經濟學家所精心策劃的公關行動，目的在於把他們的學科放到一個高於該學科所應有的立足點上。沒錯，這個獎曾經頒給一些有價值的思想家，諸如實證心理學家康尼曼和思想經濟學家海耶克。但該委員會已經養成一個習慣，把諾貝爾獎交給那些以假科學和假數學爲其過程「帶來嚴謹」的人。在股市崩盤**之後**，他們頒給兩個理論家，馬可維茲（Harry Markowitz）和夏普（William Sharpe），他們以高斯模式爲基礎，建構出美麗的柏拉圖式模型，對所謂的現代投資組合理論有所貢獻。很簡單，你只要把他們的高斯分配假設拿掉，並把價格當成規模可變性處理，你就只剩下一堆空話。諾貝爾委員會原本可以先檢測夏普和馬可維茲的模型——他們的作用就像網路上所賣的狗皮膏藥——但斯德哥爾摩那邊似乎沒人想到這點。該委員會也沒來詢問我們業者的意見；反而依靠學術界的評估過程，而這種過程，在某些學科裡，可能腐敗到骨子裡。這個獎頒出之後我做了一個預測：「在這兩個人都能拿到諾貝爾獎的世界裡，什麼事都可能發生。任何人都可能成爲總統。」

因此，高斯模式的現代投資組合理論之使用得到大家的信任，瑞典銀行和諾貝爾學會要負起大部分的責任，因爲許多機構已經發現，這個理論是用來遮醜的好方法。軟體商已經靠販售「諾貝爾加冕」的方法，賺了數百萬美元。你用它怎麼會有問題？非常奇怪，業界每一個人一開始都知道其概念有問題，但大家後來也就習慣了這種方法。據說聯準會主席葛林斯潘（Alan Greenspan）曾經不經意地說：「我寧可聽一個交易員的意見，也不要聽數學家的話。」在此同時，現代投資組合理論開始散播。我將不斷地說下面這段話，直到聲嘶力竭爲止：在社會科學裡，決定一個理論的命運的是感染力，而非其正確性。

我後來才知道，受過高斯模式訓練的財務學教授漸漸主導商學院以及企管碩士課程，而且，光是美國，一年就生產將近十萬名的學生，全都被騙人的投資組合理論所洗腦。沒有任何的實證觀察可以終止這個流行病。似乎，教學生以高斯模式爲基礎的理論總比什麼理論都沒教要好。這比教學生莫頓（Robert C. Merton，是我們之前所討論的社會學家 Robert K. Merton 的兒子）所謂的「軼事」，看起來更「科學」。莫頓寫說，在投資組合理論出現以前，財務學是「軼事集錦、經驗法則，和會計資料的拼湊」。投資組合理論讓「此觀念的大雜燴得以進化成嚴謹的經濟學原理。」爲了讓你感受其所涉及的知識嚴謹程度，並把新古典學派經濟學拿來和更誠實的科學做比較，請思考十九世紀的現代醫學之父克洛德・貝爾納（Claude Bernard）的主張：「事實爲先，而科學抱負在後。」你應該把經濟學家送到醫學院。

於是，高斯模式②瀰漫在我們的業界和科學文化之中，而專業用語裡則瀰漫著 **sigma**、**變異數**、**標準差**、**相關**、**R平方係數**，和夏普的**夏普比率**等術語，全都和高斯模式有直接的關聯。如果你去讀一份共同基金的公開說明書或是避險基金的部位報告，通常他們會提供你許多資訊，其

②就算高斯模式已經用補充式「跳躍」（jumps）、壓力測試（stress testing）、狀態變化（regime switching），或名為GARCH的複雜方法去修補，雖然這些方法代表相當的努力，但它們都不能解決鐘形曲線的基本缺失。這些方法都不具縮放不變性。我個人的看法是，這解釋了馬克利達基斯競賽所呈現之複雜模型在實戰狀況下敗北的現象。

中之一就是用某個號稱可以衡量「風險」的量化總指標。這個指標將會從上述發展自鐘形曲線及其同類模型的各種術語中，擇一作爲基礎。例如，在今天，退休基金的投資策略和基金選擇，就是由依賴投資組合理論的「顧問」來進行評估。如果出問題了，他們可以宣稱他們是按照標準科學程序。

更駭人聽聞的事

一九九七年，事態變得更爲嚴重。瑞典學會再度把另一屆以高斯模式爲基礎的諾貝爾獎頒給麥倫・休斯（Myron Scholes）和羅伯・C・莫頓（Robert C. Merton），他們把一個數學舊公式加以改良，使其相容於既有的偉大高斯模式之一般金融均衡理論——從而爲經濟學學術機構所接受。該公式終於「可以用」了。這個公式有許多被人所遺忘的「前輩」，其中一個就是數學家也是賭徒的艾德・索普（Ed Thorp），他寫了一本暢銷書《擊敗莊家》（*Beat the Dealer*），討論如何在二十一點賭局上佔便宜，但不知爲什麼，大家認爲這個公式是休斯和莫頓所發明的，其實他們只是讓大家接受這個公式罷了。這個公式是我賴以爲生的東西。交易員乃是由下而上的人，他們晚上爲擔心風險而徹夜難眠，從而比學者更瞭解這個公式的技巧，只是這些人很少能以專業術語將其表達出來，因此，我覺得我就是代表他們。休斯和莫頓的作法造成這個公式必須靠高斯模式，但其「前輩」並沒有加上這個限制。③

崩盤後那幾年，我在智慧上很愉悅。我參加各種財務和不確定性數學的會議，在討論機率時，我從未找到一個主講人，不論有沒有拿過諾貝爾獎，知道他自己所講的東西，因此，我能夠提出問題，弄得他們緊張激動。他們「精研數學」，但當你問他們，他們的機率是從哪裡取得的，他們的解釋充分顯示他們犯了戲局謬誤——你可以發現，在白癡專家身上，高度技巧和不懂竟奇怪地共存。我從未得到有智慧或是不帶人身攻擊的回答，一次都沒有。由於我質疑他們的整個事業，可想而知，我招來了各種的侮辱：「妄想」、「打廣告」、「哲學式」、「雜文作家」、「懶散閒人」、「老套」、「業者」（這是來自學術界的侮辱），和「學者」（這是來自業界的侮辱）。站在被生氣所侮辱的一方，其實並不是那麼糟，你很快就能習慣，並把焦點放在他們所沒有說出來的部分。場內交易員受過處理憤怒咆哮的訓練。如果你在混亂的場內工作，一個因爲賠錢而情緒特別壞的人也許會開始辱罵你，直到他聲帶受損爲止，然後他就忘了，一小時之後，邀你參加他的聖誕派對。於是你對侮辱變得麻木，尤其是你教自己，把對你大吼大叫的人想成沒有自制能力的嘈雜猩猩之變種。你只要保持冷靜、微笑、專注於分析主講者而不是他所說的話，那麼，這場爭吵就會是你贏。人身攻擊，而非攻擊理念，讓我覺得受寵若驚。這表示對方已經沒有任何有知識智慧的說法來回

---

③更技術性的方面，請記住我的工作是一名選擇權業者。一檔非常不可能執行的選擇權不只可以從黑天鵝事件中獲利，而且其利潤還大得超乎尋常——這是休斯和莫頓的「公式」所錯失之事。選擇權的報酬是如此強大，以至於你甚至不用猜對其機率都可以獲利；你可以對其機率看法錯誤卻還是得到相當可觀的報酬。我稱之為「雙重泡沫」（double bubble）：對機率和報酬雙雙評價錯誤。

批你的意見。

心理學家菲利浦・泰洛克（第十章裡的專家剋星）聽了我某一次的談話之後，爲文寫道，他對聽眾中認知差異所產生的緊張狀況表示震驚。但人們如何解決這種認知上的對立，則有相當大的不同，因爲此事就打在他們所學的東西及所用的方法之核心，而且他們心知肚明，他們將在事業上繼續採用這個方法。攻擊我的人有個毛病，幾乎都扭曲了我的思想再加以攻擊，像「全都是隨機而不可測」而非「具很大的隨機性」，或是搞不清楚我在說什麼，而向我展示鐘形曲線在某些物理領域裡運用良好的情形。有些甚至還會更改我的履歷。在盧加諾（譯註：Lugano，位於瑞士義大利邊境）的一場專題討論上，休斯一度處於憤怒狀態，並且扭曲我的概念在吹毛求疵。我可以看到他臉上的痛苦表情。在巴黎，某數學機構一位非常知名的成員，終身致力於高斯模式裡非常小的一個子題裡的一個子題，有一次竟大發雷霆——正當我在展示黑天鵝事件在股市所發生的作用之實際證據時。他氣得滿臉通紅，呼吸困難，並開始辱罵我說我褻瀆了該機構，不知道謙虛；他吼道：「我乃堂堂科學會的會員！」以強化他對我的侮辱（隔天，我那本書的法文版被搶購一空）我最精彩的一次是，一位被認爲在學術上遠超過休斯和莫頓的經濟學家、同時也被視爲論戰常勝軍的史帝夫・羅斯（Steve Ross）的那次，他指出我在簡報中的小錯誤和模稜兩可之處，以反駁我的觀念，例如「馬可維茲並不是第一個……」我由此確定，他對我的主要論點已經無法回應。其他終生從事於這些觀念的人則採取網路上的破壞行爲。經濟學家經常訴諸密爾頓・傅利曼（Milton Friedman）所說的奇怪論點，主張模型的假設未必要眞實我們才能接受——這讓他們拿到執照去產生在表達現實上有嚴重偏頗的數學。問題當然就在於這些高斯化的模型沒有切合實際的假設，而且得不出可靠的結果。它們既不實際又不具預測力。請再注意我偶爾還會碰到的偏差思想：人們把發生機率很小的事件，譬如說，二十年一次，錯當成週期性發生的事件。他們認爲，如果他們暴露在這種事件的期間只有十年，他們就會很安全。

我一直很難把平庸世界和極端世界的差別傳達給世人知道——許多和我爭論的人都在表達這社會在鐘形曲線下表現不錯——只要看看信用機構等就夠了。

我唯一無法接受的批評是：「你說得沒錯；我們需要你來提醒我們這些模型的弱點，但你不能一竿子打翻一艘船。」意思是我必須接受他們縮減版的高斯分配，同時還接受大偏異可能出現——他們不瞭解這兩種方法並不相容。這就好像是一個人可以死一半。在二十年的論戰中，沒有任何一個投資組合理論的使用者說明過，他們**如何**既接受高斯模式的架構，又接受大偏異。沒一個做到。

確認

這一路上，我看到許多的確認錯誤，足以讓卡爾．波柏生氣地站出來。人們會找出沒有跳躍或極端事件的資料，向我「證明」，我們可以使用高斯模式。這完全就等同於我在第五章所舉的辛普森沒有殺人的「證明」。整個統計事業把「不在場」證明和沒有「在場證明」混爲一談。而且，大家不瞭解其中所牽涉到的基本不對稱性：你只要用一個觀察就可以棄卻高斯模式，但數百萬個觀察卻不能充分確認其應用的有效性。爲什麼？因爲高斯鐘形曲線不允許大偏異，但極端世界裡的工具，別有選擇，並不排除安靜的長距離伸展。

我不知曼德伯在美學和幾何之外，有何影響。我和他不同，並沒有被放逐：我從業界和決策者這邊，得到許多的肯定，雖然不是來自他們研究幕僚的肯定。

但突然間，我獲得了最令人意外的證明。

那只是一個黑天鵝事件

小莫頓和休斯是一家名叫長期資本管理（Long-Term Capital Management），或叫ＬＴＣＭ的大型投機交易公司的出資合夥人，這家公司我在第四章中曾經提過。這家公司集合了一群擁有頂尖履歷的人才，來自學術界最頂尖的等級。他們被視爲天才。投資組合理論的觀念啓發了他們對可能出象的風險管理方式——這要歸功於他們複雜的「計算」。他們想盡辦法，把戲局謬誤擴大到整個產業的一大部分。

接著，在一九九八年夏季期間，由俄羅斯金融危機所引發的一組大型事件，在他們的模型之外發生了。那是個黑天鵝事件。ＬＴＣＭ倒了，也幾乎把整個金融體系都拖下水，因爲其暴險部位實在太大。由於他們的模型把大偏異排除掉，他們便讓自己承受異常大的風險。莫頓和休斯的理念，還有現代投資組合理論，開始破產。損失的規模相當可觀，可觀到我們不能再忽視這一場學術鬧劇。我和許多朋友都認爲，投資組合理論將面臨與煙草公司相同的命運：他們會對人們的儲蓄造成危害，而他們那採用高斯精神之方法所帶來的後果，很快就會被提出來討論。

結果全沒發生。

商學院裡的企管碩士竟繼續學習投資組合理論。而選擇權公式則繼續以布雷克—休斯—莫頓（Black-Scholes-Merton）爲名，而沒有回歸其眞正的原創者，路易・巴舍利耶（Louis Bachelier）、艾德・索普，和其他人。

如何「證明」東西

小莫頓是新古典學派經濟學的代表人物，而新古典學派經濟學，和我們已經見識過的LTCM一樣，代表著最厲害的柏拉圖化知識之危機。④我檢視他的方法論，看到下述的形態。他從僵硬的柏拉圖式假設開始，完全不切實際——例如高斯機率分配和許多同樣令人不安的假設。然後他由此產生「定理」和「證明」。其數學簡潔而優雅。其定理和現代投資組合理論的其他定理相容，而現代投資組合理論的這些定理又和其他定理相容，針對人們如何消費、儲蓄、面對風險、支出，

④我選莫頓來談是因為我發現他非常能代表學術上所特有的愚民主義（obscurantism）。我從莫頓寄給我的一封生氣兼威脅的七頁信件中，發現了他的缺點，他這封信給我的印象是他並不是很熟悉我們如何操作選擇權，而這可是他的拿手領域。他似乎有一種印象，認為交易員依靠「嚴謹的」經濟學理論——好像小鳥必須讀過（不良的）工程學才能飛一樣。

和預測未來等，建構了一大套理論。**均衡**（equilibrium）這個可怕的字眼無處不在。但整個建築就像一個完全封閉的遊戲，就像大富翁遊戲自己有自己的各種規則。

應用這種方法論的學者就像洛克（Locke）所定義的狂人（madman）：「從錯誤的假設前提做正確推理」者。

現在，優雅的數學具有這個性質：該數學完全正確，不是百分之九十九正確。這個性質剛好迎合不願處理模糊不清問題的機械論思維者。不幸的是，你必須在某個地方使詐，才能讓世界套進完美的數學，而且你必須在某處編造一些假設。然而，我們已經看過哈代所說的話，專業的「純粹」數學家依然非常誠實。

於是，問題之所以變得混淆不清，是當莫頓這樣的人試著要數學化和無懈可擊，而不願把焦點放在與現實之配合上。

這就是你該學習軍人或是負有保安責任者的想法之處。他們不在乎「完美」、戲局推理；他們要務實的生態假設。最後，他們關心生命。

我在第十一章提到，製造騙人的假設以產生「嚴謹的」理論，而開啓「形式思維」（formal thinking）遊戲之先河者，爲莫頓的老師保羅・薩繆森，以及英國的約翰・希克斯（John Hicks）。這兩位試著要把凱因斯的概念形式化，而把凱因斯的概念給毀了（凱因斯對不確定性很感興趣，而且抱怨模型引入了思想封閉的確定性）。以形式思維開疆闢土的其他參與者尚有肯尼士・亞羅（Kenneth Arrow）和吉拉德・德布魯（Gerard Debreu）。這四個人都得過諾貝爾獎。這四個人全都在數學效應下處於妄想狀態——迪爾登（Dieudonné）所謂的「理智的音樂」（the music of reason)，而我則稱之爲洛克的瘋狂。毫無疑問，他們全都可以被指控發明出一個想像世界，一個爲他們的數學而設的想像世界。見解獨到的學者馬丁・舒比克（Martin Shubik）堅持認爲這些模型過於抽象，超過實際需要，因而毫無用處，結果他發現自己被排擠，這是異議者的宿命。⑤

如果你要質疑他們所做的東西，一如我對小莫頓的質疑，他們會要求「嚴謹的證明」。於是他們設定了一套遊戲規則，你必須按照其規則來玩。我來自業界，這樣的資歷最主要的資產，就是有能力處理龐雜、但在經驗上可以接受的數學，我不能接受虛矯的科學。我比較喜歡複雜的工藝，並專注於技巧上，遠超過只看確定性的失敗科學。或者，這些新古典模型建立者會做出更惡劣的東西嗎？他們有可能涉及休葉主教所說的製造不確定性嗎？

我們走著瞧。

⑤中世紀醫學，當其採用由上而下及類似神學的觀念時，也以均衡的概念為基礎。幸好這些醫生被淘汰了，因為他們無法與由下而上的醫生競爭，這些由下而上的醫師，在生態上是由有臨床經驗的前理髮師趕鴨子上架去充任的，之後竟建立了非柏拉圖式的臨床科學。我今天之所以還活著，那是因為學者型的由上而下醫學在幾世紀以前就垮台了。

表四：兩種處理隨機性的方法

懷疑經驗論和非柏拉圖思想學派	柏拉圖式
・對落在柏拉圖圈以外的事物感興趣	・專注於柏拉圖圈以內的東西
・尊敬那些勇於說出「我不知道」的人	・「你一直在批評這些模型。我們就只有這些模型。」
・胖子東尼	・約翰博士
・認爲黑天鵝事件是隨機性的主要來源	・認爲普通波動是隨機性的主要來源，事後則認爲還有一些跳躍
・由下而上	・由上而下
・通常不穿西裝（除了參加喪禮之外）	・穿深色西裝白襯衫，以無聊的語氣說話
・喜歡大致上正確	・精準的錯誤
・理論極少，認爲得出理論是一種應該防止的疾病	・每件事都必須符合某個偉大而具普遍性的社會經濟學模型和「嚴謹的經濟學原理」，不滿意「描述性的東西」
・不相信我們能輕易地計算出機率	・把他們所有的配備都建立在我們能夠計算機率的假設上

・典型：塞克斯都・恩披里科和以證據爲基礎的學派，理論極少的實證醫學	・典型：拉普拉斯力學（Laplacian mechanics），這世界和經濟就像一座時鐘
・從實務中得到直覺，先觀察再看書	・依賴科學論文，先看書再瞭解實務
・並未受到任何科學的啓發，使用雜亂的數學和計算方法	・受到物理學的啓發，依賴抽象數學
・以懷疑論爲基礎的概念，關注於圖書館裡未讀過的書	・以信仰爲基礎的概念，關注於他們認爲他們知道的事
・假設以極端世界作爲起點	・假設以平庸世界作爲起點
・複雜的工藝	・可憐的科學
・從一大群可能的事件當中尋求約略的正確	・在精準的假設下，於狹隘的模型中尋求完美的正確

懷疑經驗論提倡相反的方法。我對前提假設的關心，多於對理論的關心，我要把對理論的依賴減到最少，一步步小心翼翼地走，以減少我的意外。我希望大致正確而不要精準的錯誤。理論上的優雅通常代表柏拉圖式思想和弱點——它誘導你爲優雅而優雅。理論就像醫藥（或政府）：通常沒用，有時候則不可或缺；總是自求多福，偶爾會要了你的命。因此，在使用上必須謹慎、適量，並有大人在一旁監看。

上表列出我的現代懷疑經驗論典型，以及薩繆森徒子徒孫所代表的典型，這兩者的差異可以推廣到所有的學科上。

我已經把我的財務金融觀念表達出來了，因爲我的觀念就是從這個領域裡提煉出來的。現在，讓我們來檢驗另一種應該是更有思想的人：哲學家。

18 假學究的不確定性

擺錯地方的哲學家——（主要是）午餐的不確定性——我所不在乎的東西——教育和智慧

第三部最後一章的重點放在戲局謬誤的一個主要分枝上：有些人的工作就是讓我們察覺不確定性，但這些人是如何有失職守，讓我們察覺不到不確定性，並讓我們誤入歧途，從後門進入了濫竽充數的確定性。

回到戲局謬誤

我已經用賭場的故事解釋過戲局謬誤，並堅持，消毒過的戲局隨機性和實際生活中的隨機性不同。請再看一下第十五章的圖七。骰子的平均數很快就得出來，所以我可以很確定的說，賭場在，譬如說，輪盤遊戲上，在不久的長期之內，就可以贏我，因為雜訊將會消失，但技巧不會消失（在此，這是賭場的優勢）。你玩的期間拉得越長（或是降低賭注大小），由於平均數的關係，這些賭博設備就越發呈現出隨機性。

戲局謬誤出現在下列的隨機設施：隨機漫步、擲骰子、丟銅板、惡名昭彰的數位「正面或反面」，以〇或一來表示、布朗運動（Brownian motion，相當於花粉粒在水中的運動），以及類似的例子。這些設備所產生的隨機性，其品質甚至還不配稱爲隨機性——**原型隨機性**（protorandomness）或許是更恰當的名稱。在其核心，所有的理論都建立在有一層不確定性被忽略了的戲局謬誤上。更糟的是，其構想的提出者並不知道此事！

這種專注在小不確定性之應用，與大不確定性之應用相反，涉及到老舊的**大測不準原理**（greater uncertainty principle）。

找出假學究

大測不準原理主張在量子力學裡，吾人無法（精確地）測量某一對數值，如粒子的位置和動量。你將會碰到測量的下限：你在其中一個變數上得到精確度，就會在另一個變數上喪失精確度。因此，在理論上，存在一個不可壓縮的不確定性，科學無法克服，且將永遠保持不確定。這個最小的不確定性是海森堡（Werner Heisenberg）在一九二七年所發現的。我發現在介紹測不準原理（uncertainty principle）時很可笑，因爲它根本就和不確定性（uncertainty）無關。爲什麼？第一，這種不確定性爲高斯模式。取平均之後，它將消失——請回想，沒有任何一個人的體重可以顯著改變一千個人的總重量。我們也許永遠無法確定微小粒子的未來位置，但這些不確定性非常微小且非常繁多，而且它們會被平均所消除——看在老天的分上，它們會被平均所消除！它們服從我們在第十五章所討論的大數法則。其他種類的隨機性大多數不會被平均所消除！如果地球上有一種東西不是那麼的不確定，那就是一群次原子粒子的行爲！爲什麼？因爲我前面說過，當你看著一個物體，這個物體是由一群粒子所構成，這些粒子的振盪，傾向於被平衡掉。

但政治、社會，和氣候事件並沒有這麼好處理的性質，而且我們註定無法預測它們，所以，當聽到「專家」以次原子粒子來介紹不確定性的問題時，很可能這個專家是個假學究。事實上，這也許就是找出假學究的最好方法。

我經常聽人說：「我們的知識當然有其極限。」然後，當他們試著解釋「我們不可能把所有的東西都模型化」時，卻訴諸大測不準原理——我曾經聽過經濟學家麥倫・休斯在研討會上說出這種話。但現在是二〇〇六年八月，我正坐在紐約這裡，想要回到我黎巴嫩艾米昂的老家。貝魯特機場因以色列和眞主黨什葉派國民兵之間的衝突而關閉。沒有任何公開的飛機時刻表可以告訴我這場戰爭何時結束，如果會結束的話。我無法知道我家是否還矗立著，如果艾米昂還在地圖上的話——記得我家的房子以前曾經被摧毀過一次。我不知道這場戰爭是否會惡化成更嚴重的狀態。看著這場戰爭的可能結果，我的親戚、朋友，和財產都暴露在戰爭之下，我所面對的是**眞正的**知識極限。有人能告訴我，爲什麼我要去理會那些無論如何都會收斂到高斯模式的次原子粒子嗎？人們無法預測他們新近才取得的東西可以享用多久，他們的婚姻會持續多久，他們的新工作會有怎樣的變化，然而，他們所說的「預測極限」竟是指次原子粒子。他們忽略了站在眼前的長毛象，卻偏好連顯微鏡也看不到的東西。

哲學家會對社會造成危害嗎？

我要進一步說：那些本末倒置的人，對社會可能會造成危害。他們立意良善，但根據我們第八章的巴斯夏說法，他們對我們造成威脅。他們專注在不重要之處，而把我們的不確定性研究給糟蹋掉了。我們的資源（認知上和科學上的資源）有限，可能還是非常有限。那些讓我們誤入歧途的人，會增加黑天鵝事件的風險。

把不確定性的想法規格化，成爲看不到黑天鵝事件的毛病，這事值得在此做進一步的討論。既然財務和經濟學界的人浸淫在高斯模式裡，到了令人窒息的程度，我便去尋找具有哲學傾向的財務經濟學家，看看他們的批判思考是否可以讓他們處理這個問題。我找到了不少人。其中一個人是哲學博士，此人四年後又拿到財務學博士；他在這兩個領域裡都有論文發表，還出了好幾本財務學的教科書。但他卻讓我心碎：他似乎把他對不確定性的觀念加以劃分，以便處理兩種專業：哲學和計量財務學。歸納問題、平庸世界、知識的不透明性，或是高斯模式令人作噁的假設——這些並沒有造成他的眞正困擾。他那幾本教科書把高斯方法灌輸到學生的腦袋裡，就好像這些教科書的作者已經忘了他是個哲學家。然後，當他在寫一些看起來頗有學者風範的哲學文章時，又猛然想起他是個哲學家。

同樣的情境侷限現象，導致人們搭乘電扶梯去踩踏步機，但哲學家的情況更加、更加的危險，因爲他耗盡了我們在一個不受污染的職業裡所儲存的批判思考。哲學家喜歡在其他哲學家也稱之爲哲學的人云亦云主題上，練習哲學思考，而當他們離開這些主題時，他們就把他們的心智遺留在門裡面了。

專業的問題

儘管我抱怨鐘形曲線、柏拉圖式思想，和戲局謬誤，但我對統計學家倒不會有太大的意見——畢竟，他們是計算人員而不是思想家。我們應該不要對哲學家那麼寬容，他們尸位素餐把我們的心智給封閉了。哲學家是批判思考的守護者，其責任超越其他的專業人士。

一根針頭可以讓多少個維根斯坦在上面跳舞

好幾個穿著半邋遢（但看起來很有智慧）的人聚在一個房間裡，靜靜地看著主講嘉賓。他們都是專業的哲學家，參加在紐約地區一所大學所召開之知名的週研討會。主講者坐著，鼻子淹沒在一疊打字稿裡，以單調的聲音讀著這篇稿子。他的演講很難聽懂，因此我作了一點白日夢，不是很注意聽。我大約可以知道，這次的討論圍繞在有關火星人侵入你的腦袋，控制了你的意志，而不讓你知道你被控制了的「哲學」論戰。似乎有好幾個理論和這個概念有關，但主講者的意見卻不同於這個主題其他作者的意見。他花了一些時間來展示他對這些綁架腦袋的火星人之獨到研究。在他的獨白之後（連續五十五分鐘毫不休息地念著打字稿），有一個短暫的休息時間，然後還有另一個五十五分鐘的時段討論火星人植入晶片和其他的荒誕推測。維根斯坦偶爾會被提到（你總是可以提到維根斯坦，因爲他非常模糊，似乎總是和各種議題有關）。

每個星期五的下午四點，這些哲學家的薪水會分別入到他們的銀行戶頭。他們所得中有一個固定比例，平均是百分之十六左右，會以自動投資到大學退休基金的形式，投入股市。這些人受聘在專業上對我們視爲理所當然的事提出質疑：他們受過訓練，以爭論（各種）上帝的存在、眞理的定義、紅色的紅、意義的意義、眞理在各種語意學理論中的差異、觀念和非觀念的表現……然而他們卻盲目地相信股市，相信基金經理人的能力。爲什麼他們會這麼做？因爲他們接受這應該就是大家處理儲蓄的方式，因爲「專家」告訴他們要這樣做。他們會懷疑自己的感覺，但連一秒鐘都沒有懷疑過他們在股市中的自動購買行爲。這種懷疑論者的領域攸關性，和醫師（如我們在第八章中所見）沒什麼不同。

除此之外，他們可能不加質疑就相信我們能夠預測社會事件、古拉格可以把你磨練得更強悍、政治人物比他們的司機更知道即將發生什麼事、聯準會主席救了這個經濟，諸如此類。他們可能還相信國族這種東西（他們總是在哲學家的名字之前帶上「法國人」、「德國人」，或「美國人」，好像這和他所說的話有關似的）。花時間和這些人相處，他們的好奇心專注在受到管制的封閉議題，讓人覺得很悶。

當你需要波柏時，他在哪裡？

我希望我已經充分地把我的想法表達出來，身為一個業者，我的想法根植於一個理念，你不能從書本去看問題，而是反過來，從問題來看書。這個方法讓許多的創業廢話失去作用。學者不應該成為製造另一座圖書館的圖書館工具，一如丹尼爾・德奈特所說的笑話。

當然，我在此所說的，以前的哲學家就已經說過，至少，眞正的哲學家已經說過。下面這段話是我非常尊敬波柏的原因；這是本書所引用文句中，少數沒被我抨擊者。

> 許多哲學宗派之所以註定要沒落，是誤信吾人可以在不受哲學以外的問題之強迫下進行哲思的結果……**眞正的哲學問題總是根植於哲學之外的事物，如果這些根基衰亡，它們也就跟著滅亡**……［粗體是我加的］「研讀」哲學，而沒有受到非哲學問題壓力之強迫以進行哲思的哲學家，很容易忘掉這些根基。

這樣的思維解釋了波柏在哲學之外的成就，尤其是科學家、交易員，和決策者的成就，同時也解釋了他在哲學界的相對失敗（他的哲學家同行很少研讀他的作品；他們喜歡寫些有關維根斯坦的文章）。

還有，請注意我不想陷入我的黑天鵝觀念的哲學論戰。我所指的柏拉圖式思想並非形而上的東西。許多人質疑，如果我相信數學可能在其他的宇宙或是類似的事物上有用，那麼，我是不是在反對「本質論」（essentialism，亦即，我所主張的東西不具備柏拉圖式的本質）。讓我把話說明白。我是個不說空話的業者；我並不是說，數學沒有對應到現實的客觀結構；我的整個論點是，從認識論上來說，我們把馬車放在馬前面，而且，在可能的數學空間裡，冒著使用錯誤數學並被數學所蒙蔽的風險。我眞心相信有些數學是有用的，但這些數學並不像「確認者」所以爲的那樣，我們可以輕易加以應用。

主教和分析師

我最氣的就是那些抨擊主教卻不知爲什麼竟上了證券分析師的當的人——這些人用他們的懷疑論來反對宗教，卻不反對經濟學家、社會科學家，和騙人的統計學家。這些人用確認偏誤，計算中世紀天主教法庭和各種宗教戰爭所殺的人數來告訴你，宗教令人毛骨悚然。但他們不會告訴你，多少人在史達林主義之下，或是越戰之中，被國族主義、社會科學，和政治理論所殺害。即使是牧師，生病了也不會去找主教：他們第一個要找的是醫生。但我們卻只會去造訪假科學家和「專家」辦公室，我們別無選擇。我們不再相信教皇永無謬誤論（papal infallibility）；但我們似乎相信諾貝爾永無謬誤論，一如我們在第十七章所見。

比你想的容易：懷疑論裡的決策問題

我始終都在說，我們在歸納法和黑天鵝事件上有問題。事實上，問題非常嚴重。我們可能有不少的假懷疑論問題。

一、我沒辦法阻止太陽明天不升上來（不論我怎麼努力），

二、我對是否有來世是一籌莫展，

三、我對火星人或惡魔控制我的腦袋一籌莫展。

但我有許多方法去避免當個容易上當的傻瓜。這和當個傻瓜比起來，並沒有困難多少。

我要重複說，我對黑天鵝事件的解藥就是不要把我的思維規格化，以此作爲第三部的結論。但除了避免當個傻瓜之外，這個態度本身還提供了如何採取行動的儀式——不是如何思考，而是如何把知識轉化成行動，並搞清楚哪些知識有價值。讓我們在本書的結尾檢驗什麼該做，什麼不該做。

第四部　完結篇

19 一半一半，或如何向黑天鵝事件報仇

另一半——記住阿佩萊斯——當錯過一班火車很痛苦之時

現在該講幾句最後的話了。

一半的時間，我是個超級懷疑論者；另一半時間，我相信確定性，而且可能還持著相當頑固的態度，毫不妥協。當然，我對其他人，尤其是我所謂的**文化市儈**之人所輕易相信的事，抱持超級懷疑論；但對其他人所懷疑者，卻輕易相信。我對確認感到懷疑——但只有在錯誤的代價非常昂貴時——而不懷疑否證。擁有豐富的資料並不能提供確認，但一個單一事件就能否證。當我認爲隨機性爲狂野時，我會持懷疑態度；當我認爲隨機性爲溫和時，我會輕易相信。

一半的時間，我痛恨黑天鵝事件；另一半時間，我愛它們。我喜歡產生生活質感的隨機性：正面的意外、畫家阿佩萊斯的成功、你不必付出代價的潛在禮物。瞭解阿佩萊斯故事之美的人不多，事實上，大多數人以壓制其內部的阿佩萊斯來作爲避免錯誤的手段。

在處理我個人私務的行爲上，一半的時間，我是超級保守；另一半時間則是超級積極。這可

能不是很特別，除了我的保守主義是用在別人所呼籲大家去冒險的事物上，而把積極用在別人所建議要小心的區域。

我不太擔心小挫折，比較擔心大失敗，決定性的失敗。我非常擔心「前景樂觀」的股市，尤其是「安全的」藍籌股，遠超過我對投機性創投的憂慮——前者呈現看不見的風險，而後者卻不會出現意外，因爲你知道它們大起大落的情形，可以小額投資以限制你的下檔損失。

我比較少擔心廣爲人知且轟動一時的風險，而比較擔心惡意隱藏的風險。我對恐怖主義的擔心少於糖尿病，比較不擔心大家所經常擔心的事物，因爲那是明顯的憂慮；比較擔心我們的意識和一般話題以外的事物（我還承認，我不會擔心太多事——我試著只擔心我能夠有所作爲的事）。我對難堪的擔心少於對失去機會的擔心。

最後，這是一個微不足道的決策法則：當我能夠得到暴露在正面黑天鵝事件的機會時，我非常積極——如果失敗只是小意思的時候——當我受到負面黑天鵝事件威脅時，我會非常保守。當模型裡的錯誤對我有利時，我會非常積極；而當錯誤會造成傷害時，我會非常偏執。這可能不是很有趣，除了這正是其他人不做的事。例如，在財務上，人們用薄弱的理論來管理他們的風險，卻瘋狂地信任「理性的」監督。

一半的時間，我是個學者；另一半的時間，我是個不說空話的業者。我不說空話，對學術的東西很務實，而在討論實務的東西時，我很學術。

一半的時間，我很膚淺；另一半的時間，我要避開膚淺。談美學，我很膚淺；而涉及風險和報酬時，我會避免膚淺。我的審美觀讓我認爲，詩先於散文，希臘先於羅馬，尊嚴先於優雅，優雅先於文化，文化先於博學，博學先於知識，知識先於才智，才智先於眞理。但這只針對不受黑天鵝事件影響的事物。我們的天性是非常理智，除了碰上黑天鵝事件的時候。

我所認識的人，一半說我不敬（你已經讀過我對你那邊的柏拉圖化教授之評語），一半說我諂媚（你已經看到我奴才似地奉獻給休葉、培爾、波柏、龐加萊、蒙田和海耶克等人）。

一半的時間，我恨尼采；另一半時間，我喜歡他的散文。

當錯過一班火車不會感到痛苦時

有一次，我收到了另一則改變一生的忠告，這則忠告和第三章中我朋友給我的那則不一樣，我覺得很有用、很有智慧，在實務上也很有效。我在巴黎的同班同學，後來成爲小說家的強—奧利維耶．泰迪斯戈（Jean-Olivier Tedesco），他在阻止我不要跑著去趕地鐵時說道：「我才不要用跑的去趕火車。」

叫你的命運不要再跑了。我已經教我自己拒絕爲了趕行程而跑。這看起來好像是個非常小的建議，卻永生難忘。在拒絕爲趕火車而跑當中，我已經在行爲中感受到**優雅**和美學的眞正價値，一種掌控自己的時間、自己的行程，和自己的一生的感覺。**錯過火車，只有在你追著它跑時，才會覺得痛苦**！同理，達不到別人對你所要求的成功，只有當這就是你所追求的之時，才會讓你感到痛苦。

你站在辦公室惡鬥和公司層級排序之**上方**，而非其**外部**，如果你不巧碰上了辦公室惡鬥的話。

把高薪的工作辭掉，如果這是**你的**決定的話，其報酬似乎會比金錢所帶來的效用還大（這看起來也許很瘋狂，但我已經試過了，結果有效）。這就是以禁欲方式，朝命運丟出一個×字的第一步。如果你以自己的標準，做出自己的決策，你就更加掌握到你自己的生命。

天性帶給我們一些防衛機制：就像伊索寓言所說的，其中一項能力就是認爲我們所拿不到（或沒有去拿）的葡萄是酸的。但在藐視和拒絕葡萄**之前**的積極禁欲，其報酬甚至更多。要積極；當個勇於辭職的人，如果你有這個膽識的話。

在你自己所設定的遊戲中，要失敗也難。

以黑天鵝的說法，這表示只有當你讓不大可能出現的事物來控制你，你才會受其影響。你要做什麼，永遠操之於**你**；所以，就把這當成你的結果吧。

結尾

但所有這些想法、這些歸納哲學、這些知識所帶來的問題、這些狂野的機會和恐怖的可能損失，在下述的形而上思考之前，每樣東西都會相形失色。

人們會因爲覺得自己被難吃的菜、涼掉了的咖啡、社會抵制或粗魯的接待給騙了，因而感到憤憤不平，或是有個悲慘的一天，有時候，我對此頗感訝異。請回想我在第八章所做的討論，要看出讓你活在世上這事件之眞正機率，是多麼困難的一件事。我們很快就忘了，光是活著就是天大的萬幸、一個遙不可及的事件、一個極大數分之一的機會。

想像一小粒塵土緊臨著一個體積爲地球十億倍大的行星。這一小粒塵土就代表出現有利於你出生的機率，而這個龐大行星則代表不利於你出生的機率。所以，不要再爲小事煩惱了。不要像那個忘恩者，得到了城堡作爲禮物，卻擔心浴室裡的黴菌。不要再看人家送給你的馬嘴巴裡牙齒長得如何——記住，你就是個黑天鵝事件。還有，感謝你閱讀我這本書。

後記：尤金尼亞的白天鵝

尤金尼亞．克拉斯諾亞進入了產生一本新書所需要的冬眠。她待在紐約市，覺得這裡最容易找到平靜，還有她的文字。她有好長一段時期被群眾所包圍，希望意外地碰到尼洛，這樣她可以假裝在注意他，或許還可以修理他，甚至把他贏回來，這麼久了，現在最容易的就是專心。她取消掉她的電子郵件帳號，換成普通字體書寫，因爲她覺得這樣可以平靜下來，還請了一名祕書來幫她打字。她花了八年的時間寫寫改改，偶爾對祕書發一頓脾氣，面試新祕書，然後靜靜地重寫。她的公寓充滿了煙味，紙張散得到處都是。和所有的藝術家一樣，她一直對作品的進度感到不滿意，然而，卻覺得她已經寫得比第一本書還深入。她嘲笑那些讚美她以前作品的大眾，因爲她現在覺得那本書很膚淺，在倉卒中完成而未經精鍊。

這本新書，巧妙地命名爲《環》（*The Loop*），出版時，尤金尼亞很有智慧，知道要避開媒體、忽略書評，並與外界隔絕。一如她的出版商所預期，佳評如潮。但很奇怪，買的人卻不多。大家一定是沒有讀過就在談這本書，他想。她的書迷早就在等這本書，而且談論這本書也好幾年了。而出版商，現在已經有非常多的粉紅色眼鏡，並過著奢華的生活，如今已把身家財產下注在尤金尼亞身上。他沒有其他的熱門書，眼前也沒一本有希望。他必須大賺一筆，才能付得起位於普羅旺斯（Provence）的卡邦塔（Carpentras）的別墅，以及分居太太的安家費，還有買一部全新的積架敞篷車（粉紅色）。他一直很篤定尤金尼亞這本期待已久的書一定可以成功，但他想不通，爲什麼幾乎每個人都說這本書是大師之作，然而，卻沒人買。一年半之後，《環》已經絕版。而出版商，如今則陷入嚴重的財務困境，但他已知道原因：這本書「眞他×的長！」——尤金尼亞應該寫本較短的書。經過一段漫長的以淚洗臉情節之後，尤金尼亞想到了多產作家喬治・西默農（Georges Simenon）和格雷安・葛林（Graham Greene）小說裡的人物。他們活在一種痲木而絕對平庸的狀態。還是二流人物有魅力，尤金尼亞在想，她一向喜歡魅力多於美麗。

於是尤金尼亞的第二本書也是個黑天鵝事件。

謝詞

在本書寫作期間，我發展出許多料想不到的樂趣——事實上，寫起來就像是書自己在動筆似的——我希望讀者也能有同樣的感受。我要感謝下列朋友。

我的朋友兼顧問，羅夫・杜貝利（Rolf Dobelli）是個小說家、企業家，和貪婪的讀者，本書的各個版本他都一一看過。我還欠彼得・貝福林（Peter Bevelin）相當大的人情，他是個極富好奇心的博學之士及純正的「思考型實作者」，他不睡覺時，都在追尋想法，把我一直想找的論文給找出來；他還詳細校閱本書。葉契斯科・西爾伯（Yechezkel Zilber），一位住在耶路撒冷渴望智慧的自學者，他研究宇宙之始，從混沌時期開始，提出非常艱深的問題，其問題之難，讓我對我所受過的正規教育感到汗顏，而且爲自己不能成爲像他一樣的眞正自學者而不安——感謝這些不說空話的人作爲我的基礎，讓我在學術的自由意志主義下建立我的黑天鵝概念。學者菲利浦・泰洛克，他是自德爾菲（Delphic）神諭時代以來，最瞭解預測的人，他詳閱初稿並審核我的論點。菲利浦非常重要，而且非常仔細，所以當他沒有意見時，這個訊息比他有意見時，還要重要。我欠丹尼・康尼曼一個大人情，他除了和我長談有關人性的議題之外（我誠惶誠恐地提醒諸位，他所有的意見我幾乎全都記得），還安排我和菲利浦・泰洛克接洽。我要感謝瑪亞・巴・希里爾（Maya Bar Hillel）邀請我於二〇〇五年十一月到判斷與決策學會在多倫多所召開的年會上演講——感謝那裡的研究人員，他們非常大方，討論也很刺激，我回來時覺得，收穫比我所付出的還大。羅伯・席勒（Robert Shiller）要我刪除部分「不相干的」評論，但他所批的是本書在表達上的攻擊性，而非內容，這點，透露出很多訊息。瑪利亞吉凡納・穆索（Mariagiovanna Muso）第一個察覺到藝術上的黑天鵝效應，並把一些已經上軌道的社會學和人類學研究寄給我。我曾經和圖書館學者米海・史貝里阿如（Mihai Spariosu）長談，討論柏拉圖、巴爾札克、生態智慧，和布加勒斯特（Bucharest）的小咖啡館。迪迪爾・索爾內總是隨時和我用電話聯繫，並不斷地把統計物理學中，各種未廣爲宣傳但具高度關聯性的論文，以電子郵件寄給我。尹—菲律普・布修在有關大偏異的統計學問題上，提供了莫大的協助。麥可・艾倫（Michael Allen）以第八章的理念爲基礎，針對尋求作品出版的作家，寫了一篇專題——後來我透過著眼於自己命運的作家之觀點，重新改寫第八章。馬克・布萊斯（Mark Blyth）一向以回響者、讀者，和顧問的角色提供協助。我在國防部的朋友，安迪・馬歇爾和安德魯・梅斯提供我許多的構想和問題。保羅・索曼（Paul Solman）的求知欲甚強，非常嚴謹地檢視整個初稿。我要感謝克里斯・安德森提供了**極端世界**一詞，他發現我先前所用的詞語太文謅謅。奈吉爾・哈維（Nigel Harvey）指引我有關預測的文獻。

我向下列的科學家請教過問題：泰瑞・柏翰（Terry Burnham）、羅伯特・崔佛斯、羅賓・道斯、彼得・艾騰（Peter Ayton）、史谷特・阿特蘭（Scott Atran）、丹・高思坦、亞力山大・萊茲（Alexander Reisz）、亞特・迪凡尼、拉斐爾・多阿蒂（Raphael Douady）、皮歐德・奇龍卡、葛爾・修柏曼（Gur Huberman）、艾爾洪南・高德伯（Elkhonon Goldberg），和丹・斯波伯（Dan Sperber）。艾德・索普，「布雷克—休斯公式」（Black-Scholes formula）還活著的眞正原創者，給我很多協助，與他相談，使我瞭解，經濟學家會忽略他們圈子之外所產生的學術——不論其多珍貴。羅倫左・柏理立（Lorenzo Perilli）極其大方的提供他對曼諾多圖斯的評論，並協助更正許多錯誤。鄧肯・華茲同意我在哥倫比亞大學社會系的專題討論上發表本書的第三部，並收集各方的意見。大衛・柯文提供有關龐加萊的圖，讓我自己的圖片相形失色。詹姆士・蒙提爾（James Montier）對人性所寫的精闢短文讓我獲益匪淺。布魯諾・都拜爾和往常一樣，總是在散步中，帶給我最棒的對話。

當一個愛堅持己見、不願修改自己稿子的作家的忠實朋友並不值得。瑪莉—克莉絲汀・理愛琪（Marie-Christine Riachi）的任務，是以倒過來的章節順序閱讀本書，吃力不討好：我只給她不完整的片段，而且這些片段（在當時）的唯一特色就是不清不楚。賈米爾・霸茲（Jamil Baz）每次都收到完整的文稿，但他寧願倒過來讀。羅倫斯・祖奇夫（Laurence Zuriff）讀過每一個章節並提供意見。菲利普・哈培林（Philip Halperin）比世上任何（還活著的）人都瞭解風險管理，他提供卓越的意見和觀察。其他的受害者爲：Cyrus Pirasteh、Bernard Oppetit、Pascal Boulard、Guy Riviere、Joelle Weiss、Didier Javice、Andreea Munteanu、Andrei Pokrovsky、Philippe Asseily、Farid Karkaby、George Nasr、Alina Stefan、George Martin、Stan Jonas，和 Flavia Cymbalista。

我從求知欲甚強的學者保羅・索曼（Paul Solman）得到許多有用的意見（他用顯微鏡看完整篇稿子）。我欠許多人的人情：Phil Rosenczweig、Avishai Margalit、Peter Forbes、Michael

Schrage、Driss Ben Brahim、Vinay Pande、Antony Van Couvering、Nicholas Vardy、Brian Hinchcliffe、Aaron Brown、Espen Haug、Neil Chriss、Zvika Afik、Shaiy Pilpel、Paul Kedrosky、Reid Bernstein、Claudia Schmid、Jay Leonard、Tony Glickman、Paul Johnson、Chidem Kurdas（及紐約大學之奧地利學派經濟學家）、Charles Babbitt，和許多我忘記名字的人①……

史隆基金會（Sloan Foundation）的勞夫·葛默利（Ralph Gomory）和潔西·奧素貝爾（Jesse Ausubel）推出了一項研究資助計劃，稱爲「已知、未知，和不可知」（the Known, the Unknown, and the Unknowable）。他們爲推廣我的概念，提供精神上和財務上的協助——我選擇了珍貴的精神協助。我還要感謝我的事業伙伴、共同著作人，和學術同僚：亞斯本·豪格（Espen Haug）、馬克·史匹茲納格、貝諾·曼德伯、湯姆·魏茲（Tom Witz）、保羅·威瑪特（Paul Wilmott）、艾維塔·匹培爾（Avital Pipel），和艾曼紐·德爾曼（Emanuel Derman）。我還感謝約翰·布洛克曼（John Brockman）及卡丁卡·麥森（Katinka Matson）讓本書得以出版，以及麥斯·布洛克曼（Max Brockman）對初稿的建言。我要感謝辛蒂（Cindy）、莎拉（Sarah）、和亞力山大（Alexander）對我的容忍。此外，亞力山大還幫我畫圖，莎拉幫我弄參考書目。

我試著讓我的編輯威爾·麥菲（Will Murphy）產生我是個很固執的作者的印象，卻發現我很

①我要熱忱地感謝一位在二〇〇三年十二月十一日搭乘英國航空七〇〇班次飛機到維也納的科學家，我把他的名片搞丟了，他建議在第十一章用撞球來說明。我只知道他五十二歲、白髮、出生於英國、喜歡在黃色便條紙上寫詩，而且帶著七只行李旅行，因為他要搬來與三十五歲的維也納女友同住。

幸運，他是個同樣固執的編輯（但很善於隱藏其固執）。他保護我不受標準編輯人員的侵擾。他們有一種神奇的能力，以最小的變動打亂你在寫作上的內部節奏，以造成最大的破壞。威爾・麥菲還是很有一套的派對動物。丹尼爾・米納卡（Daniel Menaker）肯花時間親自編我的書，讓我感到很榮幸。我還感謝珍納・懷格（Janet Wygal）和史帝芬・梅爾斯（Steven Meyers）。蘭燈書屋（Random House）的職員對我一向很通融——但他們一直無法適應我的電話惡作劇（例如我會假裝成柏納德—亨利・李維〔Bernard-Henri Lévy〕）。我和企鵝出版社（Penguin）的編輯威廉・古萊德（William Goodlad）及該集團的執行董事史帝文・麥葛拉斯（Stefan McGrath）在一次午餐上的長談，讓我的寫作生涯得到啓發。我突然瞭解，我不能把我心裡的說故事者和科學思想者分離出來；事實上，在我腦海中率先浮現的是故事，而不是對觀念的事後解說。

本書的第三部啓發了我在麻州大學安默斯特分校（University of Massachusetts at Amherst）的上課內容。我還要感謝我的第二個家，紐約大學的數學學院（Courant Institute of Mathematical Sciences），他們讓我在那裡執教了七年半。

不幸的是，我們從和我們意見相左的人身上學到最多的東西——這是蒙田在五百年前所鼓吹的觀念，可惜很少被實踐。我發現這會讓你的論點經過千錘百鍊，因爲你知道這些人將會找出你最細微的瑕疵——而你從中得知他們理論的極限以及你自己的理論之弱點。我試著對毀謗我的人比對我的朋友更優雅——尤其是對那些（仍然）文明的人。因此，在我的工作生涯中，我從與小莫頓、史帝夫・羅斯、麥倫・休斯、菲利普・喬瑞安（Philippe Jorion），及其他數十位人士的一系列公開辯論、回應，和討論中，學到了許多的技巧（但除了艾理・艾艾克〔Elie Ayache〕之外，我最後一次聽到這些人對我的老套批評是在一九九四年）。這些辯論對我很有價值，因爲我非常想知道反對我黑天鵝觀念的理論，也想瞭解毀謗我的人在想什麼——或是他們沒想到哪些。結果，這幾年下來，我讀那些我所不認同的文獻竟比和我理念相合者還多——我讀薩繆森多於海耶克、（小）莫頓多於（老）莫頓、黑格爾多於蒙田、笛卡兒多於塞克斯都。把與自己意見相左的理念盡可能忠實地表達出來，是每個作者的責任。

我這一生中最大的成就就是，想辦法和艾理・艾艾克及吉姆・加塞羅（Jim Gatheral）這樣的人交朋友，儘管我們在學術上有些歧見。

本書大部分的寫作，都是在我排除了（幾乎）所有的事業要務、例行工作，和壓力之後的閒晃時間，以及我在各城市做一系列的黑天鵝觀念演講空檔，跑到郊區漫步的沉思時間。②我大部分在咖啡館裡寫作——我所鍾情的一向是附近的老舊（但高雅）的咖啡館，因爲這裡最沒有被商務人士所污染。我還常常耗在倫敦的希思羅（Heathrow）第四航廈寫作，甚至忘了我對周圍行色匆匆的商務人士過敏。

②當你有個自己的事業時，不論這個事業一天要花掉你多少個小時，你都不可能非常深入地做觀念思考——簡單說，除非你神經很大條，否則憂慮和責任感會霸佔你寶貴的認知空間。如果你是個受雇者，或許你可以讀書、沉思，和寫作，但如果你有自己的事業就不行了——除非你天生就沒有責任感。我要感謝我的合夥人馬克・史匹茲納格——由於他思慮清晰，以及他那非常有系統、非常有紀律，及設計周全的方法——讓我得以暴露在稀有事件的高度衝擊之下，而不用直接涉入營運活動。

詞彙表

Academic libertarian（**學術自由意志主義者**）：（像我一樣）認爲知識受制於嚴格的法則，而非受制於機構權威的人，因爲有組織的知識，其利益會自我長存，但未必就是眞理（一如政府）。學術界可能會陷於微妙的**專家問題**（詳 expert problem），產生表面而虛假的知識，尤其是在**敘事性學科**（詳 narrative disciplines），更是如此，而且還可能是黑天鵝事件的主要來源。

Apelles-style strategy（**阿佩萊斯式策略**）：從盡量暴露於「好的黑天鵝事件」中收集正面意外以尋求利益的策略。

Barbell strategy（**槓鈴策略**）：一種採取同時包含防衛態度和極爲積極態度的方法，在保護資產不受所有不確定性來源之侵襲下，同時把一小部分配置在高風險策略上。

Bildungsphilister（**文化市儈**）：對藝術一竅不通，卻弄一些虛飾的假文化之人。尼采用這個字來指涉具教條傾向的新聞讀者和歌劇愛好者，這些人矯情地參加文化活動，非常膚淺。我將之延伸到非實驗領域裡喜歡用專業術語的研究者，這種人缺乏想像力、好奇心、博學，和文化，而且以自己的觀念和「學科」爲中心。造成這種人無法看到他的觀念與世界結構矛盾之處。

Black Swan blindness（**黑天鵝事件之眼盲**）：低估黑天鵝事件之影響，偶爾會高估特定黑天鵝事件之影響。

Black Swan ethical problem（**黑天鵝道德問題**）：由於黑天鵝事件不可重複的關係，防止黑天鵝事件者和治癒黑天鵝事件者在報酬上具有不對稱性。

Confirmation error（**確認錯誤，或柏拉圖式確認**〔Platonic confirmation〕）：你尋找確認你的信仰、你的架構（或模型）的事例——而且還找到了。

Empty-suit problem（虛有其表問題，或「專家問題」〔expert problem〕）：有些專業人員在能力上和一般人沒有差別，但基於某種原因，並和他們的實際記錄相抵觸，竟被認爲是專家：臨床心理醫師、學術界的經濟學家、風險「專家」、統計學家、政治分析員、金融「專家」、軍事分析師、執行長等等。他們以漂亮的語言、專業術語，和數學來美化其專業，通常穿著昂貴的西裝。

Epilogism（**完結篇主義**）：一種靠累積事實而不用理論的檢視歷史方法，盡量不做泛化推論，且對妄下因果結論的副作用具警覺性。

Epistemic arrogance（**知識傲慢**）：衡量某人實際上知道多少和他自認爲知道多少之間的差異。不足表示傲慢，超過表示謙虛。知識民（epistemocrat）是在知識上謙虛的人，他對自己的知識持高度的懷疑態度。

Epistemic opacity（**知識的不透明性**）：隨機性是某個層級上的資訊不完整之結果。就其作用而言，我們很難對「眞正的」隨機性和「實體上的」隨機性加以區別。

Extremistan（**極端世界**）：一種區域，在此區域當中，單一觀察值可以對總數產生顯著衝擊。

Fallacy of silent evidence（**沉默證據的謬誤**）：在檢視歷史時，我們並沒有看到完整的歷史，只看到其過程的甜美部分。

Fooled by randomness（**被隨機性所愚弄**）：一般人對運氣和決定論所產生混淆，導引出各式各樣造成實際影響的迷信，例如，相信某些行業裡的高所得來自技能，其實，該行業的運氣成分居多。

Future blindness（**未來盲**）：我們天生就沒有能力將未來的性質納入思考——就像自閉症一樣，造成患者不瞭解其他人也有心智。

Locke's madman（**洛克的狂人**）：從錯誤的假設前提做無懈可擊而嚴謹之推理的人——諸如保羅・薩繆森、小羅伯・莫頓，和吉拉德・德布魯等人——從而爲不確定性造出假模型，導致我們受到黑天鵝事件的傷害。

Lottery-ticket fallacy（**彩券謬誤**）：把收集正面黑天鵝事件之投資和累積彩券，做天眞的等同類比。彩券不具規模可變性。

Ludic fallacy（**戲局謬誤，或書呆子的不確定性**〔uncertainty of the nerd〕）：爲柏拉圖式謬誤在不確定性之研究上的表現；把機率研究之基礎建立在擲骰子遊戲的狹隘世界。非柏拉圖式隨機性則認爲眞實生活的遊戲規則有另一層次的不確定性。鐘形曲線（高斯模式），或知識大騙局（Great Intellectual Fraud, GIF），就是戲局謬誤在隨機性上的應用。

Mandelbrotian Gray Swan（**曼德伯灰天鵝**）：我們多少能夠考慮到的黑天鵝事件——地震、轟動熱賣的書、股市崩盤——但吾人不可能完全瞭解其性質並做精確計算。

Mediocristan（**平庸世界**）：由平庸所主導的區域，很少有極度的成功或失敗。沒有任何一個單一的觀察值可以對總數之合計產生有意義的影響。鐘形曲線的基礎就建立在平庸世界。高斯模式和規模可變法則之間存在著質的差異，就像空氣之於水的不同。

Narrative discipline（**敘事學科**）：這種學科，爲過去事件配上令人信服的動聽故事。和實驗學科相反。

Narrative fallacy（**敘事謬誤**）：我們爲一系列相互連結或互不連結的事實，配上一個故事或是一個形態的需求。其在統計學上的應用就是資料探勘（data mining）。

Nerd knowledge（**書呆子知識**）：此種信念認爲，不能柏拉圖化並加以研究的知識，根本就不存在，或是不值得考慮。這種書呆子甚至也採用了某一種形式的懷疑論。

Platonic fold（**柏拉圖圈**）：我們的柏拉圖代表和現實進入接觸狀態的地方，而且你可以在此看到模型的副作用。

Platonicity（**柏拉圖式思想**）：專注在純粹、定義完善、且易於識別的物件上，如三角形，或是社會思想方面的友誼或愛，其代價是忽略了那些看起來比較雜亂無章的物件。

Probability distribution（**機率分配**）：用以計算不同事件的出現機會，也就是其「分配」情形的模型。當我們說，某個事件呈鐘形曲線分配時，意思是說，我們可以用高斯鐘形曲線來提供各種出象的機率。

Problem of induction（**歸納問題**）：黑天鵝問題在邏輯哲學上的延伸。

Randomness as incomplete information（**將資訊不完整視爲隨機性**）：簡單說，我無法猜測的就是隨機，因爲我對其原因的知識並不完整，未必是因爲該過程具有眞正的不可預測性質。

Retrospective distortion（**事後回顧之扭曲**）：檢視過去事件而不隨著時間之前進做調整。這導致事後可預測性的幻覺。

Reverse-engineering problem（**逆向工程問題**）：預測一冰塊會化成怎樣的一攤冰水，比看著一攤冰水，猜是哪一種形狀的冰塊融成這樣的冰水更容易。這個「逆問題」造成敘事學科和報導（如歷史）令人懷疑。

Round-trip fallacy（**雙程謬誤**）：把「沒有『黑天鵝事件（或其他事件）的證據』」混淆成「『沒有黑天鵝事件（或其他事件）』的證據」。這個謬誤影響了統計學家和其他人在解太多方程式時，部分推理會產生失誤。

Scandal of prediction（**預測之恥**）：某些預測機構（特別是敘事學科）拙劣的預測記錄，其預測夾雜了冗長的意見，不知自己過去的記錄慘不忍睹。

Scorn of the abstract（**對抽象之輕蔑，或輕蔑抽象**）：偏愛有脈絡可循的事物超過抽象、但更爲攸關的事物。「死了一個小孩子是悲劇；死了一百萬人則是個統計數字。」

Statistical regress argument（**統計的回溯論證，或是統計學的循環論證問題**〔the problem of the circularity of statistics〕）：我們需要資料來找出機率分配。我們如何知道我們有足夠的資料？從機率分配。如果是高斯分配，那麼幾個點的資料就夠了。我們如何知道一個分配爲高斯分配？從資料。於是我們需要資料來告訴我們，應該用哪種機率分配做假設；而且我們需要機率分配來告訴我們，我們需要多少資料。這造成嚴重的回溯論證，這個問題，大家便求助於高斯分配及其類似分配，有點無恥地加以避開。

Uncertainty of the deluded（**笨蛋的不確定性**）：對不確定性來源鑽牛角尖的人，他們專注於大測不準原理，或是對現實生活毫不重要的事物，以精確研究此不確定性來源；他們擔心次原子粒子，卻忘了我們無法精確地預測明天。

後記隨筆：談堅固與脆弱，哲學和實證上的深層思考

一　向大自然學習，最古老的智慧

如何在熙來攘往的人群中交朋友——談當祖母——生態——極端世界的魅力——「小」外有「小」——哈佛—蘇維埃熱

我寫這篇文章，離《黑天鵝效應》的完成，已經有三年——除了釐清幾個註釋之外，我對此書不做任何更動。這本書寫完後，我還為黑天鵝觀念的某些面向，寫了十幾篇「學者型」的文章。這些文章讀起來非常、非常乏味，因為幾乎所有的學術性論文都註定要乏味、引經據典、提供可信度、甚至要令人生畏，那是用來發表的，沒有人會去讀，除了笨蛋（或惡意詆毀者），或更等而下之的研究生。還有，我在這裡要強調「接下來怎麼辦」這部分——你可以把馬牽到水邊，而且，你還可以要它喝水。因此，我要在這篇文章中，更深入地探討某些觀點。這篇文章和前面的主文一樣，一開始是所謂的文學性，然後漸漸轉為技術性。

這篇文章的長度有如一本書，裡頭的觀念，我要感謝丹尼・康尼曼（Danny Kahneman），他所給我（和我的觀念）的比世上任何人還多。他讓我相信，我有義務試著要馬兒喝水。

談又慢又長的步行

過去三年來，我的生活發生了一些變化，大致上是變得更好。出一本書，就像參加派對一樣，讓你有不經意的發現，甚至讓你收到更多派對的邀請。當年不得志時，我在巴黎被叫做交易員（某種極其**粗鄙**的東西），在倫敦被叫做哲學家（意思是太理論派），在紐約被叫做預言家（這是一種反諷，因為我當時的錯誤預測），在耶路撒冷被叫做經濟學家（某種非常唯物論的東西）。如今我看到自己面臨一種壓力，我現在必須去符合另一些我完全不夠格的頭銜：我在以色列被叫做預言家（非常非常有抱負的計劃），在法國被叫做哲學家，在倫敦被叫做經濟學家，在紐約被叫做交易員（交易員在紐約是受人尊敬的）。

這樣的曝光，帶來了恐嚇信，至少有一封說要殺我（那是雷曼兄弟這家已破產券商的一名員工所寫的①），我對此感到受寵若驚，而且，比暴力恐嚇更糟糕的是，土耳其和巴西的新聞記者不時要求訪問我。我必須花很多時間，很禮貌地親自婉拒一些晚宴邀約，這種晚宴要我和穿西裝的當紅名人、穿西裝的過氣名人、穿西裝的未來名人、以及各式各樣穿西裝來交換名片的人共餐。不過出名之後也帶來一些好處。與我有類似思想的人，和我聯繫上了，這些人，我以前連做夢都

①雷曼兄弟是一家金融機構，有非常漂亮的辦公大樓，突然在二〇〇八年的風暴中倒閉。

想不到會遇見他們，或是我以前根本就不知道有這些人，他們的學術領域完全不在我的正常接觸範圍之內，他們以最令人料想不到的點子，幫助我的探索有所進展。經常有我所尊敬的人，或是我非常瞭解他們作品的人來找我，他們成了自然而然的合作者和評論者；我永遠記得，我意外接到來自這些人電子郵件時的激動情形：第十章提到的「M競賽」(M-Competition)的史拜羅斯·馬克利達基斯(Spyros Makridakis)，他揭發了錯誤預測的眞面目；另一封來自喬恩·艾斯特(Jon Elster)，一名博學且有見地的學者，他相當罕見地把古代智慧融進現代社會科學的思維。我見到了我曾經拜讀過且對他們相當景仰的小說家和哲學思想家，如路易·德·貝尼雷(Louis de Bernières)、威爾·塞爾夫(Will Self)、約翰·葛雷(John Gray，哲學家，不是通俗心理學家)、或是馬丁·芮斯會長(Lord Martin Rees)；當我聽這四位談**我自己的**書時，很罕見地，我必須捏自己一下，以確定自己不是在做夢。

然後透過一連串朋友的朋友、卡布奇諾、餐後甜酒、和機場的通關排隊，我體會並瞭解到口頭知識的力量，因爲討論遠比書信往返更爲有力。人們會私下說一些絕不形諸文字的事。我碰到了魯比尼(Nouriel Roubini)，就我所知，他是唯一**眞正**預測到二〇〇八年風暴的專業經濟學家，恐怕也是那一行裡唯一一位的獨立思想家)。我還發現各種我原先以爲不存在的人：**優秀的**經濟學家(以科學標準來看)，如邁可·史賓塞(Michael Spence)和巴克禮·羅瑟(Barkley Rosser)。還有彼得·貝弗林(Peter Bevelin)和葉策茲克·吉伯(Yechezkel Zilber)，不斷地把我正在尋找、卻不知道名稱的論文餵給我，首先是生物學，再來是認知科學——於是乎，他們把我的思想推向正確的方向。

總之，我和許多人對話。問題是，我發現只有兩個人可以在一大段路的步行（而且走得非常慢）當中和我交談：史拜羅斯・馬克利達基斯和葉策茲克・吉伯。嗚呼，大多數的人走得太快，錯把步行當運動，不知道步行應該慢慢地走，步調要好像忘了在走路一樣——因此我必須不斷地到雅典去（史拜羅斯住在這裡），就爲了享受我最喜愛的活動：做個散人。

我的錯誤

當然，人們還是會細讀文章。在檢查過許多訊息和報告之後，我不覺得初版裡頭有任何部分是我必須撤除的，或是有任何錯誤必須修正（打字錯誤和極細微的錯誤不算），除了兩個相關問題。喬恩・艾斯特對我指出第一個錯誤。我寫說，歷史分析裡，充滿了敍事謬誤，因爲我相信，歷史論述，根本就不可能用預測和否證去檢驗。艾斯特向我解釋，在一些狀況下，歷史性的理論可以跳脫敍事謬誤，而且可以用實證去否定——在這種歷史學的領域裡，我們可以去找文件和考古遺址，產生能夠反駁某個敍事的資訊。

因此，從他的論點引伸，我才瞭解到阿拉伯思想史並不是很明確的東西，而且我以前掉進一個陷阱，忽略了**過去所寫的**歷史持續在變化，而「過去寫的」，本身大都也是一種預測。我（意外地）發現，有關阿拉伯哲學，我上了教科書學者傳統之見的當，傳統看法和現有文獻相牴觸。我誇大了阿威羅伊（Averroës）和阿爾加惹爾（Algazel）辯論的重要性。和其他人一樣，我認爲(1)這是一件大事，(2)這件事毀了阿拉伯哲學。結果這是錯誤的觀念，最近已經被一些研究者（如迪米特利．古塔斯〔Dimitri Gutas〕和喬治．沙里巴〔George Saliba〕）給揭穿眞相。大多數對阿拉伯哲學提出理論的人並不懂阿拉伯文，所以他們（例如李歐．史特勞斯〔Leo Strauss〕）很多東西都是靠想像的。我有點慚愧，因爲阿拉伯文是我的母語之一，而我卻用不懂阿拉伯文（且過度自信卻學養不足，不知道自己不懂）的學者所發展出來的第十手資料，在這裡做報導。我掉進了古塔斯所看到的確認偏誤毛病：「對於阿拉伯哲學的看法，我們似乎總是從一個先入爲主的觀點出發，然後只集中注意力在那些看似支持吾人偏見的片段文件，然後從這些文字本身來看，好像證實了我們那先入爲主的偏見。」

再一次，對歷史要小心。

堅固性和脆弱性

《黑天鵝效應》一書完成後，我花了些時間沉思我在第十四章所提到的一些東西，即某些系統有很高的集中度，讓人有穩定的錯覺，這樣的系統具有脆弱性——這讓我相信銀行體系是所有即將發生之意外的母親。我在第六章用老象的故事來說明，教智慧的最好老師，自然是最老的人，只因爲他們可能掌握了許多我們看不見的技能或靈感，被我們知識領域所遺漏，這些技能，幫助他們在這個比我們所能理解還要複雜的世界裡存活下來。因此，老意味著對黑天鵝事件有更高的抵抗力，雖然，誠如我們在火雞故事裡所看到的，這並不保證沒事——比較老，幾乎就等於比較安穩，但未必十全十美。不過幾十億年的生存，遠比一千天的活命更有抵抗力，而眼前最老的系統，顯然就是大自然。

從某方面來看，這個道理，就是後古典地中海學派的醫學經驗主義者（如曼諾多圖斯〔Menodotus of Nicomedia〕）之**完結篇主義**（epilogism）基礎，而這些醫藥經驗主義者，只是執業醫師，把懷疑論和現實世界裡的決策做結合。他們也是唯一一群把哲學用在有用的地方的人。他們建議歷史（historia）應該是：盡量記錄事實，盡量不去解釋或提出理論，描述事實，不要談**爲什麼**，並拒絕做泛化推論。他們這種非理論性的知識形式，遭到中世紀士林學派（Scholastics）所貶抑，士林學派喜歡更明確的學習。歷史只是記錄事實，比哲學（philosophia）或科學（scientia）低等。在那之前，即使是哲學，和決策智慧的關係程度也比今天密切，那不是用來討好教授聘任委員會的，醫學才是這種智慧的操作（和學習）場所：Medicina soror philosophiae：「醫學，哲學的姐妹」。②

對一個偏好特例多過於通則的學科，賦予從屬的地位，這就是自士林哲學以來之形式知識所做的事，在此之下，必然對經驗和年齡（累積太多的個別細節）毫不重視，而有利於那些擁有博

②經驗主義並不是不要理論、信仰、和因果；而是避免成為書呆子，並對於你要你的錯誤落在哪兒——也就是系統默認值——有一個堅決且預設的偏見。一個經驗主義者在面對許多系列的事實或資料時，會把系統默認值設在暫不相信（於是經驗主義和較老的庇羅派懷疑主義〔Pyrrhonian〕傳統有關），而其他人則喜歡把系統默認值設在一個特性或一個理論上。其整個概念是為了避免**確認偏誤**（經驗主義者比較喜歡錯在否認／否證偏誤這邊，他們比卡爾·波柏〔Karl Popper〕早了一千五百年發現這點）。

士學位的人，例如約翰博士。這在古典物理學裡也許還行得通，但在複雜領域就不行了；這在醫學史上已經害死了許多病人，尤其是在臨床醫學誕生之前，並在社會領域裡，造成了許多破壞，特別是在我寫這篇文章期間。

老派教師和你溝通的重點東西，用宗教術語來說，就是教條（一些規則，你必須照著做，不一定要懂）而不是教理（你能夠瞭解的規則，你很清楚這些規則的目的）。

大自然顯然是一個複雜系統，有許多交互相依的網絡、非線性特性、和強壯的生態系（否則老早就爆掉了）。這是一個很老的老人，記憶力好得不得了。大自然不會罹患阿茲海默症——事實上證據顯示，我們每個人都不容易隨著年紀增長而喪失腦部功能，如果我們按照養生法去做的話：隨時運動且經常空腹，長距離步行，避開糖、麵包、白米、和股市，並戒掉經濟學的課和《紐約時報》這樣的東西。

讓我簡述我對大自然如何對付黑天鵝事件的概念，包括正面和負面的事件——大自然比人類更懂得利用正面黑天鵝事件的好處。

以多餘做爲保險

首先，**大自然喜歡多餘**，而多餘有三種不同的形態。第一種，也是最容易瞭解的形態，是防衛性的多餘，這是保險型的多餘，由於有備用零件，讓你能在逆境中存活下來。我們來看人類的身體。我們有兩隻眼睛、兩個肺、兩顆腎、甚至於兩個腦（企業執行長可能例外）——而且每種器官單一顆的功能，就超過一般狀況之所需。因此，多餘就**等於**保險，而維護這些備用零件的成本，還有，即使這些零件只是備而不用，它們還是需要能量，這顯然沒效率。

多餘的相反就是天眞的最適化。我告訴每個人，不要去上（正統的）經濟學課，還說，經濟學會讓我們破產倒閉（而且，我們將會看到，事實證明經濟學的確已經把我們搞到破產了；不過正如我在本文裡所說的，我們並不需要這些證明；我們只須去看經濟學缺乏科學嚴謹性——也缺乏道德觀——就夠了）。理由如下：經濟學主要是建立在天眞的最適化上，由保羅・薩繆森（Paul Samuelson）將這（拙劣地）數學化——而這套數學，對於建立一個有出錯傾向的社會，具有重大貢獻。經濟學家會認爲維持兩個肺和兩顆腎是**無效率**：想想看，帶著這些沉重的東西跨越非洲大草原所要付出的代價。最後，這樣的最適化，在第一次意外事故，也就是第一個離群值發生之後，就會讓你喪命。還有，假如我們把大自然交給經濟學家，會怎麼樣呢？我們每個人的腎臟會被省掉：既然我們不是隨時都需要腎臟，如果我們把兩顆腎賣掉，並以分時（time-share）的方式使用一個中央腎臟，就會更有「效率」。你還可以在晚上把雙眼租出去，因爲你做夢時並不需要它們。

幾乎每個經濟學裡的重要概念，在修改一些假設之後都會變成錯誤（但比較不重要的概念就沒有這麼多比例出問題）。修改一些假設，就是所謂的「擾動」（perturbation），即改變一個參數，或是把原本理論裡假設固定不變的參數，改爲隨機變動。我們的術語把這叫做「隨機化」（randomization）。這就是模型誤差的研究，以及對這種變動結果的檢驗（我正式的學術專長，現在是模型偏誤或「模型風險」）。例如，如果有一個用來處理風險的模型，假設隨機性的類型是來自平庸世界，那麼這個風險模型就會忽略大偏誤，而且還促成許多因忽略大偏誤所造成的風險；於是乎，風險管理就會問題叢生。這種情形，打個比方，就是「坐在一桶炸藥上」，我用這來形容房利美（Fannie Mae，現在已經爆掉了）。

再舉另一個令人震驚的模型偏誤，我們來看比較利益（comparative advantage），這個概念應該是李嘉圖（Ricardo）所發現的，是帶動全球化的基礎。這個概念是說，一個國家應該把焦點放在，如企管顧問所說的，「你做得最好的地方」（更明確的說，焦點放在這裡，所喪失的機會最少）；因此，一個國家應該專門生產酒，而另一個國家應該專門生產衣服，雖然其中一國可能在這兩樣產品上，都做得比另一國好。但我們做一點擾動，以產生其他情境：我們來看看，如果酒的價格會波動，那麼專門生產酒的那個國家會怎樣。只要對這個假設做一個簡單的擾動（譬如說，考慮讓酒的價格隨機波動，而且可能發生極端世界類型的變異），就可以讓我們得到和李嘉圖相反的結論。大自然不喜歡過度專業化，因爲這會限制演化，並讓動物變弱。

這也解釋了爲什麼我發現當今的全球化概念（如新聞工作者佛里曼〔Thomas Friedman〕所提出的），對社會來說，是太天眞也太危險的一步——除非吾人考慮副作用。全球化或許帶來表面上的效率，但各個部分之間的操作力道與互動程度，會在某一點上造成小裂縫，再滲透到整個系統。結果就像腦袋因爲有太多的細胞在同一個時間發號施令而造成癲癇。看看我們的腦，一個運作良好的複雜系統，它並沒有「全球化」，或者說，至少沒有天眞地「全球化」。

同樣的概念也適用於負債——債務讓你脆弱，在擾動之下是非常脆弱，尤其是當我們把假設從平庸世界轉爲極端世界時。今天，我們在商學院所學的，要我們從事借貸（同樣的教授還教我們各種假科學，包括鐘形曲線這個知識大騙局），這違反了所有的傳統，長期以來，所有的地中海文化都發展出反對負債的教條。羅馬諺語說：「快樂是一個人沒有負債」(felix qui nihil debet)。捱過了大蕭條時代的老祖母，勸我們做和負債正好相反的事：剩餘；她們要我們在做個人的冒險之前，要把好幾年的收入以現金存起來——這正好就是我第十一章的槓鈴概念，我們以投資組合的一小部分去冒較高的風險，同時還要保有高額的現金準備。如果銀行當初這麼做，那麼歷史上就不會發生銀行風暴了。

自巴比倫時代以來，就有很多文獻證明負債的禍害；近東地區的宗教禁止負債。這告訴我，宗教和傳統的目的之一，是執行禁令——只是為了保護我們不要被自己的知識傲慢所害。為什麼？負債意味著對未來有一個強烈的主張，而且對預測有高度的依賴。如果你借了一百元去投資一個計畫，要是你的計畫失敗了，你仍然欠一百元（不過如果成功了，就會賺很多錢）。因此，負債是危險的，如果你對未來有一點過度自信，而且對黑天鵝事件眼盲的話，而我們每個人多少都有這樣的傾向。預測是有害的，因為人們（尤其是政府）是根據預測的情形去**借貸**（或是用預測做為借貸的認知藉口）。我在「預測之恥」這章所說的（假預測似乎是為了滿足心理需求而存在），若再加上了「負債之恥」，就會加倍惡化：借貸造成你更容易遭受預測錯誤的傷害。

大就是醜陋——而且脆弱

第二，**大自然不喜歡太大的東西**。最大的陸地動物是大象，那是有緣故的。如果我橫衝直撞，開槍射死一隻大象，我可能會被抓去坐牢，還被我母親臭罵一頓，但我幾乎不會對大自然生態造成任何擾動。另一方面，我在第十四章中對銀行的看法——如果你射殺了一家大銀行，「後果令人毛骨悚然」，而且「如果一家倒了，全都會倒」——後來在下面的事件中呈現出來：二〇〇八年九月，有一家銀行倒了，就是雷曼兄弟，把整個銀行界都拖垮了。大自然並不會限制個體間的互動；它只限制單位個體的大小（因此，我的想法不是去阻止全球化和禁止網際網路；我們將會看到，阻止政府，別再協助大公司，並把好處還給小傢伙，就會達到更大的安定性）。

但人造的結構不要弄得太大還有另一個理由。「規模經濟」——公司變大時可以省錢，從而比較有效率——通常，這個想法顯然是企業擴張和購併的背後理念。這個想法沒有證據支持，卻在集體意識裡廣爲流行；事實上，證據是站在相反的一方。然而大家還是一直在購併，這基於很明顯的理由——不是對公司有好處，而是對華爾街的獎金有好處；公司變大了，對執行長是件好事。好吧，我知道當公司變大時，看起來會比較「有效率」，但也比較容易受到外界偶發事件的傷害，這些偶發事件通常就叫做「黑天鵝」，來自一本書的書名。這全都是在比較安定的錯覺之下。再加上當公司變大了，就必須進行最適化調整，以滿足華爾街分析師。華爾街分析師（MBA那種）會給公司壓力，要公司把多餘的腎臟賣掉並把保險丟掉，以提高「每股盈餘」，並「改善獲利數字」——於是最後就導致破產。

查爾斯・泰培羅（Charles Tapiero）和我已經用數學證明，某種不可預見的錯誤和隨機性衝擊，對大型組織的傷害，遠遠大於小組織。在另一篇論文中，我們計算出這種規模的社會成本；別忘了，這些公司，當它們倒閉時，是要花我們的錢的。

政府的問題在於，政府偏向支持這些脆弱的組織，「因爲他們是大雇主」，也因爲他們有遊說人士，巴斯夏（Bastiat）抨擊他們的貢獻是假的，卻到處打廣告。大型公司得到政府的支持而變得越來越大，也越來越脆弱，政府便在某種方式上受制於這些大企業，這就是馬克思和恩格斯的另一個預言。另一方面，美髮廳和小店家倒閉就沒人在乎了；它們必須有效率，並遵循自然法則。

氣候變遷和「太大的」污染者

我經常被問到，如何對付氣候變遷，從黑天鵝概念及我所研究的不透明狀況下之決策來探討。我建議我們的態度應該以無知和服從大自然的智慧爲基礎，因爲它比我們老，從而比我們有智慧，而事實也證明，大自然比科學家聰明。我們對大自然還不夠瞭解竟然就去惹它——而且我不信任用來預測氣候變遷的模型。很簡單，我們所面對的是非線性特性和放大的偏誤，來自我們第十一章所談之蝴蝶效應，而這個效應，其實是羅倫茲在使用氣象預測模型時所發現的。輸入值的微小變化，來自測量誤差，能夠導致預測值的大幅發散——而這還是很寬容地假設我們有正確的公式。

我們搞污染已經很多年了，對環境造成許多破壞，然而，目前製作這些複雜預測模型的科學家，卻沒有挺身而出，阻止我們營造這些風險（這些專家就類似經濟領域裡，爲前節所述問題奮戰的「風險專家」）——而這就是科學家想要我們接受的解決方法。不過，我對模型的懷疑，並沒有導致由反環保主義者和市場至上基本教義派所背書的結論。相反的：我們在生態上必須持超級保守主義，因爲我們不知道我們現在**所造成的**破壞是什麼。這是在無知與知識不透明狀況下的一個好策略。有些人會說：「沒有證據證明我們正在傷害大自然。」對於這些人，最好的回應方式就是：「也沒有證據證明我們沒有在傷害大自然。」要負舉證責任的，不在自然生態保護者這一方，而在破壞舊系統的那些人。此外，我們不應該去「矯正」已經造成的傷害，因爲我們可能又創造另一個我們現在還不是很瞭解的問題。

我曾經提過一個實際的解決方式，根據破壞具有非線性特性（假設傷害程度隨污染量的增加，不成比例地大幅增加），以及應用導致我反對「太大」之觀念的同一個數學推論，就是把破壞按照污染物做分散——當然，假如我們一定要污染的話。讓我們做個思考實驗。

狀況一：你把一劑的氰化物、毒芹、或某種有毒物質給病人服用，假設這些毒藥的毒性相等——並假設，只針對這個實驗，這些毒藥沒有超總和性（super-additivity，也就是說，沒有一加一大於二的綜效）。

狀況二：你拿十種這些有毒物質，每種劑量爲十分之一，總劑量和上個狀況一樣，給病人服用。

顯然，我們可以看到狀況二把服用的劑量分散到各種毒物，最壞的情形就是和狀況一一樣（如果各種有毒物質的作用都同方向），最好的情形就是對病人完全無害。

物種密度

大自然不喜歡太多的連結和全球化——（包括生物的、文化的、或經濟的連結和全球化）。我因爲這本書而得到的特權之一，就是和內森・麥沃德（Nathan Myhrvold）見面，我希望他這種人能夠被複製，然後我可以在紐約有一個、在歐洲有一個、在黎巴嫩有一個他。我開始定期和他會面；每一次的會面，都得到一個大觀念，或是透過一個比我更聰明的腦袋，重新發現我自己的想法——他可以說就是我下本書的共同作者。問題是，他和史拜羅斯等的少數人不同，我和他的對話，不是在步行中進行的（雖然我和他是在非常好的餐廳會面）。

麥沃德啓發我用其他方式去解釋和證明，全球化把我們帶進了極端世界：物種密度的概念。很簡單，大型環境比小型環境更具有規模可變性——透過我們在第十四章所看到的「偏好連結」（preferential attachment）機制，犧牲最小的，可以讓最大的變得更大。證據顯示，小島單位面積裡的物種數目高於大島，當然，更高於大陸。當我們在地球上的旅行越來越頻繁時，流行病也跟著越來越厲害——我們將會有一大堆的微生物，被少數幾個菌種所稱霸，殺手級的成功者，其散播繁衍遠比其他種類有效率。文化生活將會被少數幾個人所稱霸：在英國，平均每個讀者的書本數比義大利少（連壞書也算進去）。公司的規模大小將會更不一致。而流行時尚會更劇烈。當然，銀行的擠兌也一樣。

再一次，我並不是說我們要停止全球化並阻止旅遊。我們只需注意其副作用和代價——但很少人去注意。我看到了風險，一隻非常奇怪的兇猛病毒正散播到地球的每一個角落。

其他類型的多餘

另一種多餘，比較複雜也比較深奧，解釋了自然界的元件如何利用正面的黑天鵝事件（並有其他工具，在負面黑天鵝事件中存活下來）。在此我先做個非常簡短的討論，我下一本書談黑天鵝事件的利用，大致上以此爲觀念基礎：透過**修補**或對不確定性的馴化。

經生物學家研究，功能上的多餘，意義如下：不同於器官多餘——有備用器官，能以同樣的元件執行同樣的功能——通常，同一個功能可以用兩種不同的結構來執行。有時會用**簡併**（degeneracy）這個詞（如艾德曼〔Gerald Edelman〕和蓋里〔Joseph Gally〕等人）。

還有另一種多餘：有時候，一個器官可以被用來執行主要功能之外的某種功能。我朋友彼得·貝弗林把這個概念叫做「聖馬可教堂的拱側」（spandrels of San Marco），語出史蒂芬·古爾德（Stephen Jay Gould）的一篇文章。在聖馬可那威尼斯式的大教堂裡，拱和拱之間必定有個空間，這個位置，已經發展成我們現在到該教堂參觀時所要欣賞的一個重要美學藝術品。某個適應上的次要分支，衍生出一個新功能，就叫**拱側效果**（spandrel effect）。我還看過一種適應力，具有一個被暫停掉的潛在功能，能夠在適當的環境中再度被喚起。

說明這種多餘的最好方法，就是去看多采多姿的科學哲學家保羅·費耶阿本（Paul Feyerabend）的人生故事。費耶阿本在一次戰爭中受傷而變成永久性無能，然而他還是結了四次婚，而且是個沉溺於女色的人，女人被他橫刀奪愛而慘遭遺棄的男人，可以排成一長隊，可見其厲害程度，被他拋棄而傷心欲絕的女子，其中有很多是他的學生，也同樣可以排成一長隊（在他那個年代，教授可以有某種特權，尤其是當紅的哲學教授）。由於他是性無能，這實在是一個很特別的成就。因此，身體一定有其他部位讓他和女人黏在一起，管它是什麼部位，反正能讓人滿足就行了。

大自然最初創造嘴是用來吃東西的，或許也用來呼吸，或許用在和舌頭存在有關的功能上。

接著新功能就出現了，很可能不是原先設計的一部分。有些人用嘴巴和舌頭接吻，或是去做類似傳說中費耶阿本所做的事。

過去三年來，我一心在思考下面這個想法：在知識有限下——未來具有不透明性——沒有這些種類之一的多餘，進步（和生存）就無法發生。你今天並不知道明天可能需要什麼。這和我們從亞里斯多德所讀到的目的論設計的想法有尖銳的牴觸，而亞里斯多德思想塑造了中世紀的阿拉伯－西方思想。亞里斯多德認爲，東西具有非常清楚的目的，此目的由其設計者所設定。眼睛是用來看的，鼻子用來呼吸。這是一個理性的論點，也是我所謂的柏拉圖式思想（Platonicity）的另一個表現形式。然而任何具有第二用途而且不用你多花錢的東西，表示如果出現了以前所不知道的應用，或是在新環境出現時，你就多了一個機會。具有最多種第二用途的器官，在隨機環境和知識不透明之下，具有最大的優勢！

以阿司匹靈爲例。四十年前，阿司匹靈存在的唯一理由就是其解熱（退燒）效果。後來，阿司匹靈用來鎮痛（止痛）。它也曾經被用來消炎。現在它最常被用來做血液稀釋劑，以避免二次（或首次）心臟病發作。幾乎所有的藥都有這種情形——現在很多都使用其第二和第三藥性。

我剛看了一下我商用、非文學用辦公室（我用美學來區分功能）的書桌。筆記型電腦架在一本書上，因爲我喜歡有個傾斜度。這是一本法文書，美豔女郎莎樂美（Lou Andreas Salomé，尼采和佛洛依德的朋友）的傳記，我可以非常篤定的說我絕不會去讀；會選這本書是因爲厚度最合適。這讓我想到，以爲書是給人讀的，可以用電子檔取代的這個想法很愚蠢。想想看書所提供的多餘功能有多少。你沒辦法用電子檔來讓你的鄰居留下書香印象。你沒辦法用電子檔來支撐你的自尊心。東西似乎具有看不到、卻很重要的附屬功能，而我們卻習而不察，但這附屬功能讓東西保持興旺——而且有時候，附屬功能會變成主要功能，就像裝飾用的書一樣。

因此，當你有許多功能性多餘時，總的來說，在隨機之下是有幫助的，但有一個條件——你從隨機中所能得到的好處，多於所受的傷害（我用**對不確定性具凸性**〔convexity to uncertainty〕這個比較技術性的術語來稱呼這個論點）。當然，很多工程應用就是這樣，許多工具是從其他工具衍生出來的。

還有，我目前正全力研究醫學史，醫學在亞里斯多德的目的論錯覺下歷盡滄桑，加倫（Galen）的理性主義方法醫死了許多人，而醫師還以爲是在治病救人。我們有一個心理上的計謀：人們喜歡往明確的目的地走，而不喜歡面對某種程度的不確定性，縱使這不確定性有好處。而研究本身，即研究的設計方式和資金來源，似乎是採目的論，以明確的結果爲目標，而不是去找有最多岔路的機會。

除了**凸性**之外，我還對這個概念取了更複雜的名字，例如**可選擇性**（optionality）——因爲你可以選擇要或不要從隨機性取得免費的好處——不過我還沒完成，只是半成品。來自第二種隨機性的進步，我稱之爲**修補**（tinkering）或**隨性修補**（bricolage），這是我下一本書的主題。

沒有差異的區別，沒有區別的差異

這是複製本的另一個好處。我整本書都不去區分運氣、不確定性、隨機性、資訊的不完整性、及偶發性之間的實際分別，只用簡單的可預測性做爲標準，在這標準下，它們就功能而言，都相同。機率可以是相信的程度，我們用來下賭注，或是更實體的東西，具有眞正的隨機性（又叫「實體的」〔ontic〕隨機性）。以下改編自捷爾德·蓋格瑞澤（Gerd Gigerenzer）：「明天有百分之五十的機會下雨」，在倫敦的意思是明天將會下半天的雨，在德國的意思是有一半的專家認爲明天會下雨，而在布魯克林（我加的），指賭博盤口開出來的是，下注五毛錢，如果下雨的話，會拿到一塊錢。

對科學家來說，處理上是一樣的。我們用同樣的公式來描述機率分配，而不管這機率是表示相信的程度，或是由天神宙斯所設計的某種東西，我們相信，宙斯的話決定一切。對我們這些機率學者（在科學的領域裡搞機率工作的人）來說，一個事件的機率，不管定義成什麼樣子，就是一個0和1之間的比率值，這叫做關聯集合的測度值。給它不同的名字或符號會讓人分心，而且會妨礙從一個定義域轉換到另一個定義域的分析結果。

對哲學家來說，這完全是另一碼子的事。我和（分析）哲學家保羅·伯侯申（Paul Boghossian）共進過兩次午餐，兩次中間隔了三年，第一次是《黑天鵝效應》第一版完成時，第二次是在這篇文章寫好時。在第一次對談中，他說，從哲學的觀點看，一種機率是對某個人理性相信程度的衡量，一種機率是現實世界裡的事件性質，把這兩種機率混爲一談是錯的。我認爲，這表示，對於不同類型的機率，我們不該用相同的數學語言，譬如說，同樣的符號ρ，並用同樣的公式去寫。我花了三年時間去推敲這到底對不對，這是不是一個**好的多餘**。然後我和他再度一起吃午餐，不過這次是在比較好（也比較親切）的餐廳。

他改變了我對一句哲學用語的看法：「沒有差異的區別」。然後我才瞭解：哲學家所使用的區別，有些在哲學上有意義，但在實務上似乎沒有意義，但如果你深入思考，這些區別也許有其必要，而且也許在環境變遷之下，具有實務上的意義。

我們來看看相反的概念：沒有區別的差異。它們可能是粗暴的誤導。用尺來測量桌子，以及測量風險，這兩件事我們都同樣用**測量**（measuring）這個詞——其實第二種情形是預測，或是類似的東西。但**測量**這個詞會帶來知識錯覺，可能極爲扭曲：我們將會看到，用詞、或是描述事物的方式，很容易對我們造成心理上的傷害。因此，如果我們的用詞，對桌子用**測量**，對風險用**預測**的話，被黑天鵝事件炸毀的火雞就會少很多。

字彙混淆在歷史上很尋常。我再用機運（chance）這個概念來說明。同樣的拉丁字 felix（來自 felicitas），在歷史上曾經被用來同時指幸運和快樂兩個意思（在古代的環境裡，快樂和幸運混淆在一起是可以解釋的：女神費利希達〔Felicitas〕代表這兩者）。英文的 luck 來自德文的 Glück，快樂。古人會認爲，對這兩個觀念做區別是個浪費，因爲所有幸運的人似乎都很快樂（沒想到人不用幸運也能夠快樂）。但在現代的情況下，我們必須把幸運從快樂抽離出來——把效用和機率分開——以便進行決策的心理分析（沒錯，觀察人們在一個機率的環境下做決定的情形，我們很難把這兩個觀念區分得清清楚楚。人們也許對可能會發生在自己身上的壞事，感到非常害怕，而傾向於過度保險，接下來，便讓我們誤以爲，人們相信逆境事件具有高發生機率）。現在我們可以看得出來，這種語言上的不精確，使古人的語言對我們造成相當的困擾；不過對古人來說，這些區別是多餘的。

不怕錯誤的堅固社會

我對二〇〇八年的風暴只要做非常簡短的討論（這場風暴在本書出版後發生，隨你怎麼說，這場風暴不是黑天鵝事件，這只是許多系統建立在對黑天鵝事件的無知上——且否認有黑天鵝事件——的脆弱後果。一架飛機由不會開的人去開，你幾乎可以確定，最後一定墜毀）。

爲什麼要簡短？**首先**，這不是一本經濟學的書，而是談知識的不周全性和高衝擊力的不確定性之影響——不巧，經濟學家正好是地球上最黑天鵝眼盲的物種。**第二**，我喜歡在事件發生**之前**，而不是**之後**談論它們。但一般人把前瞻和回顧搞混了。許多的媒體人、經濟學家、和政治專家，事前沒有看出風暴即將來臨，同樣的這批人，對事件的必然性，卻提供豐富的事後分析。另外一個理由，眞正的理由，是二〇〇八年的風暴對我來說不具知識上的足夠趣味——其發展，無一不是以前已經發生過的東西，只是以前規模較小（例如許多銀行在一九八二年，把它們長年累月所賺到的每一分錢全賠光了）。對我而言，這只不過是一個財務機會罷了，我後面會進一步討論。眞的，我重新讀過我的書，看不出要加什麼東西，沒有任何事不是以前歷史曾經發生過的，和先前的許多災難一樣，我從它們學不到任何東西。嗚呼，什麼都沒學到。

這個推論淺顯易懂：既然二〇〇八年這場風暴沒有任何新的東西，我們也就從它身上學不到任何東西，而且我們未來還是會犯同樣的錯。而就在我寫這篇文章時，證據就來了：國際貨幣基金（IMF）繼續發布預測（不瞭解先前的預測都不準，這些依賴預測的可憐笨蛋將——再一次

——陷入困境），經濟學教授還是在用高斯分配，目前政府裡面充滿了把模型錯誤做大比率放大的人，強迫我們要比以前更依賴模型。③

但這次風暴顯示，我們需要堅固性，此事值得在此討論。

根據二千五百年來的思想記錄，只有書呆子和柏拉圖主義者（或是更等而下之的物種，叫中央銀行人員）相信工程所打造出來的烏托邦。我們將在第VI章談到，我們的想法不是透過貨幣政策或補貼等，去矯正錯誤或消除來自社會或經濟生活的隨機性。我的想法是**讓人類的錯誤和錯誤計算持續受到侷限**，並防止它們透過系統散布，一如大自然的做法。去降低波動性和平常的隨機性，會增加暴露於黑天鵝事件的機會——那是一個人造的安寧。

我的夢想是一個真正的知識政體（Epistemocracy）——也就是說，一個堅固的社會，不怕專家錯誤、預測錯誤、和傲慢，這個社會能夠抵抗政客、主管官員、經濟學家、中央銀行官員、銀行家、政策研究專家、和流行病學家的無能。我們不能讓經濟學家更科學，我們不能讓人類更理性（理性的意義是什麼沒關係），我們不能讓時尚消失。一旦我們把有害的錯誤隔離之後，解決方法就很簡單了，我們會在「第四象限」（Fourth Quadrant）裡談這點。

---

③顯然，整個經濟學界——全球約有一百萬人從事經濟分析、規劃、風險管理、和預測有關的工作——其實就是火雞，犯了一個很簡單的錯誤：不瞭解極端世界、複雜系統、和隱藏風險之結構，卻還是依賴白癡的風險測量和預測——這些錯誤，全都是沒好好去想以前的經驗，因為這些東西從來都不曾有效過。

因此我目前被挾在兩件事之間：(a)我想要在歐洲咖啡館裡耗時間，做我的思考，平靜地研究，或是找個人，一同漫步在美好的城市街道裡，慢慢地邊走邊談；(b)覺得有義務去參與強化社會的行動主義活動，去對無趣的人講話，泡在醜陋嘈雜的新聞媒體世界，到華盛頓看穿著西裝的騙子四處走動，必須一方面為我的理念做辯護，一方面還要強迫自己不發脾氣，把自己的尊嚴收起來。事實證明，這對我的知性生活造成非常大的破壞。但還是有些訣竅。我發現一個有用的技巧，那就是別去聽主持人的問題，只管把我最近想的東西拿出來答就行了。很神奇地，主持人和觀眾都沒注意到問與答之間沒有關聯。

我曾經被選入一個百人小組，到華盛頓花兩天時間討論，如何解決二〇〇八年風暴的問題。幾乎所有的大頭都來了。會開了一個小時之後，澳洲總理正在致詞時，我因為疼痛難忍而走出會議室。看到這些人的臉，我的背部就會開始發痛。問題的核心是他們沒一個人知道問題的核心。

這讓我相信，世上有個獨一無二的解決方法，就是按照一個非常簡單的方向去設計，讓世界對黑天鵝事件具有堅固的抵抗力——否則就會爆掉。

因此我現在退出了。我回到我的圖書館。我現在連一點挫折都沒有，更不在乎預測者會如何把社會搞到爆，甚至也不可能被不瞭解隨機的傻瓜給惹毛（相反的，我把他們惹毛了），也許，這要感謝另一個發現，這個發現和複雜系統、極端世界、及長程步行之科學研究的特殊應用有關。

11 我爲什麼要做這麼多的步行，或系統如何變脆弱

重新學習走路——節制，他不懂——我抓得住鮑伯．魯賓（Bob Rubin）嗎？極端世界和搭乘法航旅行

另外幾個槓鈴

再一次，感謝本書的高知名度，我對複雜系統堅固性的看法……被最想不到的來源給改變，而有了一個新觀點。這個概念來自兩名健身方面的作者兼業者，他們把隨機性和極端世界（雖然是灰天鵝那種）的想法，融進了我們對飲食和運動的瞭解裡。令人好奇的是，第一位叫亞特．迪凡尼（Art de Vany），就是在電影裡研究極端世界的那位（在第三章）。第二位是道格．麥古夫（Doug McGuff），是一名外科醫師。兩個人都能談健身保養，尤其是亞特，現年七十二歲，看起來就像個四十二歲的希臘神祇。這兩位都提到他們的工作裡有《黑天鵝效應》的概念，而且二者

息息相關；但我卻一頭霧水。

我後來很慚愧地發現下面這些事。我這輩子都在思考隨機性；我寫了三本談隨機性之處理的書（有一本是技術性的），從物理學到數學，在隨機性的課題裡，我以專家的身分四處活躍。但我卻漏掉了某種核心的東西：活體組織（不論是人體或經濟體）**需要**可變異性和隨機性。而且，它們需要極端世界型的可變異性，某種極端的施壓因子。否則它們就會變得越來越脆弱。這點，我完全沒想到。①

打個比喻，組織需要馬可・奧里略（Marcus Aurelius）來把障礙化為燃料——就像火一樣。被文化環境和我所受的教育給洗腦了，我以前有一個錯覺，以爲穩定的運動和穩定的飲食對健康有益。我當時不知道這是陷入了邪惡的理性主義論，按照自己的希望，對世界做柏拉圖式的推測。更糟的是，雖然我的腦子裡知道所有的眞相，我還是被洗腦了。

從獵食—被獵食模型（即所謂的洛特卡—沃爾泰拉〔Lotka-Volterra〕型的族群動態模式），我知道族群口數會遇到極端世界型的變動，因此，獵食者必然會經歷一段段的飽足與饑餓期。這就是我們人類——我們必定被設計成，要有極端饑餓和極端飽足的歷練。因此，我們的進食狀況，必然是碎形模式。那些提倡「一天要吃三餐」、「不要暴飲暴食」理念的人，從來就沒有一個人做過實證測試，看看這麼做是否比間斷性的空腹然後再大吃一頓更健康。②

---

①施壓因子不同於對組織有害的毒性物質，如第八章老鼠故事裡的放射線。

不過近東的宗教（猶太教、回教、和基督正教）都，當然了，知道這點——一如他們知道必須避免負債——因此他們有空腹日。

我還知道石頭和樹木的大小，在某個範圍內，呈碎形模式（我甚至還在第十六章寫到這點）。我們祖先所面對的石頭，大都搬起來很輕，屬於溫和的施壓因子；他們每十年會碰到一兩次必須搬動巨石的狀況。因此，「穩定」練習的想法，到底是打哪兒來的？在更新世（Pleistocene）時，沒有人一個禮拜選三天每次慢跑四十二分鐘，每週二和週五找一個有虐待狂（要不然就是個可人兒）的私人教練練舉重，並在星期六早上十一點練網球。獵人不會這樣。我們在不同的極端之間擺盪：當我們追捕或是被追捕時，就會衝刺（每隔一陣子就要用盡全力），然後其餘時間則是漫無目的的走路。馬拉松路跑是現代一個令人生厭的事（尤其在沒有情緒刺激下跑馬拉松）。

這是槓鈴策略的另一個應用：大多數的鬆散，加上偶爾幾次的高強度。資料顯示，走很久，非常久，配上幾次高強度的運動，效果會比只是跑步來得好。

我講的不是你在《紐約時報》保健版上所讀到的那種「快走運動」。我指的是毫不費力的走路。

此外，我們來看看熱量消耗和吸收之間的負相關性：我們去狩獵是因爲肚子餓，我們不是吃

②這個問題，有一個「科學的社會學」層面。科學作家賈利・陶比士（Gary Taubes）說服我，讓我相信大多數的飲食建議（如低脂餐）和證據不符。我可以瞭解，有人可能為了保護自己對自然事物的信念，而不用實際證據來支持其信念；但我無法瞭解，竟然會有人拿信念去否定自然和科學的證據。

完早餐再出去打獵，打獵一事凸顯我們的能量不足。

如果你把一個組織的壓力因子拿掉，你就會影響它的基因修補機制和基因表現——有些基因是靠與環境接觸來進行向上調控（或向下調控）。不去面對壓力因子的人，萬一眞的碰到了壓力就會無法生存。只要想一想，一個在床上躺了一年的人，還會有什麼力氣？或是在無菌環境長大的人，有一天去搭東京地鐵，人擠人像沙丁魚似的，會有什麼後果？

爲什麼我要用演化來做論述？並不是因爲演化的最佳性，而是完全基於認識論的理由，我們要如何對付因果關係不明卻互動非常複雜的複雜系統呢？大自然並不完美，但到目前爲止已經證明比人類聰明，當然也比生物學家聰明。因此我的方法是先假設大自然比任何人都更權威，然後結合以證據爲基礎的研究（去除掉生物學理論）。

我在「啊哈！」一聲頓悟之後，便在亞特・迪凡尼的指導下，過著極端世界的槓鈴生活形態：在一個刺激的都市環境裡，做非常非常長而緩慢的沉思（或對話）散步，但偶爾有（且隨機地）非常短的衝刺，在衝刺當中，我要激怒自己，想像我拿著一根大棍子，正在追銀行敗類的鮑伯・魯賓，想要抓住他，並繩之以法。我以隨機的時間，跑到舉重設施那裡，做一個完全隨機的練習——通常是我在外旅遊住旅館時。就像灰天鵝事件一樣，這些是非常非常罕有、卻有高度效果的舉重時間，在一整天的半饑餓之後，讓我完全累壞了。然後我會有好幾個禮拜整天不運動坐著，還到咖啡館去。連運動的時間長度也一直保持隨機——不過大都非常短，不超過十五分鐘。我所採用的方法是盡量減少無聊，並且對健身館的員工非常客氣禮貌，他們說我的運動是「神出鬼沒」。我也把自己放到溫度的變動性當中，偶爾在極爲寒冷之下不穿大衣。感謝跨洲旅行和班機延誤，我在過度的休息之後，會有一段期間失眠。當我到附近有好餐館的地方時，例如義大利，會大吃一頓，其程度，連胖子東尼都會吃驚，然後好幾餐不吃也不會怎樣。然後，這顯然「不健康」的飲食療法做了兩年半，我看到我的身體有顯著的改變，以各種客觀標準衡量——多餘的脂肪組織沒了，有二十五歲的血壓等。還有，我的腦子也變得更清楚、更敏銳。

因此主要的構想是持續期間和強度的互換——以得到快樂。還記得我在第六章所介紹的快樂效果的理由。就如同人們喜歡大而突然的損失多過於小而經常性的損失，也如同一旦疼痛超過某個門檻之後，痛覺就鈍化下來了；不舒服的經驗，如沒有外部刺激的練習（譬如在健身房）、或是待在紐澤西州，就必須集中，而且強度是越大越好。

與黑天鵝概念相關的另一個看法如下。古典熱力學產生高斯變異性，而資訊的變異性則是來自極端世界。讓我來解釋。如果你把你的飲食和運動想成簡單的能量不足和多餘，用一個吃進卡路里和燒掉卡路里的簡單等式，你就會掉進錯把這個系統當成簡單因果和機械式關聯的陷阱。你吃東西就變成如同你把BMW新車的油箱加滿油一樣。另一方面，如果你把食物和運動看成是啓動消化的訊號，配上潛在的消化系列過程和來自網絡效果的非線性特性，再加上遞迴式連結，那麼，歡迎來到複雜性，也就是極端世界。食物和運動都把環境裡的壓力因子提供給你的身體。正如我從頭到尾都在說的，資訊的隨機性來自極端世界。醫學掉進了使用簡單熱力學的陷阱，就如同經濟學家把經濟看成一個簡單連結的網絡，這兩門學科都同樣的羨慕物理學，有同樣的心態，並使用同樣的工具。③但人和社會都是複雜系統。

但這些生活方式的概念並不只是來自自我實驗或一些吹牛皮的理論而已。這些，全都是現有研究所得到的預期結果，而這些研究都有證據爲憑，也經過同儕審查。饑餓（或短暫的能量入不敷出）會強化身體和免疫系統，並有助於腦細胞的年輕化，弱化癌細胞，及預防糖尿病。只是時下一般的想法和這些實證研究不符——這和經濟學的情形類似。我還能夠以最少的力氣，重建狩獵採集生活九成的優點，不用犧牲現代生活方式，就在都市環境的美學裡（我在自然環境裡會覺得極爲無聊，喜歡在威尼斯的猶太區逛街，多過於耗在大溪地的天堂小島波拉波拉〔Bora Bora〕）。④

按照同樣的論點，我們可以降低經濟活動裡百分之九十的黑天鵝風險……只要去除投機性的負債。

我現在生活中所唯一沒有的就是恐慌，從譬如說，在我的圖書室裡發現一條大蛇，或是看到經濟學家麥倫·休斯半夜全副武裝地走進我的臥房。我需要生物學家羅伯·薩波斯基（Robert Sapolsky）所說的「有益的激烈壓力」，與這相對的是「有害的單調壓力」——另一個槓鈴，因爲沒有壓力加上一點點極度的壓力，遠比隨時都有一點小壓力（如爲房貸煩惱）來得好。

---

③那些壞蛋在「隨機漫步」上所使用的財務方程式，就是以熱擴散為基礎。

④我們經常聽到的說法是原始人的壽命**平均**不到三十歲，這忽略了該平均值附近的分配狀況；預期壽命必須做條件分析。很多人因為受傷而很早就死了；許多人則活得非常久——而且健康。這其實就是一個「被隨機所愚弄」的基本錯誤，在有變異出現的狀況下，依賴「平均」的概念，使得人們在股市裡低估了風險。

有些人說我的健康來自長途步行，大約一星期走十到十五小時（但沒有人向我解釋，爲什麼那也算是運動，因爲我走得很慢），但另一些人宣稱，我的健康來自那幾分鐘的衝刺；當我在解釋經濟歧異時，也遇到同樣的問題，很難解釋這兩個極端不可分開的特性。如果你經歷了激烈的壓力，然後休息一段時間，你要如何把壓力和恢復分開呢？極端世界的特性就是具有這兩種極端：高份額的低衝擊，和低份額的高衝擊。我們來看「集中」的出現，在此，以能量的耗用來看，必然有很大數目字的觀察點，其作用除了稀釋之外，毫無貢獻。同樣的狀況造成股市的波動性以爆炸做解釋（譬如說，五年中會有一天的波動代表了整段期間的半數變異量），這樣，大多數的其他日子，必然都極爲平靜。在一百萬個作者中，如果某一位作者的銷售量佔全體的一半，那麼大多數作者就是一本都沒賣出去了。

這就是火雞陷阱，我將在後面說明：市儈之人（和聯準會主席）錯把低波動性期間（由穩定政策所造成）當成低風險期間，而沒把它當成進入極端世界的開關。

歡迎來到灰色極端世界。不要過度干擾大自然所給你的複雜系統：你的身體。

當心製造出來的穩定

同樣道理做個變化，我們就能看得出來，吾人對於前面所提之波動性的恐懼，如何導致對自然的干擾，強制加上「規律性」，而使得我們在如此多的領域裡，變得更脆弱。防止森林小火，是爲更極端的森林大火預做準備；在不是很有必要之下，就開抗生素給病人，造成我們對嚴重的流行病傷亡更嚴重——也許那個大流行病，一場大感染，不怕現有的各種抗生素，而且在法國航空的班機上四處跑。

這讓我想到另一種組織：經濟活動。我們渴望秩序而避諱變動，基於這種感覺所採取的行動，有助於形成嚴重的風暴。用人爲力量讓某種東西變大（而不是當它無法在壓力下生存時，讓它早點死掉），會使得這個東西，在一場非常嚴重的崩盤中，更容易受害——如我書中所說的黑天鵝殺傷力加上規模的增加。我們在二〇〇八年崩盤所看到的另一件事：多年來美國政府（其實就是聯準會）一直想要消除景氣循環，而導致我們遭受一場嚴重的崩解。這就是我反對「穩定」政策和人爲製造無波動環境的主張。後面會有進一步的說明。接下來，我要討論幾個黑天鵝事件的概念，這些概念似乎不太容易瞭解。想必如此。

三　明珠配豬玀

如何在機場賣書——沙漠裡的礦泉水——如何詆毀別人的點子並靠此成功

讓我再從頭說起。《黑天鵝效應》是在講重要的（consequential）知識極限，既是心理上（傲慢與偏見）也是哲學上（數學上）的知識極限，既是個人的也是集體的極限。我說「重要的」，因為焦點放在具衝擊性的稀有事件，而我們的知識，包括實證和理論的知識，對這些事件都沒用——事件離我們越遙遠，我們就越不容易預測到它們，然而它們的衝擊卻是最大。因此，《黑天鵝效應》是談人類在某些領域裡的錯誤，這個錯誤被科學主義和不增加知識卻只增加信心的資訊過多症給放大了。書裡談到專家問題——依賴專家所造成的問題，這些專家是看起來很科學的江湖術士，有的有用公式，有的沒有，或是一般的非江湖術士科學家，對自己所用方法的信心，有點超過了證據所能支持的程度。焦點是，在重要的地方不要當火雞，但在無關緊要的地方當火雞沒什麼不對。

對書中意思的幾個主要誤解

我將簡短列出，人們在瞭解本書意思或概念上的困難處，通常是專業人士，才會犯這些毛病，而令人訝異的，一般讀者、業餘人士、和我的朋友很少有這個問題。茲臚列如下：

一、錯把黑天鵝問題當成邏輯問題（英國知識分子所犯的錯誤——其他國家的知識分子沒有足夠的分析哲學〔analytical philosophy〕來犯這個錯）。①

二、說我們有地圖總比沒地圖好（沒有地圖製作經驗的人，風險「專家」，或更糟的，美國聯準會的員工）。

這是最奇怪的錯誤。飛往紐約拉瓜地機場的飛機，如果駕駛員用的是亞特蘭大市的地圖，「因為沒別的地圖了」，我想很少人會去搭乘吧。頭腦沒有壞掉的人，會改成自己開車、搭火車、或回家。然而一旦涉及經濟學，他們就喜歡在專業上把為平庸世界所做出來的測量指標，用在極端世界裡，因為「我們沒別的了」。老祖母所接受的想法是，我們應該選擇我們有正確地圖的地方做為

---

①大多數的知識分子一直把黑天鵝這個說法，歸諸於波柏、彌爾（Mill）、有時還說是休謨（Hume）所創，儘管羅馬詩人朱文諾（Juvenal）已經用了這個詞。黑天鵝的拉丁文"niger cygnus"可能更古老，或許源自義大利的伊特拉斯坎人（Etruscan）。

目的地，而不是先上路，然後再找「最佳的」地圖，但社會科學裡的博士卻不懂這點。

三、以爲黑天鵝事件對所有的觀察者都是黑天鵝事件（犯這種錯的人沒在布魯克林待過一陣子，缺乏江湖經驗和社會智慧，不知道有些人就是笨蛋）。

四、不瞭解陰性建議（「不要做」）的價值，還寫信給我，向我要一些「建設性」或「下一步該怎麼做」的東西（犯這種錯的人，通常是大公司董事長或希望將來成爲大公司董事長的人）。②

五、不瞭解什麼事都不做，可能遠比去做一些有潛在害處的事更好（犯這個錯的人大都不是當祖母的）。

六、把我的概念標籤（**懷疑論**〔skepticism〕、**肥尾**〔fat tails〕、**冪次定理**〔power laws〕）貼在超市的貨架上，讓我的概念等同於不當研究的傳統（或更糟的，說我的概念是用「模態邏輯」〔modal logic〕、「模糊邏輯」〔fuzzy logic〕、或任何某人聽過但不太清楚的東西）（犯這種錯誤的人是從美國兩岸拿到研究所學位的人）。

②有一個常見的混淆：人們相信我是在建議行動者應該去賭黑天鵝事件的發生，然而我所說的，其實是他們應該避免在黑天鵝事件萬一發生時倒閉。我們將會在第Ⅳ章裡看到，我所提倡的是略過（omission），而非投入（commission）。這兩者的差異非常大，而且我一直被大家問到喘不過氣來的問題是，我們是否可以「一輩子的流血」，去賭黑天鵝事件的發生（如尼洛〔Nero〕、吉歐凡尼・卓果〔Giovanni Drogo〕、或是任何有個有錢大舅子的窮科學家）？這些人基於生存理由而做這樣的選擇，這未必有經濟上的理由，雖然就集體來看，這樣的經濟策略是合理的。

七、以爲《黑天鵝效應》是談使用鐘形曲線的錯誤，鐘形曲線大家應該都知道，而且這個錯誤可以用曼德博模式（Mandelbrotian）裡的一個數字去取代另一個數字，以得到修正（犯這種錯誤的是假科學家的財務金融正教授，例如肯尼士・法蘭奇〔Kenneth French〕）。

八、在二〇〇八年時，宣稱我的概念「我們全都知道」，而且「了無新意」，然後，當然了，在那場風暴中爆掉（犯這個錯誤的人，是以前和上面一樣的財務金融正教授，但後來到華爾街上班，現在已經破產）。

九、錯把我的概念當成波柏的否證概念——或是把我的概念硬塞進大家耳熟能詳，預先打包好的思想類別（犯這種錯誤的大部分是社會學家、哥倫比亞大學政治科學教授、還有其他想要成爲跨學科學者，和從維基百科學些專門術語的人）。

十、把（未來狀態的）機率當成可測量的東西去處理，像溫度或是你妹妹的體重（曾經在麻省理工學院，或類似學校攻讀博士學位的人，然後在別的地方上班，現在則把時間花在閱讀部落格上）。

十一、把精力花在本體論和認識論之隨機的差異上——眞正的隨機以及來自不完整資訊的隨機——而不是把焦點放在平庸世界和極端世界的差異上（這種人沒有嗜好、沒有私人生活問題、沒有愛、而且吃飽太閒）。

十二、以爲我說的是「不要去預測」或「不要用模型」，而不是「不要用誤差很大的沒用模型」和「不要在第四象限裡用模型」（犯這種錯誤的人大都靠預測混口飯吃）。

十三、把我說「衰事會發生」錯當成「衰事就是發生在這裡」（許多以前賺紅利獎金的人）。③

的確，聰慧、好奇、而開明的非專業人士是我的朋友。我發現有成熟的非專業人士用許多書來啓發他自己，而新聞工作者（當然了，除非他是在《紐約時報》上班）能夠比專業人士更瞭解我的概念，這讓我感到驚喜。專業的讀者，沒有那個心，不是讀太快，就是有進度要趕。當閱讀是爲了「工作」或是以建立他們的地位爲目的（譬如說，寫書評），而不是爲了滿足眞正的好奇心，這些讀者有太多的包袱（也許包袱還不夠多），傾向於做迅速而有效的閱讀，掃過專業術語，並快速地和現成的概念做連結。結果一開始就把《黑天鵝效應》裡所表達的概念，塞進商品化的知名架構裡，就好像我的立場可以塞進標準的懷疑論、實證主義、精粹主義（essentialism）、實用主義（pragmatism）、波柏派否證主義（Popperian falsificationism）、奈特不確定性（Knightian uncertainty）、行爲經濟學、冪次定理、混沌理論等。但非專業的讀者救了我的概念。謝謝你們，各位讀者。

我寫過，錯過一班火車，只有在你爲那班車而跑的狀況下，才會覺得痛苦。我當時並不打算成爲一本暢銷書（我認爲我以前已經有一本是暢銷書了，只想出本眞正的東西），因此，我必須應付一波惱人的副效果。我看著這本書一開始被當成非小說類的「觀念書」，由於暢銷，在媒體上一

③如果，把我書裡意思搞錯了的人，好像都是從事經濟學和社會科學的，而且一般讀者來自這些領域的比率很低，那是因為社會裡的其他成員沒有包袱，幾乎馬上就明白本書的意思。

直被四處宣傳，被一名十分仔細且「有能力」的文字編輯給閹割，擺在機場裡，賣給「思考的」商務人士。把一本眞正的好書交給這些有學問的**文化市儈**（bildungsphilisters），通常叫做觀念書的讀者，就像把波爾多老酒給喝健怡可樂的人，並聽取他們的意見。典型的抱怨是，他們想要健怡風格的「可行步驟」或「更好的預測工具」，這全都符合成爲黑天鵝事件罹難者的特性。我們將會進一步看到，在類似確認偏誤的毛病之下，江湖郎中提供許多大家所需要的陽性建議（要去做什麼），因爲人們不珍惜陰性建議（別做什麼）。今天，「如何不破產」似乎不是一個有效的建議，然而，既然長期以來只有少數的公司沒倒閉，因此避免死亡就是最好——也是最穩固——的建議（這個建議很好，尤其是在你的競爭對手出問題之後，你能夠合法掠奪他們的事業）。④還有，很多讀者（譬如說，在預測業或銀行業上班的人）通常並不瞭解，對他們來說，「可行步驟」其實就是把現在的工作辭掉，換另一個比較有道德的職業。

這些「觀念書」除了害我們有心智偏誤，盡講一些大家想聽的東西之外，它們的訊息裡，通常帶有一種令人厭煩的肯定和調查口氣，很像管理顧問的報告，想要讓你相信，它們所告訴你的

④例如，有個故事有助於說明二〇〇八年的風暴。在二〇〇八年和二〇〇九年的各種事件之後，前巴克萊銀行和蒙特婁銀行（這兩家銀行都因暴露在極端世界卻使用平庸世界的風險管理方法而發生倒閉事件）的董事長馬修·巴雷特（Matthew Barrett）抱怨，《黑天鵝效應》沒有告訴他「我該怎麼做才好？」而如果他一直擔心黑天鵝風險的話，「企業就沒辦法經營了」。這個人從未聽過對極度偏誤的脆弱性和堅固性——這證明了我的看法，演化不是靠教導，而是靠毀滅來發揮作用。

比實際還多。我想到了一個壓縮測試，用所謂的科莫格洛夫複雜度（Kolmogorov complexity）的一個版本，去測量一個訊息在不失去完整性之下，可以刪掉多少：試著把一本書的長度減到最低，而不損及這本書所要表達的訊息和美學效果。我的好友小說家羅夫・杜貝利（Rolf Dobelli，他似乎不喜歡慢走，還把我拉去爬阿爾卑斯山）是一家公司的老闆，專門做書摘賣給繁忙的商務人士，他讓我相信，他的公司有一個崇高的使命，因爲幾乎所有的商學書籍都可以縮減到只有幾頁，而不喪失任何的訊息和精華；而小說和哲學論述就不能被壓縮了。

因此，一篇哲學文章是個開始，而不是結束。我認爲，同一個哲學沉思，在書本與書本之間延續，若把這些書當成一個非小說作家的作品，那麼這個作家將會，譬如說，換到另一個獨特且受新聞限制的主題。我希望我的貢獻是提出一個看待知識的新方法，一個漫長研究的開端，開啓某種眞正的東西。其實，在寫這段時，本書已經出版數年，我很高興書中的概念在有思想的讀者間散播，啓發有類似想法的學者去超越本書範圍，並在認識論、工程、教育、國防、作業研究、統計學、政治理論、社會學、氣象研究、醫學、法律、美學、和保險裡播種研究（但不是在經濟學這樣的領域，這個領域裡，《黑天鵝效應》已經找到黑天鵝式的立即平反）。

我很幸運只花幾年的時間（和一場嚴重的金融風暴），就讓文壇接受《黑天鵝效應》是一個哲學故事。

如何抹除一個人的罪行

在本書發行之後，我的概念經歷了兩個不同的階段。第一個階段，在幾乎每一個有出版本書的國家，都登上暢銷書名單，許多社會科學家和金融業者掉入一個泥淖，只用一個論點來駁斥我的書：我賣了太多書，而且我的書到處都有；因此，這本書無法反應原創而有系統的思想，那只是一本「大眾化」的書，不值一讀，更別說評論了。

第一個方式上的改變，來自我在各種期刊上，以十幾篇論文，闡述我在比較艱深的數學、實證、和學術上的作品，企圖爲我賣了太多書一事贖罪。⑤然後，靜悄悄的。

在我寫這篇文章時，還沒看到反駁；其實，我在《預測學國際期刊》（*International Journal of Forecasting*）上談第四象限的論文（我在這篇短文裡做了簡化），產生了一個不容置疑的證明，證明經濟學裡大多數（或許是全部）用花俏統計學的「嚴謹」論文，只不過是團熱空氣，帶有集

---

⑤到目前為止，約有十四篇學術性的文章（但非常、非常無聊）。（這種文章讀起來和寫起來都很無聊！）不過數量一直在增加當中，以每年三篇的速度發表。Taleb (2007), Taleb and Pilpel (2007), Goldstein and Taleb (2007), Taleb (2008), Taleb (2009), Taleb, Goldstein and Spitznagel (2009), Taleb and Pilpel (2009), Mandelbrot and Taleb (2010), Makridakis and Taleb (2010), Taleb (2010), Taleb and Tapiero (2010a), Taleb and Tapiero (2010b), Taleb and Douady (2010), and Goldstein and Taleb (2010).

體騙局的性質（以分散責任），對任何形式的風險管理都毫無用處。顯然，到目前爲止，除了少數的污衊舉動，或者說，其實是企圖污衊的舉動（通常是由前華爾街人士或喝健怡可樂者所發動）之外，根本就沒人花心思對我的概念發表一篇正式（或非正式的也好）的反駁文——既沒有邏輯—數學上的論戰，也沒有實證上的論戰。

但同時，我在包裝黑天鵝概念時發現了某個很有價值的東西。就如同我在《隨機的致富陷阱》所主張的（最初是來自個人的經驗），「百分之七十的生存機會」和「百分之三十的死亡機會」有極大的不同，我發現告訴研究人員說「這是你們的方法很有用的地方」，遠比告訴他們「這是你們所不知道的東西」，要好太多了。因此，當我向全世界最有敵意的一群人，美國統計學會（American Statistical Association）的會員，展示一張四個象限的圖，並告訴他們：你們的知識在這三個象限裡做得很漂亮，但要小心第四象限，因爲這裡有黑天鵝，我收到立即的贊許、支持、提供永恆的友誼、供應提神飲料（健怡可樂）、邀請我在他們的會議裡發表、甚至擁抱。事實上，有一系列的研究論文，就是這樣開始在第四象限所在的地方使用我的成果。他們試著說服我說，統計人員對這些脫軌值沒有責任，這是來自社會科學的人運用統計方法卻不瞭解它們（這個說法，我後來在正式的實驗裡得到印證，我非常震驚，後面會再提到）。

第二個方式上的改變，來自二〇〇八年的風暴。我一直收到辯論的邀請，但我不再有求必應，因爲要我一邊聽複雜的爭論，一邊保持微笑，有時是不自然的笑，對我來說，變得很困難。爲什麼要微笑？喔，用來證明自己說得對。不是打贏論戰的知識性證明，不是的：我發現，學術界不會心甘情願地改變他們的心態，或許，除非是某種實際的科學，如物理學。那是一種不同的感覺：

當你自己賺的錢數百倍於想要告訴你「你錯了」的研究員的年薪，靠的就是賭他對世界的看法錯誤，你就很難專心對話，尤其是數學方面的對話。

橫渡沙漠

《黑天鵝效應》出版之後，我經歷了一段心理困難期，就是法文所說的"traversée du désert"，意思是當你要通過沙漠，尋找一個不知道的目的地，或是尋找希望樂土之類的東西時，你會經歷令人沮喪的乾旱和迷失。我有一陣子活得很苦，看到系統裡的隱藏風險，大喊：「失火了！失火了！失火了！」卻聽到大家的回應不僅是毫不在乎，還批評我的報告，就好像是在說：「你喊『失火了！』的發音很爛。」例如，有個叫做TED的視訊會（這是一家怪物，把科學家和思想家變成低級的演員，如馬戲團演員），其主持人抱怨我的簡報風格不符合他的膚淺品味，而且不把我對黑天鵝事件和脆弱性的講座放上網。當然，他後來對我在二〇〇八年風暴之前提出警告一事，也想要宣稱他有功勞。⑥

⑥雖然他有點極端，但那種假惺惺的作風絕非罕見。很多被我警告過，有良心的知識分子，還有讀過我的書的人，後來都怪我沒有告訴他們會有這個風暴——他們只是記不得了。一隻才剛被教會的豬，是很難想起來，他以前曾經看過珍珠，但當時並不知道那就是珍珠。

我所接收到的反對論點，大都爲「時代不一樣了」，如柏南克（在我寫這篇文章時，爲聯準會主席）提出「大穩健時代」（the great moderation）的說法，他掉進了感恩節前之火雞的陷阱，不知道每日的波動性抑制，乃是往極端世界邁進。

還有，當我在責怪模型時，社會科學家不斷地重複說，他們知道，而且還有一個說法，「所有的模型都有錯，但有些模型是有用的」——他們不知道眞正的問題是「有些模型是有害的」，非常的有害。胖子東尼說：「光出一張嘴，還不容易？」因此，馬克・史匹茲納格（Mark Spitznagel）和我重新開始做「強化」客戶對抗黑天鵝事件的生意（協助人們往十一章所說的槓鈴調整）。我們相信，在潛藏風險的壓力下，銀行體系將會崩解——這會是個白天鵝事件。當系統的風險不斷累積時，顏色就從灰色移動到白色。我們所要等待的時間越長，事態就越嚴重。崩盤大約發生在本書出版後的一年半。我們一直預期有這個崩盤，而且老早就賭看壞銀行體系（並保護客戶，讓他們具有抵抗黑天鵝事件的堅固性）——但大家對黑天鵝事件的接納情形——以及完全沒有非人身攻擊的反駁出現——讓我們更加擔心，有必要做空前的大保護。

就像希臘神話裡的安堤冶斯（Antaeus），如果不和土地接觸，就會失去力量，我需要和眞實世界接觸，一些眞實且應用的東西，而不是一心想要贏得辯論並試圖說服大家接受我的觀點（人幾乎都只相信自己已經知道的事）。在眞實世界裡冒險，把我的生活和我的理念結合起來從事交易，有治療的效果，即使這和辯護無關；帳上只要有一筆交易就會帶給我不在乎的力量。二〇〇八年風暴開始之前的幾個月，我在一場派對裡遭到一個哈佛心理學家的攻擊，他雖然不懂機率理論，卻好像和我及我的書有深仇大恨似的（最惡毒的毀謗通常來自書店架子上的競爭對手）。有在做交易，讓我可以嘲笑他——或者，更糟糕的是，讓我覺得自己和他有某種串謀關係，這要感謝他的發怒。我在想，如果這位作家除了不從事交易和冒險之外，各方面都和我一樣，他的心理狀態會變成什麼樣子？當你說到做到時，不論成功與否，你會覺得比較無所謂，且比較不受別人意見的影響，你覺得更自由且更眞實。

最後，我從辯論中得到了一些收穫：證據顯示，黑天鵝事件大部分是由於人們使用遠超過自己所瞭解的方法，根據錯誤的結果，投以過度的信心。我很迷惘，爲什麼人們要把來自平庸世界的方法，做超出適用範圍的運用，還相信這方法；除了這個迷惘之外，我還隱隱知道一個更大的問題：以機率測量做爲**專業**的人士，幾乎沒有一個知道自己在說些什麼，這可以從我和許多名人同場辯論中，得到確認，我至少和四個「諾貝爾」經濟學家交手過。眞的。這個問題是可以測量的，非常容易測試。你可以找到許多的財務「計量師」、學者、和學生，使用並寫作一篇又一篇的論文，用了「標準差」這個概念，卻對其意義沒有直覺上的瞭解，所以你可以用一些基本問題來考倒他們，問他們數字的非數學意義，在實際觀念上的意義。我們就這樣考倒他們了。丹・高思坦（Dan Goldstein）和我，對使用機率學爲工具的專業人士做了幾個實驗，我們很驚訝地看到，有高達百分之九十七的人沒答對基本問題。⑦後來伊默・索爾（Emre Soyer）和羅賓・何嘉斯（Robin Hogarth）以這一點，去測試一門令人生厭的學科，叫計量經濟學（這一門學科，如果有被科學地

⑦丹・高思坦一直和我合作和實驗有關人類對不同類別隨機性的直覺。他不做慢走。

檢討過，就不會存在）——再一次，大多數的研究人員並不瞭解他們所使用的工具。

好了，有關這本書被接受的情形，我已經一吐爲快了，我們來談比較分析性的領域吧。

IV　亞斯伯格症和本體論的黑天鵝事件

書呆子是不是比較天鵝眼盲？極端世界裡的社交技巧——談葛林斯潘博士的長生不老

如果《黑天鵝效應》講的是知識上的限制，那麼，從這個定義，我們可以看到，黑天鵝講的不是一些客觀定義的現象如下雨或車禍等——那只是**特定**觀察者所沒預期到的事物。

因此我感到很奇怪，為什麼很多照說是很有智慧的人，對於某些事件，如世界大戰，或是二〇〇一年九月十一日世貿大樓遭攻擊等，因為事先被某些人預測到，偶爾也會質疑這到底算不算黑天鵝事件。對於在九一一攻擊裡罹難喪生的人來說，那當然是黑天鵝事件；否則，他們就不會讓自己暴露在危險中。但對於計畫和執行這次攻擊行動的恐怖分子來說，當然不是黑天鵝事件。我花好多時間在舉重房外面重複說：**火雞的黑天鵝不是屠夫的黑天鵝**。

同理也適用在二〇〇八年的風暴，對地球上幾乎所有的經濟學家、新聞工作者、和金融家來說（可想而知，也包括第十七章裡的火雞、羅伯・莫頓和麥倫・休斯），這當然是黑天鵝事件，但對本作者來說，當然不是（順便一提，這是另一個常見的錯誤，那些好像「預測到」這起事件的人——極少數——幾乎沒有一人預測到事件的深度。我們將會談到，因爲極端世界裡的事件具有「無典型性」，談黑天鵝，可不只是談某些事件的發生而已，還要談它的深度和後果）。

亞斯伯格機率

客觀的黑天鵝，也就是說，對所有的觀察者都相同，這個想法，除了完全搞錯了重點之外，似乎還很危險地牽涉到人類一個能力發展不全的問題，這個能力叫「心智理論」（theory of mind）或「凡人心理學」（folk psychology）。有些人，原本應該是很聰明的，卻有一個能力上的缺陷，無法明白別人的知識和自己有所不同。這些人，根據研究人員的說法，就是你平常看到從事工程的人，或是充斥在物理系裡的人。我們在第九章就看到了一個：約翰博士。

你可以用「錯誤信念測試」（false-belief test）的一個變形版本，去測試一個小孩的心智理論發展不全現象。找兩名小朋友。一個小朋友把玩具放在床底下然後離開房間。當他不在時，第二名小朋友——受測者——把玩具拿走，放進一個箱子裡。你問受測者：另一個小朋友回到房間時，會到哪裡找玩具？四歲以下（心智理論從四歲開始發展）的小朋友會選箱子，而大一點的小孩會正確地回答說，另一個小朋友會到床底下找。在那個年紀左右，兒童開始瞭解，別人可能得不到某些自己知道的資訊，而且別人所相信的，可能和自己的不同。現在，這個測試有助於偵測輕微的自閉症：我們的智力也許很高，但對許多人來說，要設身處地以別人的角度去想事情，或是以別人的知識來想像這個世界，可能有困難。事實上，這種功能正常、卻患有輕微自閉症的人有個名字：亞斯伯格症候群。

心理學家賽門・拜倫－柯恩（Simon Baron-Cohen）已經做出許多研究，把人的性格按照兩種能力分成兩極：系統化的能力和同理心瞭解別人的能力。根據他的研究，純正系統化的人有缺乏心智理論的毛病，他們被吸引到工程和類似的職業（而如果他們做不成工程師，就去搞數理經濟學），而具同理心的人，則被比較社交類（或文學類）的職業所吸引。當然，胖子東尼是落在偏社交類的。系統化這個類別，以男性居多；另一個類別則以女性爲主。

有一件事，不令人意外卻非常重要，那就是亞斯伯格症候群的人對模稜兩可一事高度厭惡。研究顯示，學術界以系統化類型的人居多，即黑天鵝眼盲的類型；我在第十七章把這些人稱爲洛克的狂人（Locke's madmen）。對於黑天鵝傻瓜和系統化心智，除了喬治・馬丁（George Martin）和我在一九九八年所做的一份計算之外，我還沒看到任何正式的直接檢測，在這個計算當中我們找到證據顯示，所有被我們追蹤的知名大學財務和數量經濟學教授出身，從事避險基金操作者，最後都在賭不會有黑天鵝事件，而讓他們自己有破產的可能危險。這個偏好是非隨機的，當時非教授出身者，只有三分之一到二分之一的人做這種形態的投資。這些學者中，最有名的，再一次，又是擁有「諾貝爾獎」頭銜的麥倫・休斯和羅伯・莫頓，上帝把他們造成這樣，好讓我拿來說明我對黑天鵝眼盲的論點。① 我在那一章裡討論過，在風暴期間，他們的長期資本管理公司倒閉，而他們兩人也都出了問題。請注意，大驚小怪地討論，認爲亞斯伯格症候群患者不適合從事冒險以及分析模型外不明風險的工作，這樣的人，也反對一個視力受重創的人去擔任校車的駕駛，因爲同樣都會對社會造成危險。我所要說的是，就如同雖然我讀密爾頓（Milton）、荷馬、塔哈·胡珊（Taha Husain）、和波赫士（Borges）（他們都是盲人），我可不要他們在尼斯往馬賽的公路上開車載我，我決定使用工程師所製造的工具，但寧可讓沒有風險眼盲毛病的人來管理社會的風險決策。

回到對未來的眼盲

現在讓我們回想第十二章裡所描述的一個狀況：沒有適當地在過去與未來之間做轉換，這是一種類似自閉症的狀況，處於這種狀況的人，看不到第二階（second-order）的關係——患者不會用過去的過去與過去的未來之間的關係，去推斷今天的過去與今天的未來之間的關係。喔，有一位先生，名叫葛林斯潘，是美國聯準會的前主席，他和他的接班人柏南克對這次金融風暴的形成，脫不了關係，他到國會解釋說，這次的風暴是無法預見的，因爲「以前從未發生過」。竟然沒有任

①羅伯·莫頓，第十七章裡的壞蛋，據說此人具有高度的機械式思想（包括他對機械的興趣以及用機械來比喻不確定性），似乎，他被創造出來，唯一的目的就是為黑天鵝傻瓜的危險性提供一個例子。在二〇〇八年的風暴之後，他為經濟學家所造成的冒險行為做辯護，他的說法為「那是個黑天鵝事件」，因為他當時根本看不出這個事件即將到來，因此，他說，理論沒問題。他沒有再往前跳一步，說，既然我們看不出這些事件的到來，我們就必須有抵抗這些事件的堅固性。在正常情況下，這種人會被基因庫給淘汰掉；但學術界的永久教職讓他們得以活久一些。

何一名國會議員有足夠的才智斥道：「葛林斯潘，你以前從未死過，這八十年來一次都沒死過；照你的說法，你就永遠都不會死了？」卑鄙的魯賓，就是我在第II章裡所要追打的金融敗類，前財政部部長，也是用同樣的論調——不過這傢伙寫了一本有關不確定性的洋洋巨著（諷刺的是，該書的出版商和編輯團隊與我的《黑天鵝效應》相同）。②

我發現（不過發現之時，我完全不覺得詫異），沒有人去檢測過，經濟裡的大偏異，是否能從過去的大偏異去預測——也就是說，大偏異是否有祖先？這是這門領域裡所遺漏的基本檢測之一，就像檢查一個病人是否還有呼吸，或是檢查電燈泡是否旋緊一樣的基本，但典型的狀況是，似乎沒人要做這事。我們不需做太多的反省，就可以知道，大事件並沒有大父母：世界大戰沒有先例；一九八七年的崩盤，市場一天跌了將近百分之二十三，從以前最糟的例子，一天跌不到百分之十來看，實在是萬萬想不到的事——當然，幾乎所有這樣的事件都有這個特性。我所得到的結果是，普通的事件可以預測普通的事件，但極端事件，或許因爲當人們沒有準備時就會更猛烈，幾乎無法從過去狹隘的經驗和信心去預測。

②這個論點實際上可以用來達到道德風險和不誠實的牟利（用機率做偽裝）。隱藏的風險只有偶爾才會出大亂子，而花旗集團的獲利，就是來自隱藏的風險，魯賓從中拿到一億美元的獎金。當他搞砸之後，他有一個藉口——「這事以前從未發生過」。他賺到的錢，還在他的口袋裡；而我們納稅人，我們包括學校老師、美髮師等，必須去救這家公司，損失由我們承擔。對於不具抵抗黑天鵝事件之堅固性的人，而且我們「**事先**」就知道這些人不具抵抗黑天鵝的堅固性，還把獎金付給他們，我稱之為道德風險的元素。而讓我生氣的是「**事先**」這兩個字。

讓我感到震驚的是，這麼顯而易見的事，大家竟然不明白。特別讓我震驚的是，有人去做所謂的「壓力測試」，以**過去**最糟的偏異，當作固定的參考事件，去推測未來偏異的最糟糕狀況，而沒去思考，這個被拿來當參考的過去事件，如果也用同樣的方法，在它發生之前去推測此事件的偏異程度，一樣也會預測失敗。③

這些人擁有經濟學博士學位；有些是教授——其中一個是聯準會主席（在我寫這篇文章時）。高學歷是否會使人看不見這些基本概念？

事實上，拉丁文詩人盧克萊修（Lucretius），他可沒讀過商學院，他寫說，**我們把我們這輩子所看過的最大東西，當成是世上最大的東西**。

機率必然是主觀的④

這引出一個值得深入探討的問題。許多研究人員不能馬上明白，黑天鵝大致上就相當於一個

---

③事實上，缺乏高階的表達方式——沒辦法接受像這樣的敘述「我評估對或錯的方法對或錯？」——我們將在下一章中看到，正是我們在處理機率時的重點，並造成約翰博士這種人成為測量指標的書呆子，毫不懷疑就相信這些東西。他們不瞭解超機率，高階的機率——也就是，他們所使用的機率的機率可能不正確。

④非專業性的讀者請直接跳到下一章。

不完整的世界地圖，有些研究者則強調其主觀特質（如約亨・倫德〔Jochen Runde〕，寫了一篇有關黑天鵝概念的文章，很有見地，不過在這篇文章中，他覺得他必須偏離自己的作風，強調黑天鵝的主觀面），這兩件事，把我們帶到機率定義的歷史問題。就歷史來看，機率的哲學有多種方法。不同的兩個人，對同樣的世界，可以有兩種不同的看法，然後以不同的機率來表示，這樣一個概念，在以往的研究上一直沒有被接受。因此，科學研究者花了好久的時間才接受非亞斯伯格症的想法：不同的人，在理性之下，可以對世界的未來狀態，指定不同的機率。這叫「主觀機率」。

主觀機率是由佛朗克・普朗登・拉姆西（Frank Plumpton Ramsey）在一九二五年和布魯諾・德・費奈蒂（Bruno de Finetti）在一九三七年所建構的。這兩位學術巨人認爲機率可以用來表示相信程度的量化值（你用一個0到1之間的數字來對應，你對某個事件將會發生的相信程度），以觀察者的認定爲準，而觀察者則是在某種限制下，盡量理性地表達他的相信程度。這些決策上的一致性限制是顯而易見的：你不能賭明天有百分之六十的機會下雪，**同時**有百分之五十的機會不下雪。行爲者必須避免違反所謂的荷蘭賭限制（Dutch book constraint）：那就是，你不可以把你的機率，做不合理的表達，使得一系列的賭注會被鎖定在某個損失內，例如，故意讓不同隨機事件的機率加起來大於百分之一百。

在此，「眞正的」隨機（相當於上帝擲骰子）和來自我所謂知識限制（也就是缺乏知識）的隨機之間，有另一個差異。所謂本體論上的不確定性，和認識論上的不確定性不同，在這種隨機性裡，未來並不能由過去來推斷（甚至不能用任何東西去推斷）。那是每一分每一秒，由我們行爲的複雜性所創造出來的，使得這種不確定性，遠比來自知識不完美的認識論上的不確定性更爲基本。

這表示長期來說，根本就沒有所謂的「非遍歷性」（nonergodic）系統——與「遍歷性」（ergodic）系統相反。在一個遍歷性系統裡，長期所可能發生的機率，不會受到，譬如說，明年可能發生的事件之影響。某個人可能在賭場裡賭輪盤而變得非常富有，但如果他一直賭下去，由於莊家有優勢，這個人最後將輸光。沒有什麼技巧的人最後一定會輸。因此，平均來說，遍歷性系統和中間所經過的途徑無關。而非遍歷性系統沒有眞正的長期特質——傾向於和路徑有關。

我相信，區分認識論上的不確定性與本體論上的不確定性，具有哲學上的重要意義，但在眞實世界裡，完全沒意義。認識論上的不確定性很難和比較基本的不確定性分得一清二楚。這是「沒有差異的區別」的一個例子，但（不像先前所提的例子）可能會誤導我們，因爲這是從現實問題中抽出來的：實際執業的人對此小題大做，而沒有把焦點放在認識的限制上。還記得前面提過，懷疑論很昂貴，而且在有需要時必須唾手可得。

在實務上並沒有「長期」這回事；重要的是以前的長期，發生過什麼事。「長期」這個概念，或是數學家所謂的漸近線性質（當你把某個東西延伸到無限時，會得到什麼結果），其應用上的問題是，它通常會造成我們對長期之前所發生的事眼盲，我後面會以**前漸近性**（preasymptotics）來探討。按照收斂到漸近線的速度來看，不同的函數有不同的前漸近性。但誠如我不斷對學生講的，很不幸，**生命發生在前漸近區**（preasymptote）裡，而不在某個柏拉圖式的長期裡，而且在前漸近區裡（或短期裡）有效的某些性質，可能與發生在長期裡的性質不同。因此理論即使有效，也只是符合一個具有更多性質的短期現實而已。很少人明白，一般來說，並沒有可達到的**長期**這回事，除了把它當成一個用來解方程式的數學概念之外；而要在一個複雜系統裡假設長期的存在，你還必須假設不會有新東西出現。此外，對這個世界，你可能有一個理想的模型，擺脫了任何用解析模型去代表實相所引起的不確定性，但是在參數的輸入上，還是有一個小小的不精確性。回想第十一章裡羅倫茲的蝴蝶效應。在最微不足道的參數層次上，一個小小的不確定性，由於非線性特性，在模型的輸出層次上，蔓延成一個龐大的不確定性。例如氣象模型就受害於這樣的非線性特性，而且就算我們有正確的模型（實際上我們當然沒有），參數上的一個小變動，又叫做調校，就能夠得到完全相反的結論。

當我們檢視不同類型機率分配之間的差異時，會再進一步討論前漸近性。在這裡我所要說的是，這些數學和哲學上的區別，都整個的被誇大了，一些蘇聯－哈佛作風、由上而下思考的人，從一個模型開始，然後強加在現實上並開始分類，而不是從現實開始，以由下而上的方式，尋找合適的方法。

溫度計上的機率

這個區別，在實務上被誤導了，類似我們前面所討論過的另一個無效的區別，即對經濟學家所謂奈特風險（可計算者）和奈特不確定性（不可計算者）之間的區別。這假設某些事物可以計算，其實，每一種事物都在某種程度上不可計算（而稀有事件更是如此）。我們一定是腦袋有毛病了，才會認爲未來事件的機率是「可計算的」，就像用溫度計量溫度一樣。我們在下一章裡將會看到，小機率比較不具可測性，而當這個機率所結合的報酬值很重大時，問題就很大了。

另一個我必須指出的缺點是，社會科學裡一個不實際也不嚴謹到很離譜的研究傳統，叫「理性預期」，在此一設定下，不同的觀察者，即他們的初始假設顯著地不同，在餵給他們同樣的資料之後，便顯示出理性地收斂到同樣的推論上（以所謂的貝氏推論〔Bayesian inference〕做爲更新機制）。爲什麼不嚴謹呢？因爲我們必須做非常快的查驗，才能看到人們在現實裡沒有收斂到相同的意見。誠如我們在第六章所看到的，部分原因在於像確認偏誤這樣的心理扭曲，造成對資料有發散的解釋。但人們爲什麼不會收斂到相同的意見，還有一個數學上的理由：如果你用的是來自極端世界的機率分配，而我用的是來自平庸世界的機率分配（或是來自極端世界的另一個不同分配），那麼我們就永遠不會收斂，很簡單，因爲如果你假設這是來自極端世界，你就不會那麼快就做更新（或是改變你的想法）。例如，如果你假設這是平庸世界，而且沒看過黑天鵝事件，最後你很可能把黑天鵝事件排除掉。如果你假設我們處於極端世界就不會這麼做。

總而言之，假設「隨機性」不是認識論上的東西，也不是主觀的東西，也就是小題大做，去區分「本體論上的隨機性」和「認識論上的隨機性」之差別，這意味著某種科學自閉症想要系統化的欲望，而且從根本上對隨機性本身缺乏瞭解。這假設了觀察者能夠達到全知，而且可以在完美的實在論（realism）下計算出機率，而不違反一致性的規則。剩下的就成了「隨機性」，或是某種另有其名的東西，來自無法用知識和分析去消除的偶然力量。

這裡有個值得探討的角度：成年人怎麼搞的，竟然會去接受這些蘇聯－哈佛風、由上而下的方法，而沒有嘲笑他們，甚且還根據他們的建議，在華盛頓實際建構政策？這違反了歷史，但有一點除外：讓讀歷史的人嘲笑他們，並斷定這是新的精神病狀態。我們爲什麼要一直嚴肅地看待

「客觀」機率這個概念呢？

對於時間與事件動態關係之認知心理學做過這麼一番探討之後，我們要移師到我們的核心論點，那是我們的核心計畫，進入我大膽稱之爲哲學上最有用的問題。最有用的，悲哀啊。

V（或許是）現代哲學史上最有用的問題

畢竟，這個概念可能不適合小事——到哪裡去找化妝室——預測並滅亡——談校車和聰明的教科書

我坦率地說好了。在《黑天鵝效應》（和相關論文）出版以前，對現實世界裡的行動者來說，大多數的認識論和決策理論只是乏味的心智遊戲和前戲。幾乎整個思想史談的都是我們知道什麼，或我們認爲我們知道什麼。《黑天鵝效應》（就我所知）是思想史上的**第一次嘗試**，提供一份地圖，顯示在什麼地方，我們會被我們所不知的事物所傷害，並對知識的脆弱性設定系統性的限制——並把這份地圖不適用的確切位置提供給我們。

爲了回應經濟學家和（現在已經破產的）銀行家最常見的「批評」，我現在不說「衰事會發生」，而改說「衰事會發生在第四象限」，我將在下一章解釋第四象限。

而且，更大膽的說，雖然哥德所提出的限制具有重大的哲學意義，對我們卻沒有什麼用處，我相信我所展示的實證和統計知識的極限具有相當（乃至於關鍵）的重要性，**而且**從解決方式來

看，我們可以用它來做許多事，把決策按照可能的估計錯誤所造成問題的嚴重性，也就是把機率乘上所對應的後果，來加以分門別類。例如，我們可以用它來建造一個更安全的社會——把落在第四象限裡的東西加以強化。

活在二度空間裡

人類思想史上有一個惱人的問題，那就是在懷疑與受騙之間，也就是說，在如何相信與如何不相信之間，找到自己的定位。還有如何根據所相信的去做決策，因爲只有相信而沒有決策，也是徒然。因此，這不是一個認識論上的問題（即焦點放在什麼是眞、什麼是僞）；這是一個決策、行動、和承諾的問題。

顯然，你不能懷疑每一樣事物而還能正常運作；你不能相信每一樣事物而還能存活至今。然而，這個問題的哲學處理一直是極度的不完備，而且更糟的是，幾個世紀以來，一直沒什麼進步，甚至完全沒有進步。有一類的思想家，譬如說笛卡兒學派，或是在他們之前約十八個世紀的學院派懷疑論，以他們自己的方式，從拒絕接受眼前的任何事物開始，有些更激進，如庇羅派，他們什麼都不接受，甚至於不接受懷疑論，因爲過於武斷。另一類，如中世紀的學院派或現代的實用主義者（pragmatists），從固定的信念，或某些信念開始。雖然中世紀的思想家就發展到這裡爲止，早期的實用主義者，在偉大思想家查爾斯．桑德斯．皮爾斯（Charles Sanders Peirce）的努力下，以亞里斯多德的方法，提供了一線希望。他們建議，對信念的更新和修正，是持續在進行的工作

（儘管是在一個已知的機率架構下進行，因爲皮爾斯相信，「眞」有一個遍歷性、長期、可達成的收斂狀態存在，而且具可及性）。這一派的實用主義（最初被叫做實效主義〔pragmaticism〕），把知識視爲反懷疑論（anti-skepticism）和可錯論（fallibilism）之間，也就是在要相信什麼和要懷疑什麼這兩種之間的嚴謹互動。艾薩克・李維（Isaac Levi）把上面的概念應用到我的領域，機率，這或許是最複雜的應用：以信念主體（corpus of belief）、信念的許定（doxastic commitment）、預期落差（distance from expectation）和信條機率（credal probabilities）等概念，對決策原理做密集、艱巨、深入、與高明的探討。

這或許是一線希望，但離我們所要的，還差得遠，甚至連一點可用性都沒有。

請想像我們生活在一個三度空間裡，卻有個錯覺，以爲活在二度空間。如果你是一條蟲，這可能沒問題，但如果你不巧是一隻鳥，那當然就不行了。當然，你不會察覺到這樣的刪減——而且你會碰到許多神秘的事物，這些神秘事物，不論你有多老練，如果不加上另一度空間，你就沒辦法搞清楚。而且，當然，你有時候會覺得很無助。這幾世紀以來，知識的命運就是如此，它被鎖在二度空間裡，太過簡單，一離開教室就完全沒用了。自柏拉圖以後，只有哲學家才會花時間去討論什麼是「眞」，因爲：在實務上這根本不可用。認識論把焦點放在眞/僞的鑑別上，除了少數例外，讓人想到一個不合邏輯、高度殘缺、二度空間架構的囚犯。所欠缺的第三度空間，當然就是「眞」的結果和「僞」的嚴重性，也就是期望值。換句話說，就是**決策的報酬**，一個決策結果的衝擊程度。有時候我們可能錯了，但錯誤的結果一點都不要緊。或是，在有關天使的性別問題上，我們對了，結果，除了做爲知識集郵之外，一點用處都沒有。

於是，簡化、市儈化、學術化、和被美化的「證據」概念就變得沒有用處。在考慮黑天鵝事件下，你的行動是保護自己不受負面黑天鵝的影響（或是讓自己暴露在正面的黑天鵝中），縱使你**沒有證據**證明它們可能會發生，這就好像我們在登機時檢查大家是否有攜帶武器，雖然我們**沒有證據**證明這些人是恐怖分子。我們將會看到，把焦點放在像大宗物資一樣氾濫的概念上，如「證據」，其問題，就是那些宣稱使用「嚴謹」方法，碰到節骨眼時就倒閉的人的問題。

由此可知，機率世界在「證明」一事上是有問題的，但在黑天鵝世界裡，問題又嚴重許多。事實上就我所知，幾乎沒有人根據「眞／僞」的概念在做決策的。

一旦你開始檢查報酬，也就是決策的結果，你會很清楚地看到，有些錯誤的結果可能是溫和的，另一些則可能很嚴重。而且你差不多事先就知道何者溫和，何者嚴重。你知道哪個錯誤很嚴重，而哪個錯誤沒什麼關係。

但首先讓我們來看在知識推演上有關機率的嚴重問題。

稀有事件對定理的依賴

我在**沙漠低潮**期間，受到嚴重但有娛樂效果的攻擊，有一次，我和一名當時受雇於一家叫做雷曼兄弟公司的男士辯論。這位男士在《華爾街日報》上做了一個聲明，說我們在二〇〇七年八月所看到的事件，應該是每一萬年發生一次。很確定，我們連續三天出現這種事件。《華爾街日報》有登他的照片，如果你有看到，你可以很安全的說：「他看起來不像個有一萬歲的人。」那麼，他這「一萬年一次」的機率是打哪兒來的呢？當然不是從他個人的經驗；當然不是從雷曼兄弟公司的歷史記錄——他的公司還沒有活到一萬年，當然也不會再活一萬年，因爲在我們辯論期間，這家公司就倒了。因此，你可以知道，他這個小機率是從一個定理得出來的。**事件越稀有，你能得到的實證資料就越少（我們大方地假設未來和過去類似），於是我們就越需要依賴定理**。

請想想看，稀有事件的頻率不能從實證的觀察中估計出來，因爲**它們很稀有**。於是我們需要爲它弄一個先驗的（a priori）模型來表示；事件越稀有，從標準歸納法（譬如說，計算過去的發生次數以做爲頻率的樣本）所得到的估計，其誤差就越大，從而就越加依賴先驗的表示式，以外插法去推估小機率事件（必然很少見到）的空間。

但即使在小機率以外的區域，先驗的問題仍然存在。這個問題，在稀有事件上很明顯，但也瀰漫於整個機率知識裡。我將展示我和兩位合作者所做的兩個版本，一位是科學哲學家艾維塔．皮洛（Avital Pilel，他走很快），另一位是數學家拉斐爾．多阿蒂（Raphael Douady，他不忙的時候，有時走得還不錯）。

克里特人埃庇米尼德斯

艾維塔．皮洛和我如此介紹回溯論證：這是一個風險管理的認識論問題，但這論點也可以泛化，適用到任何形式的機率知識。這是機率測量的**自我指涉**（self-reference）問題。

我們可以用下面的方式來說明。如果我們需要資料以得到一個機率分配來測量來自過去結果的分配對未來行爲的知識，而且在此同時，如果我們需要一個機率分配來衡量資料的足夠性以及是否可以預測未來，那麼我們就面臨一個嚴重的回溯循環。這是一個自我指涉的問題，類似克里特人埃庇米尼德斯（Epimenides the Cretan）說，到底克里特島人是否都是說謊者。眞的，實在太接近克里特人埃庇米尼德斯的問題了，接近到令人感到不舒服，因爲機率分配是用來評估眞實的程度，但不能反應自己本身的眞實程度和正確性。而且，與風險評估有關的自我指涉問題會有嚴重的後果，這點和許多的自我指涉問題不同。在小機率之下，問題更爲劇烈。

不可判定性定理

我和皮洛在《黑天鵝效應》之後發表自我指涉的問題，結果沒有引起注意。於是拉斐爾・多阿蒂和我用數學來重新表達這個哲學問題，結果在實務上的破壞性似乎比哥德問題更厲害許多。

在我所認識的人當中，拉斐爾可能是數學最強的一個——他可能比現代任何一個人都具有數學文化，可能只有他已故的父親艾決恩・多阿蒂（Adrien Douady）和他旗鼓相當。

在我寫這篇文章時，我們可能已經做出一個正式的證明，用的是數學和數學的一支，叫「測度論」（measure theory），法國人用測度論來讓機率數學有嚴謹的基礎。這篇論文名稱暫定爲"Undecidability: On the inconsistency of estimating probabilities from a sample without binding a priori assumptions on the class of acceptable probabilities"（不可判定性：論不在可接受機率類別上做先驗假設下從一個樣本估計機率的不一致性）。

結果才是……

而且，我們在現實生活中並不在乎簡單而原始的機率（一個事件會發生或是不會發生）；我們擔心的是結果（事件的規模；這事件對生命財產總共造成多大的破壞和其他損失；一個好事件會帶來多大的好處）。由於事件越不經常發生，結果便越嚴重（只要想想，百年洪水比十年洪水更嚴重也更罕見；十年暢銷書賣的冊數比年度暢銷書來得多），我們對稀有事件之貢獻的估計，將會有嚴重的錯誤（貢獻等於機率乘上效果再乘上估計誤差）；但沒有補救方法。①

因此，事件越罕見，我們對其角色就越是所知不多——於是我們就越加需要用外插式的泛化定理去補這個缺口。這樣做的嚴謹性，將隨著我們對稀有事件的推估程度而等比率地喪失。於是，理論和模型誤差在尾端比較嚴重；而好消息是，**有些表示方式比別的表示法更脆弱**。

在極端世界，稀有事件很重要，我證明了在極端世界裡，這個誤差會更嚴重，因為隨機變數沒有尺規限制，或是說，沒有一個漸近的上限。相較之下，在平庸世界裡，一切以正常事件的集

---

①有趣的是，瑞文．貝伊斯（Reverend Bayes）導出我們稱之為貝氏推論的那篇著名論文，給我們的並不是「機率」而是期望值（期望的平均值）。統計學家很難瞭解這個觀念，於是把機率從報酬中抽出。不幸的，因為這樣導致機率概念具體化，卻忘了那不是一個自然的東西。

體效果爲主，例外事件則微不足道——我們知道這些例外事件的效果，而且其效果非常小，因爲我們可以用「大數法則」來加以分散。讓我再一次提供極端世界的例子。全世界不到百分之〇・二五的上市公司，其市值加起來約佔所有上市公司總市值的一半；全球極微小比率的小說，其銷售量佔了約一半的小說市場；不到百分之〇・一的藥，產生略微超過整體製藥業一半的銷售額——而不到百分之〇・一的危險事件，將導致至少一半的破壞與損失。

從現實到公式表示②

讓我從另一個角度切入。從定理到現實世界的當中，出現了兩個不同的困難點：逆問題 (inverse problems) 和前漸近性。

逆問題。請回想從一灘冰水要重建原來的冰塊（逆向工程）的難度，比預測冰水的形狀還要高。事實上，這沒有唯一的解：冰塊可能有很多種形狀。我發現蘇聯—哈佛式的看世界方法（與胖子東尼的方式相反），讓我們犯了一個錯誤，把兩個箭頭（從冰塊到冰水；從冰水到冰塊）給搞混了。這是柏拉圖式思想錯誤的另一個展現，以爲你腦中的柏拉圖形式，就等於你所觀察的窗外

② 瞭解稀有事件無法計算的聰明讀者可以跳過本章剩下的部分，這部分將極為技術性。用意是為了證明給那些過度用功以至於看不清這一點的人看。

世界。我們在醫學史上看到很多把這兩個箭頭搞混了的證據，如我先前討論過的理性主義醫學，以亞里斯多德目的論爲基礎。這個混淆是建立在如下的理由。我們假設我們知道人體器官背後的邏輯，知道那是用來做什麼的，於是我們在治療病人時，就可以把這個邏輯派上用場。要讓醫學界擺脫我們對人體的理論一直是非常困難的事。同樣的，很容易就可以在你的心理建構一個理論，或是從哈佛拿一個理論過來，然後投射到現實世界。然後事情就非常簡單了。

在機率一事上，尤其是小機率，混淆兩個箭頭的問題非常嚴重。③

誠如我們在不可斷定性定理和自我指涉論述裡所展示的，在現實生活中，我們觀察不到機率分配。我們只觀察到事件。因此我可以把結果重新表達如下：我們並不知道統計性質——直到，

③未知分配的問題很類似羅素所提的邏輯核心難題：「這個句子為真」的問題——一個句子不能包含自己真偽的述部。我們必須運用塔斯基（Tarski）的解決方法：對每一個語言，用一個超語言（metalanguage）來處理該語言真或偽的述部。在機率上，很簡單，用一個超機率（metaprobability）去指定每一個機率的可信度——或是更一般化的說，一個機率分配必須隸屬於一個超機率分配，這個超機率分配給我們，譬如說，一個機率分配是錯的機率。但我有辦法用既有的數學工具表示。我以前就玩過這個超分配的問題，在我的書《動態避險》（*Dynamic Hedging*, 1997）裡。我開始在高斯分配上放進一個錯誤率（於是我真正的分配取自兩個或更多個的高斯分配，每個高斯分配各有不同的參數），這導致巢狀式的分配，幾乎總是會產生某種極端世界。於是，我認為，分配的變異數，就認識論來說，就是缺乏均數知識的程度；於是變異數的變異數，就認識論來說，就是關於缺乏均數知識的知識缺乏程度——而變異數的變異數對應到分配的第四動差和峰度（kurtosis），這使得這種不確定性很容易表示，並以數學證明：肥尾＝缺乏關於缺乏知識的知識。

當然了，眞相大白之後。給定一組觀察値，可以有很多的統計分配實現同樣的對應——而每一個統計分配，都以不同的方式，外插到導出該分配的那組事件以外的地方。當更多的理論和更多的分配可以配到同一組資料時，尤其是在非線性特性或非簡約型分配時，逆問題就更加嚴重了。④在非線性特性下，可能的模型／參數組合，會隨著數字呈爆炸性增加。⑤

不過在某些領域裡，這個問題就變得更有趣了。請回想第八章裡的卡薩諾瓦問題。對於傾向於只產生負面黑天鵝事件，而沒有正面黑天鵝事件的環境（這些環境稱爲偏負面），小機率的問題更爲糟糕。爲什麼？顯然，巨災事件必然沒有出現在資料裡，因爲變數本身的存活與否，就取決於這種效應。於是這種分配會使得觀察者容易高估安定性，而低估潛在的波動性和風險。

這一點——事物在表面上的偏向，看起來以前好像很安穩，沒那麼危險，卻導致我們大吃一驚——必須嚴肅面對，尤其是在醫學領域。流行病史，在狹隘的研究之下，並沒有提出大瘟疫來襲，讓全球都受影響的可能風險。我還相信，我們現在對環境所做的事，大幅低估了潛在的不安定性，我們持續如此破壞大自然，遲早會碰上巨災。

④高斯分配就是簡約型（只有兩個參數要配）。但把問題加上了一層層的可能斷點，每個斷點有不同的機率之後，就開啟了無窮盡的參數可能組合。

⑤我所聽過最普通（卻沒用）的評論是，有些解可能來自「堅固的統計學」。我很好奇，運用這些技術，如何能無中生有創造資訊？

關於這一點，目前就有一個例子在上演。在我寫這段時，股市已證明遠比無知的退休人員所相信的還要危險，他們從顯示一百年資料的歷史對話中，被引導去相信股市沒那麼危險。以二〇一〇年底爲結尾的十年裡，股市下跌了將近百分之二十三，但理財郎中卻告訴退休人員，這段期間，預期會有百分之七十五的漲幅。這已經讓很多退休基金（以及全球最大的汽車公司）破產了，因爲他們眞的去相信那些「實證的」故事——當然，這也造成許多失望的人延後退休。想想，我們就是笨蛋，**會被那些看起來穩定其實並不穩定的變數**給吸引。

前漸近性。讓我們回到柏拉圖式思想，討論前漸近性：在短期裡，會有什麼狀況？當然，從定理開始著手，本來就不對了，但在某些狀況下，當定理是從理想化的狀況，即漸近線所導出，卻用在漸近線以外的地方時（其極値之外，如無限大或無限小），問題會更糟糕。曼德博和我證明，某些漸近性質的確在平庸世界裡前漸近性地表現良好，這也是爲什麼賭場會賺錢；而在極端世界裡可就不同了。

大多數的統計教育就建立在這些漸近的柏拉圖式性質上，然而我們卻是活在現實世界裡，很少會有類似漸近線的東西。統計理論學家知道或宣稱知道此事，但一邊寫論文還一邊談「證據」的普通統計學使用者就不知道了。此外，這會造成我所謂的戲局謬誤更爲嚴重：數理統計學學生所做的，大致上是假設一個結構，類似遊戲的封閉結構，通常帶有一個先驗上已知的機率。然而我們的問題大部分不在於一旦知道了機率之後要如何去計算，而是在相關的空間裡，如何找出眞正的分配。我們很多的知識問題，就是來自先驗和後設之間的緊張關係。

本人的證明

計算小機率沒有可靠的方法。我在哲學上證明了計算稀有事件機率的困難性。用盡了幾乎所有可以取得的經濟數據——我用經濟數據是因為這種數據最乾淨——我證明了要**從數據**去計算離高斯分配的測量值有多遠，是不可能的事。有一個測量值叫峰度，讀者不需費心去瞭解，不過那代表「尾巴有多肥」，也就是說，稀有事件所扮演的角色有多重要。喔，通常呢，在一萬筆的數據裡，就是四十年的日觀察數據，會有單一個觀察點代表了百分之九十的峰度！這取樣誤差太大了，不能對非高斯分配的事物做任何的統計推論，意思是，如果你錯失了一個數字，你就錯失了整件事。這個峰度上的不穩定性，意味著某一類的統計測量應該完全被禁止。這證明任何依賴「標準差」、「變異數」、「最小標準差平方法」等的東西都是假貨。

而且我還證明了不可能用碎形得到精確度尚可接受的機率——因為在我第十六章稱之為「尾巴指數」（tail exponent）上有非常小的變動，這變動來自觀察誤差，就會造成機率有十倍甚至更多的變動。

意思就是：在某些領域裡，必須避免暴露於小機率。我們就是無法計算它們。

單一事件機率的謬誤

請回想第十章，有一個預期壽命之性質的例子，當一個人的年齡變大時，剩餘壽命的條件期望值會往下降（當你變老一些時，你的預期餘命就會少一些，這來自一個事實，人能活多久，有一個漸近線式的「軟」上限）。我們用標準差為單位，來表示一個平庸世界高斯型變數的條件期望值：高於零（個標準差）之門檻的條件期望值為〇・八（個標準差）。高於一之門檻的條件期望值為一・五二。高於二之門檻的條件期望值為二・三七。你會看到，隨著偏異變大，兩個數字應該會互相收斂，因此以高於十個標準差為門檻條件，這個隨機變數的期望值將剛好是十。

在極端世界裡，方式就不一樣了。隨機變數增大的條件期望值，並不會隨著變數越來越大而收斂到門檻值。在現實世界裡，譬如說股票報酬（及所有的經濟變數），以超過五單位的損失為條件，用任何的測量單位都可以（沒什麼差別），期望值將會是八單位左右。把條件移到五十單位以上，期望值應該在八十單位左右，如果我們這樣一直做下去，直到把樣本用盡為止，超過一百單位的平均移動值是二百五十單位！只要我能找到足夠資料的領域，都有這個特性。這告訴我們，「沒有」典型的失敗，也「沒有」典型的成功。你也許能夠預測到一場戰爭的發生，但你將沒辦法測到其影響！以一場戰爭死五百萬人以上為條件，其平均值應該是死一千萬人左右（或更多）。以一場戰爭死五億人以上為條件，其平均值為死十億人（或是更多，我們不知道）。你也許正確地預測到一個有技術的人將會變「有錢」，但以他賺多少錢以上為條件，他的財富可以達到一百萬、一千萬、十億、一百億——沒有典型的數字。例如，我們有預測藥品銷售的資料，以預測正確爲條件。銷售的估計值完全和實際銷售額無關——有些藥品如果把它們被低估的銷售額提高二十二倍，就算被成功地正確預測到了。

極端世界裡沒有「典型的」事件，這使得某種叫做預測市場（prediction market）的東西（在這市場裡，人們對事件下賭注）荒唐可笑，因爲他們把事件當成了二進位，只有零或一。「一場戰爭」是沒有意義的：你必須預測其損害——然而，並沒有典型的損害。很多人預測到第一次世界大戰的發生，但沒有人預測到它的規模。經濟學沒用的一個理由，就是其文獻完全看不到這點。因此，弗格森的方法（在第一章中提過），把對事件的預測，視爲表達在戰爭債券的價格裡，比單純去數有多少個預測更好，因爲債券反應出參戰政府的成本，價格中含有事件的機率**乘以**結果，而不只是一個事件的機率而已。因此，我們不應該專注在某個人是否「預測到」某個事件，而不去管他對事件結果的描述。

把這和前一個謬誤相結合，就會把我的意思弄錯成這些黑天鵝事件必定比傳統方法所假定的還要有可能出現。它們大部分是**比較不容易**出現，但有比較大的效應。請考慮，在一個贏者全拿的環境裡，例如藝術，成功的機會很低，因爲成功的人比較少，但報酬是不成比例的高。所以在一個肥尾的環境裡，稀有事件可能有比較低的出現頻率（它們的機率比較低），但它們非常有力量，對整體的貢獻度也比較大。

這點在數學上很簡單，但要眞正體會就不是那麼容易了。我喜歡對數學研究生做如下的小考（要憑直覺作答，馬上回答）。在高斯世界裡，超過一個標準差的機率大約是百分之十六。在一個肥尾的分配下（同樣的均數和變異數），超過一個標準差的機會是多少？正確的答案是比較低而非比較高——偏異值是掉下來了，但那少數幾個發生的，更具重要性。看到大多數的研究生答錯，實在令人困惑。

再次回到壓力測試。在寫這段時，美國政府要金融機構做壓力測試，假設出現大偏異，看看這些廠商是否能抵擋這樣的後果。但問題是，他們的數字是從哪裡來的？從過去嗎？這眞是錯到家了，因爲過去，誠如我們所看到的，在極端世界裡並不是未來偏異的指標。這來自極端偏異的無典型性。我對壓力測試的經驗是，它對風險測不出個所以然來——不過風險倒是可以用來評估模型的錯誤程度。

偏異的認知心理學

有關行動典型性的直覺脆弱性。關於從事和這種條件預期有關的行動者之直覺，丹・高思坦和我做了一系列的實驗。我們提出下面這種問題：身高高於六英尺的人，其平均身高是多少？體重大於二百五十磅的人，其平均體重是多少？我們試了一組來自平庸世界的變數，包括上面所提的身高體重，還加上年齡，然後我們要受測者去猜來自極端世界的變數，如股票市値（市値超過五十億美元的公司，其平均規模多大？）和股票表現。結果顯示，很清楚，當問的是平庸世界時，我們有很好的直覺，可是問到極端世界時，就差勁到不行——然而經濟生活幾乎全都是極端世界。對於大偏異的無典型性，我們沒有良好的直覺。這既解釋了爲什麼有人笨到去冒不值得冒的險，也說明了爲什麼人們會低估機會。

描述風險。我先前有用存活率的例子證明過，在數學上一致的幾個不同說法，在心理學上並不一致。更糟的是，連專業人士也被愚弄，並根據錯誤的認知來做決策。我們的研究顯示，風險的描述方式，敏感地影響人們對它的瞭解。如果你說，平均來說，投資人每三十年會把他們所有的錢賠光，他們很可能比你告訴他們說，每年有百分之三・三的機會賠掉一定金額的錢，更願意去投資。

搭飛機的情形也是這樣。我們問受測者：「你正在外國度假，考慮要不要搭乘當地的飛機去看某個很特別的小島。飛安統計顯示，如果你每年飛一次，這班飛機是平均每一千年墜毀一次。如果你不搭這飛機，你可能此生再也不會來這裡玩了。你願意搭這班飛機嗎？」所有的受測者都說願意。不過當我們把第二句改成：「飛安統計顯示，平均而言，這個航班飛一千次有一次會墜機」，只有百分之七十的人說願意搭乘。這兩個說法，墜機的機率都是千分之一，後者的說法只是聽起來比較危險罷了。

歸納的問題和複雜域裡的因果關係

複雜性是什麼？在此我要用複雜性的功能性定義做簡單說明——完整的說法還有很多種。複雜域的特性如下：其元素之間有較大程度的交互相關性，包括暫時的相關性（一個變數和其過去的變動相關）、水平的相關性（變數與變數之間彼此相關）、和垂直的相關性（變數A和變數B的過去歷史相關）。這個交互相關的結果，其機制會受到正向、再強化的回饋迴路影響，而造成「肥尾」。也就是說，它們防止了中央極限定理的作用；我們在第十五章談過中央極限定理的作用，把許多元素做加總和整合，導致「收斂到高斯分配」，從而建立平庸世界的「瘦尾」。用平常的話來說，就是行動會隨著時間而越來越加重，而不是被反作用力給抑制掉。最後，我們有非線性特性來凸顯肥尾。

因此，複雜性隱含極端世界（反過來的說法則未必正確）。

做為一個研究者，我只專注在複雜性理論的極端世界元素，其他元素，除了用來支持我對不可預測性的思考外，一概被我忽略掉。但複雜性對傳統分析和對因果關係還有其他影響。

歸納法

讓我們從某個角度再來看一次「歸納」的問題。在這個現代環境裡，它已經超越古典一步，使得黑天鵝問題更為嚴重。歸納法與演繹法之間的論戰，對實際問題來說，變得太不重要（即使如此，還是有少數變數的子集合例外）；整個亞里斯多德派所做的區別，遺漏了一個重要的次元（類似先前所討論的，關於極端世界裡事件的無典型性）。連其他概念，如「原因」等，也有了不同的意義，尤其是在循環因果和交互相依出現時。⑥機率的等義，從傳統的隨機漫步模型（有一個隨機變數在固定的領域上移動，而且不會和周遭的其他變數互動）移往滲流模型（percolation models，在這模型裡，領域本身是隨機的，不同的變數之間會相互作用）。

蒙住眼睛開校車

嗚呼，在我寫這篇時，經濟學界仍然忽視複雜性的存在，複雜性把可預測性貶爲一文不值。我不會再去談我個人生氣的事——我沒有搞到第二次**沙漠低潮期**，而是和馬克·史匹茲納格設計另一個風險管理程式，去強化投資組合以抵抗模型錯誤，這種錯誤大部分來自政府在赤字預測上的錯誤，導致過度借貸和可能的超級通貨膨脹。

我有一次到瑞士達沃士（Davos）參加世界經濟論壇，在我的一場演講當中，我展示了一個複雜系統裡的交互相依性以及對預測的貶抑，我的大綱如下：華爾街下跌引發紐約失業，滲流到，譬如說中國，並產生失業，然後又滲流回紐約的失業，這在分析上是不可分析的，因爲這回饋迴路產生巨大的估計誤差。我用了「凸性」的概念，一個不成比例的非線性反應，由一個輸入值所引發（當凸性出現時，測量誤差率的工具就完全沒用了）。史丹力·費雪（Stanley Fisher），以色

⑥沒有「典型性」，對一個事件的因果關係之影響如下：譬如說有一個事件可以導致一場「戰爭」。我們以前談過，這樣的戰爭仍然是未定義的，因為它可能讓三人喪生，也可能死了十億人。因此，即使在我們能夠找出因果關係的狀況下，我們的所知還是很有限，因為其效果仍然是沒有典型。我在對歷史學家（除了尼耶爾·弗格森之外）和政治科學家（除了喬恩·艾斯特之外）解釋這點時，碰到嚴重的困難。請把這點（非常有禮貌地）解釋給你的近東及中東學的教授聽。

列中央銀行的頭頭，也是前國際貨幣基金的大頭，一本總體經濟學經典教科書的共同作者，在會後找我談話，批評我有關回饋迴路造成不可預測性的論點。他解釋說，我們有投入產出矩陣，可以計算這種回饋沒問題，他還引用得過「諾貝爾」經濟學獎的作品。我想，他所要談的經濟學家應該是里昂鐵夫（Vassili Leontieff）吧。我看著他，表情是「他很傲慢，但他所知道的還不足以讓他瞭解，他連錯都談不上邊呢」（不用說，費雪也沒有看出金融風暴即將來臨）。我很難讓他收到這個訊息：即使計量經濟學方法可以追蹤在正常情況下的回饋迴路效果（這很自然，因爲錯誤很小），這種模型對大擾動卻完全沒有說明。而我要再重複一次，在極端世界裡，大擾動就是一切。

問題是如果我的看法正確，那麼費雪的教科書和他同事的教科書應該都可以免了。任何使用數學等式的預測方法幾乎都可以免了。

我試著說明在非線性特性下貨幣政策的誤差問題：你一直在加錢卻得不到成果……直到出現超級通貨膨脹。我們不該讓政府拿到他們所不瞭解的玩具。

VI 第四象限，那最有用問題的解①

亞里斯多德走很慢嗎？——他們會遵照原則嗎？——如何製造一場龐氏騙局還得到榮耀

去冒你能夠測量的風險，遠比去測量你所冒的風險更爲安全可靠。

地圖上有一個具體的區塊，第四象限，在這個地方，歸納問題，也就是實證主義的陷阱，活靈活現——我再重複一次，在這裡，沒有證據的地方，並不會排滿了沒有證據的證據。這一章將讓我們把決策建立在更健全的認識論基礎上。

①不是從事於社會科學、商學、或更等而下之的公共政策的人，應該略過本章。第VII章會比較通俗。

大衛・費里曼，安息吧

首先，我必須向一位在知識上欠他很多的人致敬。已故的柏克萊統計學家大衛・費里曼（David Freedman），他可能比任何人都善於揭發統計知識的缺陷以及一些統計方法的不適用性，他寄給我一份離別禮物。原本，他要參加我前面提過的美國統計學會會議，但因病而放棄。不過他讓我對這次會議有很好的準備，他送我一席話，改變了黑天鵝概念的路線：好好準備；他們會給你一套他們自己覺得很爽的論點，而你必須回應他們。這套論點就列在他書中的一節，叫「模型建立者的反應」。我把大部分內容列在下面。

模型建立者的反應：**這我們全知道。沒有完美的東西。這些假設很合理。這些假設不重要。這些假設很保守。你不能證明這些假設是錯的。我們只是做大家都在做的事。決策者用我們，總比不用我們的好。這些模型不是完全沒用。你必須盡全力去使用這些資料。為了有所進展，你必須做一些假設。在還沒證明模型有問題時，你必須先認定它沒問題。這哪裡有害？**

這讓我想到用「這是你們的工具發揮作用的地方」的方法，而不是我以前所用的「這樣不對」的方法。風格上的改變，讓我贏得擁抱和健怡可樂，並幫我把訊息傳給對方，讓他們接受。大衛的評論，還啓發我要多把焦點放在「醫療傷害」上：因必須使用量化模型而造成的傷害。

會議後的幾個星期，大衛・費里曼就過世了。② 謝謝你，大衛。當黑天鵝需要你的時候，你沒有缺席。願你和你的記憶安息吧。

於是我們接下來要談解法。在談了這麼多的不可斷定性之後，狀況是一點兒都不可怕。爲什麼？很簡單，因爲我們可以做一張地圖，標示出哪個區域這種錯誤比較嚴重，以及要小心什麼。

決策

當你去看事件產生器時，你可以先驗地分辨出哪個環境可以產生大事件（極端世界），哪個環境不會產生大事件（平庸世界）。這是我們必須做的唯一先驗假設。唯一一個。

就這樣。

I・第一類的決策很簡單，導致一個「二元」的風險暴露，也就是說，你只關心某件事是眞是僞。非常眞或非常僞並不會爲你帶來更多的好處或破壞。二元暴露不會受到高衝擊事件的影響，因爲其報酬是有限的。一個人不是懷孕就是沒懷孕，因此如果某個人「非常的懷孕」，其報酬和她「稍微的懷孕」相同。一個敍述在某個信賴區間下有「眞」或「僞」（我稱之爲M0，因爲，比較技術性的說，它們取決於第0動差，也就是事件的機率，而不是取決於事件的強度——你只關心

②大衛留給我第二個驚喜的禮物，是我在沙漠低潮期間所收到最好的禮物：他在一篇死後所出版的論文中寫道：「統計學家對塔雷伯的反駁，經證實不具說服力。」一句話就扭轉趨勢並抵消數以百頁計的人身攻擊，因為他這句話提醒讀者，這些批評裡沒有內容，也沒有反駁的論點。你所需的就是這麼一句話，把真話說出來。

「原始」〔raw〕機率）。實驗室裡的生物實驗以及和朋友賭某場足球賽的結果，就屬於這一類。

顯然，二元現象在生活中並不是非常普遍：它們大部分存在於實驗室的實驗和研究論文裡。在生活上，報酬通常沒有設限，或至少是變動的。

II．第二類的決策比較複雜，而且必須承受沒有限制的風險暴露。你不只是擔心頻率或機率，還要擔心衝擊力，或者在更複雜的情況下，擔心衝擊的函數。因此，這有另一層衝擊上的不確定性。一場流行病或一場戰爭可以是溫和也可以是嚴重。當你在做投資時，你不在乎你賺或賠了多少次，你在乎的是累積期望值：你賠或賺了多少次**乘上**賠或賺的金額。還有更複雜的決策（例如，當你涉及到負債時），不過我在這裡略而不談。

我們還關心：

A．事件產生器屬於平庸世界（也就是，幾乎不可能有非常大的偏異發生），這是一個先驗的假設。

B．事件產生器屬於極端世界（也就是，非常大的偏異是可能的，甚至是很可能）。

這提供了地圖上的四個象限。

第四象限，地圖

第一象限。在平庸世界裡的簡單二元報酬：預測是安全的，生活很容易，模型有用，大家應該都很滿意。不幸的是，這些狀況在實驗室和遊戲裡，比在眞實生活中更常見到。在經濟決策的

表五：按報酬分列的決策表

M0	M1
「眞／僞」	期望值
一個人的醫療結果（健康與否，不是流行病）	流行病（受感染人數）
心理實驗 （答案爲是／否）	學術和藝術上的成就（定義成銷售冊數、被引用次數等）
生／死（一個人的，而不是n個人的） 賭輪盤的大／小或黑／白、單／雙等	天候的影響（任何量化指標） 戰爭的傷害（傷亡人數）
預測市場漲跌	安全、恐怖分子、天災（罹難人數） 一般風險管理 非槓桿型投資的財務績效（例如退休金專戶） 保險（預期損失的測量） 經濟學（政策） 賭博

報酬上，我們絕少觀察到這樣的狀況。例如：一些醫療決策（對一個病人，而不是對一群人）、賭博、預測市場。

第二象限。平庸世界裡的複雜報酬：統計方法能令人滿意，但有一些風險。是的，使用平庸世界的模型並不是萬靈丹，因爲有前漸近性、缺乏獨立性、和模型誤差等問題。這裡顯然有些問題，但已經在文獻裡有充分的探討，尤其是大衛・費里曼的作品。

第三象限。極端世界裡的簡單報酬：弄錯了也無傷大雅，因爲極端事件的出現並不影響報酬。不必太擔心黑天鵝事件。

第四象限，黑天鵝領域。極端世界裡的複雜報酬：問題就存在於這裡；機會也在這裡出現。我們應該避免對稀有事件的報酬做預測，但一般事件的報酬則未必。在這種分配裡，罕見事件那部分的報酬，比一般事件的部分更難預測。③

事實上，第四象限有兩個部分：暴露在正面或負面的黑天鵝事件。在這裡，我要把焦點放在負面的部分（正面黑天鵝的利用太淺顯了，也在第十三章畫家阿佩萊斯的故事裡討論過）。

---

③從哲學觀點來採用羅倫斯・邦佐（Lawrence Bonjour）的概念：「先驗假設」不需要超理由（metajustification），在此，建立定義域上的區隔，以做為唯一的「先驗假設」，我們避開了超機率，即一個機率是否有一個錯的機率。

表六：四個象限

	A 平庸世界	B 極端世界
I 簡單報酬	第一象限 極為安全	第三象限 安全
II 複雜報酬	第二象限（還算）安全	第四象限 黑天鵝領域

我的建議是從第四象限移到第三象限。要改變機率分配是不可能的；改變曝險值卻是可能的，我們將在下一章討論。

我可以迅速地談一下第四象限，所有和黑天鵝問題有關的懷疑，都應該把焦點放在這裡。有一個通用原則，那就是，雖然在前三個象限裡，你可以用你所找到的**最佳**模型或定理，並依賴它們，但在第四象限這麼做卻很危險：沒有定理或模型，應該比任何的定理或模型好。

換句話說，在第四象限裡，**證據的沒出現和沒出現的證據這兩者的差別變得非常劇烈**。

接下來，我們要看，如何才能離開第四象限或是減緩其效果。

VII 要怎麼對付第四象限

別用錯地圖：醫療傷害的概念

現在，我可以產生智慧決策（phronetic，亞里斯多德認爲這是一種決策智慧）的規則。也許，我這一生的故事就在下面的兩難問題裡。用丹尼・康尼曼的說法，爲了心裡舒服，有些人在阿爾卑斯山迷路時，寧願用庇里牛斯山的地圖，也不要什麼地圖都不用。他們並非公開地這麼做，但當他們在處理未來和使用風險測量值時，其實做得更糟糕。他們比較喜歡一個不完美的預測多過於沒有預測。所以，把一個機率測量值提供給一個笨蛋，就可以讓他冒更多的險，屢試不爽。我以前計畫和丹・高思坦做一個測試（做爲我們整個研究計畫的一部分，瞭解人類在極端世界下的直覺）。丹尼（和他一起走路很棒，但他不做漫無目的的散步，法文叫"flâner"）堅持我們沒必要自己做實驗。給某人一個錯誤的風險估計數是有害的定錨，這方面的研究非常豐富。很多實驗提供證明，專業人士顯著地受到他們明知與決策無關的數字的影響，例如，在估計股市可能的變動點數之前，先寫下吾人的社會保險證末四碼。一些德國法官，非常受尊敬的人，在他們下判決之前擲骰子，如果骰子出現高點數，則他們的判決有百分之五十的刑期會比較長，但他們卻沒有察覺到。

陰性建議

很簡單，別讓你自己進入第四象限，黑天鵝的領域。但我們很難注意到這個安全的建議。心理學家把投入（於我們所做的事）的行動，和略過的行動加以區別。雖然這些行爲的損益數，在經濟上等值（少賠一塊錢就是賺到一塊錢），但我們的心裡，卻沒有給予同等看待。然而就像我所說的，「不要做」這種風格的建議，在實證上比較牢靠。你如何活久一些？答：避免死掉。然而人們不瞭解成功主要是靠避免損失，而不是試著去取得利潤。

陽性建議通常是江湖郎中的國度。書店裡擺滿了講某個人如何成功的書；幾乎沒有書會取名《我從破產中所學到的教訓》或《生活中應該避免的十個錯誤》。

人們需要陽性建議，和此有關的是，我們偏好必須**做點事而不是什麼都不做**，即使在做點事是有害的情況下。

我最近上了一次電視，某個金玉其外的人不斷地騷擾我，要我提供明確的建議，如何從這次風暴中脫困。要跟他們溝通我的「不要做什麼」的建議，或溝通說，我的專長是避免錯誤，而不是急診室開刀，而且避免錯誤可以是一門獨立學科，同樣有價值——根本不可能。其實，我花了十二年的時間，試著要解釋，在許多狀況下，沒有模型，比用我們現有的數學雜要要更好——也更有智慧。

不幸的是，這種不嚴謹瀰漫在我們預期要最嚴謹的地區：學術界的科學。科學，尤其是學術界的科學，從來都不喜歡陰性的成果，更不用提去宣告和廣告自己的限制。報酬體系不是爲陰性成果而設的。你因從事走鋼索特技或熱門運動而得到尊敬——照著正確的路子走，成爲「經濟學界的愛因斯坦」或「下個達爾文」，而不是透過打破迷思或記錄我們的知識極限，來給社會眞正實在的東西。

讓我回到哥德限制。在某些狀況下，我們會接受知識的限制，並大聲宣揚，例如，哥德「突破」數學限制，因爲那顯示公式的高雅和數學的高超——雖然這個限制的重要性，被我們在預測天氣變化、危機風暴、社會動亂、或是用來贊助這種未來「高雅」限制之研究的捐贈基金給矮化了。這就是爲什麼我宣告我的第四象限的解法，最適用於這種限制。

醫療傷害學和虛無主義標籤

我們來看看醫學（哲學的姐妹），不到一百年前才開始救人活命（我已經很寬容的講了），而且救人活命的程度，並不像通俗文學最初所廣告的那麼大，因爲死亡率的下降，似乎來自注意衛生和抗生素的（隨機）發現，遠比來自診療的貢獻多。醫生，受到可怕的控制錯覺所驅使，花很長的時間在殺害病人，而不考慮「不做任何事」也可以是一個正當、有效的選擇（那是「虛無」

——而史拜羅斯·馬克利達基斯所編著的研究顯示，在某種程度上，他們今天仍然如此，尤其是在某些疾病上的過度診療。

虛無主義標籤一向被用來傷人。認爲可以讓自然來發揮醫療作用的保守執業醫生，或是公開表示我們的醫學知識有限的醫生，在一九六〇年代以前，被指控爲「醫療虛無主義」(therapeutic nihilism)。行動派的路線，建立在對人體的不完整瞭解上，而不擁抱這條路線的人——聲明「這就是極限；我的知識就到這裡而已」——則被視爲「不科學」。一些想要賣產品的學術騙子，就一直用這招來對付本書作者。

醫療傷害學(iatrogenics)就是在研究醫治者所造成的傷害，這並不是眾所周知的詞，我從未見過這個詞用在醫學以外的地方。儘管我一生都沉浸在所謂的型一錯誤(type 1 error)，或稱僞陽性(false positive)，一直到最近才有人向我介紹醫療傷害的觀念，感謝散文家布萊恩·艾波雅(Bryan Appleyard)和我談話。這麼重要的一個概念，怎麼能夠一直隱藏起來，沒讓我們知道呢？即使在醫學裡，這裡指的是現代醫學，「不傷身」這個古老觀念也是非常晚近才悄悄地溜進來。科學哲學家喬治·康居朗(Georges Canguilhem)覺得奇怪，爲什麼我們一直要到一九五〇年代才想到這個概念。我覺得這是一個謎：執業人員如何能夠在知識的名義下，如此長期地造成傷害，卻還能逃過批判。

遺憾的是，進一步調查之後顯示，這些醫療傷害學只不過是科學在啓蒙運動下變得太過傲慢之後的再發現。嗚呼，再一次，薑是老的辣——希臘人、羅馬人、拜占庭人、和阿拉伯人對知識的極限，有一個內建的尊重。中世紀阿拉伯哲學家兼醫師的阿–魯哈威(Al-Ruhawi)寫了一篇論文，一反我們所熟悉的地中海文化，談醫療傷害學。我以前曾經推測，宗教把病人帶離醫生，以解救他們的生命。你可以到太陽神廟，而不去看醫生，照樣滿足你的控制錯覺。有趣的是，古地中海人可能已經非常瞭解這兩者間的取捨問題，而且可能已經部分地接受，以宗教做爲馴服控制錯覺的工具。

如果你不知道知識在什麼地方沒用，也不知道使用知識的成本，那麼知識對你就沒有用。後啓蒙運動科學，以及其後代的超級巨星科學，很幸運地在（線性的）物理學、化學、和工程學上做得很好。但有時候我們必須放棄驕傲，把焦點放到一些已經好長一段時間無人聞問的東西：地圖顯示目前的知識和目前的方法對我們沒用；這也是對泛化科學傷害的嚴謹研究，探討科學可能造成什麼傷害（或更好的，展示科學已經造成什麼樣的傷害）。我覺得這是最值得去探討的東西。

主管官員傷害學。嗚呼，要求對經濟活動做更多（無條件）的管制，看起來好像是個正常回應。主管官員所作所爲的結果，就是我最惡劣的夢魘。他們提倡信賴信評機構所出的信用評等，並要我們信賴「風險測量」，而當銀行家用這個來建立後來會走樣的部位時，就使得系統脆弱化了。然而每次一出問題，我們就用蘇聯—哈佛風的做法，採取更多的管制，使得投資銀行家、律師、和由主管機關轉任華爾街顧問的人士變有錢。他們也爲其他團體的利益做盤算。

智慧決策法則：在現實生活中，如果你不能做槓鈴策略，明智的做法（或不做法）是什麼，才能減輕第四象限的傷害？

要離開第四象限，最明顯的方法就是「截斷」，把一定程度的風險暴露砍掉，方法是買保險，如果買得到的話；亦即把我們放進第十三章所描述的「槓鈴」狀態。但如果你無法進入槓鈴狀態，也無法避免風險暴露，譬如遇到了氣象問題、流行病、及來自上表所列的類似項目，那麼，我們可以採用下列的「智慧」規則來增加堅固性。

1. 要尊敬時間和非外顯性的知識。

請回想我對大地的尊敬——只是因為它的年歲。第四象限裡的資料，要顯示出特性，其所需的時間非常、非常長。我一直在抱怨銀行高階主管的獎金，他們就不偏不倚地落在第四象限，他們的獎金是以短期，如一年，做結算，但他們所做的事業，每五年、十年、或十五年爆一次，這導致用來觀察績效的窗口，和足以顯示特性的窗口，在時間長度上不能吻合。儘管銀行家的長期績效是負報酬，其個人卻還是發大財。

已經運作了很長一段時間的東西就比較好——它們比較有可能達到遍歷狀態。最糟頂多就是我們不知它們還能持續多久。①

2. 避免最適化；學著去喜愛多餘。

記住，證明的責任落在干擾複雜系統的人身上，而不是落在保護現狀的人身上。

我已經在第I章討論過多餘和最適化。這裡再說幾件事。

多餘（以銀行有存款和床底下有現金來說）是負債的相反。心理學家告訴我們，變有錢並不會帶來快樂——如果你把你的存款花掉的話。但如果你把錢藏在床底下，你就比較不會受到黑天鵝事件的傷害。

還有，例如，我們可以買保險，或建構一個保險來強化投資組合。

過度專業化也不是一個好構想。我們來看，如果你的工作徹底沒了，會有什麼狀況。在華爾街當分析師（做預測的那種）晚上兼差跳肚皮舞的人，在金融風暴中，處境會比只是當分析師的人好很多。

3.避免去預測小機率的報酬，但普通事件的報酬不在此限。

顯然，來自罕見事件的報酬比較難預測。

---

①我前面所提到的惡意攻擊，大都集中在針對黑天鵝事件所做的槓鈴策略和「投資組合強化」在保險風格的特性上，以及避險策略的績效上，做不實的扭曲；當我們去看短期績效時，除了頻繁的小波動（大部分是損失）之外，我們看不到有用的東西，這使得他們的不實陳述，好像頗為可信。人們似乎忘了要做適當的累計，於是所記得的是頻率而非總數。根據新聞，真正的報酬率，二〇〇〇年約為百分之六十，二〇〇八年在百分之一百以上，其他期間則是相當小的損益數字，因此，如果根據這些數字推論說，過去十年的報酬率是三位數，那是兒戲（你所需的只是一次的大跳躍）。標準普爾五百指數在這十年期間跌了百分之二十三。

4.小心罕見事件的「無典型性」。

有一些笨蛋方法叫做「情境分析」和「壓力測試」——通常根據過去（或某些「讓人覺得有道理」的理論）。然而（我前面提過）過去的短缺金額，不能預測後來的短缺金額，所以我們搞不懂壓力測試到底是做什麼用的。同樣的，「預測市場」在此起不了作用，因爲賭注並沒有保護沒底限的風險暴露。它們用在二元的選舉上也許有效，但在第四象限就是不行。

5.小心獎金的道德風險。

在第四象限裡賭隱藏性風險，沒爆之前年年拿獎金，最後爆掉了，寫個感謝函給你，這是最適做法。這叫道德風險論。銀行家總是很有錢，就因爲這種獎金的不當配置。事實上，最後是由社會買單。企業執行長也符合這點。

6.避開某風險值（risk metrics）的東西。

傳統的測量值建立在平庸世界，爲大偏異而進行調整的做法是行不通的。笨蛋就在這裡掉進了陷阱裡——這不是隨便假設出一個和高斯鐘形曲線不一樣的東西就行了，沒那麼簡單。像「標準差」這樣的字眼，在第四象限裡不穩定且不能測量任何東西。「線性迴歸」（其誤差在第四象限）、「夏普比率」（Sharpe ratio）、「馬可維茲最適投資組合」、ANOVA去他的NOVA、最小平方法，以及從統計學教科書硬邦邦地拿出來的東西，也一樣全都沒用。我的困擾是，人們能夠接受罕見事件的角色，也同意我的看法，卻還用這些測量值，讓我懷疑，這是否是一種心理偏差。

7.正面或負面黑天鵝事件？

很清楚，第四象限可以表示對黑天鵝事件的正面和負面暴露；如果暴露在負面，眞正的均數很可能會被從過去已發生事件所計算出來的測量值給低估了，而整體可能達到的值，也同樣被錯估了。

人類的預期壽命（在全球化之下）並不如我們所以爲的那麼長，因爲資料裡缺了某個重要的東西：大流行病（遠超過我們所能醫治的能力）。同樣的，我們看到，風險性投資也是如此。

另一方面，研究型創業投資，其所顯示的是過去比較不美好的歷史。生技公司（往往）面對正面的不確定性，而銀行所面對的幾乎全是負面的衝擊。

模型誤差讓那些暴露在正面黑天鵝者得到好處。在我的新研究裡，我稱之爲對模型誤差的「凹性」(concave) 或「凸性」。

8. 不要把沒有波動性和沒有風險混爲一談。

傳統的測量值，用波動性做安定的指標，這會愚弄我們，因爲往極端世界前進的演化，其特色是一段波動性降低的期間——然後來一個大跳躍的大風險。這已經愚弄過一個叫做柏南克的聯準會主席——還有整個銀行體系。它還會繼續愚弄我們。

9. 小心風險數字的表達。

第四象限裡的風險是很劇烈的，而我前面提過，結果顯示，我們對風險的認知，會受到事件描述方式的影響。其他象限就溫和多了。

VIII 黑天鵝堅固社會的十個原則①

在這次金融風暴之後，我寫了下面的「十個原則」，主要是爲了經濟生活如何面對第四象限。

1. 脆弱的東西應該趁它還小時，盡早打破。

絕不可讓任何東西大到不能倒。經濟生活裡的演化方式，卻幫助那些有最大量隱藏性風險的企業，變成最大的東西。

2. 不要損失社會化、利益私有化。

任何需要被紓困的企業，就應該被國有化；任何不需要紓困的企業，應該是自由、小型、而能夠承擔風險。我們讓自己淪落到資本主義和社會主義的最糟狀況。在一九八〇年代的法國，社會主義者接收了銀行。而在二〇〇〇年代的美國，銀行接收了政府。這是超現實的荒謬。

---

①這篇文章曾經登在二〇〇九年《金融時報》的社論上。某位編輯——毫無疑問沒讀過《黑天鵝效應》——把我的「黑天鵝堅固」改為「黑天鵝不侵」。天下沒有這種不受黑天鵝侵擾的事，能夠黑天鵝堅固就夠好了。

3.那些會經蒙住眼睛開校車（還出車禍）的人，絕對不該再給他一輛新校車。

經濟學界（大學、主管機關、中央銀行、政府官員、各種裡面請了許多經濟學家的組織）在二〇〇八年的體制失敗後，就失去了他們的正當性。信任這些人的能力，讓他們來協助我們脫離這個亂局，那是不負責任，也是愚蠢的做法。去聽「風險專家」和商學院學者的建議，也是不負責任的，這些人還在推銷他們的測量方法（如風險值〔Value-at-Risk〕），這些東西已經害過我們了。去找沒有前科的聰明人吧。

4.別讓某些人把他們的「激勵」獎金設定在管理核電廠——或是管理你的金融風險。

很可能他會把安全七折八扣的，以便從這些節省的經費，顯示出「利潤」，同時還宣稱這樣「很保守」。獎金沒有考慮到破滅的隱藏風險。獎金制度的不對稱性害我們淪落至此。有激勵就要有抑制：資本主義講究的就是賞與罰，而不單只有賞。

5.用簡單性來補複雜性。

來自全球化及經濟生活高度網絡化的複雜性，必須用金融商品的簡單性去因應。複雜經濟本身就已經是一個槓桿形式。那是對效率的槓桿。把債務加進這個系統，就會產生狂亂而危險的天旋地轉，沒有絲毫的容錯空間。複雜系統的存活，要歸功於鬆散和多餘，而非負債和最適化。資本主義免不了會有流行和泡沫。股票泡沫（如二〇〇〇年那次）已經證明比較溫和；債務泡沫才兇猛。

6.不要給小孩子炸彈玩，即使上面有警示標籤。

複雜的金融商品必須被禁止，因爲沒人瞭解它們，而且很少人有足夠的理性去知道這點。我們必須保護人民不被自己所傷害，不被賣他們「避險」商品的銀行所傷害，不被聽信經濟理論專家且容易上當的主管官員所傷害。

7.只有龐氏騙局才要靠信心。政府絕不需要「重建信心」。

龐氏騙局（最有名的是馬多夫〔Bernard Madoff〕所搞出來的那個）是指借用或挪用新進投資人的資金，以支付給想要撤資退出的現有投資人。

謠言四處流竄是複雜系統的一個產品。政府無法止住謠言。很簡單，我們的立場必須是毫不理會謠言，對它們具有堅固性。

8.吸毒者如果有戒除痛苦，就不要再給他毒品了。

用槓桿來治療過度槓桿的問題，這不是順勢療法，這是放棄。這次的債務風暴不是個暫時性的問題，而是結構性的問題。我們需要復原療法。

9.老百姓不應該依賴金融資產來做爲價值的儲藏庫，而且他們的退休金不該依賴不可靠「專家」的建議。

經濟生活應該去金融化。我們應該學習不用市場做爲價值的庫房：它們沒有一般老百姓所要求之保存確定性的能力，儘管「專家」的意見認爲可以。投資應該是爲了娛樂。老百姓的焦慮應該來自他們的事業（由自己控制），而非來自他們的投資（不由自己控制）。

10.用破掉的蛋做煎蛋捲（omelet）。

最後，就像一艘底殼爛掉了的船，你不能用特殊的補丁去修一樣，二〇〇八年那場風暴的問題，可不是用權宜之計就可以解決的。我們必須用新（而更強的）材料去做一個新底殼；我們必須在系統自己完蛋之前，重建系統。讓我們自動移向一個堅固的經濟，幫助那些必須壞掉的東西自己壞掉，把負債轉爲權益，讓經濟學和商學院這樣的機構變成可有可無，把經濟學的「諾貝爾獎」關掉，禁止槓桿收購，把銀行家放到他們該去的地方，向那些把我們害這麼慘的人討回獎金（把付給，譬如說，魯賓或其他銀行敗類的錢討回來，他們的財富是用學校老師所繳的稅去補貼的），並教人們航行於一個比較不是那麼確定的世界。

然後我們將會看到一個比較接近生物學環境的經濟生活：廠商比較小、生態比較豐富、沒有投機性的槓桿操作——在這個世界裡，冒險的是企業家而不是銀行家，而且每天有公司誕生和死亡，這種事不會登上新聞。

在這篇對企業經濟學的探討之後，我們接著要移到沒有那麼粗俗的東西。

IX 熱愛命運：如何變成堅不可摧

現在，讀者，該是道別的時候了。

我現在人在艾米昂（Amioun），我祖先的村子。十六個高祖父母中的十六個，八個曾祖父母中的八個，四個祖父母中的四個，都埋在這個區域，幾乎全在半徑四英里的範圍內。這還沒去算叔公、表兄弟等其他的親戚。他們都長眠在黎巴嫩山腳下可拉村（Koura）橄欖樹林裡的墓園，黎巴嫩山拔地而起，極爲醒目，你可以看到，離你才二十英里的地方，上面就有積雪。

今天黃昏時，我到聖謝爾蓋（St. Sergius），當地人稱馬・薩吉斯（Mar Sarkis），來自阿拉姆語，這裡是我這邊親戚的墓園，我來此向我父親和叔叔迪狄（Dédé）問安，在我叛逆期那段時間，他非常不喜歡我邋遢的穿著。我相信迪狄到現在還是生我的氣；上次他在巴黎見到我，冷冷地丟下話說，我穿得像個澳洲人：因此，我來墓園這裡探視，眞正的理由比較是求自己心安。我希望接下來要往哪裡走，自己能胸有成竹。

這是我的B計畫。我一直在看我自己的墳墓位置。黑天鵝事件無法輕易摧毀一個知道自己最後歸宿的人。

我覺得很堅固。

我在所有的旅程當中，都帶著辛立嘉（Seneca）的書，以原文寫的，因爲我重新學拉丁文了——用英文去讀，感覺全走樣，英文這個語言已經被經濟學家和美國聯準會的官僚給褻瀆。在這種情況下不適合用英文讀。那就好像用史瓦希利語（Swahili）去讀葉慈。

辛立嘉是斯多葛主義的偉大老師和實務家，他把希臘—腓尼基斯多葛主義從形而上和理論上的路線，轉型爲一個實務和生活的道德計畫，一個達成summum bonum（至善）的方式："summum bonum"這個詞無法翻譯，以羅馬人的觀點看，是描述一種最高道德品質的生活。但除了這個無法達成的目標之外，他還有務實的建議，可能是我所看過，唯一能夠從語言轉化爲實務的建議。辛立嘉（在西塞羅的協助下）教蒙田**做哲學思考，就是學習如何死亡**。辛立嘉教尼采"amor fati"（熱愛命運），激發尼采藐視並忽略逆境、批評者的虐待、和他自己的疾病，到了對這些都感到乏味的程度。

對辛立嘉而言，斯多葛主義就是在講如何面對損失，並找出方法來克服我們的損失趨避性——如何變得比較不依賴你目前所擁有的一切。請回想丹尼・康尼曼和他的同仁所提的「展望理論」（prospect theory）：如果我給你一棟好房子和一輛藍寶堅尼，在你的銀行戶頭裡放了一百萬美元，並提供你一個社交網絡，然後，幾個月之後，再把所有東西拿走，你就會比當初一切都沒發生的感覺還要糟。

辛立嘉做爲一個道德哲學家（我認爲），其可信度來自一個事實，不像其他的哲學家，他不會因爲自己貧窮而貶低財富、所有權、和土地的價值。據說辛立嘉是當時最有錢的人之一。他每天都讓自己準備好失去一切。每一天。雖然毀謗他的人宣稱，在眞實生活中，他並不是他自己所宣稱的斯多葛禁欲聖人，主要是根據他有引誘已婚女性（嫁非斯多葛的先生）之習慣的報導，但他其實已相當接近斯多葛聖人的境界。一個有權力的人，有很多人毀謗他——如果他做不到斯多葛的理想，還是遠比當時的人，更接近這個理想。而且，就如同當一個人有錢時，比沒錢時更不容易有好的品質；當一個人富裕、有權力、並受人敬重時，比窮困、悲慘、而孤獨時，更難成爲一個斯多葛禁欲者。

Nihil Perditi

在辛立嘉的「書信九」（Epistle IX）中，史帝柏（Stilbo）的國家被德米特斯（Demetrius）所佔領，德米特斯當時人稱城市掠奪者。史帝柏的太太和小孩被殺。他被問到，有什麼損失沒有？“Nihil perditi”，我什麼都沒損失，他答道。“Omnia mea mecum sunt!”我的東西都在我身上。這個人已經達到斯多葛的自我滿足，有抵抗逆境的堅固性，用斯多葛的術語來說，就叫“apatheia”。換句話說，**凡是能夠從他身上拿走的，他認爲沒有一樣是他的東西**。

這包括他自己的生命。辛立嘉準備失去所有的東西，這也延伸到他自己的生命。他被懷疑參與一件密謀案，皇帝尼祿要他自殺。記錄說，他以示範的方式執行自己的自殺，非常鎭靜，就好像他每天都準備好要這麼做一樣。

辛立嘉在他的文章（以書信體寫作）最後用"vale"這個字，通常被誤譯爲「再會」。這個字和"value"（價值）及"valor"（勇氣）有同樣的字根，其意思兼有「要堅強（即堅固）」和「要有價值」。

Vale。

註釋

幕後事項：附註、技術評論、參考資料，和建議書單

在此，我按照主題來編排；因此，一般的參考資料，大多數第一次出現時就已經先附在各章中。我喜歡依照邏輯順序來編排，而不是死板板地按照章節順序。

前言和第1章

邏輯中的黑天鵝事件（Black Swan in logic）：第一，我的黑天鵝事件並不是邏輯裡的問題。其哲學問題則是在談黑天鵝事件的可能性。我所談的是其**衝擊**（impact）。還有，誰第一個想到這個比喻也許沒什麼關係，但我所能找到，最早提出黑天鵝問題的是約翰・彌爾的《邏輯系統論》（*A System of Logic*）一書。後來，在成爲波柏的觀念之前，也有許多人曾經用過（包括查爾斯・桑德斯・皮爾斯）。

鐘形曲線（bell curve）：當我在寫**鐘形曲線**時，我的意思是指高斯鐘形曲線，亦稱爲常態分配。其所有的曲線看起來都很像鐘，因而得名。還有，當我寫**高斯凹地**（the Gaussian basin）時，

我的意思是所有的分配都類似，其稀有事件不重要且衝擊力小（較技術性的說法是，非規模可變——所有的變動皆爲有限）。注意，鐘形曲線以直條圖的形式畫出來時，偏遠事件的貢獻被蓋住了，因爲這些事件落在離中心非常遠的右邊或左邊。

鑽石（**diamonds**）：詳 Eco (2002)。

柏拉圖式思想（**Platonicity**）：我只是提出來，用錯形式會招致風險——並非該形式不存在。我並不反對本質論（essentialisms），我對我們的逆向工程及找出正確形式通常抱持懷疑態度。這是個逆問題（inverse problem）！

經驗論者（**empiricist**）：如果我稱自己爲經驗論者，或是經驗論哲學家，那是因爲我對確認式泛化（confirmatory generalizations）及倉卒形成理論感到非常懷疑。請勿將此與英國實證主義者（British empiricist）的傳統搞混了。還有，許多統計學家，一如我們在馬克利達基斯競賽中所見，自稱爲「實證」研究者，但事實上正好相反——他們把理論套到過去的資料。

提及基督：詳約瑟夫所著的《猶太戰爭》。

一次大戰和預測：Ferguson(2006b)。

後見偏誤（事後回顧之扭曲）：詳 Fischhoff(1982b)。

歷史斷裂（**historical fractures**）：Braudel(1985), p. 169，其中引用了一小段 Gautier 的名言。他寫道：「『這個漫長的歷史』，Emile-Félix Gautier 寫道：『延續了千年，比法國的歷史還悠久。所有的傳統，一旦碰到了阿拉伯劍及希臘的語言和思想，便全都化爲烏有，好像不曾出現過似的。』」有關不連續問題之討論，還可參考 Gurvitch (1957)、Braudel (1953)、Harris (2004)。

宗教像暢銷書一樣地傳布：Veyne (1971)。另見 Veyne (2005)。

政治意見的群集現象：Pinker (2002)。

分類：Rosch (1973, 1978)。另詳安伯托・艾可之《康德與鴨嘴獸》(*Kant and the Platypus*)。

本體論的不確定性 (ontological uncertainty)：某些文獻用**本體論的不確定性**來討論我的分類問題，意思是實體本身也可能涉及到不確定性。

史料編纂和歷史哲學：Bloch (1953)、Carr (1961)、Gaddis (2002)、Braudel (1969, 1990)、Bourdé and Martin (1989)、Certeau (1975)，及 Ibn Khaldoun 的《入門》(*Muqaddamat*) 闡釋了對因果關係的追求，這點，我們已經在希羅多德的文章中見過。至於歷史哲學，詳 Aron (1961)、Fukuyama (1992)。至於後現代觀點，詳 Jenkins (1991)。我在第二部說明了史家無法瞭解前向過程和後溯過程在認識論上的差異（即預測和逆向工程之間的差異）。

資訊和市場：詳 Shiller (1981, 1989)、DeLong et al. (1991)，及 Cutler et al. (1989)。市場的主要變動沒有「原因」，只有大家所編造出來的解釋。

有關崩盤的敘述性意義：詳 Galbraith (1997)、Shiller (2000)，和 Kindleberger (2001)。

第3章

電影：詳 De Vany (2002)。有關在音樂購買上的傳染現象，詳 Salganik et al. (2006)。

宗教及傳染範圍：詳 Boyer (2001)。

群眾的智慧（瘋狂）：我們如果集合起來，可以變得更有智慧或是非常愚蠢。我們集合起來，可能對平庸世界相關的事物，諸如一頭牛的體重，很有洞察力（詳 Surowiecki, 2004），但我的推測是，我們在較為複雜的預測上失敗了（如經濟變數，這方面，群眾會帶來毛病——兩個腦袋比一個腦袋差）。有關決策錯誤和群組，詳 Sniezek and Buckley (1993)。經典之作：Charles Mackay 的《異常流行幻象與群眾瘋狂》（*Extraordinary Popular Delusions and the Madness of Crowds*）。

事件之嚴重性與日俱增：Zajdenweber (2000)。

現代生活：十九世紀小說家左拉（Émile Zola）於一八○○年代後期歡迎文化市場之到來，他似乎是該市場的第一受益者。他預測，作家和藝術家在商業體系裡的探索能力，讓他們不用再依附於資助者的奇怪念頭。嗚呼，這也帶來了更嚴重的集中性——極少數人從這個體制中獲利。Lahire (2006)表示，在整個歷史中，大多數的作家都是饑寒交迫。顯然，我們可以從法國的文學傳統裡找到豐富的資料。

第4章

鐵達尼號：這段話係引用 Dave Ingram 於二○○五年五月二日在芝加哥的企業風險管理論壇（Enterprise Risk Management Symposium）上的簡報。請詳 Lowenstein（2000）、Dunbar (1999)以進一步瞭解LTCM。

休謨的說明：Hume (1748, 2000)。

塞克斯都・恩披里科（Sextus Empiricus）：「我認爲，要棄卻歸納做法（*επαγωγη*）很簡單。因爲，既然他們在個別的基礎上，要讓大家相信整體，他們就必須對該個別現象，做所有的觀察，或是觀察其中一部分。但如果只觀察一部分，這個歸納結論就很薄弱，因爲該個別現象有一部分在歸納時被忽略了，而被忽略的部分必然會和整體有所矛盾；而如果觀察全部，則他們所做的是不可能的工作，因爲該特定現象有無限多，且不固定。因此，我認爲，這兩種狀況所得到的結論都是歸納法窒礙難行。」*Outline of Pyrrhonism*, Book II, p. 204。

培爾（Bayle）：《歷史與批判辭典》（*Dictionnaire historique et critique*）一書是又長（計十二冊，將近六千頁）又重（四十磅），然而，在還沒被《哲學家辭典》（*Dictionnaire des philosophes*）取代之前，卻是當時學術界的暢銷書。該書可以從 French Bibliothèque Nationale 的 www.bn.fr 網站下載。

休謨從培爾所得到的啓示：詳 Popkin (1951, 1955)。任何有關休葉主教的（進一步）讀物都透露出與休謨的雷同性。

前培爾（pre-Bayle）思想家：西蒙・傅歇之《論眞理之追求》（*Dissertation sur la recherche de la vérité*），約著於一六七三年。這本書讀起來充滿喜悅。該書讓自由心法與偏誤（heuristics and biases）傳統看起來像是啓蒙時代之前與近代科學革命前之氣氛的延續。

休葉主教和歸納問題：「事物無法在完美的確定性之下被瞭解，因爲造成該事物的因素無限多。」皮耶—丹尼爾・休葉在《人類心智弱點的哲學論文》一書中寫道。休葉爲前阿法蘭奇（Avranches）主教，以 Théocrite de Pluvignac、Seigneur de la Roche、Gentilhomme de Périgord 之名寫成。本章另外還明確地介紹後來所謂的「休謨問題」。那是一六九〇年的事，當時的大衛・何姆（David Home，即後來的休謨）還不到二十二歲，因此不可能對休葉有影響力。

勃羅查德（Brochard）的作品：我最初是在尼采的《瞧！這個人》（*Ecce Homo*）見到他提及勃羅查德的作品（1888），尼采還在評論中將這個懷疑論者描述成口直心快。「勃羅查德寫了一份卓越的研究論文《希臘懷疑者》（*Les sceptiques grecs*），我在 Laertiana 一文中也有所引用。「懷疑論！含糊不清的哲學家三五成群，他們是唯一值得尊敬的一類！」更多瑣事：勃羅查德教過普魯斯特（Proust，詳 Kristeva, 1998）。

勃羅查德似乎已經知道波柏問題（在波柏出生之前數十年）。他提出曼諾多圖斯的陰性經驗論之觀點，所用的術語和我們今天所謂的「波柏」經驗論類似。我很好奇波柏是否知道曼諾多圖斯。他似乎從未引用過曼諾多圖斯。勃羅查德於一八七八年在巴黎大學發表了他的博士論文《錯誤》（*De l'erreur*），探討錯誤這個主題——非常現代。

完結篇主義（epilogism）：我們對曼諾多圖斯的瞭解非常少，除了他的反對者 Galen 在拉丁版的《經驗論概要》（*Outline of Empiricism*〔*Subfiguratio empirica*〕）中，對他的思想所做的攻擊，很難翻譯：Memoriam et sensum et vocans epilogismum hoc tertium, multotiens autem et preter memoriam nihil aliud ponens quam epilogismum.（除了認知和記憶之外，第三種方法就是完結篇主義感〔epilogism sensum〕，正如實務者，除了記憶，只剩完結篇主義感，別無他法；柏理立校正。）

但還是有希望存在。柏理立（2004）報告，根據譯者 Is-haq Bin Hunain 的一封信，曼諾多圖斯的作品可能在阿拉伯的某處還有一份「手抄本」有待學者去發現。

帕斯卡（Pascal）：帕斯卡對確認問題（confirmation problem）及推論的不對稱性，也有他自己的概念。帕斯卡在其《空無論》（*Traité du vide*）中寫道（我譯的）：他們所做的判斷是，大自然不能容忍眞空，他們所指的只是他們所知道的自然狀態，既然，他們要將此主張泛化到一般狀況，一百次不同的證據是不夠的，一千次也不夠，不管多大的次數都不夠，因爲一個單一案例就可以否定其通用定義，而且如果有一個案例相反，一個單一案例……

休謨的傳記作者：Mossner (1970)。有關經驗論歷史，詳 Victor Cousin 之講義 *Leçon d'histoire de la philosophie à la Sorbonne*（1828）及 Hippolyte Taine 的 *Les philosophes classiques*，9th edition (1868, 1905)。Popkin (2003)是現代的報導。尚可見 Heckman (2003)及 Bevan (1913)。我從未見過現代機率哲學和懷疑論研究有任何關聯。

塞克斯都（Sextus）：詳 Popkin (2003)、Sextus, House (1980)、Bayle, Huet, Annas and Barnes (1985)，及 Julia Anna and Barnes 之 introduction in Sextus Empiricus (2000)。Favier (1906) 很難找到，我所找到的唯一一本，感謝 Gur Huberman 的幫忙，已經殘破不堪——該書在過去這一百年來似乎是乏人問津。

曼諾多圖斯及經驗論和懷疑論之結合：根據勃羅查德（1887），曼諾多圖斯是融合經驗論和庇羅派絕對懷疑論（Pyrrhonism）之人。亦可參見 Favier (1906)。有關這個想法，詳 Dye (2004)和 Perilli (2004)之懷疑論部分。

功能而非結構；經驗論的三大基礎：經驗所依賴的有三大來源，而且只有三個來源：觀察、歷史（即記錄下來的觀察），和類比判斷。

阿爾加惹爾（Algazel）：詳其 *Tahafut al falasifah*，該書被阿威羅伊，又名 Ibn-Rushd 在 *Tahafut Attahafut* 一書中加以駁斥。

宗教懷疑論：根據阿拉伯詩人 Yehuda Halevi，這也是中世紀的猶太傳統。詳 Floridi (2002)。

阿爾加惹爾及終極／近似原因：「……單靠觀察，他們決定了原因與結果之必然關係的特質，就好像吾人不能把沒有結果的因，當作該結果的因似的。」（*Tahafut*）

阿爾加惹爾的核心概念是，如果你因爲口渴而喝水，那麼口渴就不應該視爲直接原因。可能還有一個更大的機制在這裡發揮作用；事實上，的確有這樣一個機制存在，但此機制只有熟知進化式思考（evolutionary thinking）的人才瞭解。有關現代對近似的說明，詳 Tinbergen (1963, 1968)。阿爾加惹爾在某種方式上，以亞里斯多德爲基礎來攻擊亞里斯多德。亞里斯多德在其《物理學》（*Physics*）中，已經看出不同層次的原因（形式的、有效的、最後的，和實質的）之間的區別。

現代對因果關係的討論：詳 Reichenbach (1938)、Granger (1999)，及 Pearl (2000)。

兒童與自然歸納法：詳 Gelman and Coley (1990)、Gelman and Hirschfeld (1999)，及 Sloman (1993)。

自然歸納法：詳 Hespos (2006)、Clark and Boyer (2006)、Inagaki and Hatano (2006)、Reboul (2006)。見 Plotkin (1998)早期作品的結論。

第5至7章

「經濟學家」：我所說的「經濟學家」指的是主流、新古典經濟學，和大學金融系所裡的成員——不是外圍團體，如奧地利學派或後凱因斯學派。

小數字（small numbers）：Tversky and Kahneman (1971)、Rabin (2000)。

領域攸關性（domain specificity）：Williams and Connolly (2006)。我們可以在經常被過度解釋的華生篩選檢測（Wason Selection Test）裡見到此現象：Wason (1960, 1968)。亦可見於 Shaklee and Fischhoff (1982)、Barron Beaty、及 Hearshly (1988)。康尼曼之「他們比較瞭解」詳 Gilovich et al. (2002)。

厄普戴克（Updike）：誇張廣告來自 Jaynes (1976)。

腦半球分化：Gazzaniga and LeDoux (1978)、Gazzaniga et al. (2005)。還有，Wolford, Miller, and Gazzaniga (2000)證實左腦的機率配對行爲。當你提供右腦，譬如說，一個百分之六十時間會得到所要的東西之拉桿，以及另一個拉桿，百分之四十可以得到所要的東西，右腦會正確地推第一支拉桿，因爲這是最佳策略。如果，在另一個情形下，你把同樣的選擇交給左腦，它會有百分之六十的時間推第一支拉桿，百分之四十的時間推第二支——它拒絕接受隨機性。Goldberg (2005)認爲其分化沿著不同的路線：左腦損壞，不同於右腦機能障礙，對小孩子不會造成嚴重影響，但對大人則有嚴重影響。我要感謝 Elkhonon Goldberg 建議我參考 Snyder 的作品・,Snyder (2001)。這項實驗來自 Snyder et al. (2003)。

選股和事後解釋・・Carter (1999)提出這個股票實驗・,原始論文應該是 Nisbett and Wilson (1977)。亦可見 Montier (2007)。

亞斯塔伊博（Astebro）・・Astebro (2003)。詳 Searching for the Invisible Man，*The Economist*, March 9, 2006。詳 Camerer (1995)以瞭解企業家過度自信所造成的高失敗率。

多巴胺（dopamine）・・Brugger and Graves (1997)，還有許多論文。請詳 Mohr et al. (2003)有關多巴胺的不對稱性。

熵（entropy）和資訊・・我刻意避免提到熵的概念，因爲這個字的傳統用法，不太適用於我們在實際生活中所體驗到的隨機類型。Tsallis 熵比較適合肥尾（fat tails）。

喬許・貝黑克（George Perec）的註釋・・Eco (1994)。

敍事和瞭解的幻覺・・Wilson, Gilbert, and Centerbar (2003)・・「無助理論（helplessness theory）已經證實，如果人們覺得他們無法控制或預測其環境，他們就面臨嚴重的缺乏動機和缺乏認知之風險，如沮喪。」有關寫日記部分，詳 Wilson (2002)或 Wegner (2002)。

福斯特（E. M. Forster）的例子・・詳 Margalit (2002)。

國族特性・・詳 Terracciano et al. (2005)及 Robins (2005)以瞭解個人的差異程度。國族特性之幻覺，我通常稱之爲「國族隨想」（nationality heuristic），的確和月暈效應（halo effect）有關・・詳 Rosenzweig (2006)及 Cialdini (2001)。有關國族本體論，見 Anderson (1983)。

一致性偏誤（consistency bias）・・心理學家所謂的一致性偏誤是指，調整記憶以使後續的資訊說得通之效應。詳 Schacter (2001)。

記憶和電腦的記憶體不一樣：Rose (2003)、Nader and LeDoux (1999)。

受壓抑記憶的迷思：Loftus and Ketcham (2004)。

棋士和反確認（disconfirmation）：Cowley and Byrne (2004)。

奎因（Quine）問題：Davidson (1983)認爲懷疑論對地區有利，但對整體不利。

敍事性（narrativity）：請注意，我在此所討論的並不是存在主義性質，只不過是實務性，因此，我的想法是把敍事視爲一種資訊壓縮，與哲學無關（像自我是否具連續性〔sequential〕問題）。有一篇文章談到「敍事下的自我」（narrative self）——Bruner (2002)，或是，有必要的話——詳 Strawson (1994)及他對 Strawson (2004)的攻擊。論戰：Schechtman (1997)、Taylor (1999)、Phelan (2005)。綜合見 Turner (1996)。

「後現代主義者」及敍事的渴欲性：詳 McCloskey (1990)及 Frankfurter and McGoun (1996)。

俗話和諺語的敍事性：心理學家經長期檢驗，證實在社會所規範下的人，會輕易相信耳熟能詳的諺語。例如，自一九六〇年代以來，就已經做過實驗，詢問人們是否認爲某一句諺語爲眞，而另一組人則被問完全相反意思的諺語。有關其各式各樣的有趣結果，詳 Myers (2002)。

科學中的敍事性：其實，科學論文可以用同樣的敍事偏誤「編成一個故事」，而獲得成就。你必須得到大家的注意。Bushman and Wells (2001)。

發現機率：Barron and Erev (2003)證實，當機率沒有明確表達出來時會被低估。我還和 Barron 親自交流過。

風險和機率：詳 Slovic, Fischhoff, and Lichtenstein (1976)、Slovic et al. (1977)，和 Slovic (1987)。有關風險分析和風險感受理論，詳 Slovic et al. (2002, 2003)及 Taleb (2004c)。見 Bar-Hillel and Wagenaar (1991)。

敘事謬誤和診斷知識之關聯：Dawes (1999)有個訊息要送給經濟學家：詳其有關面談和編造故事的文章。還可參考 Dawes (2001)有關回顧效應。

推理的兩個系統：詳 Sloman (1996, 2002)及 Kahneman and Frederick (2002)之結論。康尼曼的諾貝爾獎得獎演說講得最好，可以在 www.nobel.se 找到。另詳 Stanovich and West (2000)。

風險和情緒：由於近來大家對情緒在行爲上所扮演的角色越來越感興趣，有關情緒在風險承受和風險規避上所扮演的角色，其研究日益增加：「風險感受」理論。詳 Loewenstein et al. (2001)及 Slovic et al. (2003a)。相關調查請見 Slovic et al. (2003b)及 Slovic (1987)。有關「情緒啓發」(affect heuristic)之討論，詳 Finucane et al. (2000)。有關模組化(modularity)，詳 Bates (1994)。

情緒和認知：有關情緒對認知的效應，詳 LeDoux (2002)。有關風險，詳 Bechara et al. (1994)。

自由心法之可得性（我們很容易就想到一些東西）：詳 Tversky and Kahneman (1973)。

巨災的眞實事件：一些見解獨到的討論，詳 Albouy (2002)、Zajdenweber (2000)，或 Sunstein (2002)。

對引起社會聳動的恐怖主義之探討：詳 Taleb (2004c)之文章。

決策心理學（自由心法與偏誤）的一般書籍：Baron (2000)是這方面最淺顯易懂的書。Kunda (1999)

從社會心理學的立場做彙整（遺憾的是，該作者英年早逝）。更簡短者：Plous (1993)。還有Dawes (1988)和Dawes (2001)。請注意，一大堆原始論文已經快樂地編入Kahneman et al. (1982)、Kahneman and Tversky (2000)、Gilovich et al. (2002)，和Slovic (2001a and 2001b)。另外有關直覺之探討請詳Myers (2002)，而此主題的生態介紹則見Gigerenzer et al. (2000)。對經濟學及財務學做最完整描述的是Montier (2007)，他那美麗的結論，這四年來一直是我的精神糧食，也編在裡頭——他不是學者，直接切入重點。技術論文請見Camerer, Loewenstein, and Rabin (2004)。有關診療「專家」之知識的評論文章，建議讀Dawes (2001)。

決策心理學更一般的介紹：Klein (1998)提出了不同的直覺模型。社交操控（social manipulation）詳Cialdini (2001)。更專門的文章有Camerer (2003)，焦點放在競局理論（game theory）。

認知科學的一般評論文章和入門書：Newell and Simon (1972)、Varela (1988)、Fodor (1983)、Marr (1982)、Eysenck and Keane (2000)、Lakoff and Johnson (1980)。麻省理工學院的*Encyclopedia of Cognitive Science*有主要思想家所寫的評論。

演化理論與適應領域：讀原始文章：Wilson (2000)、Kreps and Davies (1993)，及Burnham (1997, 2003)。可讀性甚高者：Burnham and Phelan (2000)。Robert Trivers的著作已編入Trivers (2002)。另戰爭方面詳Wrangham (1999)。

政治學：《科學美國人》（*Scientific American*）二〇〇六年九月二十六日Michael Shermer所著之「政治頭腦：影像研究顯示，吾人的政治偏好是不自覺確認偏誤的製造者」。

決策的神經生物學：對腦部結構之知識做基本瞭解：Gazzaniga et al. (2002)。Gazzaniga (2005)對

某些主題提供了綜合性結論。更大眾化：Carter (1999)。還推薦：Ratey (2001)、Ramachandran (2003)、Ramachandran and Blakeslee (1998)、Carter (1999, 2002)、Conlan (1999)、非常具可讀性的 Lewis, Amini and Lannon (2000)，及 Goleman (1995)。有關機率和頭腦，詳 Glimcher (2002)。有關情緒頭腦，除了 LeDoux (1998)及更詳細的 LeDoux (2002)等經典之作外，還有 Damasio (1994, 2000, 2003)的三本書。另見較短的 Evans (2002)。有關視覺美學及其解釋，見 Zeki (1999)。

有關記憶的一般作品：心理學方面，Schacter (2001)對記憶偏誤與後見之明效應(hindsight effects)之關聯做了評論。神經生物學方面詳 Rose (2003)及 Squire and Kandel (2000)。Baddeley (1997)為有關記憶的一般教科書（屬實證心理學）。

知識群落與社交生活：見 Collins (1998)所描寫之哲學家的「一脈相傳」（雖然我認為他還不太瞭解卡薩諾瓦問題，沒有把造成單打獨鬥的哲學家比較不容易存活的偏誤因素考慮進來）。有關團體的積極好處之示例，詳 Uglow (2003)。

海曼・明斯基（Hyman Minsky）的作品：Minsky (1982)。

不對稱性：展望理論（prospect theory, Kahneman and Tversky [1979] 及 Tversky and Kahneman [1992]）係描述壞和好的隨機事件之間的不對稱性，但該理論還顯示出負面領域具凸性（convex），而正面領域為凹性（concave），意思是，一次損失一百元比損失一元一百次的痛苦為少，但一次賺一百元的樂趣則遠低於賺一百次一元。

不對稱的神經相關性：Davidson 的作品詳 Goleman (2003)、Lane et al. (1997)，及 Gehring and

Willoughby (2002)。Csikszentmihalyi (1993, 1998)以他的「心流」(flow) 理論進一步解釋穩定報酬的吸引力。

延後報酬及其神經相關性：McLure et al. (2004)證實，在做延後決策時，腦部的皮質層會得到活化，這提供我們一種看法，立即決策之後會產生邊緣腦 (limbic) 脈衝，而延後決策則帶來皮質層活動。另見Loewenstein et al. (1992)、Elster (1998)、Berridge (2005)。有關僧帽猴 (Capuchin monkeys) 之偏好的神經反應，詳 Chen et al. (2005)。

流血或炸毀：Gladwell (2002)及Taleb (2004c)。流血爲什麼會痛苦，可以用鬱悶壓力來解釋；Sapolsky et al. (2003)及Sapolsky (1998)。有關企業何以偏愛穩定報酬，詳Degeorge and Zeckhauser (1999)。詩學與希望：Mihailescu (2006)。

不連續和跳躍：René Thom 將之區分成七個等級：Thom (1980)。

演化和小機率：也請考慮天眞演化論的思想，其定位爲「最適」淘汰。社會生物學家，偉大的 E. O. Wilson 並不同意把這種最適性用在稀有事件上。他在Wilson (2002)寫道：「人類的頭腦顯然演化成在情感上只關注於一小片土地、有限的親族，和未來的二到三代而已。以達爾文主義的感覺來看，其眼光既不長遠也不寬廣。**離發生還很遠、目前尚不須檢驗的事件，我們天生就有將其忽略的傾向。人們說，這就是很好的常識**。爲什麼他們要以這種短視的方式去思考呢？

其理由很簡單：這和舊石器時代的部分遺傳密不可分。因爲數十萬年以來，爲短線目標而努力者，得到了一小集團的親朋好友，而且活得較久，子孫也比較多——即使在他們的團結奮門之下，造成其部落和王國的瓦解，也是如此。遠大的眼光或許可拯救後代子孫，但這種眼光需要有願景，並延伸爲利他主義，以致這種人在本能上就很難成爲領導人。

另見 Miller (2000)：「**演化沒有遠見。它缺乏管理藥品公司的長期眼光。這個物種無法在其研究團隊還在……之時，募集創投資金以支付費用。這使得創新難以解釋。**」

請注意，這兩位作者都沒考慮到我的年紀論點。

第8章

沉默證據（silent evidence），在齷齪的機率哲學領域裡稱爲**錯誤參考型別**（wrong reference class），在物理學裡稱爲**人類偏誤**（anthropic bias），在統計學裡稱爲**存活偏誤**（survivorship bias，經濟學家展現出有趣的特質，都已經發現了好幾次這個偏誤，還是嚴重地被此偏誤所愚弄）。

確認（confirmation）：培根在《論眞理》（*On Truth*）上說道：「沒有任何樂趣可以比得上站在眞理的有利地位（這個高地不受人指揮，而且空氣永遠清新），看到下面溪谷的錯誤、迷亂、茫霧、暴風雨。」這輕易顯示出導致確認謬誤的企圖心是多麼的偉大。

培根並不瞭解經驗論者：他所要尋找的是中庸之道。再一次，請見《論眞理》：「錯誤的來源有三個，而錯誤的哲學也有三種：詭辯、經驗主義，和迷信……亞里斯多德是第一種錯誤的最有名範例：因爲他用邏輯來腐蝕自然哲學——從而形成充滿了範疇的世界……他在書中經常靠實驗來探討動物、問題，和其他論文，但此實驗來源卻不受限制，因爲他沒有向人好好地請教，就已經決定，經驗是他的決策和公設（axioms）之基礎……經驗派產生了比詭辯或理論派更變態、也更惡質的特性：這種東西在一般的想法裡（不管這想法有多貧乏和膚淺，總還是放諸四海皆準，且爲普世的態度）找不到，卻關在幾個實驗的晦澀角落裡。」培根的錯誤觀念，可能就是我們花了一番工夫才瞭解到的，他們把歷史（和實驗）當成僅僅是一種模糊的「指標」，即後記，的原因。

出版：Allen (2005)、Klebanoff (2002)、Epstein (2001)、de Bellaigue (2004)，及 Blake (1999)。有關可笑的退稿名單，詳 Bernard (2002)及 White (1982)。Michael Korda 的回憶錄，Korda (2000)，讓這個行業增色不少。這些書都是軼事趣聞書籍，但我們後面會看到，書籍遵循非常陡的縮放不變結構，意味著隨機性在其中扮演非常吃重的角色。

人類偏誤（anthropic bias）：詳 Bostrom (2002)美妙而無所不包的討論。在物理學方面，詳 Barrow and Tipler (1986)及 Rees (2004)。Sornette (2004)有 Gott 之把生存推演爲冪定理。在財務學方面，Sullivan et al. (1999)討論存活偏誤。另見 Taleb (2004a)。忽略了此項偏誤，且做出不當結論的研究有：Stanley and Danko (1996)以及更愚蠢的 Stanley (2000)。

手稿和腓尼基人：有關存活和科學，詳 Cisne (2005)。請注意，這篇文章考慮的是實體存活（像化石），而不是文化存活，意味著選擇性偏誤。感謝 Peter Bevelin 提供。

史蒂格勒冠名法則（Stigler's law of eponymy）：Stigler (2002)。

法文書統計：Lire, April 2005。

爲什麼散播很重要：更技術性的說，一個隨機變數的極端值（亦即極大值或極小值）之分配，和過程變異之相關性大於與平均值之相關性。體重變化很大的人，遠比一個體重低於平均、但沒什麼變化的人，更傾向於把他那非常瘦的照片拿給你看。均數（解讀技巧）有時候扮演著非常、非常小的角色。

化石記錄：我要感謝讀者 Frederick Colbourne 在這個主題上所提供的意見。文獻上稱之爲「全新世的牽引」(pull of the recent)，但在估計其效應上卻有困難，因爲大家意見相左。詳 Jablonski et al. (2003)。

未被發現的公開知識：這是沉默證據的另一種表現形式：你眞的可以坐在扶手椅上做實驗工作，只要把那些各自獨立埋頭苦幹、卻沒有相互聯繫者的研究，一點一滴地連結起來即可。利用書目分析（bibliographic analysis），我們可能從已公開的資料中，找出研究者以前還不知道的連結關係。我在 Fuller（2005)中「發現」了手扶椅的無罪證明。至於其他有趣的發現，詳 Spasser (1997)和 Swanson (1986a, 1986b, 1987)。

犯罪：經濟「犯罪」的定義是某種來自事後諸葛的東西。法規通過之後並不能溯及既往，因此，許多過分的行爲，根本就沒受到制裁（例如賄賂）。

巴斯夏（Bastiat）：詳 Bastiat (1862-1864)。

卡薩諾瓦（Casanova）：我要感謝讀者 Milo Jones 爲我點出一共有幾冊。詳 Masters (1969)。

參考點問題（reference point problem）：考慮背景資訊，需要一種在條件狀況下的思考形式，而這種思考形式，很奇怪，許多科學家（尤其是優秀的科學家）卻沒有處理能力。簡單說，兩個機率之間的差異就稱爲條件機率。我們是在，我們自己也在樣本裡存活的**條件**下，計算機率。

簡單說，如果你的生存係瞭解該過程之條件的一部分，則你無法計算其機率。

鼠疫‥詳 McNeill (1976)。

第9章

智慧與諾貝爾‥Simonton (1999)。如果和ＩＱ有關，那麼它們就和後來的成就之關係非常薄弱。

「不確定性」‥Knight (1923)。我對這種風險的定義是（Taleb, 2007c），此爲一種基準狀況，在此狀況下，我們可以確定其機率，亦即，沒有機率後的機率（metaprobabilities）。反之，如果隨機性和風險係由知識的不透明性，即原因難以看到，所造成的，那麼，這兩者的差異必然是空話。任何西塞羅的讀者都可以認出來這就是他的機率，詳他的 *De Divinatione*（Liber primus, LVI, 127）裡的知識不透明性‥Qui enim teneat causas rerum futurarum, idem necesse est omnia teneat quae futura sint. Quod cum nemo facere nisi deus possit, relinquendum est homini, ut signis quibusdam consequentia declarantibus futura praesentiat.「知道原因的人，也會瞭解未來，只不過，除了上帝之外，沒人擁有這種能力……」

機率的哲學和認識論‥Laplace。*Treatise*, Keynes (1920)、de Finetti (1931)、Kyburg (1983)、Levi (1970)、Ayer, Hacking (1990, 2001)、Gillies (2000)、von Mises (1928)、von Plato (1994)、Carnap (1950)、Cohen (1989)、Popper (1971)、Eatwell et al. (1987)，及 Gigerenzer et al. (1989)。

統計知識及方法之歷史‥我在統計學史裡找不到有智慧的作品，我指的是，不論爲戲局謬誤或是高斯分配主義之犧牲者的作品。有關傳統的說明，詳 Bernstein (1996)及 David (1962)。

機率及資訊理論的一般書籍：Cover and Thomas (1991)，較不技術性，但很傑出，Bayer (2003)。有關資訊理論的機率論觀點：死後出版的 Jaynes (2003)，由於他的貝氏方法（Bayesian approach）以及他對白癡學者的形式主義非常敏感，是除了 de Finetti 的作品之外，我唯一可以向一般讀者推薦的數學書籍。

撲克牌：這脫離了戲局謬誤，詳 Taleb (2006a)。

柏拉圖對左手和右手的規範方法：詳 McManus (2002)。

尼采的文化市儈（bildungsphilister）：詳 van Tongeren (2002)及 Hicks and Rosenberg (2003)。注意，由於確認謬誤，學術界會告訴你知識分子「不夠嚴謹」，並舉出不夠嚴謹的例子，而不是舉出反例。

探討不確定性的經濟學書籍：Carter et al. (1962)、Shackle (1961,1973)、Hayek (1994)。Hirshleifer and Riley (1992)將不確定性套入新古典學派經濟學。

不可計算性：有關地震，詳 Freedman and Stark (2003)（Gur Huberman 提供）。

學術界和庸俗主義：這裡有個雙程謬誤，如果學術界就代表嚴謹（我很懷疑這點，因爲我所看到的所謂「同儕審查」〔peer reviewing〕經常是個僞裝），非學界並不表示就不嚴謹。爲什麼我要懷疑「嚴謹」？他們在確認謬誤之下，向你展示他們的貢獻，然而，儘管有非常多學者孜孜不倦地努力，我們今日的成就只有非常小的一部分來自他們。絕大部分的貢獻來自自由研究者和那些被輕蔑地稱爲業餘人士者：達爾文、弗洛伊德（Freud）、馬克思、曼德伯、甚至於早期的愛因斯坦」。學術界的影響通常是意外。這種情況，甚至在中世紀和文藝復興時期也一樣，詳 Le Goff (1985)。還有，啓蒙時代的人物（伏爾泰、盧梭〔Rousseau〕、杜爾巴赫〔d' Holbach〕、迪德羅〔Diderot〕、孟德斯鳩〔Montesquieu〕）都非學界之人，當時的學術界相當龐大。

第10章

過度自信：Albert and Raiffa (1982)（雖然這篇論文在正式發表之前顯然已經被冷落了十年）。Lichtenstein and Fischhoff (1977)表示，過度自信很難受到事項之影響：典型上，它會減弱而轉爲對簡單事項的不夠自信（與 Armelius [1979] 做比較）。目前已經有非常多的論文試著去找出失效或強化的狀況類別（無論其狀況是工作訓練、行業生態、教育水準，或國籍）：Dawes (1980)、Koriat, Lichtenstein, and Fischhoff (1980)、Mayseless and Kruglanski (1987)、Dunning et al. (1990)、Ayton and McClelland (1997)、Gervais and Odean (1999)、Griffin and Varey (1996)、Juslin (1991, 1993, 1994)、Juslin and Olsson (1997)、Kadane and Lichtenstein (1982)、May (1986)、McClelland and Bolger (1994)、Pfeifer (1994)、Russo and Schoernaker (1992)、Klayman et al. (1999)。請注意，在群體決策下，過度自信（意外地）降低：見 Sniezek and Henry (1989)——及 Plous (1995)之解決方案。此處我懷疑有平庸世界／極端世界之區別以及變數的不均性。嗚呼，我發現沒有論文做這樣的區別。Stoll (1996)和 Arkes et al. (1987)裡也有解決方

案。有關財務學裡的過度自信，詳 Thorley (1999)及 Barber and Odean (1999)。有關越界效應 (cross-boundaries effects)，詳 Yates et al. (1996, 1998)，Angele et al. (1982)。有關同時過度自信及自信不足，詳 Erev, Wallsten, and Budescu (1994)。

頻次對機率——生態問題：Hoffrage and Gigerenzer (1998)認爲，過度自信問題如果以頻次來表示，就比較不顯著，這和用機率表示的情形相反。事實上，「生態」和「實驗室」之間的差異，一直有爭論存在；詳 Gigerenzer et al. (2000)、Gigerenzer and Richter (1990)，及 Gigerenzer (1991)。我們「又快又省」(fast and frugal, Gigerenzer and Goldstein [1996])。就黑天鵝事件而言，這些生態問題不會發生：我們所生活的環境並不會以頻次的方式提供給我們，或更廣泛地說，不會配合我們。另有關生態部分，詳 Spariosu (2004)，有關戲局方面，詳 Cosmides and Tooby (1990)。Leary (1987)探討 Brunswikian 的觀念，Brunswik (1952)亦同。

缺乏對無知的體認：「簡言之，產生正確判斷之能力所用到的知識，和認出正確判斷之能力所用到的知識相同。缺乏前者就缺乏後者。」取自 Kruger and Dunning(1999)。

專家問題和隔離：我覺得專家問題和馬太效應 (Matthew effects) 及極端世界的肥尾 (在更後面) 沒有區別，然而我在社會學和心理學的文獻中卻找不到這樣的關聯。

診療知識及其問題：詳 Meehl (1954)及 Dawes, Faust, and Meehl (1989)。最有趣的文章是 Meehl (1973)裡的「爲什麼我不參加病例討論會」。另詳 Wagenaar and Keren (1985, 1986)。

金融分析師、群集，和預測：詳 Guedj and Bouchaud (2006)、Abarbanell and Bernard (1992)、Chen et al. (2002)、De Bondt and Thaler (1990)、Easterwood and Nutt (1999)、Friesen and Weller

(2002)、Foster (1977)、Hong and Kubik (2003)、Jacob et al. (1999)、Lim (2001)、Liu (1998)、Maines and Hand (1996)、Mendenhall (1991)、Mikhail et al. (1997, 1999)、Zitzewitz (2001)、及 El-Galfy and Forbes (2005)。有關與天氣預測做比較（不利）：Tyszka and Zielonka (2002)。

經濟學家和預測：Tetlock (2005)、Makridakis and Hibon (2000)、Makridakis et al. (1982)、Makridakis et al. (1993)、Gripaios (1994)、Armstrong (1978, 1981)；而反駁的有 McNees (1978)、Tashman (2000)、Blake et al. (1986)、Onkal et al. (2003)、Gillespie (1979)、Baron (2004)、Batchelor (1990, 2001)、Dominitz and Grether (1999)。Lamont (2002)尋求聲望因素：已經成名的預測者會變差，因爲他們製造出更激進的預測以博取注意——與 Tetlock 的刺蝟效應（hedgehog effect）相容。Ahiya and Doi (2001)尋找日本裡的群集行爲。詳 McNees (1995)、Remus et al. (1997)、O'Neill and Desai (2005)、Bewley and Fiebig (2002)、Angner (2006)、Bénassy-Quéré (2002)；Brender and Pisani (2001)檢視 Bloomberg 的普查意見；De Bondt and Kappler (2004)聲稱在五十二年的資料中，證據顯示持續力很弱，但我看到的是簡報裡的投影片，而不是論文，這部分兩年後尙未成爲論文。過度自信部分，Braun and Yaniv (1992)。有關一般的學術討論，見 Hahn (1993)。更一般的文獻，Clemen (1986, 1989)。有關競局理論（Game theory），詳 Green (2005)。

許多操作者，如 James Montier，以及許多報紙和雜誌（如《經濟學人》），對預測跑了一些非正式測試。累積起來，我們應該嚴肅看待他們，因爲他們涵蓋了更多的變數。

流行文化：一九三一年，Edward Angly 在 *Oh Yeah?* 一書中透露了當年胡佛總統所做的預測。另一本好笑的書是 Cerf and Navasky (1998)，令人難以置信的是，我在該書中得到一九七三年以前的石油估計故事。

資訊的效果：主要論文為 Bruner and Potter (1964)。我要感謝 Danny Kahneman 和我討論，並告訴我這篇文章。另見 Montier (2007)、Oskamp (1965)，和 Benartzi (2001)。這些偏誤成了含糊不清的資訊 (Griffin and Tversky [1992])。有關這些偏誤為什麼不會隨著專業和訓練而消失，詳 Kahneman and Tversky (1982)及 Tversky and Kahneman (1982)。有關偏好一致（preference-consistent）資訊何以被照單全收，而偏好不一致（preference-inconsistent）資訊被挑剔處理，詳 Kunda (1990)。

計劃謬誤：Kahneman and Tversky (1979)及 Buehler, Griffin, and Ross (2002)。計劃謬誤顯示人們的計劃能力具有穩定的偏誤存在，即使是重複性的事物也一樣——但不具重複性的事物偏誤更為擴大。

戰爭：Trivers (2002)。

歐斯坎（Oskamp）：Oskamp (1965)及 Montier (2007)。

任務特性及其對決策之影響：Shanteau (1992)。

知識對技術（epistēmē vs. technē）：這個區別聽說回溯到亞里斯多德，但當時出現之後就消逝了——最近再度發生於類似 know how 中對緘默知識的說明。詳 Ryle (1949)、Polanyi (1958/1974)，和 Mokyr (2002)。

凱薩琳二世：其愛人數來自 Rounding (2006)。

預期壽命（life expectancy）：www.annuityadvantage.com/lifeexpectancy.htm。爲了推算，我採用冪法則指數超過3/2：$f = Kx^{3/2}$的機率。於是在已知x大於a之下，x的條件期望值爲：

$$E\left[x/x>a\right]=\frac{\int_a^\infty xf(x)dx}{\int_a^\infty f(x)dx}$$

第11至13章

不經意發現（Serendipity）：見Koestler (1959)及Rees (2004)。Rees對可預測性還有一個很有力量的概念。另詳Popper (2002)裡有關波柏的評論，及Waller (2002a)、Cannon (1940)、Mach (1896)（爲Simonton［1999］所引用），及Merton and Barber (2004)。詳Simonton (2004)綜合瞭解。有關醫學和麻醉醫學裡的不經意發現，詳Vale et al. (2005)。

「文藝復興人」（Renaissance man）：詳www.bell-labs.com/project/feature/archives/cosmology/。

雷射：和一般的情形一樣，大家對這項科技是誰「發明」的有爭議。在一次成功的發現之後，由於回顧扭曲作用，先驅者很快就被找到。Charles Townsend得了諾貝爾，但卻被他的學生Gordon Gould告，Gould堅稱這東西實際上是他做的（詳*The Economist*, June 9, 2005）。

達爾文／華萊士：Quammen (2006)。

波柏對歷史主義（historicism）的抨擊：詳Popper (2002)。請注意，我是用我自己的經驗和知識，在此以現代的方式來詮釋波柏的概念，而不是在評論對波柏作品的評論——結果並非忠於他的原句。換句話說，這些並非波柏的直接論點，大部分是我以波柏的架構所寫出來的東西。非條件期望值的條件期望值爲非條件期望值。

爲一百年前的未來做預測：Bellamy (1891)展示我們對未來的心智投射。然而，有些故事可能被誇大了：「專利迷思仍然明顯不對！專利官員眞的因爲他認爲剩下來沒什麼好發明的了而辭職嗎？這種迷思一旦開始出現，就會自我繁衍。」*Skeptical Inquirer*, May-June, 2003。

皮爾斯的觀察：Olsson (2006)、Peirce (1955)。

預測和解釋：詳 Thom (1993)。

龐加萊：三體問題可以在 Barrow-green (1996)、Rollet (2005)，及 Galison (2003)中找到。有關愛因斯坦，詳 Pais (1982)。更晚近的關係詳 Hladik (2004)。

撞球：Berry (1978)及 Pisarenko and Sornette (2004)。

非常一般的「複雜性」(complexity) 討論：Benkirane (2002)、Scheps (1996)，和 Ruelle (1991)。有關極限，詳 Barrow (1998)。

海耶克：見 www.nobel.se。詳 Hayek (1945, 1994)。機制在具影響力者的力量範圍內，是否就不會自行調整：但在操作者的道德之下，或是更嚴重的東西——讓機制消失——才會自行調整？嗚呼，由於流行，事物的改進方式沒有什麼邏輯，運氣影響了軟性科學的發展。詳 Ormerod (2006)以瞭解「學者和社會主義」裡的網路效應及冪定理分配，因其連結的不具縮放性而產生之影響力——及其所造成的任意性。海耶克似乎一直是韋伯（Weber）之自然科學（Natur-Wissenschaften）和精神科學（Geistes Wissenschaften）的老區分方法之囚犯——但幸好波柏不是。

經濟學家的孤立性：Pieters and Baumgartner (2002)。經濟學家的孤立性有個好處，那就是他們可以愛怎麼侮辱我，就怎麼侮辱我而不用擔心後果：似乎只有經濟學家才會去讀其他經濟學家的作品（如此才能寫出論文，讓其他經濟學家去讀）。更一般的案例詳 Wallerstein (1999)。請注意 Braudel 曾經挑戰過「經濟學史」。「經濟學史」已經是歷史。

經濟學作爲宗教：Nelson (2001)和 Keen (2001)。有關方法論，詳 Blaug (1992)。有關貴神父而賤哲學家，見 Boettke, Coyne, and Leeson (2006)。請注意，Gary Becker 和芝加哥學派的柏拉圖主義者的作品都受到確認偏誤的污染：Becker 很快就把人們被經濟動機所影響而採取行動的狀況展示給你看，但並沒有展示（數量非常多的）人們根本就不在乎這些唯物主義動機的狀況。

在經濟學裡，我所見過最聰明的一本書是 Gave et al. (2005)，因爲他們把已經建立的範疇化成學術性的經濟學談話（其中一名作者是記者 Anatole Kaletsky）。

一般理論：事實並沒有鎮住「一般理論主義者」(general theorists)。有一位柏拉圖類的大學者，在從日內瓦往紐約的長程飛機上向我解釋說，康尼曼和他的同仁之觀念必須被棄卻，因爲它們製造出「時間性不一致偏好」(time-inconsistent preferences)，不能讓我們發展出一個一般均衡理論。有一分鐘的時間，我還以爲他是在開玩笑：他譴責心理學家的觀念及人類的不一致行爲，因爲那妨礙了他建構柏拉圖式模型的能力。

薩繆森（Samuelson）：有關他的最適化，詳 Samuelson (1983)。另見 Stiglitz (1994)。

柏拉圖對身體對稱性的教條：在柏拉圖的《律法》（*Laws*）中寫道：「雅典陌生人對Cleinias說：我們的左右手天生各有許多不同的用途，然而左右腳、下肢，卻找不出使用上的區別，但我們雙手之不同使用，其實是因爲母親和護士的愚行所造成的傷害，因爲雖然我們的肢體天生平衡，但我們卻因壞習慣而創造出差異。」詳McManus (2002)。

製藥公司：有人告訴我，其他的製藥公司是由商業人士所經營，這些人把他們所發現的「市場需求」告訴研發人員，並要求據以「發明」藥品和療法——這和華爾街證券分析師嚴重誤導的方法不謀而合。他們所做的預測就好像他們知道他們將會發現到哪些東西似的。

創新之報酬的模型：Sornette and Zajdenweber (1999)和Silverberg and Verspagen (2005)。

沒有太大變化空間的演化：Dennet (2003)及Stanovich and West (2000)。

蒙田（Montaigne）：我們從一本個人文集的傳記中得不到太多的東西：Frame (1965)和Zweig (1960)裡有一些資訊。

可預測性和藍綠詭論（grue paradox）：詳Goodman (1955)。另詳King and Zheng (2005)之應用（或許是錯誤應用）。

建構主義（constructionism）：詳Berger and Luckmann (1966)及Hacking (1999)。

認證vs.眞正的技能或知識：詳Donhardt (2004)。還有特權保護。數學對經濟學而言，可能不是很必要的工具，除非用來保護那些懂數學的經濟學家之特權。在我父親的年代，甄選官員的過程是看他們使用拉丁文（或希臘文）的能力。因此，班上準備當一流官員的同學都有扎實的古典基礎，並瞭解一些有趣的議題。他們還學過西塞羅對事物高度機率性的觀點——也學過幾個精選的博學之士的理念，這點帶來一些小副作用。如果這有什麼問題的話，那就是讓你可以處理模糊的東西。我這一代的甄選係根據數學技巧。你要有工程思維的基礎才能成功；這產生了具有數學、高度結構化，和邏輯思考的官員，從而，他們也會以這種標準來挑選他們的同儕。於是經濟學和社會科學的論文便掉進高度數學化裡，而且用很高的數學進入障礙來保護他們的特權。你還可以對一般大眾使出障眼法，因爲他們沒有能力來檢驗你。這種保護特權的另一個效果，就是可能把白癡學者型的研究人員放在「頂尖位置」，而這種人缺乏豐富的學養，因而孤僻、眼光狹隘、而且封閉在自己的學科裡。

自由和決定論：Penrose (1989)有個推測，認爲只有量子效應（那裡具有可察覺的不確定性），才能證明意識存在。

可推估性（projectibility）：獨一性（uniqueness）假設最小平方或MAD。

混沌理論（Chao Theory）與前向／後溯混淆：Laurent Firode's *Happenstance*, a.k.a *Le battement d'aile du pavillon/ The Beatig of a Butterfly's Wings* (2000)。

自閉症（Autism）與隨機性的觀察：William et al. (2002)。

預測和錯誤預測在官能快樂狀況下的錯誤：Wilson, Meyers, and Gilbert (2001)、Wilson, Gilbert, and Centerbar (2003)、和 Wilson et al. (2005)。他們稱之爲「情緒淡出」(emotional evanescence)。

預測和意識：詳 Dennett (1995, 2003)及 Humphrey (1992)裡的「有關意思」(aboutness) 之概念。然而，Gilbert (2006)相信，我們是唯一做預測的動物——結果錯了。Suddendorf (2006) 及

Dally, Emery, and Clayton (2006)證實動物也做預測！

羅素對帕斯卡賭注的評論‥Ayer (1988)報告，這是一個私下溝通。

歷史‥Carr (1961)、Hexter (1979)，和 Gaddis (2002)。但我對歷史學家的思想感到很困擾，因爲他們經常把前向和後溯過程搞錯。布侃南的《改變世界的簡單法則》以及尼耶爾·弗格森在《自然》裡相當混淆的討論。他們兩位似乎都不瞭解冪法則的刻度問題。另詳弗格森之 *Why Did the Great War?*以測量其前、後向問題的嚴重程度。

有關傳統的法則論傾向，亦即，企圖越過原因直接進入一般理論，見 Ibn Khaldoun 的《入門》。另詳黑格爾的《歷史哲學》（*Philosophy of History*）。

情緒和認知‥Zajonc (1980, 1984)。

巨災保險‥Froot (2001)聲稱遙不可及事件之保險費被高估了。他如何得出這個決定至今仍不清楚（也許是用資料回配法〔backfitting〕或樣本重抽法〔bootstraps〕），但再保公司銷售這些「價格高估」的商品一向沒賺到半毛錢。

後現代主義者（postmodernists）‥後現代主義者似乎不瞭解敘事和預測之間的不同。

醫學裡的運氣和不經意發現‥Vale et al. (2005)。歷史部分詳 Cooper (2004)。另詳 Ruffié (1977)。更一般者，見 Roberts (1989)。

情感預測（affective forecasting）‥詳 Gilbert (1991)、Gilbert et al. (1993)，和 Montier (2007)。

第14至17章

這一節還有另一個目的。每當我談到黑天鵝事件時，人們傾向於提供軼事給我。但這些軼事只是補強性：你必須證實，**整體看來**，這世界是由黑天鵝事件所主導。我認爲，棄卻非規模可變隨機性就足以建立黑天鵝事件的角色和意思。

馬太效應（Matthew effects）：詳 Merton (1968, 1973a, 1988)。Martial 之 *Epigrams*: Semper pauper eris, si pauper es, Aemiliane./Dantur opes nullis (nunc) nisi divitibus. (Epigr. V 81)。另詳 Zuckerman (1997, 1998)。

累積優勢及其對社會公平的影響：檢討在 DiPrete et al. (2006)。另詳 Brookes-Gun and Duncan (1994)、Broughton and Mills (1980)、Dannefer (2003)、Donhardt (2004)、Hannon (2003)，及 Huber (1998)。有關這現象如何解釋早熟，見 Elman and O'Rand (2004)。

學術職場裡的集中性和公平性：Cole and Cole (1973)、Cole (1970)、Conley (1999)、Faia (1975)、Seglen (1992)、Redner (1998)、Lotka (1926)、Fox and Kochanowski (2004)，及 Huber (2002)。

贏家全拿：Rosen (1981)、Frank (1994)、Frank and Cook (1995)，及 Attewell (2001)。

藝術：Bourdieu (1996)、Taleb (2004e)。

戰爭：戰爭以極端世界的方式產生集中性：Lewis Fry Richardson 在上個世紀記錄了傷亡分配的不均性（Richardson [1960]）。

現代戰爭：Arkush and Allen (2006)。在 Maori 的研究中，以棍棒互戰的模式可以持續好幾世紀——現代武器每年造成二萬到五萬人死亡。我們的肉體經不起科技戰爭。有關戰爭史的軼事和引發戰爭原因的報導，詳 Ferguson (2006)。

S&P 500：見 Rosenzweig (2006)。

長尾：Anderson (2006)。

認知多樣性（cognitive diversity）：詳見 Page (2007)有關網際網路對學校的影響，詳 Han et al. (2006)。

資訊流（cascades）：詳 Schelling (1971, 1978)和 Watts (2002)。有關經濟學裡的資訊流，詳 Bikhchandani, Hirshleifer, and Welch (1992)及 Shiller (1995)。另詳 Surowiecki (2004)。

公平：有些研究者把別人任意而隨機的成功，視爲和全體人民沒有差別，必須立法課稅。De Vany, Taleb, and Spitznagel (2004)爲分配問題提出了一個以市場爲基礎的解決方案，透過自願性的自我保險和衍生性商品。Shiller (2003)建議跨國保險。

偏好連結（preferential attachment）的數學：這個論點造成曼德伯和認知科學家 Herbert Simon 對立，Simon 在一九五五年的一篇論文中（Simon [1955]），把齊夫的想法形式化，後來成爲 Zipf-Simon 模型。嘿，你必須讓有些人失寵！

集中：Price (1970)。Simon 的「齊夫推導」，詳 Simon (1955)。更通用的書目計量學（bibliometrics），詳 Price (1970)和 Glänzel (2003)。

再談創造性破壞：詳 Schumpeter (1942)。

網路：Barabási and Albert (1999)、Albert and Barabási (2000)、Strogatz (2001, 2003)、Callaway et al. (2000)、Newman et al. (2000)、Newman, Watts, and Strogatz (2000)、Newman (2001)、Watts and Strogatz (1998)、Watts (2002, 2003)，及 Amaral et al. (2000)。應該是從 Milgram (1967)開始。另詳 Barbour and Reinert (2000)、Barthélémy and Amaral (1999)。有關傳染，詳 Boots and Sasaki (1999)。有關延伸，詳 Bhalla and Iyengar (1999)。韌力、Cohen et al. (2000)、Barabási and Bonabeau (2003)、Barabási (2002)，和 Banavar et al. (2000)。冪定理與網頁，Adamic and Huberman (1999)和 Adamic (1999)。統計學和網際網路：Huberman (2001)、Willinger et al. (2004)，及 Faloutsos, Faloutsos, and Faloutsos (1999)。有關DNA，詳 Vogelstein et al. (2000)。

自組臨界性（self-organized criticality）：Bak (1996)。

肥尾的先鋒：有關財富，Pareto (1896)、Yule (1925, 1944)。次先鋒 Zipf (1932, 1949)。有關語言學，見 Mandelbrot (1952)。

帕雷托（Pareto）：詳 Bouvier (1999)。

內生 vs.外生：Sornette et al. (2004)。

斯波伯（Sperber）之作品：Sperber (1996a, 1996b, 1997)。

迴歸：如果你聽到**最小平方迴歸**這句話，你就應該懷疑其所宣稱的結論。因爲它假設你的誤差非常迅速地洗掉，它低估了全部可能誤差，從而高估了吾人從資料中所能推演出來的知識。

中央極限定理的觀念：大家誤解得很厲害：要花很長的時間才能達到中央極限——因此，由於我們並不住在漸進線上，我們已經有麻煩了。所有不同的隨機變數（如同我們在第十六章開始的例子，+1 或 -1，又稱爲伯努力抽取〔Bernouilli draw〕），在加總之下（我們曾經加總過四十次投擲中的贏的次數），就成了高斯分配。在此，加總是關鍵之所在，因爲我們所考慮的，是四十步加總起來所得到的結果，而這就是高斯分配，在第一和第二中央假設之下，變成了一個所謂的「分配」（distribution）（一個分配告訴你出象結果的分布，或分配情形）。然而，它們可能以不同的速度達到這種狀況。這就叫作中央極限定理：如果你把來自這些馴良的個別跳動之隨機變數加起來，就會導出高斯分配。

中央極限定理用在什麼地方？如果你沒有這些中央假設，而是隨機規模的跳動，那麼我們就不會得到高斯分配。而且，有時候我們會非常緩慢地收斂到高斯分配。有關預先漸進性（preasymptotics）和規模可變性，詳 Mandelbrot and Taleb (2007a)、Bouchaud and Potters (2003)。有關漸進線外的作用問題，Taleb (2007)。

中庸之道（aureas mediocritas）：歷史觀點，在 Naya and Pouey-Mounou (2005)中，巧妙地稱之爲中庸禮讚（Éloge de la médiocrité）。

具體化（實體化）：Lukacz，在 Bewes (2002)。

巨災：Posner (2004)。

集中與現代經濟生活：Zajdenweber (2000)。

社會結構的選擇和壓縮結果：經典之作是 Rawls (1971)，但 Frohlich, Oppenheimer, and Eavy (1987a, 1987b)，以及 Lissowski, Tyszka, and Okrasa (1991)等人與 Rawl 之面紗有可取之處的

想法（雖來自實驗）相衝突。人們喜歡在均貧而不均富這種環境的某種形式上，讓最大平均所得受到一個下限所規範。

高斯傳染（Gaussian contagion）：奎特雷（Quétlet）在 Stigler (1986)。法蘭西斯・高頓（Francis Galton）說道（Ian Hacking 在《馴服偶然》〔*The Taming of Chance*〕中加以引述）：「我不知道有什麼東西比用『誤差法則』（the law of error）來表示宇宙秩序的神奇形式，更能巧妙地激發我們的想像。」

「有限變異數」（finite variance）的廢話：與中央極限定理結合在一起的假設，就是所謂的「有限變異數」，相當的技術性：這些基本步驟，不論是取平方或自乘，都不能用無限大的數去做。它們必須有某個數作爲上限。我們在此加以簡化，讓它們都只有一步，或是有限標準差。但問題是，有些碎形報酬也許會有有限變異數，但還是不能迅速地帶我們到達該處。詳 Bouchaud and Potters (2003)。

對數常態分配：還有個中間型的變種稱爲對數常態分配，Gibrat（詳 Sutton〔1997〕）於二十世紀早期試圖解釋財富分配的一篇論文中強調此分配。在這個架構下，在純粹的偏好連結狀態下，並不全然是富者越富，而是，如果你的財富爲一百，則你的變動爲一，但當你的財富爲一千時，你的變動爲十。你財富的相對變動爲高斯分配。於是對數常態分配膚淺地類似碎形，讓我們覺得它好像可以容忍某些大偏異，但這很危險，因爲它們到最後還是快速地變細微。對數常態分配之引進是個很不好的妥協，卻是一個隱藏高斯分配缺點的方法。

絕種：Sterelny (2001)。有關來自突然斷裂的絕種，詳 Courtillot (1995)及 Courtillot and Gaudemer

(1996)。跳躍：Eldredge and Gould。

碎形、冪法則，及縮放無關分配（scale-free distribution）

定義：技術上而言，$P_{>x}=Kx^{-\alpha}$，α 爲冪法則指數。我們稱之爲縮放無關（scale free），因爲它沒有特性尺度（characteristic scale）：相對偏異 $P_{>x}/P_{>nx}$ 與 x 無關，而是和 n 相關——對「夠大的 x」而言。現在，在另一類的分配，我可以直覺地把此類分配描述爲非規模可變性，具有典型形態 p(x)= Exp［-a x］，其尺度（scale）爲 a。

「多大」的問題：現在，這個問題經常被誤解。其規模可變性或許會在某處停住，但我不知是何處，因此，我也許可以把它看成無限大。命題**非常大，但我不知道有多大**和**無限大**在認識論上可以互替。也許存在一點，其分配在此點會翻轉掉落。如果我們用圖形來看就會很清楚。$\text{Log } P_{>x}=-\alpha \text{ Log } X+C^t$ 爲一規模可變分配。當我們做成雙對數圖（log-log plot，亦即，以對數座標畫 $P_{>x}$ 和 x），如圖十五和圖十六，我們應該看到一直線。

碎形和冪法則：Mandelbrot (1975, 1982)。Schroeder (1991)是必讀。John Chipman 的未發表文稿 *The Paretian Heritage* (Chipman［2006］)是我所見過最好的評論文章。另見 Mitzenmacher (2003)。

「正如科學史所教我們的，做出非常接近事實的理論，和掌握其精確應用是兩件非常不同的事。每個重要的事物，都已經被沒有發現過該事物的人說過了。」Whitehead (1925)。

詩裡的碎形：有關所引用的狄金生，詳 Fulton (1998)。

空隙性（lacunarity）：Brockman (2005)。藝術方面，Mandelbrot (1982)。

醫學裡的碎形：「診斷和治療乳癌的新工具」，*Newswise*, July 18, 2006。

統計物理學的一般參考書籍：（與肥尾之關係）最完整的是 Sornette (2004)。另見 Voit (2001)，或更深入的 Bouchaud and Potters (2002)，關於金融市場價格和經濟物理學。有關「複雜」（complexity）理論，技術書籍：Bocarra (2004)、Strogatz (1994)、受歡迎的 Ruelle (1991)，和 Prigogine (1996)。

配適過程（fitting processes）：有關哲學問題，Taleb and Pilpel (2004)。另見 Pisarenko and Sornette (2004)、Sornette et al. (2004)，及 Sornette and Ide (2001)。

布阿松跳躍（Poisson jumps）：有時候人們會提出具有小機率之「布阿松」跳躍的高斯分配。這或許不錯，但你如何知道其跳躍將會有多大？過去資料或許不會告訴你跳躍有多大。

小樣本效應：Weron (2001)。Officer (1972)非常不懂這個觀點。

統計學的循環論證：Taleb and Pilpel (2004)。Blyth et al. (2005)。

生物學：現代分子生物學先鋒 Salvador Luria 和 Max Delbrück 見證到一個群集現象，偶爾會在一個細菌聚落裡出現一些極大的變異，其變異遠大於其他細菌。

熱力學：在沒有二階動差限制下的熵極大化會導出李維穩定 (Levy-stable) 分配——曼德伯一九五二年的論文（詳 Mandelbrot [1997a]）。Tsallis 的複雜熵概念導出 Student T 分配。

模仿鏈（imitation chains）和病態：資訊流是一個過程，在此過程中，純粹理性的機構會做出一個

圖十五：具冪法則尾部的典型分配（此爲 Student T 分配）

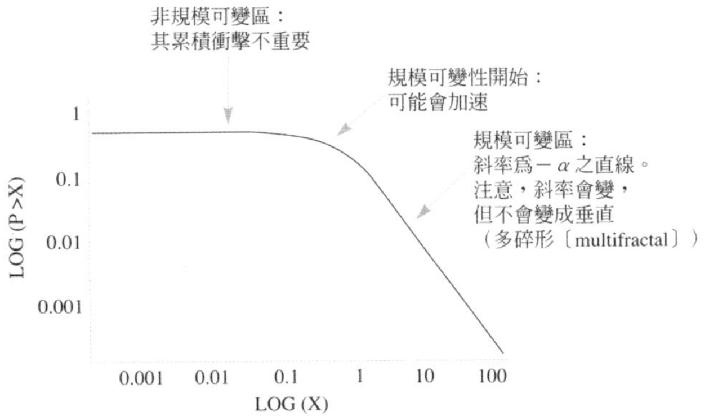

圖十六

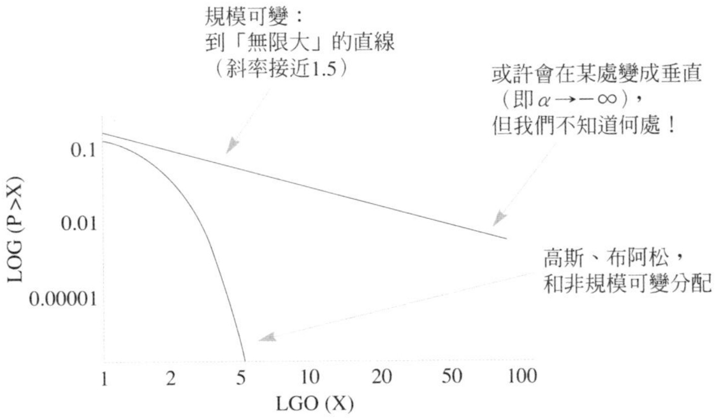

引力的兩種窮盡定義域：垂直線或斜率爲不是負無限大就是常數負 α 的直線。注意，由於機率加起來必須等於 1（即使在法國也一樣），除了這兩種低谷之外，不可能有其他方式，這就是我將它限縮在只有這兩種狀況的原因。我把我的觀念簡單化成兩種極端情形——加上一個問題，由於資料在很遠的右邊非常稀少，我們不知道我們處在哪種低谷。

特殊的選擇，忽略自己的資訊（或判斷），而追隨其他人的資訊（或判斷）。你跑，我就跟著跑，因爲你可能察覺到我所不知道的危險。跟著別人做而不是每次都自己去開發研究，比較有效率。但這種模仿他人的行爲可能導致模仿鏈。很快地，每個人都朝同一個方向跑，而這可能是爲了一個莫名其妙的理由。這種行爲導致股市泡沫和大型流行文化之形成。Bikhchandani et al. (1992)。在心理學方面，詳 Hansen and Donoghue (1977)。在生物學／選汰方面，Dugatkin (2001)、Kirpatrick and Dugatkin (1994)。

自組臨界性（self-organized criticality）：Bak and Chen (1991)、Bak (1996)。

經濟變數：Bundt and Murphy (2006)。大多數經濟變數似乎都遵循一個「穩定」分配。包括外匯、GDP、貨幣供給、利率（長期和短期），及工業生產。

統計學家不接受規模可變性：有瑕疵的推理，錯把尾部的誤差當成有界性（boundedness）：例如，Perline (2005)並不瞭解證據不在（absence of evidence）和不在的證據（evidence of absence）之間的差異。

時間數列和記憶：你可能具有「碎形記憶」（fractal memory），亦即，過去事件對現在的影響有一個「尾巴」（tail）。它以冪法則方式衰減，而非呈指數方式。

馬莫（Marmot）的作品：Marmot (2004)。

第18章

經濟學家：Weintraub (2002)、Szenberg (1992)。

投資組合理論和現代財務學：Markowitz (1952, 1959)、Huang and Litzenberger (1988)，及Sharpe (1994, 1996)。所謂的夏普比率（Sharpe ratio）在平庸世界之外並沒有意義。Steve Ross的書（Ross [2004]）中，有關「新古典財務學」的內容，儘管有「優雅的」數學和美麗的由上而下理論，如果你考慮極端世界，則可以完全作廢。小莫頓的「軼事」在Merton (1992)。

執迷於測量：經常有人拿Crosby (1997)給我看，以證明測量是個偉大成就，卻不知道那是用在平庸世界，而且只能用在平庸世界。Bernstein (1996)犯了同樣的錯誤。

財務學裡的冪法則：Mandelbrot (1963)、Gabaix et al. (2003)，及Stanley et al. (2000)。Kaizoji and Kaizoji (2004)、Véhel and Walter (2002)。土地價格：Kaizoji (2003)。權威：Bouchaud and Potters (2003)。

股票溢酬之謎（**equity premium puzzle**）：如果你接受肥尾，那就沒有股票溢酬之謎。Benartzi and Thaler (1995)提供了心理學上的解釋，卻不瞭解變異數不是正確的測量。還有許多人都如此。

有現貨部位保護的選擇權空單（**covered writes**）：一個笨蛋玩的把戲，因為你把自己的上檔利潤砍掉了——一旦上檔被突破，股票會狂飆，遠超過直覺所能接受。錯誤代表，見Board et al. (2000)。

諾貝爾家族：〈諾貝爾後代抨擊經濟學獎〉，*The Local*, September 28, 2005, Stockholm。

雙重泡沫（double bubble）：衍生性商品的問題是，如果標的證券有溫和的肥尾，且遵循溫和的冪法則（亦即，其尾部的指數爲三或更大），則衍生性商品將會產生非常肥的尾部（如果報酬差不多，則衍生性商品部位的尾部指數將會是原始標的的一半）。這造成Black-Scholes-Merton公式兩倍不適用。

布阿松失效：要瞭解以布阿松分配代替規模可變分配之問題，最好的方法就是把一個布阿松分配調校好，並計算樣本外的誤差。同樣的方法也可以用在GARCH這樣的方法上——它們在樣本裡的表現不錯，但在樣本之外則是非常非常的恐怖（即使用三個月的移動歷史波動性或是平均標準差，其表現都勝過高階的GARCH）。

爲什麼是諾貝爾：Derman and Taleb (2005)、Haug (2007)。

克洛德．貝爾納（Claude Bernard）和實驗醫學：原文爲：Empiricism pour le présent, avec direction a aspiration scientifique pour l'avenir.出自Claude Bernard, *Principle de la médecine expérimentale*。另詳Fagot-Largeault (2002)和Ruffié (1977)。現代以證據爲基礎之醫學：Ierodiakonou and Vandenbroucke (1993)和Vandenbroucke (1996)討論了一個醫學上的隨機法（stochastic approach）。

第19章

波柏的句子：出自《推測與反證》（*Conjectures and Refutations*），頁九五—九七。

彩券悖論（lottery paradox）：這是學者不瞭解高衝擊稀有事件的一個例子。有一個著名的哲學謎團，稱爲「彩券悖論」，原先爲邏輯學家 Henry Kyburg 所提出（詳 Rescher［2001］和 Clark［2002］），其論如下：「我不相信任何一張彩券會中獎，但我相信全部的彩券會中獎。」對我（以及正常人）來說，這個命題似乎沒什麼好奇怪的。然而，對一個受過古典邏輯訓練的學院派哲學家而言，這是一個悖論。但只有當吾人想要把機率命題硬塞進自亞里斯多德時代即普遍使用的邏輯，即**全部或全無**（all or nothing），才會如此。**全部或全無**的接受或棄卻（「我相信」或「我不相信」），碰到高度稀有事件就招架不住了。我們需要少量的相信，而對一個命題，我們需要有除了百分之百或百分之〇以外的不同程度信心。最後一個哲學思考。給我的朋友、選擇權交易員，及猶太法典學者 Rabbi Tony Glickman：生命爲凸性（convex），而且看起來好像是一系列的衍生性商品。簡單說，當你砍掉負面暴露，你就把「未知識」（unknowledge）的殺傷力限制住了，Taleb (2005)。

參考書目

Abarbanell, Jeffery S., and Victor L. Bernard, 1992, "Test of Analysts' Overreaction/Underreaction of Earnings Information as an Explanation for Anomalous Stock Price Behavior." *Journal of Finance* 47: 1181–1207.

Aczel, Amir D, 2004, *Chance: A Guide to Gambling, Love, the Stock Market, and Just About Everything Else.* New York: Thunder's Mouth Press.

Adamic, Lada, 1999, "The Small World Web." *Lecture Notes in Computational Science* 1696: 443–452.

Adamic, Lada, and Bernardo A. Huberman, 1999, "The Nature of Markets in the World Wide Web." *Quarterly Journal of Electronic Commerce* 1: 5–12.

Albert, R., and A.-L. Barabási, 2000, "Topology of Evolving Networks: Local Events and Universality." *Physical Review Letters* 85: 5234–5237.

Albert, R., H. Jeong, and A.-L. Barabási, 2000, "Error and Attack Tolerance of Complex Networks." *Nature* 406: 378–382.

Albouy, François-Xavier, 2002, *Le temps des catastrophes.* Paris: Descartes & Cie.

Al-Ghazali, 1989, "Mikhtarat Min Ahthar Al-Ghazali." In Saliba, Jamil, *Tarikh Al Falsafa Al Arabiah.* Beirut: Al Sharikah Al Ahlamiah Lilk-itab.

Allen, Mark S., 2006, "Transformations in Maori Warfare: Toa, Pa, and Pu." In Elizabeth N. Arkush and Mark W. Allen, 2006.

Allen, Michael, 2003, *The Truth About Writing.* Wiltshire: Kingsfield Publications.

———, 2005, *On the Survival of Rats in the Slushpile: Essays and Criticism.* Wiltshire: Kingsfield Publications.

Allport, D. A., 1975, "The State of Cognitive Psychology." *Quarterly Journal of Experimental Psychology* 27: 141–152.

Allwood, C. M., and H. Montgomery, 1987, "Response Selection Strategies and Realism of Confidence Judgments." *Organizational Behavior and Human Decision Processes* 39: 365–383.

Alpert, M., and H. Raiffa, 1982, "A Progress Report on the Training of Probability Assessors." In D. Kahneman, P. Slovic, and A. Tversky, eds., 1982.

Amaral, L. A. N., A. Scala, M. Barthélémy, and H. E. Stanley, 2000, "Classes of Behavior of Small-world Networks." *Proceedings of the National Academy of Science* 97: 11149–11152.

Anderson, Benedict, 1983, *Imagined Communities.* New York: Verso.

Anderson, Chris, 2006, *The Long Tail.* New York: Hyperion.

Anderson, N. H., 1986, "A Cognitive Theory of Judgment and Decision." In B. Brehmer, H. Jungermann, P. Lourens, and G. Sevón, eds., *New Directions in Research on Decision Making*. Amsterdam: North-Holland.

Angele, U., B. Beer-Binder, R. Berger, C. Bussmann, H. Kleinbölting, and B. Mansard, 1982, *Über- und Unterschätzung des eigenen Wissens in Abhängigkeit von Geschlecht und Bildungsstand* (*Overestimation and Underestimation of One's Knowledge as a Function of Sex and Education*). Unpublished manuscript, University of Konstanz, Federal Republic of Germany.

Angner, Erik, 2006, "Economists as Experts: Overconfidence in Theory and Practice." *Journal of Economic Methodology* 13(1): 1–24.

Annas, Julia, and Julian Barnes, 1985, *Modes of Skepticism*. Cambridge: Cambridge University Press.

Arkes, H. R., C. Christensen, C. Lai, and C. Blumer, 1987, "Two Methods of Reducing Overconfidence." *Organizational Behavior and Human Decision Processes* 39: 133–144.

Arkes, H. R., and K. R. Hammond, 1986, *Judgment and Decision Making: An Interdisciplinary Reader*. Cambridge: Cambridge University Press.

Arkush, Elizabeth N., and Mark W. Allen, eds., 2006, *The Archaeology of Warfare: Prehistories of Raiding and Conquest*. Gainesville: University of Florida Press.

Armelius, B., and K. Armelius, 1974, "The Use of Redundancy in Multiple-cue Judgments: Data from a Suppressor–variable task. *American Journal of Psychology* 87: 385–392.

Armelius, K., 1979, "Task Predictability and Performance as Determinants of Confidence in Multiple-cue Judgments." *Scandinavian Journal of Psychology* 20: 19–25.

Armstrong, J. Scott, 1978, "Are Econometricians Useful? Folklore Versus Fact." *Journal of Business* 51(4): 549–564.

———, 1981, "How Expert Are the Experts?" *Inc.*, Dec. 1981: 15–16.

Aron, Raymond, 1961, *Dimensions de la conscience historique*. Paris: Agora.

Arrow, Kenneth, 1987, "Economic Theory and the Postulate of Rationality." In J. Eatwell, M. Milgate, and P. Newman, eds., 1987, 2: 69–74.

Arthur, Brian W., 1994, *Increasing Returns and Path Dependence in the Economy*. Ann Arbor: University of Michigan Press.

Astebro, Thomas, 2003, "The Return to Independent Invention: Evidence of Unrealistic Optimism, Risk Seeking or Skewness Loving?" *Economic Journal* 113(484): 226–239.

Ashiya, Masahiro, and Takero Doi, 2001, "Herd Behavior of Japanese Economists." *Journal of Economic Behavior and Organization* 46: 343–346.

Attewell, P., 2001, "The Winner-take-all High School: Organizational Adaptations to Educational Stratification." *Sociology of Education* 74: 267–295.

Ayache, E., 2004a, "The Back of Beyond," *Wilmott* (Spring): 26–29.

———. 2004b, "A Beginning, in the End," *Wilmott* (Winter): 6–11.

Ayer, A. J., 1958, *The Problem of Knowledge*. London: Penguin Books.

———, 1972, *Probability and Evidence*. New York: Columbia University Press.

———, 1988, *Voltaire*. London: Faber and Faber.

Ayton, P., and A. G. R. McClelland, 1997, "How Real Is Overconfidence?" *Journal of Behavioral Decision Making* 10: 153–285.

Baddeley, Alan, 1997, *Human Memory: Theory and Practice*. London: Psychology Press.

Bak, Per, 1996, *How Nature Works*. New York: Copernicus.

Bak, P., and K. Chen, 1991, "Self-organized criticality." *Scientific American* 264: 46–53.

Ball, Philip, 2004, *Critical Mass: How One Thing Leads to Another*. London: Arrow Books.

———, 2006, "Econophysics: Culture Crash." *Nature* 441: 686–688.

Banavar, J. R., F. Colaiori, A. Flammini, A. Maritan, and A. Rinaldo, 2000, "A Topology of the Fittest Transportation Network." *Physical Review Letters* 84: 4745–4748.

Barabási, Albert-László, 2002, *Linked: The New Science of Networks*. Boston: Perseus Publishing.

Barabási, Albert-László, and Réka Albert, 1999, "Emergence of Scaling in Random Networks." *Science* 286: 509–512.

Barabási, Albert-László, Réka Albert, and H. Jeong, 1999, "Mean-field Theory for Scale-free Random Networks." *Physica A* 272: 173–197.

Barabási, Albert-László, and Eric Bonabeau, 2003, "Scale-free Networks." *Scientific American* 288(5): 50–59.

Baranski, J. V., and W. M. Petrusic, 1994, "The Calibration and Resolution of Confidence in Perceptual Judgments." *Perception and Psychophysics* 55: 412–428.

Barber, B. M., and T. Odean, 1999, "Trading Is Hazardous to Your Wealth: The Common Stock Investment Performance of Individual Investors." Working Paper.

Barbour, A. D., and G. Reinert, 2000, "Small worlds." Preprint cond-mat/0006001 at http://xxx.lanl.gov.

Bar-Hillel, M., and W. A. Wagenaar, 1991, "The perception of randomness." *Advances in Applied Mathematics* 12(4): 428–454.

Baron, Jonathan, 2000, *Thinking and Deciding,* 3rd ed. New York: Cambridge University Press.

Barron, G., and I. Erev, 2003, "Small Feedback-based Decisions and Their Limited Correspondence to Description-based Decisions." *Journal of Behavioral Decision Making* 16: 215–233.

Barrow, John D., 1998, *Impossibility: The Limits of Science and the Science of Limits.* London: Vintage.

Barrow, John D., and Frank J. Tipler, 1986, *The Anthropic Cosmological Principle.* Oxford: Oxford University Press.

Barrow-Green, June, 1996, *Poincaré and the Three Body Problem. History of Mathematics,* Vol. 11, American Mathematical Society.

Barthélémy, M., and L. A. N. Amaral, 1999, "Small-world Networks: Evidence for a Crossover Picture." *Physical Review Letters* 82: 3180–3183.

Bastiat, Frédéric, 1862–1864, *Oeuvres complètes de Frédéric Bastiat,* 6 vols. Paris: Guillaumin.

Batchelor, R. A., 1990, "All Forecasters Are Equal." *Journal of Business and Economic Statistics* 8(1): 143–144.

———, 2001, "How Useful Are the Forecasts of Intergovernmental Agencies? The IMF and OECD Versus the Consensus." *Applied Economics* 33(2): 225–235.

Bates, Elisabeth, 1994, "Modularity, Domain Specificity, and the Development of Language." In D. C. Gajdusek, G. M. McKhann, and C. L. Bolis, eds., *Evolution and Neurology of Language: Discussions in Neuroscience* 10: 1–2, 136–149.

Bauman, A. O., R. B. Deber, and G. G. Thompson, 1991, "Overconfidence Among Physicians and Nurses: The 'micro certainty, macro certainty' phenomenon." *Social Science and Medicine* 32: 167–174.

Bayer, Hans Christian, 2003, *Information: The New Language of Science.* London: Orion Books, Ltd.

Bechara, A., A. R. Damasio, H. Damasio, and S. W. Anderson, 1994, "Insensitivity to Future Consequences Following Damage to Human Prefrontal Cortex." *Cognition* 50: 1–3, 7–15.

Becker, Lawrence C., 1998, *A New Stoicism.* Princeton, N.J.: Princeton University Press.

Bellamy, Edward, 1891, *Cent ans après, ou l'an 2000,* trad. de l'anglais par Paul Rey; avec une préf. par M. Théodore Reinach. Paris: E. Dentu.

Benartzi, Shlomo, 2001. "Excessive Extrapolation and the Allocation of 401(k) Accounts to Company Stock," *Journal of Finance* 56(5): 1,747–1,764

Benartzi, Shlomo, and Richard Thaler, 1995, "Myopic Loss Aversion and the Equity Premium Puzzle." *Quarterly Journal of Economics* 110(1): 73–92.

Bénassy-Quéré, Agnès, 2002, "*Euro/dollar: tout le monde peut se tromper.*" *La Lettre du CEPII* 215.

Benkirane, R., 2002, *La complexité, vertiges et promesses: 18 histoires de sciences.* Paris: Le Pommier.
Berger, Peter L., and Thomas Luckmann, 1966, *The Social Construction of Reality: A Treatise in the Sociology of Knowledge.* New York: Anchor Books.
Bernard, André, 2002, *Rotten Rejections: The Letters That Publisher Wish They'd Never Sent.* London: Chrysalis Books.
Bernard, Claude, 1878, *La science expérimentale.* Paris: J.-B. Baillière.
Bernoulli, Daniel, 1954, "Exposition of a New Theory on the Measurement of Risk." *Econometrica* 22(1): 23–36.
Bernstein, Peter L., 1996, *Against the Gods: The Remarkable Story of Risk.* New York: Wiley.
Berridge, Kent C., 2003, "Irrational Pursuits: Hyper-incentives from a Visceral Brain." In I. Brocas and J. Carillo, eds., 2003.
Berry, M., 1978, "Regular and Irregular Motion, in Topics in Nonlinear Mechanics," ed. S. Jorna, *American Institute of Physics Conference Proceedings* No. 46, 16–120.
Bevan, Edwyn, 1913, *Stoics and Sceptics.* Chicago: Ares Publishers, Inc.
Bewes, Timothy, 2002, *Reification: or The Anxiety of Late Capitalism.* London: Verso.
Bewley, Ronald A., and Denzil G. Fiebig, 2002, "On the Herding Instinct of Interest Rate Forecasters." *Empirical Economics* 27(3): 403–425.
Bhalla, U. S., and R. Iyengar, 1999, "Emergent Properties of Networks of Biological Signalling Pathways. *Science* 283: 381–387.
Bharat, Barot, 2004, "How Accurate are the Swedish Forecasters on GDP-Growth, CPI-Inflation and Unemployment?, 1993–2001." *Brussels Economic Review/Cahiers Economiques de Bruxelles* 47, 2 Editions du DULBEA, Université libre de Bruxelles, 249–278.
Bikhchandani, Sushil, David Hirshleifer, and Ivo Welch, 1992, "A Theory of Fads, Fashion, Custom, and Cultural Change as Informational Cascades." *Journal of Political Economy* 100 (5): 992–1026.
Binmore, K., 1999, "Why Experiment in Economics?" *Economic Journal* 109(453): 16–24.
Birnbaum, M. H., 1983, "Base Rates in Bayesian Inference: Signal Detection Analysis of the Cab Problem." *American Journal of Psychology* 96(1): 85–94.
Björkman, M., 1987, "A Note on Cue Probability Learning: What Conditioning Data Reveal About Cue Contrast." *Scandinavian Journal of Psychology* 28: 226–232.
———, 1994, "Internal Cue Theory: Calibration and Resolution of Confidence in General Knowledge." *Organizational Behavior and Human Decision Processes* 58: 386–405.
Bjorkman, M., P. Juslin, and A. Winman, 1993, "Realism of Confidence in Sensory Discrimination: The Underconfidence Phenomenon." *Perception and Psychophysics* 54: 75–81.
Blake, Carole, 1999, *From Pitch to Publication.* London: Pan.
Blake, David, Michael Beenstock, and Valerie Brasse, 1986, "The Performance of UK Exchange Rate Forecasters." *Economic Journal* 96(384): 986–999.
Blaug, Mark, 1992, *The Methodology of Economics,* 2nd ed. Cambridge: Cambridge University Press.
Bloch, Marc, 1953, *The Historian's Craft.* New York: Vintage Books.
Blyth, M. R. Abdelal, and Cr. Parsons, 2005, *Constructivist Political Economy.* Preprint, forthcoming, 2006: Oxford University Press.
Board, J., C. Sutcliffe, and E. Patrinos, 2000, "Performance of Covered Calls." *European Journal of Finance* 6(1): 1–17.
Bocarra, Nino, 2004, *Modeling Complex Systems.* Heidelberg: Springer.
Boettke, Peter J., Christopher J. Coyne, and Peter T. Leeson, 2006, "High Priests and Lowly Philosophers: The Battle for the Soul of Economics," a forthcoming article in the *Case Western Law Review.*

Boots, M., and A. Sasaki, 1999, " 'Small worlds' and the Evolution of Virulence: Infection Occurs Locally and at a Distance," *Proceedings of the Royal Society of London* B266: 1933–1938.

Bostrom, Nick, 2002, *Anthropic Bias: Observation Selection Effects in Science and Philosophy.* London: Routledge.

Bouchaud, J.-P., and M. Potters, 2003, *Theory of Financial Risks and Derivatives Pricing: From Statistical Physics to Risk Management*, 2nd ed. Cambridge: Cambridge University Press.

Bourdé, Guy, and Hervé Martin, 1989, *Les écoles historiques.* Paris: Éditions du Seuil.

Bourdieu, Pierre, 1992, *Les règles de l'art.* Paris: Éditions du Seuil.

———, 1996, *Sur la télévision suivi de l'emprise du journalisme.* Paris: Raison d'Agir.

———, 2000, *Esquisse d'une théorie de la pratique.* Paris: Éditions de Seuil.

Bouvier, Alban, ed., 1999, *Pareto aujourd'hui.* Paris: Presses Universitaires de France.

Boyer, Pascal, 2001, *Religion Explained: The Evolutionary Origins of Religious Thought.* New York: Basic Books.

Braudel, Fernand, 1953, "Georges Gurvitch ou la discontinuité du social." *Annales E.S.C.* 8: 347–361.

———, 1969, *Écrits sur l'histoire.* Paris: Flammarion.

———, 1985, *La Méditerranée: L'espace et l'histoire.* Paris: Flammarion.

———, 1990, *Écrits sur l'histoire II.* Paris: Flammarion.

Braun, P. A., and I. Yaniv, 1992, "A Case Study of Expert Judgment: Economists' Probabilities Versus Base-rate Model Forecasts." *Journal of Behavioral Decision Making* 5: 217–231.

Brehmer, B., and C. R. B. Joyce, eds., 1988, *Human Judgment: The SJT View.* Amsterdam: North Holland.

Brender, A., and F. Pisani, 2001, *Les Marchés et la croissance.* Economica.

Brenner, L. A., D. J. Koehler, V. Liberman, and A. Tversky, 1996, "Overconfidence in Probability and Frequency Judgments: A Critical Examination." *Organizational Behavior and Human Decision Processes* 65: 212–219.

Brocas, I., and J. Carillo, eds., 2003, *The Psychology of Economic Decisions,* Vol. 1: *Rationality and Well-being.* Oxford: Oxford University Press.

Brochard, Victor, 1878, *De l'erreur.* Paris: Université de Paris.

———, 1888, *Les sceptiques grecs.* Paris: Imprimerie Nationale.

Brock, W. A., and P. J. F. De Lima, 1995, "Nonlinear Time Series, Complexity Theory, and Finance." University of Wisconsin, Madison—Working Papers 9523.

Brock, W. A., D. A. Hsieh, and B. LeBaron, 1991, *Nonlinear Dynamics, Chaos, and Instability: Statistical Theory and Economic Evidence.* Cambridge, Mass.: The MIT Press.

Brockman, John, 2005, Discussion with Benoît Mandelbrot, www.edge.org.

Brookes-Gunn, J., and G. Duncan, 1994, *Consequences of Growing Up Poor.* New York: Russell Sage.

Broughton, W., and E. W. Mills, 1980, "Resource Inequality and Accumulative Advantage: Stratification in the Ministry." *Social Forces* 58: 1289–1301.

Brugger, P., and R. E. Graves, 1997, "Right Hemispatial Inattention and Magical Ideation." *European Archive of Psychiatry and Clinical Neuroscience* 247(1): 55–57.

Bruner, Jerome, 1994, "The 'Remembered' Self." In Ulric Neisser and Robyn Fivush, eds., *The Remembering Self: Construction and Accuracy in the Self-Narrative.* Cambridge: Cambridge University Press.

———, 2002, *Making Stories: Law, Literature, Life.* New York: Farrar, Straus & Giroux.

Bruner, Jerome S., and Mary C. Potter, 1964, "Interference in Visual Recognition" *Science* 144(3617): 424–425.

Brunswik, E., 1952, *The Conceptual Framework of Psychology.* Chicago: The University of

Chicago Press.
———, 1955, "Representative Design and Probabilistic Theory in a Functional Psychology." *Psychological Review* 62: 193–217.
Buchanan, Mark, 2001, *Ubiquity: Why Catastrophes Happen.* New York: Three Rivers Press.
———, 2002, *Nexus: Small Worlds and the Groundbreaking Theory of Networks.* New York: W. W. Norton and Company.
Budescu, D. V., I. Erev, and T. S. Wallsten, 1997, "On the Importance of Random Error in the Study of Probability Judgment. Part I: New Theoretical Developments." *Journal of Behavioral Decision Making* 10: 157–171.
Buehler, R., D. Griffin, and M. Ross, 2002, "Inside the Planning Fallacy: The Causes and Consequences of Optimistic Time Predictions." In T. Gilovich, D. Griffin, and D. Kahneman, eds., 2002.
Bundt, Thomas, and Robert P. Murphy, 2006, "Are Changes in Macroeconomic Variables Normally Distributed? Testing an Assumption of Neoclassical Economics." Preprint, NYU Economics Department.
Burnham, Terence C., 1997, *Essays on Genetic Evolution and Economics.* New York: Dissertation.com.
———, 2003, "Caveman Economics." Preprint, Harvard Business School.
Burnham, T., and J. Phelan, 2000, *Mean Genes.* Boston: Perseus Publishing.
Bushman, B. J., and G. L. Wells, 2001, "Narrative Impressions of Literature: The Availability Bias and the Corrective Properties of Meta-analytic Approaches." *Personality and Social Psychology Bulletin* 27: 1123–1130.
Callaway, D. S., M. E. J. Newman, S. H. Strogatz, and D. J. Watts, 2000, "Network Robustness and Fragility: Percolation on Random Graphs." *Physical Review Letters* 85: 5468–5471.
Camerer, C., 1995, "Individual Decision Making." In John H. Kagel and Alvin E. Roth, eds., *The Handbook of Experimental Economics.* Princeton, N.J.: Princeton University Press.
———, 2003, *Behavioral Game Theory: Experiments in Strategic Interaction.* Princeton, N.J.: Princeton University Press.
Camerer, Colin F., George Loewenstein, and D. Prelec, 2003, "Neuroeconomics: How Neuroscience Can Inform Economics." Caltech Working Paper.
Camerer, Colin F., George Loewenstein, and Matthew Rabin, 2004, *Advances in Behavioral Economics.* Princeton, N.J.: Princeton University Press.
Cannon, Walter B., 1940, "The Role of Chance in Discovery." *Scientific Monthly* 50: 204–209.
Carnap, R., 1950, *The Logical Foundations of Probability.* Chicago: The University of Chicago Press.
———, 1966, *Philosophical Foundations of Physics.* New York: Basic Books.
Carr, Edward Hallett, 1961, *What Is History?* New York: Vintage Books.
Carter, C. F., G. P. Meredith, and G. L. S. Shackle, 1962, *Uncertainty and Business Decisions.* Liverpool: Liverpool University Press.
Carter, Rita, 1999, *Mapping the Mind.* Berkeley: University of California Press.
———, 2002, *Exploring Consciousness.* Berkeley: University of California Press.
Casanova, Giovanni Giacomo, 1880, *Mémoires de J. Casanova de Seingalt.* Paris: Garnier Frères.
Casscells, W., A. Schoenberger, and T. Grayboys, 1978, "Interpretation by Physicians of Clinical Laboratory Results." *New England Journal of Medicine* 299: 999–1000.
Cerf, Christopher, and Victor Navasky, 1998, *The Expert Speaks: The Definitive Compendium of Authoritative Misinformation.* New York: Villard Books.
Certeau, Michel de, 1975, *L'Ecriture de l'histoire.* Paris: Gallimard.
Chamley, Christophe P., 2004, *Rational Herds: Economic Models of Social Learning.* Cambridge: Cambridge University Press.
Chancellor, Edward, 1999, *Devil Take the Hindmost: A History of Financial Speculation.* New

York: Farrar, Straus & Giroux.
Chartier, Roger, 1996, *Culture et société. L'ordre des livres, XVIe–XVIIIe.* Paris: Albin Michel.
Chen, Keith, Venkat Lakshminarayanan, and Laurie Santos, 2005, "The Evolution of Our Preferences: Evidence from Capuchin Monkey Trading Behavior." Cowles Foundation Discussion Paper No. 1524.
Chen, Qi, Jennifer Francis, and Wei Jiang, 2002, "Investor Learning About Analyst Predictive Ability." Working Paper, Duke University.
Cherniak, C., 1994, "Component Placement Optimization in the Brain." *Journal of Neuroscience* 14: 2418–2427.
Chipman, John, 2006, "The Paretian Heritage." Working Paper, University of Minnesota.
Cialdini, Robert B., 2001, *Influence: Science and Practice.* Boston: Allyn and Bacon.
Cisne, John L., 2005, "Medieval Manuscripts' 'Demography' and Classic Texts' Extinction." *Science* 307(5713): 1305–1307.
Clark, Barrett, and Pascal Boyer, 2006, "*Causal Inferences: Evolutionary Domains and Neural Systems.*" Interdisciplines Conference on Causality, see www.interdiscplines.org.
Clark, Michael, 2002, *Paradoxes from A to Z.* London: Routledge.
Clemen, R. T., 1986, "Calibration and the Aggregation of Probabilities." *Management Science* 32: 312–314.
———, 1989, "Combining Forecasts: A Review and Annotated Bibliography." *International Journal of Forecasting* 5: 559–609.
Cohen, L. J., 1989, *The Philosophy of Induction and Probability.* Oxford: Clarendon Press.
Cohen, R., K. Erez, D. ben-Avraham, and S. Havlin, 2000, "Resilience of the Internet to Random Breakdowns." *Physical Review Letters* 85: 4626–4628.
Cole, J. R., and S. Cole, 1973, *Social Stratification in Science.* Chicago: The University of Chicago Press.
Cole, J. R., and B. Singer, 1991, "A Theory of Limited Differences: Explaining the Productivity Puzzle in Science." In J. C. H. Zuckerman and J. Bauer, eds., *The Outer Circle: Women in the Scientific Community.* New York: W. W. Norton and Company.
Cole, Peter, 2002, *Access to Philosophy: The Theory of Knowledge.* London: Hodder and Stoughton.
Cole, S., 1970, "Professional Standing and the Reception of Scientific Discoveries." *American Journal of Sociology* 76: 286–306.
Cole, S., J. C. Cole, and G. A. Simon, 1981, "Chance and Consensus in Peer Review." *Science* 214: 881–886.
Collins, Randall, 1998, *The Sociology of Philosophies: A Global Theory of Intellectual Change.* Cambridge, Mass.: The Belknap Press of Harvard University Press.
Conley, D., 1999, *Being Black, Living in the Red: Race, Wealth and Social Policy in America.* Los Angeles: University of California Press.
Cooper, John M., 2004, *Knowledge, Nature, and the Good,* Chapter 1: "Method and Science in on Ancient Medicine." Princeton, N.J.: Princeton University Press.
Cootner, Paul H., 1964, *The Random Character of Stock Market Prices.* London: Risk Books.
Cosmides, L., and J. Tooby, 1990, "Is the Mind a Frequentist?" Paper presented at the 31st annual meeting of the Psychonomics Society, New Orleans, La.
———, 1992, "Cognitive Adaptations for Social Exchange." In Jerome H. Barkow, Leda Cosmides, and John Tooby, eds., *The Adapted Mind.* Oxford: Oxford University Press.
———, 1996, "Are Humans Good Intuitive Statisticians After All? Rethinking Some Conclusions from the Literature on Judgment and Uncertainty." *Cognition* 58(1): 187–276.
Courtillot, V., 1995, *La vie en catastrophes.* Paris: Fayard.
Courtillot, V., and Y. Gaudemer, 1996, "Effects of Mass-Extinctions on Biodiversity." *Nature*

381: 146–147.
Cousin, Victor, 1820, *Cours d'histoire de la philosophie morale au dix-huitième siècle.* Paris: Ladrange.
Cover, T. M., and J. A. Thomas, 1991, *Elements of Information Theory.* New York: Wiley.
Cowley, Michelle, and Ruth M. J. Byrne, 2004, "Chess Master's Hypothesis Testing." In Kenneth Forbus, Dedre Gentner, and Terry Regier, eds., *Proceedings of 26th Annual Conference of the Cognitive Science Society, CogSci 2004,* Mahwah, N.J.: Lawrence Erlbaum.
Crosby, Alfred W., 1997, *The Measure of Reality: Quantification and Western Society, 1250–1600.* Cambridge: Cambridge University Press.
Csikszentmihalyi, Mihaly, 1993, *Flow: The Psychology of Optimal Experience.* New York: Perennial Press.
———, 1998, *Finding Flow: The Psychology of Engagement with Everyday Life.* New York: Basic Books.
Cutler, David, James Poterba, and Lawrence Summers, 1989, "What Moves Stock Prices?" *Journal of Portfolio Management* 15: 4–12.
Dally J. M., N. J. Emery, and N. S. Clayton, 2006, "Food-Catching Western Scrub-Jays Keep Track of Who Was Watching When." *Science* 312 (5780): 1,662–1,665.
Damasio, Antonio, 1994, *Descartes' Error: Emotion, Reason, and the Human Brain.* New York: Avon Books.
———, 2000, *The Feeling of What Happens: Body and Emotion in the Making of Consciousness.* New York: Harvest Books.
———, 2003, *Looking for Spinoza: Joy, Sorrow and the Feeling Brain.* New York: Harcourt.
Dannefer, D., 1987, "Aging as Intracohort Differentiation: Accentuation, the Matthew Effect and the Life Course." *Sociological Forum* 2: 211–236.
———, 2003, "Cumulative Advantage/Disadvantage and the Life Course: Cross-fertilizing Age and Social Science." *Journal of Gerontology Series B: Psychological Sciences and Social Sciences* 58: 327–337.
Darwin, Charles, 1859, *On Natural Selection.* London: Penguin Books, Great Ideas.
Daston, L. J., 1988, *Classical Probability in the Enlightenment.* Princeton, N.J.: Princeton University Press.
David, Florence Nightingale, 1962, *Games, Gods, and Gambling: A History of Probability and Statistical Ideas.* Oxford: Oxford University Press.
Dawes, Robyn M., 1980, "Confidence in Intellectual Judgments vs. Confidence in Perceptual Judgments." In E. D. Lantermann and H. Feger, eds., *Similarity and Choice: Papers in Honor of Clyde Coombs.* Bern, Switzerland: Huber.
———,1988, *Rational Choice in an Uncertain World.* New York: Harcourt.
———, 1989, "Measurement Models for Rating and Comparing Risks: The Context of AIDS." *Conference Proceedings Health Services Research Methodology: A Focus on AIDS,* September 1989.
———, 1999, "A Message from Psychologists to Economists: Mere Predictability Doesn't Matter Like It Should, Without a Good Story Appended to It." *Journal of Economic Behavior and Organization.* 39: 29–40.
———, 2001a, "Clinical Versus Actuarial Judgment." *International Encyclopedia of the Social and Behavioral Sciences* 2048–2051.
———, 2001b, *Everyday Irrationality: How Pseudo-Scientists, Lunatics, and the Rest of Us Systematically Fail to Think Rationally.* Oxford: Westview Press.
———, 2002, "The Ethics of Using or Not Using Statistical Prediction Rules in Psychological Practice and Related Consulting Activities." *Philosophy of Science* 69: 178–184.
Dawes, Robyn M., D. Faust, and P. E. Meehl, 1989, "Clinical Versus Actuarial Judgment." *Sci-*

ence 243: 1668–1674.
Dawes, Robyn M., R. Fildes, M. Lawrence, and K. Ord, 1994, "The Past and the Future of Forecasting Research." *International Journal of Forecasting* 10: 151–159.
Dawes, Robyn M., and T. L. Smith, 1985, "Attitude and Opinion Measurement." In G. Lindzey and E. Aronson, *The Handbook of Social Psychology,* Vol. 1. Hillsdale, N.J.: Lawrence Erlbaum.
de Bellaigue, Eric, de., 2004, *British Book Publishing as a Business Since the 1960s.* London: The British Library.
De Bondt, Werner, and Andreas Kappler, 2004, "Luck, Skill, and Bias in Economists' Forecasts." Working Paper, Driehaus Center for Behavioral Finance, DePaul University.
De Bondt, Werner F. M., and Richard M. Thaler, 1990, "Do Security Analysts Overreact?" *American Economic Review* 80: 52–57.
Debreu, Gerard, 1959, *Theorie de la valeur,* Dunod, tr. *Theory of Value.* New York: Wiley.
de Finetti, Bruno, 1931, 1989, "Probabilism." *Erkenntnis* 31: 169–223.
———, 1975, 1995, *Filosophia della probabilita.* Milan: Il Saggiatore.
Degeorge, François, Jayendu Patel, and Richard Zeckhauser, 1999, "Earnings Management to Exceed Thresholds." *Journal of Business* 72(1): 1–33.
DeLong, Bradford, Andrei Shleifer, Lawrence Summers, and Robert J. Waldmann, 1991. "The Survival of Noise Traders in Financial Markets." *Journal of Business* 64(1): 1–20.
Dennett, Daniel C., 1995, *Darwin's Dangerous Idea: Evolution and the Meanings of Life.* New York: Simon & Schuster.
———, 2003, *Freedom Evolves.* New York: Penguin Books.
Derman, E., and N. N. Taleb, 2005, "The Illusions of Dynamic Replication." *Quantitative Finance* 5: 323–326.
De Vany, Arthur, 2002, *Hollywood Economics: Chaos in the Movie Industry.* London: Routledge.
De Vany, Arthur, Nassim Nicholas Taleb, and Mark Spitznagel, 2004, "Can We Shield Artists from Wild Uncertainty?" presented at the Fort Lauderdale Film Festival Scholar's Workshop, June 2004.
DiPrete, Thomas A., and Greg Eirich, 2006, "Cumulative Advantage as a Mechanism for Inequality: A Review of Theoretical and Empirical Developments." *Annual Review of Sociology* 32: 271–297.
Dominitz, Jeff, and David Grether, 1999, "I Know What You Did Last Quarter: Economic Forecasts of Professional Forecasters." Working Paper, Caltech.
Donhardt, Gary L., 2004, "In Search of the Effects of Academic Achievement in Postgraduation Earnings." *Research in Higher Education* 45(3): 271–284.
Dugatkin, Lee Alan, 2001, *The Imitation Factor: Evolution Beyond the Gene.* New York: Simon & Schuster.
Dunbar, Nicholas, 1999, *Inventing Money: The Story of Long-Term Capital Management and the Legends Behind It.* Chichester, England: John Wiley & Sons, Ltd.
Dunning, D., D. W. Griffin, J. Milojkovic, and L. Ross, 1990, "The Overconfidence Effect in Social Prediction." *Journal of Personality and Social Psychology* 58: 568–581.
Dye, Guillaume, 2004, A review of Lorenzo Perilli's *Menodoto di Nicomedia,* Munich and Leipzig: K. G. Saur, in *Bryn Mawr Classical Review,* December 20.
Easterwood, John C., and Stacey R. Nutt, 1999, "Inefficiency in Analysts' Earnings Forecasts: Systematic Misreaction or Systematic Optimism?" *Journal of Finance* 54: 1777–1797.
Eatwell, J., M. Milgate, and P. Newman, eds., 1987, *The New Palgrave: A Dictionary of Economics.* London: Macmillan.
Eco, Umberto, 1992, *How to Travel with a Salmon and Other Essays.* San Diego: Harcourt.
———, 1994, *Six Walks in the Fictional Woods.* Cambridge, Mass.: Harvard University Press.
———, 2000, *Kant and the Platypus: Essays on Language and Cognition.* New York: Harvest Books.

———, 2002, *On Literature*. Orlando: Harcourt Books.
———, 2003, *Mouse or Rat? Translation as Negotiation*. London: Orion Books.
Einhorn, H. J., and R. M. Hogarth, 1981, "Behavioral Decision Theory: Processes of Judgment and Choice." *Annual Review of Psychology* 32: 53–88.
Ekeland, Ivar, 1990, *Mathematics of the Unexpected*. Chicago: The University of Chicago Press.
Eldredge, Niles, and Stephen Jay Gould, 1972, "Punctuated Equilibria: An Alternative to Phyletic Gradualism." *Models in Paleobiology*, ed., T.J.M. Schopf. New York: Freeman.
El-Galfy, A. M., and W. P. Forbes, 2005, "An Evaluation of U.S. Security Analysts Forecasts, 1983–1999." Working Paper.
Elman, C., and A. M. O'Rand, 2004, "The Race Is to the Swift: Socioeconomic Origins, Adult Education, and Wage Attainment." *American Journal of Sociology* 110: 123–160.
Empiricus, Sextus, 1997, *Esquisses pyrrhoniennes*. Paris: Éditions du Seuil.
———, 2002, *Contre les professeurs*. Paris: Éditions du Seuil.
Epstein, Jason, 2001, *Book Business*. London: W. W. Norton.
Erev, I., T. S. Wallsten, and D. V. Budescu, 1994, "Simultaneous Over- and Underconfidence: The Role of Error in Judgment Processes." *Psychological Review* 101: 519–528.
Estoup, J. B., 1916, *Gammes Stenographique*. Paris: Institut Stenographique de France.
Evans, Dylan, 2002, *Emotions: The Science of Sentiment*. Oxford: Oxford University Press.
Eysenck, M. W., and M. T. Keane, 2000, *Cognitive Psychology*, 4th ed. London: Psychology Press.
Fagot-Largeault, Anne, 2002, *Philosophie des sciences biologiques et medicales*. Paris: College de France.
Faia, M., 1975, "Productivity Among Scientists: A Replication and Elaboration." *American Sociological Review* 40: 825–829.
Faloutsos, M., P. Faloutsos, and C. Faloutsos, 1999, "On Power-law Relationships of the Internet Topology." *Computer Communications Review* 29: 251–262.
Favier, A., 1906, *Un médecin grec du deuxième siècle ap. J.-C., précurseur de la méthode expérimentale moderne: Ménodote de Nicomédie*. Paris: Jules Roisset.
Ferguson, Niall, 2005, *1914: Why the World Went to War*. London: Penguin.
———, 2006a, *The War of the World: History's Age of Hatred*. London: Allen Lane.
———, 2006b, "Political Risk and the International Bond Market Between the 1848 Revolution and the Outbreak of the First World War." *Economic History Review* 59(1): 70–112.
Ferraro, K. F., and J. A. Kelley-Moore, 2003, "Cumulative Disadvantage and Health: Long-term Consequences of Obesity?" *American Sociological Review* 68: 707–729.
Feyerabend, Paul, 1987, *Farewell to Reason*. London: Verso.
Finucane, M. L., A. Alhakami, P. Slovic, and S. M. Johnson, 2000, "The Affect a Heuristic in Judgments of Risks and Benefits." *Journal of Behavioral Decision Making* 13: 1–17.
Fischhoff, Baruch, 1982a, "Debiasing." In D. Kahneman, P. Slovic, and A. Tversky, eds., *Judgment Under Uncertainty: Heuristics and Biases*. Cambridge: Cambridge University Press.
———, 1982b, "For Those Condemned to Study the Past: Heuristics and Biases in Hindsight." In D. Kahneman, P. Slovic, and A. Tversky, *Judgment Under Uncertainty: Heuristics and Biases*. Cambridge: Cambridge University Press.
Fischhoff, B., and D. MacGregor, 1983, "Judged Lethality: How Much People Seem to Know Depends on How They Are Asked." *Risk Analysis* 3: 229–236.
Fischhoff, Baruch, Paul Slovic, and Sarah Lichtenstein, 1977, "Knowing with Certainty: The Appropriateness of Extreme Confidence." *Journal of Experimental Psychology* 3(4): 552–564.
Floridi, Luciano, 2002, *The Transmission and Recovery of Pyrrhonism*. Oxford: Oxford University Press.
Flyvbjerg, Bent, Mette Skamris Holm, and Søren Buhl, 2002, "Underestimating Costs in Public Works Projects—Error or Lie." *American Journal of Planning* 68(3), http://home.planet.nl/

~viss1197/japaflyvbjerg.pdf.
Fodor, Jerry A., 1983, *The Modularity of Mind: An Essay on Faculty Psychology.* Cambridge, Mass.: The MIT Press.
Foster, George, 1977, "Quarterly Accounting Data: Time-series Properties and Predictive Ability Results." *Accounting Review* 52: 1–21.
Fox, M. A., and P. Kochanowski, 2004, "Models of Superstardom: An Application of the Lotka and Yule Distributions." *Popular Music and Society* 27: 507–522.
Frame, Donald M., 1965, *Montaigne: A Biography.* New York: Harcourt Brace and World.
Frank, Jerome D., 1935, "Some Psychological Determinants of the Level of Aspiration." *American Journal of Psychology* 47: 285–293.
Frank, Robert, 1994, "Talent and the Winner-Take-All Society." A review of Derek Bok's *The Cost of Talent: How Executives and Professionals Are Paid and How It Affects America,* New York: The Free Press, 1993, in *The American Prospect* 5(17), www.prospect.org/print/V5/17/frank-r.html.
Frank, Robert H., 1985, *Choosing the Right Pond: Human Behavior and the Quest for Status.* Oxford: Oxford University Press.
Frank, Robert H., and P. J. Cook, 1995, *The Winner-Take-All Society: Why the Few at the Top Get So Much More Than the Rest of Us.* New York: The Free Press.
Frankfurter, G. M., and E. G. McGoun, 1996, *Toward Finance with Meaning: The Methodology of Finance: What It Is and What It Can Be.* Greenwich, Conn.: JAI Press.
Freedman, D. A., and P. B. Stark, 2003, "What Is the Chance of an Earthquake?" Technical Report 611 of the Department of Statistics, University of California, Berkeley, September 2001, revised January 2003.
Friesen, Geoffrey, and Paul A. Weller, 2002, "Quantifying Cognitive Biases in Analyst Earnings Forecasts." Working Paper, University of Iowa.
Frohlich, N., J. A. Oppenheimer, and C. L. Eavy, 1987a, "Laboratory Results on Rawls's Distributive Justice." *British Journal of Political Science* 17: 1–21.
———, 1987b, "Choices of Principles of Distributive Justice in Experimental Groups." *American Journal of Political Science* 31(3): 606–636.
Froot, K. A., 2001, "The Market for Catastrophe Risk: A Clinical Examination," *Journal of Financial Economics* 60(2–3): 529–571.
Fukuyama, Francis, 1992, *The End of History and the Last Man.* New York: The Free Press.
Fuller, Steve, 2005, *The Intellectual.* London: Icon Books.
Fulton, Alice, 1998, "Fractal Amplifications: Writing in Three Dimensions." *Thumbscrew* 12 (winter).
Gabaix, X., P. Gopikrishnan, V. Plerou, and H. E. Stanley, 2003, "A Theory of Power-law Distributions in Financial Market Fluctuations." *Nature* 423: 267–270.
Gaddis, John Lewis, 2002, *The Landscape of History: How Historians Map the Past.* Oxford: Oxford University Press.
Galbraith, John Kenneth, 1997, *The Great Crash 1929.* New York: Mariner Books.
Galison, Peter, 2003, *Einstein's Clocks, Poincaré's Maps: Empires of Time.* New York: W. W. Norton and Company.
Gave, Charles, Anatole Kaletsky, and Louis-Vincent Gave, 2005, *Our Brave New World.* London: GaveKal Research.
Gazzaniga, M. S., R. Ivry, and G. R. Mangun, 2002, *Cognitive Neuroscience: The Biology of the Mind,* 2nd ed. New York: W. W. Norton and Company.
Gazzaniga, Michael, and Joseph LeDoux, 1978, *The Integrated Mind.* Plenum Press.
Gazzaniga, Michael S., 2005, *The Ethical Brain.* New York: Dana Press.
Gehring, W. J., and A. R.Willoughby, 2002,"The Medial Frontal Cortex and the Rapid Process-

ing of Monetary Gains and Losses." *Science* 295: 2279–2282.
Gelman, S. A., 1988, "The Development of Induction Within Natural Kind and Artifact Categories." *Cognitive Psychology* 20: 65–95.
Gelman, S. A., and J. D. Coley, 1990, "The Importance of Knowing a Dodo Is a Bird: Categories and Inferences in Two-year-old Children." *Developmental Psychology* 26: 796–804.
Gelman, S. A., and L. A. Hirschfeld, 1999, "How Biological Is Essentialism?" In D. L. Medin and S. Atran, eds., *Folkbiology*. Cambridge, Mass.: The MIT Press.
Gelman, S. A., and E. M. Markman, 1986, "Categories and Induction in Young Children." *Cognition* 23: 183–209.
Gervais, Simon, and Terrance Odean, 1999, "Learning to Be Overconfident." Working Paper, University of Pennsylvania.
Gigerenzer, G., P. M. Todd, and the ABC Research Group, 2000, *Simple Heuristics That Make Us Smart*. Oxford: Oxford University Press.
Gigerenzer, Gerd, 1984, "External Validity of Laboratory Experiments: The Frequency-Validity Relationship." *American Journal of Psychology* 97: 185–195.
———, 1987, "Survival of the Fittest Probabilist: Brunswik, Thurstone, and the Two Disciplines of Psychology." In L. Krüger, G. Gigerenzer, and M. S. Morgan, eds., *The Probabilistic Revolution,* Vol. 2: *Ideas in the Sciences*. Cambridge, Mass.: The MIT Press.
———, 1991, "From Tools to Theories: A Heuristic of Discovery in Cognitive Psychology." *Psychological Review* 98(2): 254–267.
Gigerenzer, G., J. Czerlinski, and L. Martignon, 2002, "How Good Are Fast and Frugal Heuristics?" In T. Gilovich, D. Griffin, and D. Kahneman, eds., 2002.
Gigerenzer, G., and D. G. Goldstein, 1996, "Reasoning the Fast and Frugal Way: Models of Bounded Rationality." *Psychological Review* 103: 650–669.
Gigerenzer, Gerd, W. Hell, and H. Blank, 1988, "Presentation and Content: The Use of Base Rates as a Continuous Variable." *Journal of Experimental Psychology: Human Perception and Performance* 14: 513–525.
Gigerenzer, G., U. Hoffrage, and H. Kleinbolting, 1991, "Probabilistic Mental Models: A Brunswikian Theory of Confidence." *Psychological Review* 98: 506–528.
Gigerenzer, G., and H. R. Richter, 1990, "Context Effects and Their Interaction with Development: Area Judgments." *Cognitive Development* 5: 235–264.
Gigerenzer, G., Z. Swijtink, T. Porter, L. J. Daston, J. Beatty, and L. Krüger, 1989, *The Empire of Chance: How Probability Changed Science and Everyday Life*. Cambridge: Cambridge University Press.
Gilbert, D., E. Pinel, T. D. Wilson, S. Blumberg, and T. Weatley, 2002, "Durability Bias in Affective Forecasting." In T. Gilovich, D. Griffin, and D. Kahneman, eds., 2002.
Gilbert, Daniel, 2006, *Stumbling on Happiness*. New York: Knopf.
Gilbert, Daniel T., 1991, "How Mental Systems Believe." *American Psychologist* 46: 107–119.
Gilbert, Daniel T., Romin W. Tafarodi, and Patrick S. Malone, 1993, "You Can't Not Believe Everything You Read." *Journal of Personality and Social Psychology* 65: 221–233.
Gillespie, John V., 1979, Review of William Ascher's *Forecasting: An Appraisal for Policy-Makers and Planners* in *The American Political Science Review* 73(2): 554–555.
Gillies, Donald, 2000, *Philosophical Theories of Probability*. London: Routledge.
Gilovich, T., D. Griffin, and D. Kahneman, eds., 2002, *Heuristics and Biases: The Psychology of Intuitive Judgment*. Cambridge: Cambridge University Press.
Gladwell, Malcolm, 1996, "The Tipping Point: Why Is the City Suddenly So Much Safer—Could It Be That Crime Really Is an Epidemic?" *The New Yorker,* June 3.
———, 2000, *The Tipping Point: How Little Things Can Make a Big Difference*. New York: Little, Brown.

———, 2002, "Blowing Up: How Nassim Taleb Turned the Inevitability of Disaster into an Investment Strategy." *The New Yorker,* April 22 and 29.

Glänzel, W., 2003, *Bibliometrics as a Research Field: A Course on the Theory and Application of Bibliometric Indicators.* Preprint.

Gleik, James, 1987, *Chaos: Making a New Science.* London: Abacus.

Glimcher, Paul, 2002, *Decisions, Uncertainty, and the Brain: The Science of Neuroeconomics.* Cambridge, Mass.: The MIT Press.

Goldberg, Elkhonon, 2001, *The Executive Brain: Frontal Lobes and the Civilized Mind.* Oxford: Oxford University Press.

———, 2005, *The Wisdom Paradox: How Your Mind Can Grow Stronger as Your Brain Grows Older.* New York: Gotham.

Goleman, Daniel, 1995, *Emotional Intelligence: Why It Could Matter More Than IQ.* New York: Bantam Books.

———, 2003, *Destructive Emotions, How Can We Overcome Them? A Scientific Dialogue with the Dalai Lama.* New York: Bantam.

Goodman, N., 1955, *Fact, Fiction, and Forecast.* Cambridge, Mass.: Harvard University Press.

———, 1972, "Seven Strictures on Similarity." In N. Goodman, ed., *Problems and Projects.* New York: Bobbs-Merrill.

Gopnik, A., 2004, C. Glymour, D. M. Sobel, L. E. Schulz, T. Kushnir, and D. Danks, D., press, "A Theory of Causal Learning in Children: Causal Maps and Bayes Nets." *Psychological Review* 111: 3–32.

Granger, Clive W. J., 1999, *Empirical Modeling in Economics: Specification and Evaluation.* Cambridge: Cambridge University Press.

Gray, John, 2002, *Straw Dogs: Thoughts on Humans and Other Animals.* London: Granta Books.

Green, Jack, 1962, *Fire the Bastards!* New York: Dalkey Archive Press.

Green, K. C. 2005, "Game Theory, Simulated Interaction, and Unaided Judgement for Forecasting Decisions in Conflicts: Further Evidence." *International Journal of Forecasting* 21: 463–472.

Griffin, D. W., and A. Tversky, 1992, "The Weighing of Evidence and the Determinants of Confidence." *Cognitive Psychology* 24: 411–435.

Griffin, D. W., and C. A. Varey, 1996, "Towards a Consensus on Overconfidence." *Organizational Behavior and Human Decision Processes* 65: 227–231.

Gripaios, Peter, 1994, "The Use and Abuse of Economic Forecasts." *Management Decision* 32(6): 61–64.

Guedj, Olivier, and Jean-Philippe Bouchaud, 2006, "Experts' Earning Forecasts: Bias, Herding and Gossamer Information," forthcoming.

Guglielmo, Cavallo, and Roger Chartier, 1997, *Histoire de la lecture dans le monde occidental.* Paris: Éditions du Seuil.

Gurvitch, Georges, 1957, "Continuité et discontinuité en histoire et sociologie." *Annales E.S.C.:* 73–84.

———, 1966, *The Social Framework of Knowledge.* New York: Harper Torchbooks.

Hacking, Ian, 1965, *Logic of Statistical Inference.* Cambridge: Cambridge University Press.

———, 1983, *Representing and Intervening: Introductory Topics in the Philosophy of Natural Science.* Cambridge: Cambridge University Press.

———, 1990, *The Taming of Chance.* Cambridge: Cambridge University Press.

———, 1999, *The Social Construction of What?* Cambridge, Mass.: Harvard University Press.

———, 2001, *An Introduction to Probability and Inductive Logic.* Cambridge: Cambridge University Press.

Hahn, Frank, 1993, "Predicting the Economy." In Leo Howe and Alan Wain, eds., 1993.

Hannon, L., 2003, "Poverty, Delinquency, and Educational Attainment: Cumulative Disadvantage or Disadvantage Saturation?" *Sociological Inquiry* 73: 575–594.

Hansen, R. D., and J. M. Donoghue, 1977, "The Power of Consensus: Information Derived from One's Own and Others' Behavior." *Journal of Personality and Social Psychology* 35: 294–302.

Hardy, G. H., 1940, *A Mathematician's Apology*. Cambridge: Cambridge University Press.

Harris, Olivia, 2004, "Braudel: Historical Time and the Horror of Discontinuity." *History Workshop Journal* 57: 161–174.

Harvey, N., 1997, "Confidence in Judgment." *Trends in Cognitive Science* 1: 78–82.

Hasher, L., and R. T. Zacks, 1979, "Automatic and Effortful Processes in Memory." *Journal of Experimental Psychology: General* 108: 356–388.

Haug, Espen, 2007, *Derivatives: Models on Models*. New York: Wiley.

Hausman, Daniel M., ed., 1994, *The Philosophy of Economics: An Anthology*, 2nd ed. New York: Cambridge University Press.

Hayek, F. A., 1945, "The Use of Knowledge in Society." *American Economic Review* 35(4): 519–530.

———, 1994, *The Road to Serfdom*. Chicago: The University of Chicago Press.

Hecht, Jennifer Michael, 2003, *Doubt: A History*. New York: Harper Collins.

Hempel, C., 1965, *Aspects of Scientific Explanation*. New York: The Free Press.

Henderson, Bill, and André Bernard, eds., *Rotten Reviews and Rejections*. Wainscott, N.Y.: Pushcart.

Hespos, Susan, 2006, "Physical Causality in Human Infants." Interdisciplines Conference on Causality, www.interdisciplines.org.

Hexter, J. H., 1979, *On Historians, Reappraisals of Some of the Masters of Modern History*. Cambridge, Mass.: Harvard University Press.

Hicks, Steven V., and Alan Rosenberg, 2003, "The 'Philosopher of the Future' as the Figure of Disruptive Wisdom." *Journal of Nietzsche Studies* 25: 1–34.

Hilton, Denis, 2003, "Psychology and the Financial Markets: Applications to Understanding and Remedying Irrational Decision-making." In I. Brocas and J. Carillo, eds., 2003.

Hintzman, D. L., G. Nozawa, and M. Irmscher, 1982, "Frequency as a Nonpropositional Attribute of Memory." *Journal of Verbal Learning and Verbal Behavior* 21: 127–141.

Hirshleifer, J., and J. G. Riley, 1992, *The Analytics of Uncertainty and Information*. Cambridge: Cambridge University Press.

Hladik, Jean, 2004, *Comment le jeune et ambitieux Einstein s'est approprié la relativité restreinte de Poincaré*. Paris: Ellipses.

Hoffrage, U., and G. Gigerenzer, 1998, "Using Natural Frequencies to Improve Diagnostic Inferences." *Academic Medicine* 73(5): 538–540.

Hong, Harrison, and Jeffrey Kubik, 2003, "Analyzing the Analysts: Career Concerns and Biased Earnings Forecasts." *Journal of Finance* 58(1): 313–351.

Hopfield, J. J., 1994, "Neurons, Dynamics, and Computation." *Physics Today* 47: 40–46.

Horkheimer, Max, and Theodor W. Adorno, 2002, *Dialectic of Enlightenment: Philosophical Fragments*. Stanford: Stanford University Press.

House, D. K., 1980, "The Life of Sextus Empiricus." *The Classical Quarterly, New Series* 30(1): 227–238.

Howe, Leo, and Alan Wain, eds., 1993, *Predicting the Future*. Cambridge: Cambridge University Press.

Hsee, C. K., and Y. R. Rottenstreich, 2004, "Music, Pandas and Muggers: On the Affective Psychology of Value." *Journal of Experimental Psychology*, forthcoming.

Hsieh, David A., 1991, "Chaos and Nonlinear Dynamics: Application to Financial Markets."

Journal of Finance 46(5): 1839–1877.
Huang, C. F., and R. H. Litzenberger, 1988, *Foundations for Financial Economics.* New York/Amsterdam/London: North-Holland.
Huber, J. C., 1998, "Cumulative Advantage and Success-Breeds-Success: The Value of Time Pattern Analysis." *Journal of the American Society for Information Science and Technology* 49: 471–476.
———, 2002, "A New Model That Generates Lotka's Law." *Journal of the American Society for Information Science and Technology* 53: 209–219.
Huberman, Bernardo A., 2001, *The Laws of the Web: Patterns in the Ecology of Information.* Cambridge, Mass.: The MIT Press.
Hume, David, 1748, 2000, *A Treatise of Human Nature: Being an Attempt to Introduce the Experimental Method of Reasoning into Moral Subjects.* Oxford: Oxford University Press.
Humphrey, Nicholas, 1992, *A History of the Mind: Evolution and the Birth of Consciousness.* New York: Copernicus.
Husserl, Edmund, 1954, *The Crisis of European Sciences and Transcendental Phenomenology.* Evanston, Ill.: Northwestern University Press.
Ierodiakonou, K., and J. P. Vandenbroucke, 1993, "Medicine as a Stochastic Art." *Lancet* 341: 542–543.
Inagaki, Kayoko, and Giyoo Hatano, 2006, "Do Young Children Possess Distinct Causalities for the Three Core Domains of Thought?" Interdisciplines Conference on Causality, www.interdisciplines.org.
Jablonski, D., K. Roy, J. W. Valentine, R. M. Price, and P. S. Anderson, 2003, "The Impact of the Pull of the Recent on the History of Marine Diversity." *Science* 300(5622): 1133–1135.
Jacob, John, Thomas Lys, and Margaret Neale, 1999, "Expertise in Forecasting Performance of Security Analysts." *Journal of Accounting and Economics* 28: 51–82.
Jaynes, E. T., 2003, *Probability Theory: The Logic of Science.* Cambridge: Cambridge University Press.
Jaynes, Julian, 1976, *The Origin of Consciousness in the Breakdown of the Bicameral Mind.* New York: Mariner Books.
Jenkins, Keith, 1991, *Re-Thinking History.* London: Routledge.
Jeong, H., B. Tombor, R. Albert, Z. N. Oltavi, and A.-L. Barabási, 2000, "The Large-scale Organization of Metabolic Networks." *Nature* 407: 651–654.
Joung, Wendy, Beryl Hesketh, and Andrew Neal, 2006, "Using 'War Stories' to Train for Adaptive Performance: Is It Better to Learn from Error or Success?" *Applied Psychology: An International Review* 55(2): 282–302.
Juslin, P., 1991, *Well-calibrated General Knowledge: An Ecological Inductive Approach to Realism of Confidence.* Manuscript submitted for publication. Uppsala, Sweden.
———, 1993, "An Explanation of the Hard-Easy Effect in Studies of Realism of Confidence in One's General Knowledge." *European Journal of Cognitive Psychology* 5:55–71.
———, 1994, "The Overconfidence Phenomenon as a Consequence of Informal Experimenter-guided Selection of Almanac Items." *Organizational Behavior and Human Decision Processes* 57: 226–246.
Juslin, P., and H. Olsson, 1997, "Thurstonian and Brunswikian Origins of Uncertainty in Judgment: A Sampling Model of Confidence in Sensory Discrimination." *Psychological Review* 104: 344–366.
Juslin, P., H. Olsson, and M. Björkman, 1997, "Brunswikian and Thurstonian Origins of Bias in Probability Assessment: On the Interpretation of Stochastic Components of Judgment." *Journal of Behavioral Decision Making* 10: 189–209.
Juslin, P., H. Olsson, and A. Winman, 1998, "The Calibration Issue: Theoretical Comments on

Suantak, Bolger, and Ferrell." *Organizational Behavior and Human Decision Processes* 73: 3–26.

Kadane, J. B., and S. Lichtenstein, 1982, "A Subjectivist View of Calibration." Report No. 82–86, Eugene, Ore.: Decision Research.

Kahneman, D., 2003, "Why People Take Risks." In *Gestire la vulnerabilità e l'incertezza; un incontro internazionale fra studiosi e capi di impresa.* Rome: Italian Institute of Risk Studies.

Kahneman, D., E. Diener, and N. Schwarz, eds., 1999, *Well-being: The Foundations of Hedonic Psychology.* New York: Russell Sage Foundation.

Kahneman, D., and S. Frederick, 2002, "Representativeness Revisited: Attribute Substitution in Intuitive Judgment." In T. Gilovich, D. Griffin, and D. Kahneman, eds., 2002.

Kahneman, D., J. L. Knetsch, and R. H. Thaler, 1986, "Rational Choice and the Framing of Decisions." *Journal of Business* 59(4): 251–278.

Kahneman, D., and D. Lovallo, 1993, "Timid Choices and Bold Forecasts: A Cognitive Perspective on Risk-taking." *Management Science* 39: 17–31.

Kahneman, D., and A. Tversky, 1972, "Subjective Probability: A Judgment of Representativeness." *Cognitive Psychology* 3: 430–454.

———, 1973, "On the Psychology of Prediction." *Psychological Review* 80: 237–251.

———, 1979, "Prospect Theory: An Analysis of Decision Under Risk." *Econometrica* 46(2): 171–185.

———, 1982, "On the Study of Statistical Intuitions." In D. Kahneman, P. Slovic, and A. Tversky, eds., *Judgment Under Uncertainty: Heuristics and Biases.* Cambridge: Cambridge University Press.

———, 1996, "On the Reality of Cognitive Illusions." *Psychological Review* 103: 582–591.

———, eds., 2000, *Choices, Values, and Frames.* Cambridge: Cambridge University Press.

———, 1991, "Anomalies: The Endowment Effect, Loss Aversion, and Status Quo Bias." In D. Kahneman and A. Tversky, eds., 2000.

Kaizoji, Taisei, 2003, "Scaling Behavior in Land Markets." *Physica A: Statistical Mechanics and Its Applications* 326(1–2): 256–264.

Kaizoji, Taisei, and Michiyo Kaizoji, 2004, "Power Law for Ensembles of Stock Prices." *Physica A: Statistical Mechanics and Its Applications* 344(1–2), *Applications of Physics in Financial Analysis* 4 (APFA4) (December 1): 240–243.

Katz, J. Sylvan, 1999, "The Self-similar Science System." *Research Policy* 28(5): 501–517.

Keen, Steve, 2001, *Debunking Economics: The Naked Emperor of the Social Classes.* London: Pluto Press.

Kemp, C., and J. B. Tenenbaum, 2003, "Theory-based Induction." *Proceedings of the Twenty-fifth Annual Conference of the Cognitive Science Society,* Boston, Mass.

Keren, G., 1988, "On the Ability of Assessing Non-verdical Perceptions: Some Calibration Studies." *Acta Psychologica* 67: 95–119.

———, 1991, "Calibration and Probability Judgments: Conceptual and Methodological Issues." *Acta Psychologica* 77: 217–273.

Keynes, John Maynard, 1920, *Treatise on Probability.* London: Macmillan.

———, 1937, "The General Theory." *Quarterly Journal of Economics* 51: 209–233.

Kidd, John B., 1970, "The Utilization of Subjective Probabilities in Production Planning." *Acta Psychologica* 34(2/3): 338–347.

Kim, E. Han, Adair Morse, and Luigi Zingales, 2006, "Are Elite Universities Losing Their Competitive Edge?" NBER Working Paper 12245.

Kindleberger, Charles P., 2001, *Manias, Panics, and Crashes.* New York: Wiley.

King, Gary, and Langche Zeng, 2005, "When Can History Be Our Guide? The Pitfalls of Counterfactual Inference." Working Paper, Harvard University.

Kirkpatrick, Mark, and Lee Alan Dugatkin, 1994, "Sexual Selection and the Evolutionary Effects of Copying Mate Choice." *Behavioral Evolutionary Sociobiology* 34: 443–449.

Klayman, J., 1995, "Varieties of Confirmation Bias." In J. Busemeyer, R. Hastie, and D. L. Medin, eds., *Decision Making from a Cognitive Perspective. The Psychology of Learning and Motivation* 32: 83–136. New York: Academic Press.

Klayman, J., and Y.-W. Ha, 1987, "Confirmation, Disconfirmation, and Information in Hypothesis Testing." *Psychological Review* 94: 211–228.

Klayman, Joshua, Jack B. Soll, Claudia Gonzalez-Vallejo, and Sema Barlas, 1999, "Overconfidence: It Depends on How, What, and Whom You Ask." *Organizational Behavior and Human Decision Processes* 79(3): 216–247.

Klebanoff, Arthur, 2002, *The Agent.* London: Texere.

Klein, Gary, 1998, *Sources of Power: How People Make Decisions.* Cambridge: The MIT Press.

Knight, Frank, 1921, 1965, *Risk, Uncertainty and Profit.* New York: Harper and Row.

Koehler, J. J., B. J. Gibbs, and R. M. Hogarth, 1994, "Shattering the Illusion of Control: Multi-shot Versus Single-shot Gambles." *Journal of Behavioral Decision Making* 7: 183–191.

Koestler, Arthur, 1959, *The Sleepwalkers: A History of Man's Changing Vision of the Universe.* London: Penguin.

Korda, Michael, 2000, *Another Life: A Memoir of Other People.* New York: Random House.

Koriat, A., S. Lichtenstein, and B. Fischhoff, 1980, "Reasons for Confidence." *Journal of Experimental Psychology: Human Learning and Memory* 6: 107–118.

Kreps, J., and N. B. Davies, 1993, *An Introduction to Behavioral Ecology,* 3rd ed. Oxford: Blackwell Scientific Publications.

Kristeva, Julia, 1998, *Time and Sense.* New York: Columbia University Press.

Kruger, J., and D. Dunning, 1999, "Unskilled and Unaware of It: How Difficulties in Recognizing One's Own Incompetence Lead to Inflated Self-Assessments." *Journal of Personality and Social Psychology* 77(6): 1121–1134.

Kunda, Ziva, 1990, "The Case for Motivated Reasoning." *Psychological Bulletin* 108: 480–498.

———, 1999, *Social Cognition: Making Sense of People.* Cambridge: The MIT Press.

Kurz, Mordecai, 1997,"Endogenous Uncertainty: A Unified View of Market Volatility." Working Paper: Stanford University Press.

Kyburg, Henry E., Jr., 1983, *Epistemology and Inference.* Minneapolis: University of Minnesota Press.

Lad, F., 1984, "The Calibration Question." *British Journal of the Philosophy of Science* 35: 213–221.

Lahire, Bernard, 2006, *La condition littéraire.* Paris: Editions La Découverte.

Lakoff, George, and Mark Johnson, 1980, *Metaphors We Live By.* Chicago: The University of Chicago Press.

Lamont, Owen A., 2002, "Macroeconomic Forecasts and Microeconomic Forecasters." *Journal of Economic Behavior and Organization* 48(3): 265–280.

Lane, R. D., E. M. Reiman, M. M. Bradley, P. J. Lang, G. L. Ahern, R. J. Davidson, and G. E. Schwartz, 1997, "Neuroanatomical correlates of pleasant and unpleasant emotion." *Neuropsychologia* 35(11): 1437–1444.

Langer, E. J., 1975, "The Illusion of Control." *Journal of Personality and Social Psychology* 32: 311–328.

Larrick, R. P., 1993, "Motivational Factors in Decision Theories: The Role of Self-Protection." *Psychological Bulletin* 113: 440–450.

Leary, D. E., 1987, "From Act Psychology to Probabilistic Functionalism: The Place of Egon Brunswik in the History of Psychology." In M. G. Ash and W. R. Woodward, eds., *Psychology in Twentieth-century Thought and Society.* Cambridge: Cambridge University Press.

LeDoux, Joseph, 1998, *The Emotional Brain: The Mysterious Underpinnings of Emotional Life.* New York: Simon & Schuster.

———, 2002, *Synaptic Self: How Our Brains Become Who We Are.* New York: Viking.

Le Goff, Jacques, 1985, *Les intellectuels au moyen age.* Paris: Points Histoire.

Levi, Isaac, 1970, *Gambling with Truth.* Cambridge, Mass.: The MIT Press.

Lichtenstein, Sarah, and Baruch Fischhoff, 1977, "Do Those Who Know More Also Know More About How Much They Know? The Calibration of Probability Judgments." *Organizational Behavior and Human Performance* 20: 159–183.

Lichtenstein, Sarah, and Baruch Fischhoff, 1981, "The Effects of Gender and Instructions on Calibration." *Decision Research Report* 81–5. Eugene, Ore.: Decision Research.

Lichtenstein, Sarah, Baruch Fischhoff, and Lawrence Phillips, 1982, "Calibration of Probabilities: The State of the Art to 1980." In D. Kahneman, P. Slovic, and A. Tversky, eds., *Judgment Under Uncertainty: Heuristics and Biases.* Cambridge: Cambridge University Press.

Lim, T., 2001, "Rationality and Analysts' Forecast Bias." *Journal of Finance* 56(1): 369–385.

Lissowski, Grzegorz, Tadeusz Tyszka, and Wlodzimierz Okrasa, 1991, "Principles of Distributive Justice: Experiments in Poland and America." *Journal of Conflict Resolution* 35(1): 98–119.

Liu, Jing, 1998, "Post-Earnings Announcement Drift and Analysts' Forecasts." Working Paper, UCLA.

Loewenstein, G. F., E. U. Weber, C. K. Hsee, and E. S. Welch, 2001, "Risk as Feelings." *Psychological Bulletin* 127: 267–286.

Loewenstein, George, 1992, "The Fall and Rise of Psychological Explanations in the Economics of Intertemporal Choice." In George Loewenstein and Jon Elster, eds., *Choice over Time.* New York: Russell Sage Foundation.

Loftus, Elizabeth F., and Katherine Ketcham, 1994, *The Myth of Repressed Memory: False Memories and Allegations and Sexual Abuse.* New York: St. Martin's Press.

Lotka, Alfred J., 1926, "The Frequency Distribution of Scientific Productivity." *Journal of the Washington Academy of Sciences* 16(12): 317–323.

Lowenstein, R., 2000, *When Genius Failed: The Rise and Fall of Long-Term Capital Management.* New York: Random House.

Lucas, Robert E., 1978, "Asset Prices in an Exchange Economy." *Econometrica* 46: 1429–1445.

Luce, R. D., and H. Raiffa, 1957, *Games and Decisions: Introduction and Critical Survey.* New York: Wiley.

Mach, E., 1896, "On the Part Played by Accident in Invention and Discovery." *Monist* 6: 161–175.

Machina, M. J., and M. Rothschild, 1987, "Risk." In J. Eatwell, M. Milgate, and P. Newman, eds., 1987.

Magee, Bryan, 1985, *Philosophy and the Real World: An Introduction to Karl Popper.* La Salle, Ill.: Open Court Books.

———, 1997, *Confessions of a Philosopher.* London: Weidenfeld & Nicolson.

Maines, L. A., and J. R. Hand, 1996, "Individuals' Perceptions and Misperceptions of Time-series Properties of Quarterly Earnings." *Accounting Review* 71: 317–336.

Makridakis, S., A. Andersen, R. Carbone, R. Fildes, M. Hibon, R. Lewandowski, J. Newton, R. Parzen, and R. Winkler, 1982, "The Accuracy of Extrapolation (Time Series) Methods: Results of a Forecasting Competition." *Journal of Forecasting* 1: 111–153.

Makridakis, S., C. Chatfield, M. Hibon, M. Lawrence, T. Mills, K. Ord, and L. F. Simmons, 1993, "The M2–Competition: A Real-Time Judgmentally Based Forecasting Study" (with commentary). *International Journal of Forecasting* 5: 29.

Makridakis, S., and M. Hibon, 2000, "The M3-Competition: Results, Conclusions and Implications." *International Journal of Forecasting* 16: 451–476.

Mandelbrot, B., 1963, "The Variation of Certain Speculative Prices." *Journal of Business* 36(4): 394–419.

Mandelbrot, Benoît, 1965, "Information Theory and Psycholinguistics." In B. Wolman and E. Nagel, eds., *Scientific Psychology: Principles and Approaches*. New York: Basic Books.

———, 1975, *Les objets fractals: forme, hasard, et dimension*. Paris: Flammarion.

———, 1982, *The Fractal Geometry of Nature*. New York: W. H. Freeman and Company.

———, 1997a, *Fractales, hasard et finance*. Paris: Flammarion.

———, 1997b, *Fractals and Scaling in Finance: Discontinuity, Concentration, Risk*. New York: Springer-Verlag.

Mandelbrot, Benoît, and Nassim Nicholas Taleb, 2006a, "A Focus on the Exceptions That Prove the Rule." In *Mastering Uncertainty: Financial Times Series*.

———, 2006b, "Matematica della sagessa." *Il Sole 24 Ore*, October 9.

———, 2007a, "Random Jump Not Random Walk." Manuscript.

———, 2007b, "Mild vs. Wild Randomness: Focusing on Risks that Matter." Forthcoming in Frank Diebold, Neil Doherty, and Richard Herring, eds., *The Known, the Unknown and the Unknowable in Financial Institutions*. Princeton, N.J.: Princeton University Press.

Mandler, J. M., and L. McDonough, 1998, "Studies in Inductive Inference in Infancy." *Cognitive Psychology* 37: 60–96.

Margalit, Avishai, 2002, *The Ethics of Memory*. Cambridge, Mass.: Harvard University Press.

Markowitz, Harry, 1952, "Portfolio Selection." *Journal of Finance* (March): 77–91.

———, 1959, *Portfolio Selection: Efficient Diversification of Investments*, 2nd ed. New York: Wiley.

Marmott, Michael, 2004, *The Status Syndrome: How Social Standing Affects Our Health and Longevity*. London: Bloomsbury.

Marr, D., 1982, *Vision*. New York: W. H. Freeman and Company.

Masters, John, 1969, *Casanova*. New York: Bernard Geis Associates.

May, R. M., 1973, *Stability and Complexity in Model Ecosystems*. Princeton, N.J.: Princeton University Press.

May, R. S., 1986, "Overconfidence as a Result of Incomplete and Wrong Knowledge." In R. W. Scholz, ed., *Current Issues in West German Decision Research*. Frankfurt am Main, Germany: Lang.

Mayseless, O., and A. W. Kruglanski, 1987, "What Makes You So Sure? Effects of Epistemic Motivations on Judgmental Confidence. *Organizational Behavior and Human Decision Processes* 39: 162–183.

McClelland, A. G. R., and F. Bolger, 1994, "The Calibration of Subjective Probabilities: Theories and Models, 1980–1994." In G. Wright and P. Ayton, eds., *Subjective Probability*. Chichester, England: Wiley.

McCloskey, Deirdre, 1990, *If You're So Smart: The Narrative of Economic Expertise*. Chicago: The University of Chicago Press.

———, 1992, "The Art of Forecasting: From Ancient to Modern Times." *Cato Journal* 12(1): 23–43.

McClure, Samuel M., David I. Laibson, George F. Loewenstein, and Jonathan D. Cohen, 2004, "Separate Neural Systems Value Immediate and Delayed Monetary Rewards." *Science* 306(5695): 503–507.

McManus, Chris, 2002, *Right Hand, Left Hand*. London: Orion Books.

McNees, Stephen K., 1978, "Rebuttal of Armstrong." *Journal of Business* 51(4): 573–577.

———, 1995, "An Assessment of the 'Official' Economic Forecasts." *New England Economic Review* (July/August): 13–23.

McNeill, William H., 1976, *Plagues and Peoples*. New York: Anchor Books.

Medawar, Peter, 1996, *The Strange Case of the Spotted Mice and Other Classic Essays on Science*.

Oxford: Oxford University Press.
Meehl, Paul E., 1954, *Clinical Versus Statistical Predictions: A Theoretical Analysis and Revision of the Literature.* Minneapolis: University of Minnesota Press.
———, 1973, "Why I Do Not Attend in Case Conferences." In *Psychodiagnosis: Selected Papers,* 225–302. Minneapolis: University of Minnesota Press.
Mendenhall, Richard R., 1991, "Evidence of Possible Underweighting of Earnings-related Information." *Journal of Accounting Research* 29: 170–178.
Merton, R. K., 1968. "The Matthew Effect in Science." *Science* 159: 56–63.
———, 1973a, "The Matthew Effect in Science." In N. Storer, ed., *The Sociology of Science.* Chicago: The University of Chicago Press.
———, 1973b, "The Normative Structure of Science." In N. Storer, ed., *The Sociology of Science.* Chicago: The University of Chicago Press.
———, 1988, "The Matthew Effect II: Cumulative Advantage and the Symbolism of Intellectual Property." *Isis* 79: 606–623.
Merton, Robert C., 1972, "An Analytic Derivation of the Efficient Portfolio Frontier." *Journal of Financial and Quantitative Analysis* 7(4): 1851–1872.
———, 1992, *Continuous-Time Finance,* 2nd ed. Cambridge, England: Blackwell.
Merton, Robert K., and Elinor Barber, 2004, *The Travels and Adventures of Serendipity.* Princeton, N.J.: Princeton University Press.
Mihailescu, Calin, 2006, *Lotophysics.* Preprint, University of Western Ontario.
Mikhail, M. B., B. R. Walther, and R. H. Willis, 1999, "Does Forecast Accuracy Matter to Security Analysts?" *The Accounting Review* 74(2): 185–200.
Mikhail, Michael B., Beverly R. Walther, and Richard H. Willis, 1997, "Do Security Analysts Improve Their Performance with Experience?" *Journal of Accounting Research* 35: 131–157.
Milgram, S., 1967, "The Small World Problem." *Psychology Today* 2: 60–67.
Mill, John Stuart, 1860, *A System of Logic Ratiocinative and Inductive, Being a Connected View of the Principle of Evidence and the Methods of Scientific Investigation,* 3rd ed. London: John W. Parker, West Strand.
Miller, Dale T., and Michael Ross, 1975, "Self-Serving Biases in Attribution of Causality: Fact or Fiction?" *Psychological Bulletin* 82(2): 213–225.
Miller, Geoffrey F., 2000, *The Mating Mind: How Sexual Choice Shaped the Evolution of Human Nature.* New York: Doubleday.
Minsky, H., 1982, *Can It Happen Again? Essays on Instability and Finance.* Armonk, N.Y.: M. E. Sharpe.
Mitzenmacher, Michael, 2003, "A Brief History of Generative Models for Power Law and Lognormal Distributions." *Internet Mathematics* 1(2): 226–251.
Mohr, C., T. Landis, H. S. Bracha, and P. Brugger, 2003, "Opposite Turning Behavior in Right-handers and Non-right-handers Suggests a Link Between Handedness and Cerebral Dopamine Asymmetries." *Behavioral Neuroscience* 117(6): 1448–1452.
Mokyr, Joel, 2002, *The Gifts of Athena.* Princeton, N.J.: Princeton University Press.
Montier, James, 2007, *Applied Behavioural Finance.* Chichester, England: Wiley.
Moon, Francis C., 1992, *Chaotic and Fractal Dynamics.* New York: Wiley.
Mossner, E. C., 1970, *The Life of David Hume.* Oxford: Clarendon Press.
Murphy, A. H., and R. Winkler, 1984, "Probability Forecasting in Meteorology." *Journal of the American Statistical Association* 79: 489–500.
Myers, David G., 2002, *Intuition: Its Powers and Perils.* New Haven, Conn.: Yale University Press.
Nader, K., and J. E. LeDoux, 1999, "The Dopaminergic Modulation of Fear: Quinpirole Impairs the Recall of Emotional Memories in Rats." *Behavioral Neuroscience* 113(1): 152–165.

Naya, Emmanuel, and Anne-Pascale Pouey-Mounou, 2005, *Éloge de la médiocrité*. Paris: Éditions Rue d'ulm.

Nelson, Lynn Hankinson, and Jack Nelson, 2000, *On Quine*. Belmont, Calif.: Wadsworth.

Nelson, Robert H., 2001, *Economics as a Religion: From Samuelson to Chicago and Beyond*. University Park, Penn.: The Pennsylvania State University Press.

Newell, A., and H. A. Simon, 1972, *Human Problem Solving*. Englewood Cliffs, N.J.: Prentice-Hall.

Newman, M., 2003, "The Structure and Function of Complex Networks." *SIAM Review* 45: 167–256.

Newman, M. E. J., 2000, "Models of the Small World: A Review. *Journal of Statistical Physics* 101: 819–841.

———, 2001, "The Structure of Scientific Collaboration Networks." *Proceedings of the National Academy of Science* 98: 404–409.

———, 2005, "Power Laws, Pareto Distributions, and Zipf's Law." *Complexity Digest* 2005.02: 1–27.

Newman, M. E. J., C. Moore, and D. J. Watts, 2000, "Mean-field Solution of the Small-World Network Model." *Physical Review Letters* 84: 3201–3204.

Newman, M. E. J., D. J. Watts, and S. H. Strogatz, 2000, "Random Graphs with Arbitrary Degree Distribution and Their Applications." Preprint cond-mat/0007235 at http://xxx.lanl.gov.

Neyman, J., 1977, "Frequentist Probability and Frequentist Statistics." *Synthese* 36: 97–131.

Nietzsche, Friedrich, 1979, *Ecce Homo*. London: Penguin Books.`

Nisbett, R. E., D. H. Krantz, D. H. Jepson, and Z. Kunda, 1983, "The Use of Statistical Heuristics in Everyday Inductive Reasoning." *Psychological Review* 90: 339–363.

Nisbett, Richard E., and Timothy D. Wilson, 1977, "Telling More Than We Can Know: Verbal Reports on Mental Processes." *Psychological Bulletin* 84(3): 231–259.

Nussbaum, Martha C., 1986, *The Fragility of Goodness: Luck and Ethics in Greek Tragedy and Philosophy*. Cambridge: Cambridge University Press.

O'Connor, M., and M. Lawrence, 1989, "An Examination of the Accuracy of Judgment Confidence Intervals in Time Series Forecasting." *International Journal of Forecasting* 8: 141–155.

O'Neill, Brian C., and Mausami Desai, 2005, "Accuracy of Past Projections of U.S. Energy Consumption." *Energy Policy* 33: 979–993.

Oberauer K., O. Wilhelm, and R. R. Diaz, 1999, "Bayesian Rationality for the Wason Selection Task? A Test of Optimal Data Selection Theory." *Thinking and Reasoning* 5(2): 115–144.

Odean, Terrance, 1998a, "Are Investors Reluctant to Realize Their Losses?" *Journal of Finance* 53(5): 1775–1798.

———, 1998b. "Volume, Volatility, Price and Profit When All Traders Are Above Average." *Journal of Finance* 53(6): 1887–1934.

Officer, R. R., 1972, "The Distribution of Stock Returns." *Journal of the American Statistical Association* 340(67): 807–812.

Olsson, Erik J., 2006, *Knowledge and Inquiry: Essays on the Pragmatism of Isaac Levi*. Cambridge Studies in Probability, Induction and Decision Theory Series. Cambridge: Cambridge University Press.

Onkal, D., J. F. Yates, C. Simga-Mugan, and S. Oztin, 2003, "Professional and Amateur Judgment Accuracy: The Case of Foreign Exchange Rates." *Organizational Behavior and Human Decision Processes* 91: 169–185.

Ormerod, Paul, 2005, *Why Most Things Fail*. New York: Pantheon Books.

———, 2006, "Hayek, 'The Intellectuals and Socialism,' and Weighted Scale-free Networks." *Economic Affairs* 26: 1–41.

Oskamp, Stuart, 1965, "Overconfidence in Case-Study Judgments." *Journal of Consulting Psy-*

chology 29(3): 261–265.

Paese, P. W., and J. A. Sniezek, 1991, "Influences on the Appropriateness of Confidence in Judgment: Practice, Effort, Information, and Decision Making." *Organizational Behavior and Human Decision Processes* 48: 100–130.

Page, Scott, 2007, *The Difference: How the Power of Diversity Can Create Better Groups, Firms, Schools, and Societies.* Princeton, N.J.: Princeton University Press.

Pais, Abraham, 1982, *Subtle Is the Lord.* New York: Oxford University Press.

Pareto, Vilfredo, 1896, *Cours d'économie politique.* Geneva: Droz.

Park, David, 2005, *The Grand Contraption: The World as Myth, Number, and Chance.* Princeton, N.J.: Princeton University Press.

Paulos, John Allen, 1988, *Innumeracy.* New York: Hill & Wang.

———, 2003, *A Mathematician Plays the Stock Market.* Boston: Basic Books.

Pearl, J., 2000, *Causality: Models, Reasoning, and Inference.* New York: Cambridge University Press.

Peirce, Charles Sanders, 1923, 1998, *Chance, Love and Logic: Philosophical Essays.* Lincoln: University of Nebraska Press.

———, 1955, *Philosophical Writings of Peirce,* edited by J. Buchler. New York: Dover.

Penrose, Roger, 1989, *The Emperor's New Mind.* New York: Penguin.

Pérez, C. J., A. Corral, A. Diáz-Guilera, K. Christensen, and A. Arenas, 1996, "On Self-organized Criticality and Synchronization in Lattice Models of Coupled Dynamical Systems." *International Journal of Modern Physics B* 10: 1111–1151.

Perilli, Lorenzo, 2004, *Menodoto di Nicomedia: Contributo a una storia galeniana della medicina empirica.* Munich, Leipzig: K. G. Saur.

Perline, R., 2005, "Strong, Weak, and False Inverse Power Laws." *Statistical Science* 20(1): 68–88.

Pfeifer, P. E., 1994, "Are We Overconfident in the Belief That Probability Forecasters Are Overconfident?" *Organizational Behavior and Human Decision Processes* 58(2): 203–213.

Phelan, James, 2005, "Who's Here? Thoughts on Narrative Identity and Narrative Imperialism." *Narrative* 13: 205–211.

Piattelli-Palmarini, Massimo, 1994, *Inevitable Illusions: How Mistakes of Reason Rule Our Minds.* New York: Wiley.

Pieters, Rik, and Hans Baumgartner, 2002. "Who Talks to Whom? Intra- and Interdisciplinary Communication of Economics Journals." *Journal of Economic Literature* 40(2): 483–509.

Pinker, Steven, 1997, *How the Mind Works.* New York: W. W. Norton and Company.

———, 2002, *The Blank Slate: The Modern Denial of Human Nature.* New York: Viking.

Pisarenko, V., and D. Sornette, 2004, "On Statistical Methods of Parameter Estimation for Deterministically Chaotic Time-Series." *Physical Review E* 69: 036122.

Plotkin, Henry, 1998, *Evolution in Mind: An Introduction to Evolutionary Psychology.* London: Penguin.

Plous, S., 1993. *The Psychology of Judgment and Decision Making.* New York: McGraw-Hill.

———, 1995, "A Comparison of Strategies for Reducing Interval Overconfidence in Group Judgments." *Journal of Applied Psychology* 80: 443–454.

Polanyi, Michael, 1958/1974, *Personal Knowledge: Towards a Post-Critical Philosophy.* Chicago: The University of Chicago Press.

Popkin, Richard H., 1951, "David Hume: His Pyrrhonism and His Critique of Pyrrhonism." *The Philosophical Quarterly* 1(5): 385–407.

———, 1955, "The Skeptical Precursors of David Hume." *Philosophy and Phenomenological Research* 16(1): 61–71.

———, 2003, *The History of Scepticism: From Savonarola to Bayle.* Oxford: Oxford University

Press.
Popper, Karl R., 1971, *The Open Society and Its Enemies*, 5th ed. Princeton, N.J.: Princeton University Press.
———, 1992, *Conjectures and Refutations: The Growth of Scientific Knowledge*, 5th ed. London: Routledge.
———, 1994, *The Myth of the Framework*. London: Routledge.
———, 2002a, *The Logic of Scientific Discovery*, 15th ed. London: Routledge.
———, 2002b, *The Poverty of Historicism*. London: Routledge.
Posner, Richard A., 2004, *Catastrophe: Risk and Response*. Oxford: Oxford University Press.
Price, Derek J. de Solla, 1965, "Networks of Scientific Papers." *Science* 149: 510–515.
———, 1970, "Citation Measures of Hard Science, Soft Science, Technology, and Non-science." In C. E. Nelson and D. K. Pollak, eds., *Communication Among Scientists and Engineers*. Lexington, Mass.: Heat.
———, 1976, "A General Theory of Bibliometric and Other Cumulative Advantage Processes." *Journal of the American Society of Information Sciences* 27: 292–306.
Prigogine, Ilya, 1996, *The End of Certainty: Time, Chaos, and the New Laws of Nature*. New York: The Free Press.
Quammen, David, 2006, *The Reluctant Mr. Darwin*. New York: W. W. Norton and Company.
Quine, W. V., 1951, "Two Dogmas of Empiricism." *The Philosophical Review* 60: 20–43.
———, 1970, "Natural Kinds." In N. Rescher, ed., *Essays in Honor of Carl G. Hempel*. Dordrecht: D. Reidel.
Rabin, M., 1998, "Psychology and Economics." *Journal of Economic Literature* 36: 11–46.
Rabin, M., and R. H. Thaler, 2001, "Anomalies: Risk Aversion." *Journal of Economic Perspectives* 15(1): 219–232.
Rabin, Matthew, 2000, "Inference by Believers in the Law of Small Numbers." Working Paper, Economics Department, University of California, Berkeley, http://repositories.cdlib.org/iber/econ/.
Ramachandran, V. S., 2003, *The Emerging Mind*. London: Portfolio.
Ramachandran, V. S., and S. Blakeslee, 1998, *Phantoms in the Brain*. New York: Morrow.
Rancière, Jacques, 1997, *Les mots de l'histoire. Essai de poétique du savoir.* Paris: Éditions du Seuil.
Ratey, John J., 2001, *A User's Guide to the Brain: Perception, Attention and the Four Theaters of the Brain*. New York: Pantheon.
Rawls, John, 1971, *A Theory of Justice*. Cambridge, Mass.: Harvard University Press.
Reboul, Anne, 2006, "Similarities and Differences Between Human and Nonhuman Causal Cognition." Interdisciplines Conference on Causality, www.interdisciplines.org.
Redner, S., 1998, "How Popular Is Your Paper? An Empirical Study of the Citation Distribution." *European Physical Journal B* 4: 131–134.
Rees, Martin, 2004, *Our Final Century: Will Civilization Survive the Twenty-first Century?* London: Arrow Books.
Reichenbach, H., 1938, *Experience and prediction*. Chicago: The University of Chicago Press.
Remus, W., M. Oapos Connor, and K. Griggs, 1997, "Does Feedback Improve the Accuracy of Recurrent Judgmental Forecasts?" Proceedings of the Thirtieth Hawaii International Conference on System Sciences, January 7–10: 5–6.
Rescher, Nicholas, 1995, *Luck: The Brilliant Randomness of Everyday Life*. New York: Farrar, Straus & Giroux.
———, 2001, *Paradoxes: Their Roots, Range, and Resolution*. Chicago: Open Court Books.
Richardson, L. F., 1960, *Statistics of Deadly Quarrels*. Pacific Grove, Calif.: Boxwood Press.
Rips, L., 2001, "Necessity and Natural Categories." *Psychological Bulletin* 127: 827–852.
Roberts, Royston M., 1989, *Serendipity: Accidental Discoveries in Science*. New York: Wiley.

Robins, Richard W., 2005, "Pscyhology: The Nature of Personality: Genes, Culture, and National Character." *Science* 310: 62–63.

Rollet, Laurent, 2005, *Un mathématicien au Panthéon? Autour de la mort de Henri Poincaré.* Laboratoire de Philosophie et d'Histoire des Sciences—Archives Henri-Poincaré, Université Nancy 2.

Ronis, D. L., and J. F. Yates, 1987, "Components of Probability Judgment Accuracy: Individual Consistency and Effects of Subject Matter and Assessment Method." *Organizational Behavior and Human Decision Processes* 40: 193–218.

Rosch, E., 1978, "Principles of Categorization." In E. Rosch and B. B. Lloyd, eds., *Cognition and Categorization*. Hillsdale, N.J.: Lawrence Erlbaum.

Rosch, E. H., 1973, "Natural Categories." *Cognitive Psychology* 4: 328–350.

Rose, Steven, 2003, *The Making of Memory: From Molecules to Mind,* revised ed. New York: Vintage.

Rosen, S., 1981, "The Economics of Superstars." *American Economic Review* 71: 845–858.

Rosenzweig, Phil, 2006, *The Halo Effect and Other Business Delusions: Why Experts Are So Often Wrong and What Wise Managers Must Know.* New York: The Free Press.

Ross, Stephen A., 2004, *Neoclassical Finance.* Princeton, N.J.: Princeton University Press.

Rounding, Virginia, 2006, *Catherine the Great: Love, Sex and Power.* London: Hutchinson.

Ruelle, David, 1991, *Hasard et chaos.* Paris: Odile Jacob.

Ruffié, Jacques, 1977, *De la biologie à la culture.* Paris: Flammarion.

Russell, Bertrand, 1912, *The Problems of Philosophy.* New York: Oxford University Press.

———, 1993, *My Philosophical Development.* London: Routledge.

———, 1996, *Sceptical Essays.* London: Routledge.

Russo, J. Edward, and Paul J. H. Schoernaker, 1992, "Managing Overconfidence." *Sloan Management Review* 33(2): 7–17.

Ryle, Gilbert, 1949, *The Concept of Mind.* Chicago: The University of Chicago Press.

Salganik, Matthew J., Peter S. Dodds, and Duncan J. Watts, 2006, "Experimental Study of Inequality and Unpredictability in an Artificial Cultural Market." *Science* 311: 854–856.

Samuelson, Paul A., 1983, *Foundations of Economic Analysis.* Cambridge, Mass.: Harvard University Press.

Sapolsky, Robert M., 1998, *Why Zebras Don't Get Ulcers: An Updated Guide to Stress, Stress-related Diseases, and Coping.* New York: W. H. Freeman and Company.

Sapolsky, Robert, M., and the Department of Neurology and Neurological Sciences, Stanford University School of Medicine, 2003, "Glucocorticoids and Hippocampal Atrophy in Neuropsychiatric Disorders."

Savage, Leonard J., 1972, *The Foundations of Statistics.* New York: Dover.

Schacter, Daniel L., 2001, *The Seven Sins of Memory: How the Mind Forgets and Remembers.* Boston: Houghton Mifflin.

Schelling, Thomas, 1971, "Dynamic Models of Segregation." *Journal of Mathematical Sociology* 1: 143–186.

———, 1978, *Micromotives and Macrobehavior.* New York: W. W. Norton and Company.

Scheps, Ruth, ed., 1996, *Les sciences de la prévision.* Paris: Éditions du Seuil.

Schroeder, Manfred, 1991, *Fractals, Chaos, Power Laws: Minutes from an Infinite Paradise.* New York: W. H. Freeman and Company.

Schumpeter, Joseph, 1942, *Capitalism, Socialism and Democracy.* New York: Harper.

Seglen, P. O., 1992, "The Skewness of Science." *Journal of the American Society for Information Science* 43: 628–638.

Sextus Empiricus, 2000, *Outline of Scepticism,* edited by Julia Annas and Jonathan Barnes. New York: Cambridge University Press.

———, 2005, *Against the Logicians,* translated and edited by Richard Bett. New York: Cambridge University Press.

Shackle, G.L.S., 1961, *Decision Order and Time in Human Affairs.* Cambridge: Cambridge University Press

———, 1973, *Epistemics and Economics: A Critique of Economic Doctrines.* Cambridge: Cambridge University Press.

Shanteau, J., 1992, "Competence in Experts: The Role of Task Characteristics." *Organizational Behavior and Human Decision Processes* 53: 252–266.

Sharpe, William F., 1994, "The Sharpe Ratio." *Journal of Portfolio Management* 21(1): 49–58.

———, 1996, "Mutual Fund Performance." *Journal of Business* 39: 119–138.

Shiller, Robert J., 1981, "Do Stock Prices Move Too Much to Be Justified by Subsequent Changes in Dividends?" *American Economic Review* 71(3): 421–436.

———, 1989, *Market Volatility.* Cambridge, Mass.: The MIT Press.

———, 1990, "Market Volatility and Investor Behavior." *American Economic Review* 80(2): 58–62.

———, 1995, "Conversation, Information, and Herd Behavior." *American Economic Review* 85(2): 181–185.

———, 2000, *Irrational Exuberance.* Princeton, N.J.: Princeton University Press.

———, 2003, *The New Financial Order: Risk in the 21st Century.* Princeton, N.J.: Princeton University Press.

Shizgal, Peter, 1999, "On the Neural Computation of Utility: Implications from Studies of Brain Simulation Rewards." In D. Kahneman, E. Diener, and N. Schwarz, eds., 1999.

Sieff, E. M., R. M. Dawes, and G. Loewenstein, 1999, "Anticipated Versus Actual Reaction to HIV Test Results." *American Journal of Psychology* 122: 297–311.

Silverberg, Gerald, and Bart Verspagen, 2004, "The Size Distribution of Innovations Revisited: An Application of Extreme Value Statistics to Citation and Value Measures of Patent Significance," www.merit.unimaas.nl/publications/rmpdf/2004/rm2004–021.pdf.

———, 2005, "Self-organization of R&D Search in Complex Technology Spaces," www.merit.unimaas.nl/publications/rmpdf/2005/rm2005–017.pdf.

Simon, Herbert A., 1955, "On a Class of Skew Distribution Functions." *Biometrika* 42: 425–440.

———, 1987, "Behavioral Economics." In J. Eatwell, M. Milgate, and P. Newman, eds., 1987.

Simonton, Dean Keith, 1999, *Origins of Genius: Darwinian Perspectives on Creativity.* New York: Oxford University Press.

———, 2004, *Creativity.* New York: Cambridge University Press.

Sloman, S. A., 1993, "Feature Based Induction." *Cognitive Psychology* 25: 231–280.

———, 1994, "When Explanations Compete: The Role of Explanatory Coherence on Judgments of Likelihood." *Cognition* 52: 1–21.

———, 1996, "The Empirical Case for Two Systems of Reasoning." *Psychological Bulletin* 119: 3–22.

———, 1998, "Categorical Inference Is Not a Tree: The Myth of Inheritance Hierarchies." *Cognitive Psychology* 35: 1–33.

———, 2002, "Two Systems of Reasoning." In T. Gilovich, D. Griffin, and D. Kahneman, eds., 2002.

Sloman, S. A., B. C. Love, and W. Ahn, 1998, "Feature Centrality and Conceptual Coherence." *Cognitive Science* 22: 189–228.

Sloman, S. A., and B. C. Malt, 2003, "Artifacts Are Not Ascribed Essences, Nor Are They Treated as Belonging to Kinds." *Language and Cognitive Processes* 18: 563–582.

Sloman, S. A., and D. Over, 2003, "Probability Judgment from the Inside and Out." In D. Over, ed., *Evolution and the Psychology of Thinking: The Debate.* New York: Psychology Press.

Sloman, S. A., and L. J. Rips, 1998, "Similarity as an Explanatory Construct." *Cognition* 65: 87–101.

Slovic, Paul, M. Finucane, E. Peters, and D. G. MacGregor, 2003a, "Rational Actors or Rational Fools? Implications of the Affect Heuristic for Behavioral Economics." Working Paper, www.decisionresearch.com.

———, 2003b, "Risk as Analysis, Risk as Feelings: Some Thoughts About Affect, Reason, Risk, and Rationality." Paper presented at the Annual Meeting of the Society for Risk Analysis, New Orleans, La., December 10, 2002.

Slovic, P., M. Finucane, E. Peters, and D. G. MacGregor, 2002, "The Affect Heuristic." In T. Gilovich, D. Griffin, and D. Kahneman, eds., 2002.

Slovic, P., B. Fischhoff, and S. Lichtenstein, 1976, "Cognitive Processes and Societal Risk Taking." In John S. Carroll and John W. Payne, eds., *Cognition and Social Behavior.* Hillsdale, N.J.: Lawrence Erlbaum.

———, 1977, "Behavioral Decision Theory." *Annual Review of Psychology* 28: 1–39.

Slovic, P., B. Fischhoff, S. Lichtenstein, B. Corrigan, and B. Combs, 1977, "Preference for Insuring Against Probable Small Losses: Implications for the Theory and Practice of Insurance." *Journal of Risk and Insurance* 44: 237–258. Reprinted in P. Slovic, ed., *The Perception of Risk.* London: Earthscan.

Slovic, Paul, 1987, "Perception of Risk." *Science* 236: 280–285.

———, 2001, *The Perception of Risk.* London: Earthscan.

Sniezek, J. A., and R. A. Henry, 1989, "Accuracy and Confidence in Group Judgement." *Organizational Behavior and Human Decision Processes* 43(11): 1–28.

Sniezek, J. A., and T. Buckley, 1993, "Decision Errors Made by Individuals and Groups." In N. J. Castellan, ed., *Individual and Group Decision Making.* Hillsdale, N.J.: Lawrence Erlbaum.

Snyder, A. W., 2001, "Paradox of the Savant Mind." *Nature* 413: 251–252.

Snyder A. W., E. Mulcahy, J. L. Taylor, D. J. Mitchell, P. Sachdev, and S. C. Gandevia, 2003, "Savant-like Skills Exposed in Normal People by Suppression of the Left Fronto-temporal Lobe. *Journal of Integrative Neuroscience* 2: 149–158.

Soll, J. B., 1996, "Determinants of Overconfidence and Miscalibration: The Roles of Random Error and Ecological Structure." *Organizational Behavior and Human Decision Processes* 65: 117–137.

Sornette, D., F. Deschâtres, T. Gilbert, and Y. Ageon, 2004, "Endogenous Versus Exogenou Shocks in Complex Networks: An Empirical Test." *Physical Review Letters* 93: 228701.

Sornette, D., and K. Ide, 2001, "The Kalman-Levy Filter," *Physica D* 151: 142–174.

Sornette, Didier, 2003, *Why Stock Markets Crash: Critical Events in Complex Financial System.* Princeton, N.J.: Princeton University Press.

———, 2004, *Critical Phenomena in Natural Sciences: Chaos, Fractals, Self-organization an Disorder: Concepts and Tools,* 2nd ed. Berlin and Heidelberg: Springer.

Sornette, Didier, and Daniel Zajdenweber, 1999, "The Economic Return of Research: The Paret Law and Its Implications." *European Physical Journal B* 8(4): 653–664.

Soros, George, 1988, *The Alchemy of Finance: Reading the Mind of the Market.* New Yorl Simon & Schuster.

Spariosu, Mihai I., 2004, *The University of Global Intelligence and Human Developmen Towards an Ecology of Global Learning.* Cambridge, Mass.: The MIT Press.

Spasser, Mark A., 1997, "The Enacted Fate of Undiscovered Public Knowledge." *Journal of th American Society for Information Science* 48(8): 707–717.

Spencer, B. A., and G. S. Taylor, 1988, "Effects of Facial Attractiveness and Gender on Caus Attributions of Managerial Performance." *Sex Roles* 19(5/6): 273–285.

Sperber, Dan, 1996a, *La contagion des idées.* Paris: Odile Jacob.

———, 1996b, *Explaining Culture: A Naturalistic Approach.* Oxford: Blackwell.

———, 1997, "Intuitive and Reflective Beliefs." *Mind and Language* 12(1): 67–83.

———, 2001, "An Evolutionary Perspective on Testimony and Argumentation." *Philosophical Topics* 29: 401–413.

Sperber, Dan, and Deirdre Wilson, 1995, *Relevance: Communication and Cognition,* 2nd ed. Oxford: Blackwell.

———, 2004a, "Relevance Theory." In L. R. Horn, and G. Ward, eds., *The Handbook of Pragmatics.* Oxford: Blackwell.

———, 2004b, "The Cognitive Foundations of Cultural Stability and Diversity." *Trends in Cognitive Sciences* 8(1): 40–44.

Squire, Larry, and Eric R. Kandel, 2000, *Memory: From Mind to Molecules.* New York: Owl Books.

Stanley, H. E., L. A. N. Amaral, P. Gopikrishnan, and V. Plerou, 2000, "Scale Invariance and Universality of Economic Fluctuations." *Physica A* 283: 31–41.

Stanley, T. J., 2000, *The Millionaire Mind.* Kansas City: Andrews McMeel Publishing.

Stanley, T. J., and W. D. Danko, 1996, *The Millionaire Next Door: The Surprising Secrets of America's Wealthy.* Atlanta, Ga.: Longstreet Press.

Stanovich, K., and R. West, 2000, "Individual Differences in Reasoning: Implications for the Rationality Debate." *Behavioral and Brain Sciences* 23: 645–665.

Stanovich, K. E., 1986, "Matthew Effects in Reading: Some Consequences of Individual Differences in the acquisition of literacy." *Reading Research Quarterly* 21: 360–407.

Stein, D. L., ed., 1989, *Lectures in the Sciences of Complexity.* Reading, Mass.: Addison-Wesley.

Sterelny, Kim, 2001, *Dawkins vs. Gould: Survival of the Fittest.* Cambridge, England: Totem Books.

Stewart, Ian, 1989, *Does God Play Dice? The New Mathematics of Chaos.* London: Penguin Books.

———, 1993, "Chaos." In Leo Howe and Alan Wain, eds., 1993.

Stigler, Stephen M., 1986, *The History of Statistics: The Measurement of Uncertainty Before 1900.* Cambridge, Mass.: The Belknap Press of Harvard University.

———, 2002, *Statistics on the Table: The History of Statistical Concepts and Methods.* Cambridge, Mass.: Harvard University Press.

Stiglitz, Joseph, 1994, *Whither Socialism.* Cambridge, Mass.: The MIT Press.

Strawson, Galen, 1994, *Mental Reality.* Cambridge, Mass.: The MIT Press.

———, 2004, "Against Narrativity." *Ratio* 17: 428–452.

Strogatz, S. H., 1994, *Nonlinear Dynamics and Chaos, with Applications to Physics, Biology, Chemistry, and Engineering.* Reading, Mass.: Addison-Wesley.

Strogatz, Steven H., 2001, "Exploring Complex Networks." *Nature* 410: 268–276.

———, 2003, *Sync: How Order Emerges from Chaos in the Universe, Nature, and Daily Life.* New York: Hyperion.

Suantak, L., F. Bolger, and W. R. Ferrell, 1996, "The Hard–easy Effect in Subjective Probability Calibration." *Organizational Behavior and Human Decision Processes* 67: 201–221.

Suddendorf, Thomas, 2006, "Enhanced: Foresight and Evolution of the Human Mind." *Science* 312(5776): 1006–1007.

Sullivan, R., A. Timmermann, and H. White, 1999, "Data-snooping, Technical Trading Rule Performance and the Bootstrap." *Journal of Finance* 54: 1647–1692.

Sunstein, Cass R., 2002, *Risk and Reason: Safety, Law, and the Environment.* Cambridge: Cambridge University Press.

Surowiecki, James, 2004, *The Wisdom of Crowds.* New York: Doubleday.

Sushil, Bikhchandani, David Hirshleifer, and Ivo Welch, 1992, "A Theory of Fads, Fashion, Custom, and Cultural Change as Informational Cascades." *Journal of Political Economy* 100(5): 992–1026.

Sutton, J., 1997, "Gibrat's Legacy." *Journal of Economic Literature* 35: 40–59.
Swanson, D. R., 1986a, "Fish Oil, Raynaud's Syndrome and Undiscovered Public Knowledge." *Perspectives in Biology and Medicine* 30(1): 7–18.
———, 1986b, "Undiscovered Public Knowledge." *Library Quarterly* 56: 103–118.
———, 1987, "Two Medical Literatures That Are Logically but Not Bibliographically Connected." *Journal of the American Society for Information Science* 38: 228–233.
Swets, J. A., R. M. Dawes, and J. Monahan, 2000a, "Better Decisions Through Science." *Scientific American* (October): 82–87.
———, 2000b, "Psychological Science Can Improve Diagnostic Decisions." *Psychogical Science in the Public Interest* 1: 1–26.
Szenberg, Michael, ed., 1992, *Eminent Economists: Their Life Philosophies.* Cambridge: Cambridge University Press.
Tabor, M., 1989, *Chaos and Integrability in Nonlinear Dynamics: An Introduction.* New York: Wiley.
Taine, Hippolyte Adolphe, 1868, 1905. *Les philosophes classiques du XIXe siècle en France,* 9ème éd. Paris: Hachette.
Taleb, N. N., 1997, *Dynamic Hedging: Managing Vanilla and Exotic Options.* New York: Wiley.
———, 2004a, *Fooled by Randomness: The Hidden Role of Chance in Life and in the Markets.* New York: Random House.
———, 2004b, "These Extreme Exceptions of Commodity Derivatives." In Helyette Geman, *Commodities and Commodity Derivatives.* New York: Wiley.
———, 2004c, "Bleed or Blowup: What Does Empirical Psychology Tell Us About the Preference for Negative Skewness?" *Journal of Behavioral Finance* 5(1): 2–7.
———, 2004d, "The Black Swan: Why Don't We Learn That We Don't Learn?" Paper presented at the United States Department of Defense Highland Forum, Summer 2004.
———, 2004e, "Roots of Unfairness." *Literary Research/Recherche Littéraire* 21(41–42): 241–254.
———, 2004f, "On Skewness in Investment Choices." *Greenwich Roundtable Quarterly* 2.
———, 2005, "Fat Tails, Asymmetric Knowledge, and Decision Making: Essay in Honor of Benoît Mandelbrot's 80th Birthday." Technical paper series, *Wilmott* (March): 56–59.
———, 2006a, "Homo Ludens and Homo Economicus." Foreword to Aaron Brown's *The Poker Face of Wall Street.* New York: Wiley.
———, 2006b, "On Forecasting." In John Brockman, ed., *In What We Believe But Cannot Prove: Today's Leading Thinkers on Science in the Age of Certainty.* New York: Harper Perennial.
———, 2007, "Scale Invariance in Practice: Some Patches and Workable Fixes." Preprint.
Taleb, Nassim Nicholas, and Avital Pilpel, 2004, "I problemi epistemologici del risk management." In Daniele Pace, a cura di, *Economia del rischio: Antologia di scritti su rischio e decisione economica.* Milano: Giuffrè.
Tashman, Leonard J., 2000, "Out of Sample Tests of Forecasting Accuracy: An Analysis and Review." *International Journal of Forecasting* 16(4): 437–450.
Teigen, K. H., 1974, "Overestimation of Subjective Probabilities." *Scandinavian Journal of Psychology* 15: 56–62.
Terracciano, A., et al., 2005, "National Character Does Not Reflect Mean Personality Traits." *Science* 310: 96.
Tetlock, Philip E., 1999, "Theory-Driven Reasoning About Plausible Pasts and Probable Futures in World Politics: Are We Prisoners of Our Preconceptions?" *American Journal of Political Science* 43(2): 335–366.
———, 2005, "Expert Political Judgment: How Good Is It? How Can We Know?" Princeton, N.J.: Princeton University Press.

Thaler, Richard, 1985, "Mental Accounting and Consumer Choice." *Marketing Science* 4(3): 199–214.

Thom, René, 1980, *Paraboles et catastrophes.* Paris: Champs Flammarion.

———, 1993, *Prédire n'est pas expliquer.* Paris: Champs Flammarion.

Thorley, 1999, "Investor Overconfidence and Trading Volume." Working Paper, Santa Clara University.

Tilly, Charles, 2006, *Why? What Happens When People Give Reasons and Why.* Princeton, N.J.: Princeton University Press.

Tinbergen, N., 1963, "On Aims and Methods in Ethology." *Zeitschrift fur Tierpsychologie* 20: 410–433.

———, 1968, "On War and Peace in Animals and Man: An Ethologist's Approach to the Biology of Aggression." *Science* 160: 1411–1418.

Tobin, James, 1958, "Liquidity Preference as Behavior Towards Risk." *Review of Economic Studies* 67: 65–86.

Triantis, Alexander J., and James E. Hodder, 1990, "Valuing Flexibility as a Complex Option." *Journal of Finance* 45(2): 549–564.

Trivers, Robert, 2002, *Natural Selection and Social Theory: Selected Papers of Robert Trivers.* Oxford: Oxford University Press.

Turner, Mark, 1996, *The Literary Mind.* New York: Oxford University Press.

Tversky, A., and D. Kahneman, 1971, "Belief in the Law of Small Numbers." *Psychology Bulletin* 76(2): 105–110.

———, 1973, "Availability: A Heuristic for Judging Frequency and Probability." *Cognitive Psychology* 5: 207–232.

———, 1974, "Judgement Under Uncertainty: Heuristics and Biases." *Science* 185: 1124–1131.

———, 1982, "Evidential Impact of Base-Rates." In D. Kahneman, P. Slovic, and A. Tversky, eds., *Judgment Under Uncertainty: Heuristics and Biases.* Cambridge: Cambridge University Press.

———, 1983, "Extensional Versus Intuitive Reasoning: The Conjunction Fallacy in Probability Judgment." *Psychological Review* 90: 293–315.

———, 1992, "Advances in Prospect Theory: Cumulative Representation of Uncertainty." *Journal of Risk and Uncertainty* 5: 297–323.

Tversky, A., and D. J. Koehler, 1994, "Support Theory: A Nonextensional Representation of Subjective Probability." *Psychological Review* 101: 547–567.

Tyszka, T., and P. Zielonka, 2002, "Expert Judgments: Financial Analysts Versus Weather Forecasters." *Journal of Psychology and Financial Markets* 3(3): 152–160.

Uglow, Jenny, 2003, *The Lunar Men: Five Friends Whose Curiosity Changed the World.* New York: Farrar, Straus & Giroux.

Vale, Nilton Bezerra do, José Delfino, and Lúcio Flávio Bezerra do Vale, 2005, "Serendipity in Medicine and Anesthesiology." *Revista Brasileira de Anestesiologia* 55(2): 224–249.

van Tongeren, Paul, 2002, "Nietzsche's Greek Measure." *Journal of Nietzsche Studies* 24: 5.

Vandenbroucke, J. P., 1996, "Evidence-Based Medicine and 'Medicine d'Observation,' " *Journal of Clinical Epidemiology,* 49(12): 1335–1338.

Varela, Francisco J., 1988, *Invitation aux sciences cognitives.* Paris: Champs Flammarion.

Varian, Hal R., 1989, "Differences of Opinion in Financial Markets." In Courtenay C. Stone, ed., *Financial Risk: Theory, Evidence and Implications: Proceedings of the Eleventh Annual Economic Policy Conference of the Federal Reserve Bank of St. Louis.* Boston: Kitiwer Academic Publishers.

Véhel, Jacques Lévy, and Christian Walter, 2002, *Les marchés fractals: Efficience, ruptures, et tendances sur les marchés financiers.* Paris: PUF.

Veyne, Paul, 1971, *Comment on écrit l'histoire.* Paris: Éditions du Seuil.

———, 2005, *L'Empire gréco-romain.* Paris: Éditions du Seuil.
Vogelstein, Bert, David Lane, and Arnold J. Levine, 2000, "Surfing the P53 Network." *Nature* 408: 307–310.
Voit, Johannes, 2001, *The Statistical Mechanics of Financial Markets.* Heidelberg: Springer.
von Mises, R., 1928, *Wahrscheinlichkeit, Statistik und Wahrheit.* Berlin: Springer. Translated and reprinted as *Probability, Statistics, and Truth.* New York: Dover, 1957.
von Plato, Jan, 1994, *Creating Modern Probability.* Cambridge: Cambridge University Press.
von Winterfeldt, D., and W. Edwards, 1986, *Decision Analysis and Behavioral Research.* Cambridge: Cambridge University Press.
Wagenaar, Willern, and Gideon B. Keren, 1985, "Calibration of Probability Assessments by Professional Blackjack Dealers, Statistical Experts, and Lay People." *Organizational Behavior and Human Decision Processes* 36: 406–416.
———, 1986, "Does the Expert Know? The Reliability of Predictions and Confidence Ratings of Experts." In Erik Hollnagel, Giuseppe Mancini, and David D. Woods, *Intelligent Design Support in Process Environments.* Berlin: Springer.
Waller, John, 2002, *Fabulous Science: Fact and Fiction in the History of Scientific Discovery.* Oxford: Oxford University Press.
Wallerstein, Immanuel, 1999, "Braudel and Interscience: A Preacher to Empty Pews?" Paper presented at the 5th Journées Braudeliennes, Binghamton University, Binghamton, N.Y.
Wallsten, T. S., D. V. Budescu, I. Erev, and A. Diederich, 1997, "Evaluating and Combining Subjective Probability Estimates." *Journal of Behavioral Decision Making* 10: 243–268.
Wason, P. C., 1960, "On the Failure to Eliminate Hypotheses in a Conceptual Task." *Quarterly Journal of Experimental Psychology* 12: 129–140.
Watts, D. J., 2003, *Six Degrees: The Science of a Connected Age.* New York: W. W. Norton and Company.
Watts, D. J., and S. H. Strogatz, 1998, "Collective Dynamics of 'Small-world' Networks." *Nature* 393: 440–442
Watts, Duncan, 2002, "A Simple Model of Global Cascades on Random Networks." *Proceedings of the National Academy of Sciences* 99(9): 5766–5771.
Wegner, Daniel M., 2002, *The Illusion of Conscious Will.* Cambridge, Mass.: The MIT Press.
Weinberg, Steven, 2001, "Facing Up: Science and Its Cultural Adversaries." Working Paper, Harvard University.
Weintraub, Roy E., 2002, *How Economics Became a Mathematical Science*, Durham, N.C.: Duke University Press.
Wells, G. L., and Harvey, J. H., 1977, "Do People Use Consensus Information in Making Causal Attributions?" *Journal of Personality and Social Psychology* 35: 279–293.
Weron, R., 2001, "Levy-Stable Distributions Revisited: Tail Index > 2 Does Not Exclude the Levy-Stable Regime." *International Journal of Modern Physics* 12(2): 209–223.
Wheatcroft, Andrew, 2003, *Infidels: A History of Conflict Between Christendom and Islam.* New York: Random House.
White, John, 1982, *Rejection.* Reading, Mass.: Addison-Wesley.
Whitehead, Alfred North, 1925, *Science and the Modern World.* New York: The Free Press.
Williams, Mark A., Simon A. Moss, John L. Bradshaw, and Nicole J. Rinehart, 2002, "Brief Report: Random Number Generation in Autism." *Journal of Autism and Developmental Disorders* 32(1): 43–47.
Williams, Robert J., and Dennis Connolly, 2006, "Does Learning About the Mathematics of Gambling Change Gambling Behavior?" *Psychology of Addictive Behaviors* 20(1): 62–68.
Willinger, W., D. Alderson, J. C. Doyle, and L. Li, 2004, "A Pragmatic Approach to Dealing with High Variability Measurements." *Proceedings of the ACM SIGCOMM Internet Measure-*

ment Conference, Taormina, Sicily, October 25–27, 2004.
Wilson, Edward O., 2000, *Sociobiology: The New Synthesis.* Cambridge, Mass.: Harvard University Press.
———, 2002, *The Future of Life.* New York: Knopf.
Wilson, T. D., J. Meyers, and D. Gilbert, 2001, "Lessons from the Past: Do People Learn from Experience That Emotional Reactions Are Short Lived?" *Personality and Social Psychology Bulletin* 29: 1421–1432.
Wilson, T. D., D. T. Gilbert, and D. B. Centerbar, 2003, "Making Sense: The Causes of Emotional Evanescence." In I. Brocas and J. Carillo, eds., 2003.
Wilson, T. D., D. B. Centerbar, D. A. Kermer, and D. T. Gilbert, 2005, "The Pleasures of Uncertainty: Prolonging Positive Moods in Ways People Do Not Anticipate." *Journal of Personality and Social Psychology* 88(1): 5–21.
Wilson, Timothy D., 2002, *Strangers to Ourselves: Discovering the Adaptive Unconscious.* Cambridge, Mass.: The Belknap Press of Harvard University.
Winston, Robert, 2002, *Human Instinct: How Our Primeval Impulses Shape Our Lives.* London: Bantam Press.
Wolford, George, Michael B. Miller, and Michael Gazzaniga, 2000, "The Left Hemisphere's Role in Hypothesis Formation." *Journal of Neuroscience* 20: 1–4.
Wood, Michael, 2003, *The Road to Delphi.* New York: Farrar, Straus & Giroux.
Wrangham, R., 1999, "Is Military Incompetence Adaptive?" *Evolution and Human Behavior* 20: 3–12.
Yates, J. F., 1990, *Judgment and Decision Making.* Englewood Cliffs, N.J.: Prentice-Hall.
Yates, J. F., J. Lee, and H. Shinotsuka, 1996, "Beliefs About Overconfidence, Including Its Cross-National Variation." *Organizational Behavior and Human Decision Processes* 65: 138–147.
Yates, J. F., J.-W. Lee, H. Shinotsuka, and W. R. Sieck, 1998, "Oppositional Deliberation: Toward Explaining Overconfidence and Its Cross-cultural Variations." Paper presented at the meeting of the Psychonomics Society, Dallas, Tex.
Yule, G., 1925, "A Mathematical Theory of Evolution, Based on the Conclusions of Dr. J. C. Willis, F. R. S." *Philosophical Transactions of the Royal Society of London, Series B* 213: 21–87.
Yule, G. U., 1944, *Statistical Study of Literary Vocabulary.* Cambridge: Cambridge University Press.
Zacks, R. T., L. Hasher, and H. Sanft, 1982, "Automatic Encoding of Event Frequency: Further Findings." *Journal of Experimental Psychology: Learning, Memory, and Cognition* 8: 106–116.
Zajdenweber, Daniel, 2000, *L'économie des extrèmes.* Paris: Flammarion.
Zajonc, R. B., 1980, "Feeling and Thinking: Preferences Need No Inferences." *American Psychologist* 35: 151–175.
———, 1984, "On the Primacy of Affect." *American Psychologist* 39: 117–123.
Zeki, Semir, 1999, *Inner Vision.* London: Oxford University Press.
Zimmer, A. C., 1983, "Verbal vs. Numerical Processing by Subjective Probabilities." In R. W. Scholz, ed., *Decision Making Under Uncertainty.* Amsterdam: North-Holland.
Zipf, George Kingsley, 1932, *Selective Studies and the Principle of Relative Frequency in Language.* Cambridge, Mass.: Harvard University Press.
———, 1949, *Human Behavior and the Principle of Least Effort.* Cambridge, Mass.: Addison-Wesley.
Zitzewitz, Eric, 2001, "Measuring Herding and Exaggeration by Equity Analysts and Other Opinion Sellers." Working Paper, Stanford University.
Zuckerman, H., 1977, *Scientific Elite.* New York: The Free Press.

———, 1998, "Accumulation of Advantage and Disadvantage: The Theory and Its Intellectual Biography." In C. Mongardini and S. Tabboni, eds., *Robert K. Merton and Contemporary Sociology*. New York: Transaction Publishers.
Zweig, Stefan, 1960, *Montaigne*. Paris: Press Universitaires de France.

國家圖書館出版品預行編目資料

黑天鵝效應／Nassim Nicholas Taleb著；
林茂昌譯. -- 二版. -- 臺北市
：大塊文化，2011.07
面： 公分. -- (from ； 51A)
參考書目：面
譯自：The Black Swan: The Impact
of the Highly Improbable
ISBN 978-986-213-261-6 (平裝)

1. 資訊理論 2. 預言

028.01 100010934

LOCUS

LOCUS